존 맥아더의
다른 불

STRANGE FIRE
by John MacArthur

Originally published in the U.S.A. under the title: Strange Fire
Copyright ⓒ 2013 by John MacArthur
Published by permission of Thomas Nelson, Nashville, Tennessee
through the arrangement of rMaeng2, Seoul, Republic of Korea
www.thomasnelson.com
All rights reserved.
Further reproduction or distribution is prohibited.

This Korean Edition Copyright ⓒ 2014 by Word of Life Press, Seoul, Republic of Korea

이 한국어판의 저작권은 알맹2 에이전시를 통하여 Thomas Nelson, Inc.와 독점 계약한 생명의말씀사에 있습니다. 신 저작권법에 의하여 한국 내에서 보호 받는 저작물이므로 무단 전재와 무단 복제를 금합니다.

ⓒ 생명의말씀사 2014

2014년 2월 28일 1판 1쇄 발행
2023년 5월 10일 5쇄 발행

펴낸이 l 김창영
펴낸곳 l 생명의말씀사

등록 l 1962. 1. 10. No.300-1962-1
주소 l 서울시 종로구 경희궁1길 6 (03176)
전화 l 02)738-6555(본사) · 02)3159-7979(영업)
팩스 l 02)739-3824(본사) · 080-022-8585(영업)

기획편집 l 구자섭, 이은정
디자인 l 최윤창, 송민재
인쇄 l 영진문원
제본 l 보경문화사

ISBN 978-89-04-03142-9 (03230)

저작권자의 허락 없이 이 책의 일부 또는 전체를
무단 복제, 전재, 발췌하면 저작권법에 의해 처벌을 받습니다.

존 맥아더의 다른 불

STRANGE FIRE

존 맥아더 지음
조계광 옮김

생명의말씀사

CONTENTS

추천사 _8

서론 _12
다른 불 | 성령에 대한 그릇된 태도 | 영적 부패라는 트로이 목마 | 이제 깨어나라

1부 거짓된 영적 부흥을 경계하라

1장 성령을 욕되게 하지 말라 _26
성령을 욕되게 하는 행위 | "믿음의 말씀" 설교자들 | 번영 신학의 뻔뻔한 속임수 | 다른 복음

2장 무분별한 은사주의 실체를 파악하라 _49
: 무분별한 은사주의 운동의 역사적 뿌리

현대 오순절 운동의 진실 | "믿음의 말씀" 운동의 뿌리 | 참된 영적 각성 운동

3장 영들을 시험하라 (1) _72
: 영적 분별력을 위한 성경적 기준

첫 번째 원리: 그리스도를 높이는가? | 거짓 복음을 경계하라

4장 영들을 시험하라 (2) _96
: "번쩍이는 것이 모두 금은 아니다"

두 번째 원리: 세속주의를 반대하는가? | 세 번째 원리: 사람들을 성경으로 이끄는가? | 네 번째 원리: 진리를 앞세우는가? | 다섯 번째 원리: 하나님과 다른 사람들에 대한 사랑을 독려하는가? | 영적 보화인가, 바보의 황금인가?

2부 거짓 은사들을 주의하라

5장 신사도 운동의 실체를 파악하라 _136
: 자칭 사도라고 부르는 사람들

개혁인가, 왜곡인가? | 성경이 가르치는 사도직의 자격 요건 | 에베소서 4장 11-13절의 의미 | 사도 시대 종결 교리의 의미

6장 거짓 선지자들의 거짓 예언을 경계하라 _160
: 선지자를 자처하는 사람들

거짓 예언과 무오한 말씀 | 두 종류의 선지자? | 데살로니가전서 5장 20-22절 | 위험한 게임

7장 거짓 방언에 현혹되지 말라 _194
: 위험한 체험

현대의 방언 은사가 성경적인 은사에 해당하는가? | 방언의 은사에 관한 질문들

8장 거짓 치유와 거짓 희망에 속지 말라 _222
: 거짓 치유 사역자

베니 힌 | 치료사인가 이단인가? | 현대의 거짓된 치유 사역과 성경적인 치유 사역의 차이

3부 참된 성령의 사역을 회복하라

9장 우리를 구원에 이르게 하시는 성령의 사역 _254
: 성령의 구원 사역

성령을 재발견하라 | 성령께서는 불신자들에게 죄를 깨우쳐주신다 | 성령께서는 부패한 마음을 거듭나게 하신다 | 성령께서는 죄인을 회개하게 하신다 | 성령께서는 하나님과 교제를 나누게 하신다 | 성령께서는 신자들 안에 거하신다 | 성령께서는 구원을 영원히 보장하신다 | 성령의 구원 사역 안에서 기뻐하라

10장 우리를 거룩하게 하시는 성령의 사역 _275
: 성령의 성화 사역

성령 충만 | 성령으로 행하라 | 그리스도의 형상을 본받으라 | 성령의 거룩하게 하시는 사역

11장 성경의 권위를 회복하라 _295
: 성령의 영감과 조명

개혁의 열기가 식다 | 성경의 권위를 존중하라 | 성령께서 영감을 주어 성경을 기록하게 하셨다 | 성령께서는 성경을 조명하신다 | 성령께서는 성경에 능력을 부여하신다 | 성경을 존중함으로써 성령을 존중하라

12장 복음적인 은사지속론을 주장하는 나의 친구들에게 띄우는 서신 _317

보수적인 은사지속론의 모순 | 복음적인 은사지속론에 내포된 위험 | 마지막 당부

부록 교회사의 증언들 _341

주 _355

말씀의 진리에 의해 삶이 변화된 사람들의 증언

"존 맥아더 목사의 도움을 받아 은사주의를 성경에 비춰 재평가하기 전까지 6년 동안은 은사주의 교회에 다녔다. 지금도 은사 운동에 참여해 속고 있는 사람들이 무척 안타깝다. 그들은 자신들에게 약속된 번영을 누리지 못하고 있다. 사람들이 100배의 보상을 기대하고 귀중한 것을 모두 바치는 것을 보았다. 기대했던 보상이 이루어지지 않자 그들은 믿음이 부족하다는 말을 들어야 했다. 참으로 서글픈 일이 아닐 수 없다."

—마달레나

"몇 년 전에 어린 자녀를 잃었다. 우리 교회의 어떤 교인들은 아이가 낫지 않는 이유는 우리의 믿음이 충분하지 못하기 때문이라고 말했다. 또 어떤 사람들은 우리의 삶에 틀림없이 숨은 죄가 있었을 것이라고 했다. 존 맥아더 목사의 사역을 허락해주신 하나님께 감사드린다. 나와 아내는 그의 책과 가르침을 통해 많은 것을 배웠고, 마침내 10년 이상 다녔던 은사주의 교회를 떠날 수 있었다. 아직도 그릇된 가르침을 따르는 은사주의 신자들, 곧 참된 진리를 배워야 할 필요가 있는 신자들이 너무나도 많다."

— 마이클

"아내와 나는 프랑스어를 사용하는 서아프리카에서 16년 동안 사역했다. 서아프리카의 목회자들은 주로 미국의 텔레비전 전도자와 은사주의 지도자들이 전하는 그릇된 가르침에 무방비 상태로 노출되어 있다. 은사 운동에 관한 존 맥아더 목사의 가르침은 우리가 직면한 오류를 극복하는 데 필요한 수단을 제공했다."

— 래리

"남편과 나는 나이가 많다. 그러나 주님은 나이에 상관없이 강력하게 역사하신다. 우리는 거의 49년 동안 결혼생활을 유지해왔고, 38년 동안 감정과 경험을 성경보다 중요시하는 은사주의 교회에 다녔다. 나는 마음이 불안했지만, 어떻게 해야 할지 몰랐다. 그때 존 맥아더 목사가 성경의 렌즈를 통해 은사 운동을 새롭게 바라볼 수 있도록 도와주었다. 그는 우리에게 베뢰아 사람들처럼 되라고 가르쳤다."

— 밸레이

"요즘에는 '믿음의 말씀' 운동이 참된 기독교를 크게 위협하는 요인 가운데 하나라는 생각이 들곤 한다. 그 운동의 메시지는 젊은 새신자들에게는 기독교적인 것처럼 들린다. 물질적 번영에 집착하는 세상 사람들이 듣기에도 정말 반가운 소식이 아닐 수 없다. 부유하고 건강하고 행복해지기를 원하는 사람들에게는 그야말로 달콤한 생수나 다름없다. '믿음의 말씀' 교회는 하나님이 경제, 관계, 건강 등, 모든 삶의 분야에서 완전한 승리를 이루는 삶을 살기를 원하신다고 가르친다. 그런데 왜 그 교회 목회자는 건강하지 못한 것일까? 왜 사람들은 일자리를 잃고 있는 것일까? 그들은 경제적으로 전혀 풍요롭지 못하다. 그들은 힘들게 살고 있고, 겨우 먹고 살 정도도 못된다. 그들은 하나님이 자신을 실망시켰다고 생각한다. 그들은 '왜 하나님은 책임을 다하지 않으시는 걸까?'라고 궁금해한다. '믿음의 말씀' 교리는 위험한 거짓 복음이다. 우리를 다시 성경으로 돌아가게 이끌어준 존 맥아더 목사에게 감사한다."

–제러미

"나는 서른다섯 살이고, 노르웨이 서부에 살고 있다. 새신자인 나는 약 2년 동안 오순절주의 교회에 다녔다. 그들이 가르치고 실천하는 것(현세에서의 행복, 긍정적인 고백, 물질적인 번영, 세속적인 명성 등)은 내가 성경에서 읽은 것이 아니었다. 회개나 나의 삶을 내려놓는 것이나 그리스도의 종이 되는 것에 관한 말은 한마디도 듣지 못했다. 약 일 년 전부터 이런 것들에 관한 존 맥아더 목사의 가르침에 귀를 기울이기 시작했다. 감정에 계속 시달리는 데서 벗어나 성경, 곧 하나님의 말씀만이 나의 진정한 권위라는 진리를 깨닫고 나니 참으로 자유롭다."

–비외른

"나는 방언을 말해야 하고, 하나님이 내게 하시는 말씀에 귀를 기울여야 한다고 가르치는 교회에서 성장했다. 내가 믿었던 하나님은 모호하고, 이상하고, 신비적이고, 혼란스러웠다. 그야말로 온통 혼돈뿐이었다. 나는 한 번도 이루어지지 않은 예언들과 그런 일들로 인해 몹시 화가 나 성경과 관련된 것은 무엇이든 거부하기에 이르렀다. 나는 거의 10년 동안 영적으로 방황하며 하나님의 말씀을 외면했다. 그러나 그러는 동안에도 내가 잘못되었음을 알았다. 나는 마음으로 하나님을 믿고 있었다. 다만 그분을 위해 사는 방법을 알지 못했을 뿐이었다. 약 3년 전에 온라인에서 존 맥아더 목사의 가르침을 접하게 되었다. 나는 그가 방언에 관해 어떻게 말하는지 들어보려고 얼른 고린도전서에 관한 그의 설교를 검색했다. 의미 있는 설교를 듣게 되어 너무나도 신선했다. 나는 많은 설교를 다운로드했다. 성경을 다시 배우기 시작했고, 주변에서 성경을 가르치는 교회, 오직 성경에만 충실한 목회자가 이끄는 교회를 선택했다. 요즘에는 내 삶 속에서 이루어지는 주님의 사역으로 인해 늘 가슴이 설렌다."

-저스틴

"나는 은사주의자였다. 존 맥아더 목사의 가르침은 내 눈을 새롭게 열어주었다. 내 가족과 교회를 이단으로부터 구원해주신 하나님께 진심으로 감사드린다."

-크리스털

"존 맥아더 목사가 은사주의의 많은 오류를 옳게 지적해준 것에 대해 하나님께 감사드린다."

-칼라

서론

다른 불

나답과 아비후는 이스라엘 백성들에게 가나안의 미신을 퍼뜨렸던 무당이나 주술사가 아니었다. 그들은 모든 면에서 의롭고, 훌륭한 영적 지도자요, 유일하신 참 하나님을 섬기는 경건한 제사장이었다. 그들은 평범한 레위인이 아니었다. 나답은 대제사장의 직분을 이어받을 법적 후계자였고, 아비후는 그 다음 서열이었다. 그들은 아론의 아들들이었고, 모세의 조카였다. 그들의 이름은 "이스라엘 자손들의 존귀한 자들(출 24:11)"의 첫머리를 차지했다. 아버지인 아론을 제외하면, 그들은 성경이 이스라엘의 "칠십 인 장로," 곧 히브리 민족을 다스리는 영적 지도자들을 처음 언급했을 때(민 11:16-24) 언급된 유일한 인물들이었다. 성경은 그들을 악명 높은 악인이나 사악한 인물로 소개하지 않는다. 오히려 그 반대다.

이 두 형제는 다른 칠십 인 장로들과 더불어 시내산 중턱까지 올라가 하나님이 모세와 대화를 나누시는 것을 멀리서 지켜보는 특권을 누렸다(출 24:9, 10). 일반 이스라엘 백성은 "산에 오르거나 그 경계를 침범해서는(출 19:12)" 안 되었고 산 아래 머물러야 했다. 하나님이 산 위에서 모세에게 말씀하시는 동안, 심지어 들짐승이 길을 잃고 방황하다가 시내산을 침범하는 경우에도 돌로 쳐 죽이거나 화살로 쏘아 죽이라는 명령이 주어졌다(13절). 일반 백성들은 산 아래에서 연기와 번갯불만을 볼 수 있었다. 그러나 나답과 아비후는 하나님이 친히 그 이름을 부르시며 칠십 인 장로들과 함께 산에 오르도록 허락하셨다. "그들은 하나님을 뵙고 먹고 마셨다(출 24:11)."

나답과 아비후는 다른 누구보다 하나님과 가까운 관계를 맺었다. 모세를 제외하고는 그들보다 더 큰 특권을 누렸던 이스라엘 백성은 아무도 없었다. 이들은 경건하고, 신뢰할 만한 영적 지도자요 하나님의 충실한 종처럼 보였다. 그들은 명성이 높은 젊은이들이었다. 이스라엘 백성은 틀림없이 그들을 존귀하게 여겼을 것이다.

그러나 하나님이 느닷없이 거룩한 불로 나답과 아비후의 생명을 거두셨을 때 이스라엘 백성은 모두 크게 놀라지 않을 수 없었다. 이 사건은 그들이 성막에서 사역을 시작한 첫날에 일어났던 것으로 보인다. 아론과 그의 아들들은 성막이 완성되었을 때 칠 일 동안 의식을 거행하며 기름부음을 받았다. 여덟째 날에(레 9:1) 아론은 성막에서 처음으로 속죄제를 드렸다. 그 제사를 드릴 때 기적이 일어났다. "불이 여호와 앞에서 나와 제단 위의 번제물과 기름을 사른지라 온 백성이 이를 보고 소리 지르며 엎드렸더라(레 9:24)."

모세는 그 후의 일을 아래와 같이 진술했다.

"아론의 아들 나답과 아비후가 각기 향로를 가져다가 여호와께서 명령하시지 아니하신 다른 불을 담아 여호와 앞에 분향하였더니 불이 여호와 앞에서 나와 그들을 삼키매 그들이 여호와 앞에서 죽은지라 모세가 아론에게 이르되 이는 여호와의 말씀이라 이르시기를 나는 나를 가까이 하는 자 중에서 내 거룩함을 나타내겠고 온 백성 앞에서 내 영광을 나타내리라 하셨느니라 (레 10:1-3)."

나답과 아비후는 놋 제단이 아닌 다른 곳에서 불을 가져다가 향로에 불을 붙였다. 하나님이 친히 그 제단 위에 하늘에서 불을 내리셨다는 것에 주목하라. 나답과 아비후는 스스로 피운 불이나 이스라엘 진영의 다른 곳에 있던 불을 향로에 담아왔던 것으로 보인다. 성경은 그들이 그 불을 어디에서 가져왔는지에 대해 아무 말이 없다. 불의 출처는 중요하지 않다. 문제는 그들이 하나님이 친히 피우신 불이 아닌 다른 불을 사용했다는 데 있다.

그들의 죄는 오늘날의 시대처럼 경솔하고 자기만족적인 예배에 익숙한 사람들이 보기에는 매우 사소하게 보인다. 그들은 술을 마셨는지도 모른다. 술을 너무 많이 마신 탓에 판단이 흐려졌을 수도 있다(레위기 10장 9절은 그럴 가능성을 암시한다.). 성경은 그들이 "다른 불"을 드렸다고 말씀한다. 그들의 죄는 하나님을 마땅히 공경하지 않고, 경솔하고, 부적절하고, 자의적인 태도로 그분 앞에 나갔다는 데 있다. 그들은 하나님을 거룩하신 분으로 대하지도 않았고, 백성들 앞에서 그분의 이름을 높이지도 않았다. 하나님의 반응은 매우 신속하고 철저했다. 나답과 아비후의 "다른 불"은 꺼지지 않는 심판의 불을 불러들였고, 그들은 그 자리에서 불타 죽었다.

정신이 번쩍 들게 하는 두려운 사건이 아닐 수 없다. 이 사건은 오늘날의 교회들을 향해 큰 경종을 울린다. 하나님을 욕되게 하고, 그분을 능멸하며, 그분이 원하지 않으시는 방법으로 그분 앞에 나가는 것은 중대한 죄에 해당한다. 하나님을 예배하는 사람은 마땅히 그분을 거룩히 여기며 그분의 명령에 따라 예배해야 한다.

성삼위 하나님 가운데 영광스런 삼위에 해당하는 성령께서는 성부나 성자와 동등한 하나님이시다. 성령을 욕되게 하는 것은 곧 하나님을 욕되게 하는 것이다. 성령의 이름을 남용하는 것은 하나님의 이름을 망령되이 일컫는 것이고, 그분이 자의적이고, 변덕스럽고, 비성경적인 예배를 용인하신다고 주장하는 것은 하나님을 모욕하는 것이다. 성령을 구경거리로 만드는 행위는 하나님이 가증히 여기시는 방법으로 예배하는 것이다.

현대의 무분별한 은사주의 운동이 기괴하고 불경스런 관습과 왜곡된 교리를 교회 안에 도입한 행위가 나답과 아비후의 다른 불 못지않은, 아니 그보다 훨씬 더 심각한 죄에 해당하는 이유가 여기에 있다. 그들은 성령을 모욕함으로써 하나님을 욕되게 한다. 이는 하나님의 엄한 심판을 자초하는 원인이 된다(히 10:31).[1]

바리새인들이 성령의 사역을 사탄의 사역으로 치부하자(마 12:24), 주님은 그런 완악한 신성모독은 용서받을 수 없다고 경고하셨다. 아나니아와 삽비라는 성령을 속인 죄로 즉각 목숨을 잃었다. 그 결과, "온 교회와 이 일을 듣는 사람들이 다 크게 두려워했다(행 5:11)." 성령의 능력을 돈으로 사려고 했던 마술사 시몬은 엄중한 책망을 들었다. 베드로는 "네가 하나님의 선물을 돈 주고 살 줄로 생각하였으니 네 은과 네가 함께 망할지어다(행 8:20)"라고 말했다. 히브리서 저자는 은혜의 성령을 욕되게 하는 자들에 대해 말하면서 "살아 계신 하나님의 손에 빠져 들어가는 것이 무서울진저(히 10:31)"라고 경고했다. 누구든지 성령께 다른 불을 드린다면, 그 순간 그분은 그 사람에게 위험한 존재가 되신다.

성령에 대한 그릇된 태도

오늘날 많은 기독교인들이 성령을 대하는 태도를 보면, 그런 사실을 전혀 이해하지 못하고 있는 듯 보인다. 몇몇 세속적인 설교가들은 성령을 전적으로 무시하는 죄를 저지른다. 그들은 성령께서 삼위일체 하나님 가운데 한 분이심을 잊은 듯이 행동한다. 그들은 성령의 능력이 아니라 스스로의 명석함으로 교회를 성장시키려고 한다. 그들은 성령의 거룩하게 하시는 사역과 개인적인 성화를 강조하지 않고 대중의 인기에 영합하려고 애쓴다. 그들은 성경적인 설교, 곧 신중하고 정확하게 사용해야 할 성령의 검이 이제는 시대에 뒤떨어진 구닥다리가 되었다고 생각한다. 그들은 성령의 영감으로 기록된 성경을 천박하고 무기력한 대체물로 바꾸어 오락, 최첨단, 속 빈 진부함, 불확실성의 고조 등과 같은 것을 제공하기에 여념이 없다.

한편, 현대의 오순절 운동과 무질서한 은사주의는 그와 정반대되는 극단에 치우쳤다.[2] 이 운동은 성령의 나타나심에 불건전하게 집착하는 성향을 부추겼다. 그들은 현상, 감정, 새로운 물결, 감각 등을 끊임없이 강조한다. 또한 그리스도와 그분의 속죄 사역과 복음의 역사적 사실에 관해서는 거의 아무 말도 하지 않는다(어떤 경우에는 그런 것을 전혀 언급하지 않을 때도 있다).[3] 성령의 사역에 대한 무분별한 은사주의의 집착은 하나님을 그릇되게 예배하는 결과를 낳는다. 예수님은 "내가 아버지께로부터 너희에게 보낼 보혜사 곧 아버지께로부터 나오시는 진리의 성령이 오실 때에 그가 나를 증언하실 것이요(요 15:26)"라고 말씀하셨다.

대다수 은사주의의 가르침과 관습 가운데서 발견되는 "성령"은 성경에 계시된 참되신 하나님의 영과 조금도 닮지 않았다. 성령께서는 황홀경을 일으키는 전류나 허튼 소리로 정신을 혼미하게 만드는 말쟁이나 건강과 부를 갈구하는 이기적인 소원을 무작정 들어주시는 우주의 요정이 아니시다. 참되신 하나님의 영께서는 자기 백성을 아무런 의미없이 개처럼 짖게 하시거나 하이에나처럼 웃게 만들지 않으신다. 또한, 성령께서는 사람들을 무의식의 상태로 뒤로 넘어지게 만드시거나 통제할 수 없는 혼란 속에서 예배를 드리게 하지도 않으신다. 그분은 거짓 선지자, 거짓 치료자, 기만적인 텔레비전 전도자를 통해 자신의 왕국을 건설하지 않으신다.

현대의 무분별한 은사 운동은 우상숭배적인 상상력이 빚어낸 성령을 전함으로써 그리스도의 몸에 막대한 피해를 입히는 "다른 불"을 제공한다. 다시 말해, 성삼위 하나님 가운데 삼위이신 성령께 초점을 맞춘다고 주장하면서 실제로는 그분의 이름을 모독하고 그분의 참된 사역을 훼손한다.

하나님이 모욕을 받으실 때마다 주님을 사랑하는 사람들은 고통과 의분을 느낀다. 다윗도 그런 일을 경험하고는 "주의 집을 위하는 열성이 나를 삼키고 주를 비방하는 비방이 내게 미쳤나이다(시 69:9)"라고 말했다. 주 예수님은 성전을 정화하시면서 이 구절을 인용하셨다. 그분은 하나님의 성전과 백성들의 예배를 공공연히 모욕했던 환전상들을 내쫓으셨다. 나도 오랫동안 많은 무분별한 은사주의자들이 불경스런 방식으로 성령을 모욕하고, 그릇 대하고, 잘못 나타내는 것을 지켜보면서 그와 같은 심정을 느껴왔다.

성령께 가장 큰 관심을 기울인다고 주장하는 사람들이 그분을 가장 크게 모욕하고, 남용하고, 슬프시게 하고, 욕되게 하고, 잘못 나타내고, 그분의 역사를 소멸하는 행위를 서슴지 않는 것은 참으로 서글픈 모순이 아닐 수 없다. 그렇다면 그들은 어떻게 성령을 모욕할까? 그들은 성령께서 하지 않으신 말씀을 하셨다고 말하고, 성령께서 일으키지 않으신 현상을 일으키셨다고 주장하며, 성령과 전혀 무관한 경험을 자랑함으로써 그분을 욕되게 한다. 한마디로, 그들은 그분의 사역이 아닌 것에 그분의 이름을 부여한다.

그들은 영적 사기꾼이요 협잡꾼이며 거짓 교사다. 언제라도 텔레비전만 켜면 그들을 볼 수 있다. 유다는 그들을 "물 없는 구름이요," "바다의 거친 물결이요," "예비된 캄캄한 흑암으로 돌아갈 유리하는 별들"로 일컬었다(13절). 그러나 그들은 자신들의 거짓을 믿게 할 요량으로 성령의 이름을 부르며, 마치 그런 신성모독죄를 저질러도 아무런 처벌을 받지 않을 것처럼 행동한다.

하나님은 올바른 예배를 요구하신다. 성자를 영화롭게 하지 않으면 성부를 영화롭게 할 수 없다. 또한, 성령을 영화롭게 하지 않으면 성부와 성자를 영화롭게 할 수 없다. 그러나 수많은 무분별한 은사주의자들이 매일 거짓 예배를 드린다. 그들은 모세가 없을 때 아론에게 금송아지를 만들어 달라고 요구했던 이스라엘 백성을 꼭 닮았다(출 32장). 이스라엘 백성은 우상을 숭배하면서 하나님께 영광을 돌리고 있다고 주장했다(4-8절). 그들은 하나님을 그릇 형상화한 우상을 숭배하며 그 주위에서 혼란스럽게 뛰놀았다(25절). 그들의 불순종에 대한 하나님의 반응은 신속하고 엄격했다. 그 날이 지나기 전에 수천 명이 떼죽음을 당했다.

우리는 하나님을 우리가 원하는 형태로 만들어서는 안 된다. 우리는 우리의 형상, 곧 우리 자신이 상상해낸 모습으로 하나님을 생각하면 안 된다. 그러나 수많은 무분별한 은사주의자들이 그런 잘못을 저지르고 있다. 그들은 성령을 자신들이 원하는 금송아지로 만든다. 그들은 인간의 체험이라는 불 속에 자신들의 신학을 집어던져 넣고, 거기에서 나온 거짓 영을 숭배하며, 기괴하고 무절제한 행동으로 그 앞에서 뛰논다. 그들은 성령에 관한 진리를 고집스럽게 무시하고, 방자한 태도로 하나님의 집 안에 우상화한 영을 만들어 세워 성삼위 하나님 가운데 삼위이신 성령을 그분의 이름으로 모욕한다.

영적 부패라는 트로이 목마

무분별한 은사주의자들은 자신들의 심각한 신학적 오류에도 불구하고 보수주의자들에게 인정받기를 원한다. 일부 보수주의자들은 그들의 요구를 받아들여 양팔을 벌려 그들을 환영한다. 그 결과, 복음주의 교단들은 부지중에 자신의 진영에 적을 불러들이는 잘못을 저지른다. 그들은 주관주의, 체험주의, 범교회적인 타협 및 이단적인 트로이 목마를 향해 문을 활짝 열어젖힌다. 그런 식으로 타협하는 사람들은 "다른 불"을 받아들임으로써 스스로를 심각한 위험에 빠뜨린다.

1900년대 초, 오순절 운동이 처음 시작했을 때만 해도 보수주의 진영에서는 그것을 사이비 종파로 간주했다.[4] 오순절 운동은 홀로 격리되어 자기 교파 내에만 머물렀다. 그러나 1960년대에 들어서면서 오순절 운동은 주류 교파들 사이로 차츰 퍼지기 시작했고, 자유주의 신학을 받아들인 탓에 영적으로 죽어버린 개신교 교회 안에 교두보를 마련했다. "은사 갱신 운동"은 캘리포니아 주 반 누이스에 있는 성 마가 감독 교회에서 처음 시작되었다. 그 교회의 목사였던 데니스 베넛은 1960년 부활절을 두 주 앞두고 자신이 오순절 성령 세례를 받았다고 주장했다. (그는 자신과 몇몇 교구민들이 한동안 은밀한 모임을 가졌고, 그러는 동안 방언을 체험했다고 말했다.)

자유주의 감독 교회 지도자들은 베넛 감독의 주장을 환영하지 않았다. 사실, 베넛은 곧 반 누이스 교회에서 파면되었다. 그러나 그는 여전히 감독 교회 교파 내에 머물면서 시애틀에 있는 어느 죽어가는 교회의 목사로 임명되었다. 그 교회는 즉시 성장하기 시작했고, 베넛의 신오순절 운동은 점차 확산되어 영적으로 죽어가는 다른 몇몇 교회에 뿌리를 내렸다. 1960년대 말, 세계 전역에 있는 교회들 가운데 영적으로 죽어가는 교회들이 앞 다퉈 은사주의 교리를 받아들였고, 그 결과 양적으로 크게 성장했다.[5]

오순절 운동의 감정적 체험주의는 정체상태에 머물러 있는 교회들에게 불꽃을 일으켰고, 1970년대에 이르러서는 은사 갱신 운동이 탄력을 받기 시작했다. 1980년대, 풀러신학교의 교수 두 사람이 강의실에서 은사주의 교리를 가르치기 시작했다(풀러신학교는 1970년대에 성경 무오설을 포기했던 복음주의 주류 신학교다).[6] 오순절 운동과 은사주의 신학이 복음주의와 독립 교회 운동에 침투하면서 "제3의 물결 운동"이 나타났다.

은사주의가 교회에 유입된 결과 엄청난 폐해가 발생했다. 근래의 역사 가운데 은사주의만큼 복음의 대의를 훼손하고, 진리를 왜곡하고, 건전한 교리를 파괴한 것은 일찍이 없었다. 은사주의 신학은 복음주의를 오류의 구덩이에 빠뜨렸고, 온갖 거짓 교사들을 양산하는 온상을 마련했다. 은사주의는 참된 예배를 무절제한 감정주의로 전락시켰고, 기도를 주술로 만들었으며, 참된 영성을 비성경적인 신비주의로 오염시켰고, 믿음을 속된 욕망을 이루는 긍정의 힘으로 변질시켰다. 은사 운동은 경험의 권위를 성경의 권위 위에 올려 놓음으로써 교회의 면역 체계를 파괴해 온갖 형태의 이단 사상과 관습을 무비판적으로 받아들이게 만들었다.

간단히 말해, 은사주의 신학은 참된 성경 신학과 해석에 보탬이 되기는커녕 진리를 난도질하는 결과를 낳았다. 은사주의 신학은 성경적 기독교의 일부 특성을 피상적으로 받아들여 교회와의 접근을 시도했지만, 결국에는 항상 건전한 교리를 오염시키고 왜곡시킬 뿐이었다. 이단과 광신과 신성모독을 복음주의 용어를 너덜너덜 기워 맞춘 옷으로 포장해 프랑켄슈타인의 괴물 같은 섬뜩한 변종으로 만들어냈다.

은사 운동은 세계 도처에서 그 지역의 이단적인 종교 사상을 신학에 무분별하게 접목하고 있다. 예를 들어, 아프리카의 오순절 교회들은 주술치료사, 귀신의 영, 조상숭배에 집착하는 민간 신앙을 교회 안에 받아들였다.[7] 은사주의는 "기독교"를 자처하지만 실상은 가짜, 곧 한 가지 오류에서 다른 오류로 끊임없이 변신을 거듭하는 거짓 형태의 영성이다.

이전 세대에만 해도 오순절 운동과 은사 운동은 이단으로 간주되었다. 그러나 지금은 온 세계에서 가장 당당하고, 공격적인 기독교의 일파로 자리 잡았다. 은사주의는 가장 순수하고 강력한 복음을 전하고 있다고 주장한다. 그러나 실제로는 건강과 부의 복음, 곧 성경의 좋은 소식과 양립할 수 없는 메시지를 전하고 있다. 은사주의자들은 자신들의 교리를 반대하는 사람들을 성령을 소멸하고, 거부하며, 근심하시게 만드는 자들, 심지어는 그분을 모독하는 자들로 몰아붙인다. 그러나 은사 운동만큼 더 자주, 더 대담하게 성령의 이름을 더럽히는 운동은 없다.

성령에 관해 가장 많이 말하는 사람들이 그분의 참된 사역을 부인한다는 것은 참으로 큰 모순이 아닐 수 없다. 그들은 인간의 온갖 어리석음이 성령으로부터 비롯하는 것처럼 주장하며, 그분이 행하시는 사역의 참된 목적과 권능(죄인들을 죽음에서 건져내고, 그들에게 능력을 주어 영적으로 승리하게 하며, 그들이 하나님의 가족이 되었다는 확신을 심어주고, 그들에게 인을 쳐 영원한 영광에 이르게 하시며, 장래에 그들에게 영생을 주겠다고 약속하시는 사역)을 무시한다.

성령과 그분의 사역에 관한 거짓 교리를 전하는 것은 신성모독에 해당한다. 그 이유는 성령께서 하나님이시기 때문이다. 그분은 높임과 존귀와 영광을 받으셔야 한다. 성령께서도 하나님이시라는 이유와 그 행하시는 모든 일로 인해 성부와 성자처럼 항상 영광을 받으셔야 하고, 내주하시는 모든 자들로부터 감사와 사랑을 받으셔야 한다. 그러나 그러려면 진리 안에서 그분을 예배해야 한다.

이제 깨어나라

이제는 복음주의 교회가 확고한 태도로 성령의 인격과 사역에 대한 관점을 올바로 회복해야 할 때다. 교회의 영적 건강이 위태롭다. 최근 몇 십 년 동안, 무분별한 은사주의 운동이 복음주의 주류 교단에 침투해 놀라운 속도로 세계 전역에 널리 확산되었다. 은사 운동은 세상에서 가장 빠른 성장세를 이루고 있는 종교 운동이다. 현재 은사주의자들의 숫자는 전 세계적으로 5억 명을 넘어섰다. 우리는 단지 과거에 기독교를 공격했던 사이비 종교나 이단 못지않게 위험한 그들의 폭발적인 성장을 목격하고 있다.

이제는 참 교회가 일어서야 할 때다. 성경적인 복음을 회복하고, 종교개혁의 "오직!"의 원리들에 대한 관심을 새롭게 해야 할 이 때, 나태함에 빠져서는 곤란하다. 성경에 충실한 사람 모두가 분연히 일어나 하나님의 영광을 훼손하는 모든 것을 물리쳐야 한다. 우리는 성령의 교리를 굳게 지켜 진리를 실천에 옮겨야 할 의무가 있다. 우리가 종교개혁자들의 후예라고 주장하려면, 그들이 보여주었던 용기와 확신으로 믿음을 위해 힘써 싸워야 한다. 우리는 힘을 합쳐 하나님의 성령을 욕되게 하는 세력들과 전면전을 펼쳐야 한다. 이 책은 성령의 영광을 위한 싸움에 동참할 것을 요청한다.

아울러 나는 무엇이 성령의 참된 사역인지를 일깨워주고 싶다. 성령의 사역은 서커스처럼 현란하거나 겉만 번지르르하거나 혼란스럽지 않다. 성령의 사역은 대부분 열매가 성장할 때처럼 조용하고 은밀하다. 우리는 그리스도를 높이고, 그분을 찬양하게 하는 것이 성령의 주된 역할이라는 사실을 한시도 잊어서는 안 된다. 성령께서는 우리를 책망하고 꾸짖는 방법으로, 곧 우리의 죄를 깨우쳐주시고, 참된 의가 무엇인지 알려주시어 의로운 재판관이신 하나님 앞에서 책임 있게 살아가게 하시는 방법을 통해 인격적인 차원에서 사역을 이루어나가신다(요 16:8-11).

성령께서는 신자들에게 내주하시어 그리스도를 섬기며 그분을 영화롭게 하도록 이끄시고(롬 8:9), 구원의 확신을 주시며(14-16절), 말할 수 없는 탄식으로 우리를 위해 기도하시고(26절), 우리에게 인을 쳐 그리스도 안에서 우리를 안전하게 보호하신다(고후 1:22, 엡 4:30). 매일 우리에게 임하시어 우리로 하여금 그리스도의 형상을 닮게 하시는 성령의 사역이야말로 우리의 성화의 근원이자 비결이다.

이것이 성령께서 지금 교회 안에서 행하고 계시는 사역이다. 성령 충만한 삶이나 성령께서 이끄시는 삶은 혼란이나 기괴함이나 비이성적인 것과는 전혀 무관하다. 성령의 사역은 거창한 볼거리를 제공하거나 혼란을 조장하지 않는다. 그런 현상이 나타나는 곳에는 성령의 사역이 존재하지 않는다. 왜냐하면 "하나님은 무질서의 하나님이 아니시요 오직 화평의 하나님이시기" 때문이다(고전 14:33, 40). "오직 성령의 열매는 사랑과 희락과 화평과 오래 참음과 자비와 양선과 충성과 온유와 절제니 이 같은 것을 금지할 법이 없느니라(갈 5:22, 23)"라는 말씀대로, 성령께서 이루시는 것은 믿음의 열매다.

이 책을 읽는 동안, 성령께서 각자의 삶 속에서 역사하시는 그분의 참된 사역을 옳게 이해하게 해주시고 성령과 그분의 은사들에 대한 성경적인 관점을 받아들일 수 있게 이끄시어 사람들을 현혹시키는 거짓 영성, 거짓 교리, 거짓 기적에 속지 않게 해주시기를 간절히 기도한다.

오직 하나님께 영광을(Soli Deo Gloria)!

STRANGE FIRE

1부 거짓된 영적 부흥을 경계하라

1장 성령을 욕되게 하지 말라

최근에 우연히 아프리카 뉴스 웹사이트에 실린 논설을 발견했다. 그 글을 읽다보니, 너무나도 솔직하고, 통찰력이 뛰어난 내용에 큰 감명을 받았다. 오순절주의자가 쓴 글이었지만, 자국 내에서 일어나고 있는 은사 운동의 혼란스러운 현상을 날카롭게 비판하는 내용을 담고 있었다.

글쓴이는 "기괴한 성령 임재," 오순절주의의 "이상한 의식"을 개괄적으로 비판한 후 방언의 은사에 초점을 맞추었다. 그는 성령 충만을 받았다는 한 사람을 지켜보고, 그 광적인 광경을 아래와 같이 묘사했다.

그 남자의 몸이 경련을 일으키며 강하게 흔들렸고, 양손도 부들거렸으며, 입에서는 떨리는 음성으로 "예-예-예…예-수…사…사…아…아사 예-수"라는 딱딱 끊어지는 소리를 냈다.

그리고 나서는 "살라바바바바-야지이-발리카"라고 방언을 떠듬거리기 시작했다. 미국의 심리학자 피터 브렌트가 "거듭남의 병적 애착"이라고 일컬은 증상이었다. 어떤 관찰자는 이를 "오순절주의의 성가(聖歌)"라고 명명했다. 최근에 한 정통 교회의 목회자는 "신이 내린 주술사가 검은 깃털 뭉치를 손에 들고 딱딱 끊어지는 소리로 '시리-보-보-보'라고 더듬거리는 것과 거듭난 기독교인이 성령이 임하셨다면서 성경을 들고 "살라-바-바-바-살라발리카'라고 말하는 것이 과연 무슨 차이가 있을까?"라고 물었다.[1]

이 수사학적 질문은 우리에게 긴 여운을 남긴다. 이 글을 쓴 이는 계속해서 어느 오순절 교회의 예배 상황을 신랄하게 설명한다. 그는 "성령이 임하셨다면서 기도를 드리는 사람들, 특히 일부 여성들이 자유로운 메뚜기들처럼 한 발로 깡충깡충 뛰기 시작했고, 다른 사람들은 바닥을 뒹굴면서 의자들을 뒤집어엎었다. 질서와 규율은 종적을 감추었고, 아수라장 같은 떠들썩한 난장판이 펼쳐졌다"라고 말했다. 그는 도무지 이해할 수 없다는 투로 "이것이 과연 성경이 가르치는 하나님을 섬기는 방법일까?"라고 물었다. 다시금 대답 없는 수사학적 질문을 남겼다.

아울러, 글쓴이는 불과 몇 주 전에 있었던 오순절주의 기도 모임에 관한 이야기를 전한다. 그곳에서 "성령 충만한" 한 여성이 황홀경에 빠져 쓰러지면서 방언을 말하고 있는 한 소년을 넘어뜨렸다. 그 소년은 의자에 얼굴을 부딪힌 뒤에 일어나더니 피가 흐르는 입술을 훔치면서 자국어로 "오, 대체 왜?"라고 푸념했다.

이 사건은 대답할 수 없는 물음을 더 많이 제기한다. 글쓴이는 "방언을 말하게 한 영이 순식간에 떠나고 피가 흐르는 입으로 자국어를 말하게 한 이유"를 궁금해했다. 그러나 더 중요한 것은 그가 "성령께서 그런 신체 상해에 대해 어떻게 책임지셔야 하는가?"를 알고 싶어했다는 것이다. 그는 이렇게 말했다. "이 일은 구경꾼들과 걱정스런 표정을 한 방문자들의 눈 꼬리가 치켜 올라가게 만들었다. 모두들 '어떻게 한 사람에게 역사하시는 성령이 또 다른 사람에게 역사하시는 성령을 넘어뜨려 상처를 입히게 만드셨을까?" 그들이 당혹스러워한 이유는 충분히 이해할 수 있다. 하나님의 성령께서는 자기 백성에게 해를 입히지 않으신다. 이 점을 기억한다면, "저런 일의 배후에 성령께서 계시지 않는다면, 과연 누가 있단 말인가?"라고 의아해하지 않을 수 없다.

이것은 아프리카에서 일어난 일이지만, 이를 묘사한 내용은 세계 전역에 퍼져 있는 오순절주의와 은사 운동의 실상을 정확하게 드러낸다. 예를 들어, 1986년 9월에 베니 힌 목사의 집회 장소에서 어떤 사람이 "성령으로 쓰러지는" 바람에 한 여성이 상처를 입고, 결국에는 그 후유증으로 목숨을 잃는 사태가 발생했다. 좀 더 최근에는 일리노이 주에 사는 한 미국 여성이 다른 교구민이 "성령의 능력"에 의해 뒤로 넘어져 자신에게 상처를 입혔다면서 교회를 상대로 소송을 제기했다.[2]

글쓴이가 제기한 질문들은 모든 신자, 특히 은사주의 교회에 속한 사람들 모두가 던져야 할 질문이 아닐 수 없다. 현대의 방언이 이방 종교의 관습과 비슷한 이유는 무엇인가? 어떻게 질서의 하나님이 혼란과 무질서를 통해 영광을 얻으실 수 있는가? 성령께서는 과연 사람들을 마치 볼링 핀처럼 쓰러뜨리시는가? 무분별한 은사 운동은 왜 성령을 그분과 무관한 모습으로 변형시키는가? 그런 난장판의 배후에 성령께서 계시지 않으신다는 사실을 깨닫는 순간, 사람들은 과연 어떻게 될까?

성령을 욕되게 하는 행위

성령의 사역을 강조하고 존중한다는 운동이 실제로는 그분을 멸시하고 비하시키니 참으로 어처구니없는 이율배반이 아닐 수 없다. 은사주의자들은 종종 하나님의 성령을 능력이나 감정으로 축소하는 것처럼 보인다. 그들의 기괴한 행위와 과장된 주장은 성령을 어처구니없는 분으로 보이게 만든다. 거룩한 인격을 지니고 계시는 성령의 주권적인 영광이 인간의 상상이 빚어낸 허구적인 모습으로 대체된다. 텔레비전 전도자, 신앙 치료사, 선지자를 자처하는 사람, 번영 신학을 외치는 설교자들은 성령의 이름을 내세우면서 동시에 그분의 이름을 욕되게 하고 있다.

은사주의자들 가운데서 끊임없이 드러나는 사기 협잡과 추문들은 그 횟수를 이루 다 헤아리기 어렵다. 『카리스마』의 논설위원으로 활동하는 리 그래디는 『크리스차니티 투데이』에서 "은사주의는 최근에 많은 유력한 지도자들이 이혼이나 부도덕한 행위를 일삼는 탓에 뿌리째 흔들리고 있다. 내가 알고 있는 은사주의자들 가운데는 그런 현실 때문에 고민하는 이들이 많다. 그들은 깊은 자성과 회개를 통해 유명인을 앞세운 피상적인 기독교가 은사 운동을 더 이상 지배하지 못하도록 해야 할 때가 되었다고 생각한다"라고 말했다.[3]

은사주의 가르침의 근본 주장 가운데 하나는 은사주의자들이 일반 신자는 가질 수 없는 영적 능력, 곧 거룩하게 될 수 있는 능력을 지닌다는 것이다. 그들은 은사 경험을 한 사람들은 성령 세례를 받았기 때문에 초자연적인 능력을 통해 복종할 수 있고, 거룩하게 살 수 있고, 성령의 열매를 맺을 수 있는 능력을 갖추었다고 주장한다. 그들의 주장이 사실이라면, 은사주의자들은 겉만 번지르르한 것이 아니라 실제로 그리스도를 닮은 지도자들을 배출해야 마땅하다. 즉, 도덕적인 실패나 경제적인 사기나 공개적인 추문들이 비교적 드물어야 한다.

그러나 지난 30년 동안, 그리스도의 이름을 욕되게 한 유명한 목회자와 텔레비전 전도자들 가운데 짐 배커, 지미 스와가트, 테드 해거드, 토드 벤틀리와 같은 은사주의자들이 다수를 차지했다. 인기 있는 웹사이트 "위키피디아"는 "복음주의 기독교인들을 포함하는 추문 목록"이라는 자료에서 공공연히 수치를 당한 저명한 기독교 지도자 50인을 공개했다. 그들 가운데 최소한 35명이 오순절주의와 은사주의 배경을 지니고 있다.[4] "위키피디아"의 자료는 이들 모두에게 차별 없이 "복음주의자"라는 교리상의 호칭을 적용하는 것으로 보아서는 그다지 권위적이라고 할 수 없지만, 대중의 인식을 드러내는 지표로서는 매우 정확하다고 인정하지 않을 수 없다. 도덕적 실패든 경제적 부정이든, 은사주의 지도자들이 비리를 저지르면, 복음주의 전체가 오명을 뒤집어쓰게 된다. 더 중요하게는 그리스도의 명예가 실추되고, 하나님의 성령께서 모욕을 당하신다.

은사주의의 기괴한 교리와 행동은 이제는 너무나도 흔해빠진 일이 되었기 때문에 더 이상 세간의 뉴스거리가 되지 못한다. 이상한 말을 지껄이는 것, 뒤로 넘어지는 것, 주체할 수 없는 웃음을 터뜨리는 것, 바닥에서 몸부림치는 것과 같은 비성경적인 행동들이 성령의 역사를 입증하는 증거로 간주된다. "유튜브"에 보면, 신성을 모독하는 은사주의의 터무니없는 행동들이 셀 수도 없이 많이 올라와 있다. 은사주의 신자들은 소위 "성령의 호키 포키(Holy Ghost Hokey Pokey)"에 맞춰 몸을 흔들어대고, "성령에 취한 듯" 행동하며(마치 성령께서 보이지 않는 마리화나라도 되시는 것처럼 그분을 흡입해 황홀경에 빠져드는 척한다), 여성들은 아이를 낳기라도 하듯 바닥에서 몸부림친다.[5] 과거에 오순절 교회에서 뱀을 다루었던 것에 비하면 비교적 의식이 조금 유화된 것처럼 보인다(20세기 초 일부 오순절 교회에서 마가복음 16장 17, 18절과 누가복음 10장 19절을 근거로 예배 도중에 실제로 뱀을 손으로 다루는 의식이 시작되었다—역자 주).

이 모든 것은 터무니없다. 그런데도 뻔뻔스럽게도 마치 성령께서 혼란의 원인자요 무질서의 주체이신 것처럼 그 모든 것을 그분의 역사로 간주한다. 은사주의 저술가들은 "급격한 전기 충격"과 같은 말로 성령의 임재를 묘사한다.[6] 그들은 "전기에 감전된 듯한 얼얼한 느낌이 발끝에서부터 다리를 타고 머리까지 올라왔고, 팔을 타고 내려가 손가락 끝에까지 이르렀다"라고 말한다.7 이런 표현이 성경에 전혀 나타나 있지 않다는 사실을 잊어서는 안 된다. 성경은 사탄도 표적과 기사를 행할 수 있다고 경고한다. 얼얼한 느낌, 황홀경, 떨림과 같은 현상이 마귀가 역사하는 증거라면, 대체 어떻게 해야 한단 말인가? 그런 현상 가운데 음울하고, 기괴하고, 요란한 특성을 지닌 것이 큰 비중을 차지하는 것을 보면, 그런 우려가 느껴지는 것도 전혀 무리가 아니다.

심지어는 격렬한 공격 행위도 성령의 이름으로 인정된다. 케니스 해긴은 한 여성을 치유한다는 핑계로 그녀의 복부를 힘껏 가격했다. 그는 하나님이 그렇게 하라고 지시했다고 말했다. 로드니 하워드 브라우니는 귀머거리 남자를 손바닥으로 세게 쳐 바닥에 넘어뜨렸고, 베니 힌은 종종 사람들을 격렬하게 넘어뜨린다. 그는 때로는 마력을 발휘하기라도 하듯 사람들에게 겉옷이나 손을 흔들어 그들을 쓰러뜨리기도 하고, 때로는 상당한 힘을 가해 그들을 뒤로 넘어지게 만든다. 한 나이든 여성이 그 과정에서 중상을 입은 사건이 발생했지만, 그는 집회를 할 때마다 그런 식의 행동을 조금도 자제하지 않는다.8 상상을 초월하는 터무니없는 행동들이 성령의 역사로 치부되고 있다. 예를 들어, 토드 벤틀리라는 은사주의자는 자신의 과격한 치유 행위를 다음과 같이 정당화했다.

내가 "하나님, 백 명의 지체 장애인들을 고쳐달라고 기도했는데 한 사람도 치유되지 않았습니다"라고 말하자 그분은 "그래, 바로 그것이 내가 너로 하여금 불구가 된 저 여성의 다리를 붙잡아 야구 방망이처럼 연단 위에 꽝꽝 내리치게 하기를 원하는 이유란다"라고 말씀하셨다. 나는 자리에서 일어나 그녀의 발을 붙잡고 꽝꽝 내리치기 시작했다. 나는 그녀의 다리를 연단 위에 내려쳤다. 그러자 그녀는 고침을 받았다. 내가 "하나님의 능력이 왜 역사하지 않을까?"라고 고민하자 하나님은 "그 이유는 네가 저 여성의 얼굴을 발로 차지 않았기 때문이다"라고 말씀하셨다. 연단 바로 앞에서 예배를 드리는 한 나이든 여성이 눈에 띄었다. 성령께서 내게 말씀하셨고, 믿음의 은사가 내게 임했다. 그분은 "그녀의 얼굴을 네 오토바이 부츠로 걷어차거라"라고 말씀하셨다. 나는 그녀에게 가까이 다가가 세게 걷어찼다. 내 부츠가 그녀의 코에 부딪히는 순간, 그녀는 하나님의 능력 아래 쓰러졌다.[9]

이런 터무니없는 주장에도 불구하고, 벤틀리는 2008년 레이크랜드 부흥회에서 역할을 맡았다는 이유로 피터 와그너 같은 은사주의 지도자로 추앙받았다.[10] 그의 사역은 한 여성 직원과의 부적절한 관계를 맺은 것이 알려지면서 잠시 중단되었지만, 그는 곧 이혼과 재혼의 절차를 거친 뒤에 다시 전임 사역자의 신분으로 되돌아갔다.

베니 힌은 1990년대에 성령을 무기로 삼아 자신을 비판하는 자들을 공격하겠다고 위협함으로써 세간의 화제를 불러일으켰다. 그는 "트리니티 방송사"의 "프레이즈 어 돈(Praise-a-Thon)"을 통해 장광설을 늘어놓으며, "우리를 비판하는 사람들은 저능아들이다. ……나는 성경에서 말씀을 찾았지만 발견할 수가 없었다. 내가 찾는 구절은 '그들이 싫거든 죽여버려라'라는 말씀이다. 그런 말씀을 찾을 수만 있다면 더 바랄 것이 없겠다. ……때로는 하나님이 내게 성령의 자동 소총을 쥐어주시며 그들의 머리를 날려버리라고 하셨으면 하는 마음이 굴뚝 같다."[11]

베니의 아내 수잔은 남편만큼 적대적이지는 않지만, 몇 년 뒤에 매우 생생하면서도 부적절한 말로 성령을 묘사해 대중매체의 조명을 받았다. 그녀는 격한 몸짓으로 연단 위를 서성거리며 이렇게 말했다. "내 엔진이 지금 회전하고 있습니다. 빠르게 회전하고 있어요. 여러분의 엔진은 어떤가요? 여러분의 엔진이 회전하고 있지 않다면, 그 이유를 아나요? 여러분의 엔진이 빠르게 회전하고 있지 않다면, 무엇이 필요한지 아나요? 여러분의 항문에 성령의 관장기를 집어넣는 것이 필요합니다. 하나님은 그 외의 것은 아무것도 용납하지 않으실 거예요."[12] 그녀의 기괴한 말은 나중에 "코미디 센트럴"의 "데일리 쇼"를 통해 방송되었다. 힌의 변호사들은 명예 훼손으로 고소하겠다고 으름장을 놓았지만 아무 소용이 없었다. 그녀는 스스로를 웃음거리로 만들었다. 그러나 실제로 명예를 훼손당한 분은 성령이셨다.

"믿음의 말씀" 설교자들

은사 운동은 성삼위 하나님 가운데 삼위이신 성령을 높인다고 주장한다. 그러나 실상은 성령을 여흥거리로 만들었다. 그런 신성모독과 불경한 행위가 일부 교회의 신자들에게만 국한된다고 해도 큰 죄가 아닐 수 없는데 온갖 출판물과 라디오와 텔레비전을 통해 끊임없이 세계 전역으로 퍼져나간다. 전에 오순절 운동에 참여했던 케니스 존스는 이렇게 말했다. "과거에는 그런 불행한 지도자들의 영향력이 뚜렷한 한계를 지니고 있었다. 성경의 메시지를 왜곡하는 그들의 행위가 지역의 한 교회나 대학이나 신학교 강의실이나 책이나 라디오 프로그램에서 이루어지는 설교만 통해 전파되었지만, 최근 3, 40년을 지나면서 텔레비전 때문에 상황이 크게 바뀌었다."[13]

유명한 텔레비전 설교자들의 영향 아래 많은 은사주의자들이 주권자이신 하나님의 성령을 마치 자신들의 노예, 곧 모든 명령을 수행하는 하늘의 집사처럼 다루고 있다. 그들의 가르침은 2006년에 국제적인 베스트셀러로 인기를 모았던 『시크릿』을 통해 전파된 뉴에이지 사상과 사실상 큰 차이가 없다. 론다 번은 "당신이 우주의 주인이다. 우주의 요정은 당신을 섬기기 위해 존재한다"라고 말했다. 번은 또한 "우주의 요정은 '당신의 소원이 곧 내게 주어지는 명령입니다'라고 말한다"라고 썼다. 조지 데이비스가 지적한 대로, 번은 "인격적이고 주권적인 하나님이 아니라 인간의 생각이 우주를 다스리고, 사람들과 상황과 사건들을 조종해 인간의 소원을 이룬다고 주장한다."[14]

은사주의를 지지하는 텔레비전 전도자와 인기 있는 목회자들도 그와 비슷한 메시지를 전한다. 그것은 물질적인 번영을 강조하는 그릇된 복음에 지나지 않는다.

이 그릇된 복음은 "믿음의 말씀(Word of Faith)"이라는 교리로 널리 알려져 있다. "믿음의 말씀"이란 믿음만 충분하다면, 무슨 말을 하든 그대로 이루어진다는 신념을 뜻한다.

케니스 코플랜드는 "신자는 예수님의 이름으로 명령할 수 있는 권한을 지닌다. 말씀 위에 굳게 선다면, 하나님께 명령을 내릴 수 있다"라고 말했다.[15] 프레드 프라이스는 자신의 추종자들에게 소심하게 굴거나 삼가지 말고 무엇이든 하나님께 요구하라고 가르친다. 그는 이렇게 말했다. "'주님의 뜻이라면'이라고 말하거나 '주님의 뜻이 이루어지기를 바랍니다'와 같은 말을 하는 것은 하나님을 바보로 취급하는 것이다. 하나님은 구하라고 말씀하셨다. ……하나님이 내게 주기를 원하시는 것을 주신다면, 내가 굳이 무엇을 구할 필요가 없을 것이다."[16]

이런 유형의 은사 운동이 널리 영향을 미치며 매우 빠르게 확산되고 있다. 간단히 말해, "믿음의 말씀"을 가르치는 자들은 은사 운동의 확산을 주도하고 있다. 그들이 전하는 번영 신학은 예수 그리스도의 참된 복음과 아무 상관이 없다. 그들은 잡스런 영지주의와 공상적인 사이비 종교에서 추출한 거짓 교리를 가미한 미신을 기독교의 상징과 언어로 포장해 퍼뜨리고 있다. 그들이 전하는 기독교는 진정한 기독교가 아니다.

"믿음의 말씀" 교리와 번영 신학을 받아들이는 사람들에게 "성령은 한갓 성공과 번영을 이루는 마술적인 능력에 지나지 않는다."[17] 한 저술가는 이렇게 말했다. "그들은 신자에게 하나님을 이용하라고 가르치지만, 성경적인 기독교의 진리는 그와 정반대로 하나님이 신자를 이용하신다고 가르친다. '믿음의 말씀'이나 번영 신학은 성령을 신자의 소원을 이루는 데 사용하는 능력으로 간주한다. 그러나 성경은 성령을 신자에게 능력을 주어 하나님의 뜻을 행하게 하시는 분으로 가르친다."[18]

번지르르한 말을 늘어놓는 텔레비전 전도자들은 믿음만 충분히 있으면 부와 건강을 무한정 누릴 수 있다고 약속한다. 그들은 특히 자기들에게 후원금을 바치는 사람들에게 그렇게 약속한다. 그들은 프로그램에 출연할 때마다 그 약속을 믿고 "씨앗을 심으면" 하나님이 부자로 만들어주실 것이라고 말한다.

텔레비전을 이용해 은사주의 교리를 퍼뜨리는 데 앞장서는 오럴 로버츠는 이것을 "씨앗 신앙 계획(Seed faith Plan)"이라고 일컬었다. 은사 운동을 펼치는 텔레비전 전도자들은 로버츠의 "씨앗 신앙 계획"이나 그와 비슷한 말로 시청자들을 현혹시켜 그들의 여력을 넘어서는 후원금을 우려내고 있다.[19]

"트리니티 방송사"의 설립자이자 대표인 폴 크라우치는 번영 신학의 가장 철저한 옹호자 가운데 한 사람이다. 그는 2011년 트리니티 방송사 기금 모금을 위한 서신에서 "예수님이 약속하신 영광스러운 보상을 기대하며 헌금하세요. 빚 청산이든 일자리든, 가정이든 배우자든, 하나님께 원하는 것이 있다면 무엇이든 말해 그 씨앗을 심으세요"라고 적었다.[20]

그의 또 다른 서신은 다음과 같은 말로 끝을 맺었다. "연료 구입 비용과 다른 모든 비용이 대부분 바닥났다는 것을 알고 있습니다. 그러나 '주라 그러면 주실 것이다'라는 예수님의 말씀을 기억하세요."[21] 『로스앤젤레스 타임즈』에 실린 기사는 크라우치의 견해를 이렇게 요약했다.

폴 크라우치 목사는 이를 "하나님의 경제 법칙"이라고 부른다. 이 법칙의 의미는 다음과 같다. "크라우치의 트리니티 방송사에 기부금을 바치는 사람들은 이를 고맙게 여기는 하나님으로부터 경제적인 축복을 받게 될 것이다. 트리니티 방송사에 기부금을 더 많이 바칠수록 하나님이 더 많은 물질 축복을 허락하실 것이다. 파산했거나 빚을 지고 있다는 이유로 기부금을 바치지 않아도 될 것이라고 생각해서는 안 된다. 오히려 지금이 가장 좋은 기회다. 왜냐하면 하나님은 여유가 전혀 없는데도 기꺼이 바치는 사람들에게 특별히 관대하시기 때문이다." 크라우치는 지난 11월의 텔레비전 방송에서 "하나님이 수천, 수십만 달러를 주실 것입니다. 수백만, 수억만 달러를 주실 것입니다"라고 말했다.[22]

사실, 번영 신학은 크라우치를 비롯해 이 피라미드 조직의 꼭대기에 있는 사람들에게만 완벽한 기능을 발휘한다. 시청자들은 많은 기부금을 보낸다.[23] 투자에 대한 보상이 없으면, 거짓말을 한 책임이 하나님께 돌아간다.

베니 힌의 집회에 참석한 사람들이 병 고침을 받지 못하고 실망하는 경우, 그는 아무 책임도 지지 않는다. 그는 "나는 단지 그들을 위해 기도했을 뿐이오. 하나님과 사람들 사이에 일어나는 일은 그분과 그들 사이의 문제요"라고 말한다.[24] 구했던 기적이 실제로 이루어지지 않는 때는 기부금을 보낸 사람들의 믿음이 부족한 탓으로 돌린다.

케니스 해긴은 자신의 책에서 자신이 행한 치유 가운데 대부분이 기껏해야 일시적이거나 아니면 한갓 착각에 지나지 않았다는 것을 암묵적으로 시인했다. 그는 그런 사실을 병 고침을 구한 사람의 믿음이 부족한 탓으로 돌렸다. 그는 "자신이 가지고 있는 것을 굳게 잡을 만큼 충분한 믿음을 갖지 못하면, 마귀가 그것을 빼앗아 갈 것이다"라고 말했다.[25] 이런 식의 가르침은 실망, 낙심, 슬픔, 분노는 물론, 궁극적으로는 불신앙을 조장한다. 기부금을 긁어모으려는 욕구가 더욱 거세질수록 거짓 약속도 더욱 과장된다.

이들은 믿음과 관대함으로 위장한 사기 협잡으로 탐욕스런 자들을 갈취하고, 절망적인 자들을 현혹한다.[26] 이들은 하나님의 성령을 사기의 영으로 대체한다. 그럼에도 불구하고 거짓 희망을 전하는 메시지는 매우 큰 인기를 누리고 있다. 그 이유는 쉽게 이해할 수 있다. 육체적인 건강과 물질적인 부요와 편안한 삶이 사람들의 육신적인 생각과 일치하기 때문이다. 진정으로 영적인 것은 아무것도 없고, 온통 육신을 부추기는 내용뿐이다.

조엘 오스틴과 같은 다소 온건한 번영 신학 설교자들은 온화한 낯빛으로 교묘하게 설교한다. 그러나 하나님이 우리의 꿈을 실현시켜주시기 위해 존재하신다는 근본 메시지는 여전히 동일하다. 마이클 호튼은 이 점을 분명하게 지적했다. "오스틴은 내용은 조금 덜 극단적이지만 오늘날 미국에서 인기를 구가하는 종교의 특성을 대부분 그대로 유지하는 것처럼 보이는 다양한 도덕적, 치유적 이신론(理神論)을 대변한다. 이 종교는 '하나님은 우리와 우리의 행복을 위해 존재하신다. 그분은 우리가 삶에서 얻기 원하는 것을 얻을 수 있는 규칙과 원리를 제시하신다. 그런 규칙과 원리를 따르면 원하는 것을 가질 수 있을 것이다. 단지 믿음으로 말하기만 하면 번영을 누리게 될 것이다'라고 가르친다."[27] 마케팅의 관점에서 보면, 이것은 매우 효과적인 공식이다. 백지수표와도 같은 건강과 부의 약속 위에 긍정적인 사고라는 공허한 원리와 천박한 진부함을 조금 곁들이면 신뢰도가 크게 상승해 책들이 팔려나간다. 그러나 그것은 순전한 사기일 뿐, 성경적인 기독교와는 아무 관련이 없다.

"믿음의 말씀" 설교자들은 탐욕과 물질주의와 자기 확대의식의 복음을 판매함으로써 그릇된 신학을 통해 수지맞는 장사를 하고 있다. 그들은 성경을 왜곡하거나 하나님으로부터 새로운 계시를 받았다고 주장하면서 자신들의 그릇된 가르침을 사실처럼 말한다. 어떤 사람들은 신자들이야말로 세속적인 욕망을 실현시킬 수 있는 "작은 신들"이라고 가르치기까지 한다.[28]

폴 크라우치는 전국적인 텔레비전 방송을 통해 반대론자들을 향해 이렇게 말했다. "나는 작은 신이다. 나는 하나님의 이름을 지니고 있다. 나는 그분과 하나다. 나는 언약의 관계를 맺었다. 나는 작은 신이다. 비판자들아 물러가라!"[29] 케니스 코플랜드도 청취자들에게 그와 비슷한 말을 전했다. 그는 "여러분은 모두 신입니다. 하나님이 여러분 안에 거하시는 것이 아닙니다. 여러분 자신이 곧 신입니다. 여러분은 하나님의 본질을 소유하고 있습니다"라고 말했다.[30]

더욱 최근에는 텔레비전 전도자 크레플로 달러가 코플랜드와 크라우치의 가르침을 그대로 전했다. 그는 "내가 말하고 싶은 것은 우리가 이 세상에서 신들이라는 것입니다. 이제는 우리가 무기력한 인간들을 대신해 신처럼 행동해야 할 때가 되었습니다"라고 말했다.[31] 이런 신성모독적인 교만은 "마귀적"이라는 단 한마디로 압축할 수 있다(창 3:5 참조).

"믿음의 말씀" 설교자들은 스스로를 신으로 격상시키면서 참되신 하나님의 주권을 부인한다.[32] 마일스 먼로는 트리니티 방송 시청자들에게 "하나님은 세상에서 인간의 허락 없이는 아무것도 하실 수 없습니다"라고 말했다.[33] 트리니티 방송사에서 매일 "복음의 진리"라는 쇼를 진행하는 앤드류 워맥은 하나님이 아담과 인류에게 권위를 위임하셨기 때문에 그분은 세상에서 모든 권위를 잃어버리셨다고 주장했다. 그의 말에 따르면, 성령께서는 예수님의 성육신을 이루실 능력이 없으셨고, 인간이 올바른 믿음의 말을 통해 성육신을 가능하게 만들 때까지 기다리셔야 했다고 한다.

워맥은 2009년 방송에서 시청자들에게 "예수님이 역사에 등장하시기까지 4,000년이 걸린 이유는 하나님이 주 예수님의 육체를 창조하시기 위해 자기에게 복종할 사람들, 곧 하나님의 영감으로 주어진 말을 하고, 들어야 할 필요가 있는 말을 전해줄 사람들의 숫자를 충분히 확보하셔야 했기 때문입니다. 성령께서는 그 말들을 받아 마리아를 임신하게 만드셨습니다"라고 말했다.[34] 이것은 성경에 전혀 근거가 없는 이단 사상으로, 왜곡된 상상에서 비롯한 것이다. 이런 가르침은 마치 하나님이 죄인인 인간의 도움을 빌려 성자를 세상에 보내신 것처럼 말함으로써 성령을 모독한다.

이런 사례들은 얼마든지 언급할 수 있다. 은사주의 내에서 성령을 모독하는 행위는 이례적인 일이 아닌 일상이 되었다. 피터 마스터스는 이런 경향을 정확하게 묘사했다.

> 은사주의자들은 놀라울 정도로 빠른 속도로 하나의 극단에서 또 하나의 극단으로 치우쳤다. 그 결과, 우리는 오늘날 완전한 혼란 상태에 직면했다. 은사주의 공동체에 소속된 많은 사람이 이방 종교에서 비롯한 사상과 관습을 받아들였고, 감수성이 예민한 젊은 신자들 가운데 다수가 그 과정에서 영적으로 오염되었다. 대중 최면술사의 교묘한 속임수와 고대의 점술 행위를 결합시킨 치료사들이 나타났고, 많은 사람이 그들을 따르고 있다.[35]

이런 말이 약 20년 전, 곧 내가 『무질서한 은사주의』를 집필할 무렵에 쓰어졌다는 사실은 매우 의미심장하다.[36] 그 후로 상황은 줄곧 더욱 심하게 악화되었다.

번영 신학의 뻔뻔한 속임수

번영 신학이라는 뻔뻔스런 물질주의와 자기중심주의를 비롯해 온갖 종류의 속임수와 신학적 오류 및 노골적인 사기행각이 은사주의 내에 둥지를 틀고 있다. 그러나 어떤 사람들은 그런 이단적인 요소들이 은사 운동의 진영 내에 있는 일부 광신자들이 빚어낸 실수에 지나지 않을 뿐이라고 생각한다. 온건한 은사주의자들은 번영 신학의 설교자, 믿음 치료사, 텔레비전 전도자들을 은사주의 변두리에 고립되어 있는 소수에 불과하다고 생각하기를 좋아한다.

그러나 불행하게도 그런 생각은 잘못되었다. 종교 방송과 은사주의 대중 매체를 통해 세계 전역에 전달되는 메시지가 수많은 사람들을 현혹하고 있는 관계로 변두리에 고립되어 있다는 그 소수가 이제는 당당히 주류의 반열에 올랐다. 이런 상황을 지켜보는 세상 사람들은 그들의 머리 모양만큼이나 우스꽝스런 이단 사상을 가르치는 현란한 거짓 교사들을 기독교의 진정한 대변자로 받아들이고 있다. 그들은 성령의 이름으로 온갖 거짓을 유포하고 있다.

종교 방송을 생각하면, 사탄이 공중(공중전파)의 권세를 잡은 자라는 말이 참으로 실감난다. 트리니티 방송사와 같은 방송사들이 아니었다면, 거짓 예언과 그릇된 교리와 고약한 미신과 어리석은 주장들이 버젓이 공중전파를 타고 방송되지 못했을 것이다. 잰 크라우치는 눈물을 글썽이며 자신이 애완용으로 기르는 병아리가 죽었다가 다시 살아났다는 공상적인 이야기를 들려주었다.[37] 베니 힌은 한 술 더 떠서 트리니티 방송 시청자들이 숨진 사람들의 관을 텔레비전 앞에 갖다놓고 시신의 손을 화면에 닿게 하면 "수천 명씩 다시 살아날 것"이라는 기괴한 예언을 전했다.[38]

트리니티 방송사를 통해 방송하려고 한다면 굳이 정통 삼위일체 신앙을 지녀야 할 필요가 없다. "사도적 오순절파(Oneness Pentecotalism, 하나의 신이 상황에 따라 성부와 성자와 성령으로 나타난다는 양태론을 주장하는 오순절파 - 역자 주)"와 관계 있는 제이크스 감독은 트리니티 방송사의 주요 출연진이다.[39] 베니 힌은 나중에 철회했지만 트리니티 방송 청취자들에게 신성 안에는 모두 아홉 인격이 존재한다고 말한 것으로 유명하다.[40]

세상에서 가장 큰 텔레비전 종교 방송사인 트리니티 방송사는 70개 위성을 이용한 18,000개 텔레비전 채널과 제휴 케이블을 통해 하루 24시간 일주일 내내 방송 프로그램을 100개 국 이상의 나라에 전송하고 있다.[41] 트리니티 방송사의 인터넷은 훨씬 더 많은 나라에까지 전파된다. 트리니티 방송사는 성령의 능력으로 "혼란한 세상에 복음의 소망"을 전하고 있다고 주장한다.[42] 그러나 그것은 거짓 복음의 거짓 소망에 지나지 않는다. 그 방송사에서 유명세를 누리는 출연자들은 모두 번영 신학을 옹호하고, 청취자들에게 기부금을 바치면 하나님이 그에 대한 보상으로 병 고침과 부를 비롯해 여러 가지 유형적인 축복을 베풀어주실 것이라고 말한다. 비단 트리니티 방송사만이 이런 일을 저지르는 것은 아니다. "데이스타 방송사"와 "레시 방송사"와 같은 트리니티 방송사의 주된 경쟁사들도 "믿음의 말씀" 설교자들이 활동할 수 있는 무대를 제공하고 있다.

사정이 이러하니 건강과 부를 강조하는 번영 신학이 온 세상을 폭풍우처럼 휩쓸고 있는 것이 당연하지 않겠는가?[43] 전문가들은 아시아, 아프리카, 라틴 아메리카 등 세계의 3분의 2에 해당하는 지역에서 은사 운동이 전례 없는 속도로 성장하고 있고, 오순절주의와 은사주의를 신봉하는 사람들 가운데 절반 이상이 번영 신학을 믿고 있는 것으로 추정한다. 폴 알렉산더는 번영 신학의 확산에 대해 이렇게 말했다. "오순절주의의 번영 신학은 풍요의 시대에 가난에 허덕이는 기독교인들의 관심을 사로잡고 있다. 번영 신학은 하나님을 믿는 믿음이 있으면 경제적으로 안정된 삶을 살아갈 수 있다고 가르친다. 나이지리아, 남아프리카, 인도, 필리핀에 있는 오순절주의자들과 은사주의자들 가운데 90퍼센트 이상이 '충분한 믿음만 있으면 하나님이 물질적 번영을 허락해주실 것'이라고 믿고 있다."⁴⁴

존 앨런은 이렇게 설명했다.

> 아마도 오순절주의의 가르침 가운데 가장 논란이 많은 것은 이른바 "번영 신학"일 것이다. 번영 신학은 하나님이 충분한 믿음을 가진 자들에게 물질적 번영과 육체의 건강을 허락해주신다는 신념을 가르친다. 어떤 분석가들은 번영 신학에 초점을 맞춘 "신(新)오순절주의"와 병 고침이나 방언과 같은 성령의 은사를 강조했던 "고전적 오순절주의"를 구별한다. 그러나 "퓨포럼(Pew Forum)"의 조사 자료에 따르면, 번영 신학은 모든 오순절주의의 근본 성격에 해당한다. 대다수 나라들의 오순절주의자들 가운데 90퍼센트 이상이 그런 신앙을 지니고 있다.⁴⁵

사실, 은사주의 신학의 급속한 팽창은 번영 신학이 큰 인기를 누리고 있기 때문이다. 회심이 아니라 물질적인 소유⁴⁶와 육체의 건강을 강조하는 것은 죄를 깨닫게 하시는 성령의 사역과는 거리가 멀다. 하비 콕스는 오순절주의가 전 세계로 확산되는 것을 관찰하고 이렇게 말했다.

"오순절주의자와 은사주의자들은 '방언,' 또는 '영의 기도'로 알려진 황홀경의 발언과 감정을 자극하는 예배로 유명하다. 또한 그들은 그 외의 관련 현상들, 곧 심리학자들이 '몽환,' 또는 '가수(假睡) 상태'로 일컫는 현상들을 그 특성으로 한다. 그러나 이 책이 분명하게 보여주는 대로, 대다수 사람들의 관심을 사로잡을 뿐 아니라 다른 무엇보다 그들의 특성을 더 잘 드러내는 것은 병 고침, 즉 마음과 육체와 영을 '온전하게 하는 것'을 제공한다는 것이다. 치유의 행위는 은사 운동의 필수불가결한 요소일 뿐 아니라 종종 새로 불러 모은 사람들을 그 운동의 다른 차원으로 끌어들이는 발판으로 작용한다."[47]

대한민국의 조용기(데이비드) 목사(그의 교회는 교인들이 80만 명이 넘는다고 주장한다)에서부터 나이지리아의 에녹 애더보이 목사(그의 교회가 매달 개최하는 기도회에는 30만 명의 인파가 참석한다)에 이르기까지 은사주의의 교회들 가운데 규모가 가장 크고, 가장 빠른 성장세를 이루고 있는 교회들은 한결같이 그런 형태의 메시지를 전하고 있다.[48] 오순절주의 역사가 빈슨 사이넌은 신자들의 숫자가 급격하게 늘어나는 것에 고무되어 "일반적으로 '번영 신학,' 또는 '믿음의 말씀 운동'으로 알려진 이 운동은 이제 전 세계적으로 열광적인 신자를 거느린 국제적인 세력으로 성장했다. 케니스 코플랜드, 조용기, 라인하르트 본케와 같은 인기 있는 교사요 복음전도자들의 인도 아래 은사주의의 가르침은 교회 역사상 가장 규모가 큰 교회들과 복음전도 운동에 지대한 영향을 미치고 있다"라고 말했다.[49] "믿음의 말씀 운동"은 세계적인 성공을 거둠으로써 오순절-은사주의 운동을 세계에서 가장 빠르게 성장하는 종교 운동으로 이끌었다.[50]

물론, 번영 신학을 열광적으로 받아들이는 현상은 미국 밖의 나라들에만 국한되지 않는다. 은사주의 교회는 심지어 미국 내에서도 가장 성장세가 빠른 기독교 종파에 해당한다.[51] 조엘 오스틴에서부터 조이스 마이어와 제이크스에 이르기까지 미국 내에서 가장 큰 교회들을 이끌고 있는 몇몇 유명한 목회자들은 아무렇지도 않게 건강과 부와 행복의 복음을 전하고 있다. 그들의 영향으로 인해 미국의 종교적 지평이 완전히 달라졌다. "전통적으로 은사주의 운동 내에서 강하게 작용했던 번영 신학이 지금은 그 울타리를 벗어나 복음주의 교회 내에도 뿌리를 내리고 있다. 최근의 조사에 따르면, 미국 내에서 기독교 신자를 자처하는 사람들 가운데 하나님이 충분한 믿음을 지닌 모든 신자들에게 물질적인 풍요를 허락하실 것이라는 생각에 동의하는 사람들이 전체의 46퍼센트에 달하는 것으로 나타났다."[52]

교회는 전통적으로 탐욕과 소비주의를 거부하는 태도를 취했지만, 지금은 그런 태도가 빠르게 변하고 있는 것처럼 보인다.[53] 교파에 상관없이 미국 기독교인의 거의 절반에 가까운 사람들과 미국 내 오순절주의자들 가운데 약 3분의 2에 해당하는 사람들이 번영 신학의 근본 전제(하나님은 우리가 행복하고 건강하고 부요하기를 원하신다)를 받아들이고 있다.[54]

최근의 연구조사에 따르면, 전 세계 오순절주의자와 은사주의자들의 숫자는 5억 명을 넘는 것으로 추정된다. 지역별로 보면, 북아메리카 8천만 명, 라틴아메리카 1억 4천 1백만 명, 아시아 1억 3천 5백만 명, 아프리카 1억 2천 5백만 명, 유럽 3천 8백만 명 등이다.[55] 이런 수치는 처음에는 매우 인상적이다. 마치 은사주의 기독교가 전 세계 기독교의 4분의 1을 차지하는 것처럼 보인다.[56] 수억에 달하는 오순절주의자와 은사주의자들이 번영 신학을 받아들이고 있다. 수치만으로 보더라도 건강과 부의 신학이 은사 운동을 규정하는 중요한 특징이라는 것을 알 수 있다.[57] 테드 올슨은 『크리스차니티 투데이』에서 오순절주의자와 은사주의자들 가운데 대다수는 "하나님이 충분한 믿음을 지닌 모든 신자에게 물질적 번영을 허락하실 것이라는 주장에 동의한다"라고 말했다.[58]

건강과 부와 번영의 복음은 인기가 높지만, 참된 복음과는 거리가 멀다. 데이비드 존스와 러셀 우드브리지는 이 둘의 차이점을 이렇게 밝혔다.

> 세계에서 가장 큰 교회들 가운데 일부에서 전해지는 메시지가 크게 달라졌다. 요즘에는 새로운 복음이 전파되고 있다. 이 새로운 복음은 참으로 이상하다. 이 복음은 예수님을 제외하고, 십자가를 무시한다. 이 복음은 그리스

도 대신 건강과 부를 약속하고, '내가 만지는 것은 무엇이든 잘 될 것이다'라고 스스로에게 말하라고 조언한다. 한 선도적인 번영 신학 설교자는 "당신의 입에 기적이 있다"라고 말했다. 이 새로운 복음은 신자들이 긍정적인 고백을 되풀이하고 생각을 집중해 충분한 믿음을 발생시키면, 하나님이 그들의 삶에 축복을 허락하실 것이라고 가르친다.[59]

그런 복음은 구원의 능력이 없다. 그런 복음은 성령의 능력이 아닌 인간의 욕망에 지배될 뿐 아니라 종종 영생을 도외시하고 일시적인 위안에만 초점을 맞춘다. 더욱이 은사주의 지도자들 가운데 몇몇을 제외하고는 그들이 선전하는 축복을 실제로 경험하는 사람은 거의 없다.

다른 복음

번영 신학이 참 복음과는 무관한 "다른 복음"이라는 사실은 의문의 여지가 없다(갈 1:6-8). 그러나 그런 노골적인 이단 사상이 은사주의 진영 내에서 생존의 단계를 넘어 엄청난 번영을 구가하고 있는 이유는 대체 무엇일까? 그 이유는 은사주의 신학 내에 치명적이고도 체계적인 결함이 존재하기 때문이다. 은사 운동에서 발견되는 모든 신학적 오류와 탈선이 이 결함에서 비롯한다. 그것은 오순절주의자와 은사주의자들이 성경의 진리보다 종교적 체험을 중시하기 때문이다. 그들은 입으로는 성경의 권위를 높이지만, 행위로는 그것을 부인한다.[60]

은사주의자들이 오직 성경만을 최종적인 권위로 받아들인다면, 이상한 말로 기도를 중얼거리거나 거짓 예언을 남발하거나 무질서한 방법으로 예배를 드리거나 성령의 능력을 가장해 의식을 잃고 쓰러지는 것과 같은 비성경적인 행위들을 결코 용납하지 않을 것이다. 그들은 자신들의 경험을 성경에 비춰 재해석해야 마땅한데도 그런 경험을 정당화할 요량으로 도리어 기발하고 비정통적인 방식을 동원해 성경을 재해석하고 있다. 이를 입증하는 확실한 사례를 오순절주의의 역사 속에서 발견할 수 있다. 초창기 오순절주의자들은 자신들이 사도행전 2장의 사도들처럼 진짜 언어를 말한다고 믿었다. 그러나 나중에 그들의 방언이 가짜 언어라는 사실이 드러나자 그들은 이 점을 설명해야 할 필요성이 대두했다. 안타깝게도, 바뀐 것은 그들의 경험이 아니라 성경에 대한 그들의 해석이었다. 잘못된 가르침이나 행위는 무엇이든 그런 식으로 정당화될 수 있다. 특히 하나님으로부터 새로운 계시를 받았다는 주장을 내세워 그분의 인정을 받았다고 얼마든지 편리하게 둘러댈 수 있다. 아래는 르네 빠케가 거의 50년 전에 쓴 것이지만, 오늘날에도 여전히 사실처럼 들린다.

> 성령을 지나치게 강조하는 신앙생활 및 은사와 황홀경과 "예언"에 대한 그들의 강한 집착은 성경을 무시하는 경향을 드러낸다. "살아 계시는 하나님과 매일 교통을 나누는데 과거에 쓰인 성경책에 연연할 필요가 무엇인가?"라는 식의 태도다. 그러나 바로 여기에 위험이 도사리고 있다. 기록된 계시의 말씀을 항상 의존하지 않으면, 주관주의로 기울기 쉽다. 다시 말해, 아무리 의도는 훌륭하다 해도 오류에 치우치거나 정신적 암시나 광희(狂喜)에 급속히 빠져들 가능성이 높다. 하나님이 성경에 무엇을 보태거나 빼는 행위를 엄격히 금지하셨다는 사실을 잊어서는 안 된다(신 4:2, 계 22:18, 19). 거의 대부분의 이단 종파가 새로운 계시나 경험, 곧 성경의 엄격한 체계를 넘어서는 것을 주장하는 자들로부터 기원했다.[61]

은사 운동은 성경의 최종적인 권위를 인정하지 않는 탓에 온갖 교리적 속임수와 영적 해악에 스스로를 노출시키고 말았다. 즉각적인 병 고침과 건강과 번영을 약속하는 "실현된 종말론" 사상은 큰 위험을 안고 있다. 이런 세속적인 관심에 집착하는 것은 겸손과 인내와 평화와 같은 기독교의 미덕을 도외시할 때가 많다. 모든 오순절주의자가 인정하는 성령의 자유는 오히려 그들을 종종 전횡을 일삼는 지도자들, 즉 추종자들을 갈취하고, 더 많은 분열을 초래하는 사람들에게 쉽게 이용당하게 만들곤 한다.[62]

교회 지도자를 선지자나 사도로 일컫고, 항상 기적이나 초자연적 현상을 구하며, 기적적인 방법으로 하나님을 체험하기를 갈구하고, 아무 생각 없이 예배를 드리는 태도와 같은 은사주의 신학의 다른 요소들도 단지 문제를 더 악화시킬 따름이다. 은사 운동은 성경을 의지하지 않고 경험에 근거한 주관주의를 강조하는 탓에 거짓 교사들과 영적 사기꾼들이 활개를 치는 온상이 되고 있다.[63] 번영 신학의 설교자들만큼이나 노골적으로 신성모독을 저지르는 자들조차도 은사주의 내에서는 환영을 받는 듯한 인상을 받는다.

은사주의내에서 끊임없이 이루어지는 속임수는 겉으로 보기에 아무리 당황스럽더라도 사실은 더 깊은 문제를 드러내는 징후에 지나지 않는다. 나는 성경보다 체험을 앞세우는 것이 성령을 가장 크게 모욕하고 진노하시게 하는 행위라고 확신한다. 영감을 주어 하나님의 말씀을 기록하게 하고(벧전 1:19-21), 신자들의 마음을 비춰 진리를 깨닫게 하시는(고전 2:10-15) 분은 바로 성령이시다. 따라서 성경의 능력을 경험했다면서 하나님의 말씀에 어긋나는 경험을 주장하는 것은 성령의 권위를 대놓고 모욕하는 것이다. 성령의 영감으로 기록된 성경을 왜곡하거나 그 가르침을 전적으로 무시하는 것은 그분을 능멸하는 것이다.

그러나 바로 그런 일이 텔레비전 전도자라는 가장 극악한 설교자들에서부터 작은 교회 내에서 개인적으로 계시를 받았다고 주장하는 자칭 선지자들에 이르기까지 다양한 은사주의자들 가운데서 매일 자행되고 있다.[64] 이것은 성령의 참된 인격과 사역을 모독하는 것이다. 크리스토퍼 라이트는 다음과 같이 옳게 말했다.

> 번영의 "복음"(사실, 복음이라는 말을 여기에 붙이는 것은 옳지 않다. 왜냐하면 참된 복음과는 거리가 멀기 때문이다)을 판매하는 사람들과 텔레비전 전도자들이 있다. 이들은 돈벌이를 위해 하나님의 축복을 빙자해 사람들의 물질적인 탐욕을 부추기고 이용한다. 그 밖에도 "치유의 기적을 파는 상인들"은 과장된 주장을 늘어놓고, 천박하고 몰지각한 선전을 일삼는다. 심지어는 보통의 교회들 가운데도 최근에 "계시"를 받았다거나 최근에 유행하는 이론이나 방식, 또는 노래나 방법을 주장하기 위해 성령의 권위를 도용해 그분을 욕되게 하는 사람들이 존재한다.[65]

성령을 가장 강조하는 운동이 그분을 가장 멸시하고 모욕한다는 것은 참으로 어처구니없는 모순이 아닐 수 없다.

2장 무분별한 은사주의 실체를 파악하라
: 무분별한 은사주의 운동의 역사적 뿌리

20세기가 시작되는 1901년 새해 이른 아침이었다. 한 무리의 성경학교 학생들이 새해 전야 예배를 드리기 위해 몇 시간 일찍 모였다. 그러나 자정이 훨씬 넘었는데도 그들은 자리를 뜨지 않고 성령의 임재와 능력을 체험하게 해달라고 간절히 기도했다. 그들 모두 무엇인가 놀라운 역사가 일어나기를 기대했다.

몇 주 전부터 학생들은 사도행전을 열심히 공부해왔다. 그들은 특히 성령 세례에 관한 사도의 가르침에 관심을 기울였다. 웨슬리의 성결 운동을 지지했던 그들은 회심 후에 성령을 체험해야 한다고 믿었다. 그들의 공부는 방언을 말하는 기적적인 현상에 초점을 맞추었다. 그들은 방언이 성령 세례의 참된 증표라고 결론지었다.[1] 그들은 사도들이 오순절에 방언을 말한 사건, 사도행전 10장에 나오는 고넬료, 사도행전 19장에 나오는 세례 요한의 제자들에 대해 공부했다. 그들은 방언이 사도 시대에 성령의 임재를 나타냈던 표징이었다면, 20세기가 시작되는 당시에도 여전히 그래야 할 것이라고 생각했다.

그들이 새해 전야 예배를 위해 모일 즈음에 두 가지 똑같은 결론에 도달했다. 그들은 방언이 성령 세례의 표징이고, 자신들도 여전히 방언의 은사를 체험할 수 있다고 생각했다. 그들은 마음의 각오를 단단히 하고 하나님께 성령 세례를 구했다. 그들을 그런 식으로 가르쳤던 교사는 찰스 폭스 파햄이라는 감리교 사역자였다. 학생들은 성령을 직접 체험하기를 간절히 바랐다.

새해 아침 어느 순간이 되자 놀라운 일이 일어났다. 아그네스 오즈먼이라는 젊은 여학생이 교사에게 안수를 청하면서 성령을 받게 해달라고 말했다.[2] 그 후에 일어난 사건은 현대 교회의 역사를 바꾸는 계기가 되었다. 찰스 파햄은 이렇게 진술했다. "그녀에게 손을 얹고 기도했다. 서른여섯 문장의 기도가 거의 진행될 무렵, 그녀에게 영광이 임했다. 그녀의 머리와 얼굴 주위에 후광이 드리우는 것처럼 보였고, 그녀는 중국어를 말하기 시작했다. 그녀는 사흘 동안 영어를 말할 수가 없었다. 그녀는 자신의 경험을 우리에게 말해주려고 영어를 쓰려고 했지만, 실제로는 중국어를 썼다."[3]

오즈먼의 교사와 다른 동료 학생들도 곧 그녀의 경험에 동참했다. 보고에 따르면, 부흥 집회가 계속되는 동안, 성령의 초자연적인 능력을 통해 러시아, 일본, 불가리아, 프랑스, 보헤미아, 노르웨이, 헝가리, 이탈리아, 스페인을 비롯해 스무 개 이상의 나라들의 언어를 말했다고 한다. 찰스 파햄 자신은 스웨덴어를 비롯해 다른 여러 나라의 말을 했다고 주장했다.

이것이 현대 오순절 운동의 시작이었다. 오순절 역사가인 빈슨 사이넌은 "오즈먼의 경험은 그녀의 뒤를 이었던 수백만 오순절주의자들의 표준적 경험이었다"라고 설명했다.[4] 10년이 채 못 되어 5만 명이 넘는 사람들이 아그네스 오즈먼과 똑같은 현상을 경험했다. 열광의 불길이 널리 번지기 시작했다. 웨스트코스트 지역이 특히 그랬는데 그곳에서 파햄의 학생 가운데 윌리엄 세이무어라는 남자는 방언이 성령 세례의 증표라고 말했다. 그 누구도 캔자스의 작은 성경학교의 기도회가 세상을 변화시킬 줄은 꿈에도 생각하지 못했다. 불과 한 세기 만에 오순절주의와 신(新)오순절주의 운동은 5억 명이 넘는 은사주의 신봉자들을 거느리기에 이르렀다.

현대 오순절 운동의 진실

오순절주의의 시작은 초자연적인 역사처럼 보일 뿐 아니라 심지어는 다소 낭만적으로 들리기까지 한다. 찰스 파햄은 자신의 새로운 운동을 "사도적 신앙 운동(Apostolic Faith Movement)"이라고 일컬었다. 그는 자신의 경험들이 새 오순절을 만들어냈다고 주장했다.[5] 파햄과 그의 학생들은 자신들이 사도행전 2장의 사도들과 똑같은 방식으로 성령 세례를 받았다고 주장했다. 1901년에 이루어진 그들의 경험은 현대 은사 운동의 불길을 당긴 불씨가 되었다.[6]

그러나 좀 더 깊이 살펴보면, 최소한 세 가지 점에서 파햄의 주장이 과연 정당했는지 의문이 생겨난다.

첫째, 그 일에 직접 참여한 사람들의 증언조차도 서로 엇갈린다. 위에서 말한 대로, 파햄은 오즈먼이 새로운 경험을 하고 나서 사흘 동안 영어로 말하지 못했다고 주장했지만, 오즈먼은 하루가 지나고 나서 곧바로 영어로 기도했다고 진술했다.[7] 또한, 파햄은 오즈먼의 경험이 새해 전야에 일어났다고 주장했지만 오즈먼은 새해에 그런 경험을 했다고 말했다.[8] 그 밖에도 파햄은 그 역사적인 기도회를 갖기 전에 학생들에게 사도행전을 가르쳤다고 주장했지만, 그런 주장은 오즈먼의 진술과 엇갈린다. "그녀는 방언을 경험하기 전에 파햄이 가르친 성경공부에 참여한 적이 없었다. 사실, 그녀는 학생들이 자신의 방언 체험에 관해 물을 때 사도행전 2장을 보라고 말했다."[9] 마틴 마티와 같은 역사가들은 이런 모순들을 근거로 그 사건의 중요한 측면에 대해 의문을 제기했다.

신화적으로 만들어진 이야기들이 모두 그렇듯 이 이야기도 여러 면에서 의문의 여지가 많다. 오즈먼은 초창기 증언에서는 새해가 되기 3주 전에 방언을 말했다고 했다. 다소 애매한 날짜이지만 다른 사람들도 그 사실을 확증했다. 또한, 그녀는 자신이 나중에서야 비로소 방언의 의미를 깨달았다고 말했지만, 파햄은 미리부터 그녀에게 그런 표적을 구하라고 가르쳤다고 주장했던 것으로 알려졌다.[10]

더욱이 아그네스 오즈먼은 사도행전 2장을 근거로 자신의 경험을 해석했지만, 그녀의 동료 학생들 모두가 그 해석을 받아들인 것은 아니었다. 『토피카 데일리 캐피탈』은 그 학교에 있는 모든 학생이 그 새로운 경험을 받아들인 것은 아니었다고 보고했다. 리긴스는 신문사와 인터뷰하면서 파햄과 그의 학생들에 대해 "나는 그들 모두가 미쳤다고 생각한다"라고 말했다.[11]

둘째, 파햄과 아그네스 오즈먼과 다른 학생들은 자신들이 구했던 초자연적인 표적을 실제로 체험하지 못했다. 그들은 자신들의 방언이 사도행전 2장에서 사도들이 오순절에 경험했던 것과 똑같이 진정한 외국어를 말하는 기적적인 능력이었다고 확신했다.[12] 그것이 그들이 절실히 바랐던 은사였다. 그러나 그들이 실제로 경험한 은사는 뜻 모를 말에 지나지 않았다.

찰스 셤웨이라는 박사과정 학생은 초창기 오순절 운동의 방언이 진정한 외국어였다는 것을 입증하려고 했지만 헛수고에 그쳤다. 그는 초창기 오순절주의자들의 주장을 입증해줄 사람을 단 한 사람도 찾지 못했다. 고프는 정부 통역자들이 그 언어들을 확인했다는 주장에 대해 이렇게 말했다. "셤웨이는 1919년 박사 논문에서 지역 신문인 『휴스턴 크로니클』이 무책임한 보도를 일삼았다고 비판하면서 '(파햄이 그곳에서 가르칠 당시에) 휴스턴 안팎에 있던 정부 통역자들이 보내온 편지들이 있는데, 그들은 모두 이구동성으로 주장된 사실들에 대해 아무것도 아는 바가 없다고 말했다'고 진술했다." 아주사 스트리트의 "방언들"도 그것을 조사한 목격자들에 따르면, 마찬가지로 진정한 언어가 아니었다고 한다.¹³

이런 사실은 파햄이 오순절 선교사들은 언어 학교를 다니지 않고서도 외국에 나가 복음을 전할 수 있다고 주장하면서 더욱 분명하게 드러났다.¹⁴

그는 『토피카 스테이트 저널』에서 "주님은 우리에게 학교에서 외국어를 배우지 않더라도 여러 나라 사람에게 말씀을 전할 수 있는 능력을 주실 것이다"라고 장담했다.¹⁵ 그는 몇 주 뒤에는 『캔자스시티 타임즈』에서 "우리는 외국에서 일할 선교사들을 준비시키면서 수년 동안 쓸데없이 시간을 낭비할 필요가 없고, 그들이 해야 할 일은 단지 하나님께 능력을 구하는 것이라고 가르칠 것이다"라고 말했다.¹⁶ 불과 몇 주 만에 멀리 하와이에 있는 신문들까지 몇 가지 노골적인 거짓말까지 덧붙여 파햄의 약속을 전했다.

토피카, 5월 20일. 토피카의 "벧엘대학"의 찰스 파햄 목사와 그의 추종자들은 교회의 신자들에게 선교 노력의 일환으로 새로운 사역을 제공할 준비를 갖추고 있다.

"방언의 은사," 즉 사도 시대 이후로 그 어떤 사람도 제공한 적이 없는 은사를 받은 사람들을 이방인들에게 보내는 것이 그의 계획이다. 그가 지적한 대로, 그의 선교사들은 그들이 상대할 다양한 민족의 언어를 구사할 수 있는 큰 이점을 지니게 될 것이므로 선교를 준비하는 다른 사람들과는 달리 힘들여 언어를 배워야 하는 수고를 면하게 될 것이다.

(파햄은 이렇게 말했다.) "그들이 합당한 자격을 지니고 있으며, 또 자신이 사역의 대상으로 선택한 민족의 언어로 말씀을 가르칠 수 있게 될 것이라고 믿고, 믿음으로 구하면 틀림없이 방언의 은사를 받을 수 있다. 물론, 이것은 더

없이 귀중한 이점이 아닐 수 없다."

"벧엘대학의 학생들은 옛 방식으로 언어를 공부할 필요가 없다. 언어 능력이 그들에게 기적적으로 주어졌다. 민족이 다른 사람들이 스페인 사람, 이탈리아 사람, 보헤미아 사람, 헝가리 사람, 독일 사람, 프랑스 사람들과 이미 그들의 언어로 말할 수 있게 되었다. 나는 인도 사람들의 다양한 방언을 말할 수 있다. 심지어 우리의 모임에서는 아프리카 미개인들의 방언도 동일한 방식으로 받을 수 있을 것이다. 이 모임이 오순절 이후로 가장 위대한 모임이 되기를 바란다."

*

그는 자신과 자신의 제자들이 그리스도께서 초대 교회 제자들에게 주신 은사를 모두 받았다고 주장한다.[17]

불행한 일이지만, 심지어 오늘날에도 은사주의 진영 내에서는 이와 비슷하게 고의로 부풀리고 지나치게 과장된 증언이 너무나도 흔하다. 그러나 순진한 사람들은 그런 증언을 액면 그대로 받아들인다. 그들은 쉽게 속아 넘어가는 것을 믿음으로 착각한다.

자신에 찬 파햄의 주장에도 불구하고, 그의 선교 전략은 불리한 결과로 이어졌다. 잭 헤이포드와 데이비드 무어와 같은 은사주의 저자들은 파햄의 기대가 완전히 수포로 돌아갔다는 것을 인정했다. "안타깝게도 이언(異言) 능력, 곧 외국어를 배우지 않고 구사할 수 있다는 개념은 나중에 너무나도 당혹스런 실패에 직면했다. 오순절 사역자들이 방언의 은사를 받아 선교 현장에 나갔지만, 청중들이 그 말을 이해하지 못하는 것으로 드러났다."[18] 로버트 앤더슨은 이렇게 덧붙였다.

"성경 선교협회"의 토드는 "그 나라의 언어로 그곳의 주민들에게 복음을 전할 것이라는 기대를 품고" 일본, 중국, 인도에 파송된 열여덟 명의 오순절주의자들을 조사했다. 그들은 "단 한순간도 그렇게 할 수 없었다"고 진술했다. 이들을 비롯해 다른 선교사들이 선교에 실패한 채 크게 실망하고 돌아오자 오순절주의자들은 방언에 관한 본래의 생각을 재고하지 않을 수 없었다.[19]

아그네스 오즈먼과 다른 오순절주의자들은 방언을 말했을 뿐 아니라 글로 쓰기까지 했다. 그들은 자신들이 외국어로 믿는 문자를 휘갈겼다. 그 문자를 찍은 사진들이 『토피카 데일리 캐피탈』과 『로스앤젤레스 데일리 타임즈』와 같은 신문에 실렸다.[20] 휘갈겨 쓴 글자들은 알려진 언어와 조금도 닮지 않았고, 전혀 이해할 수가 없었다.[21]

셋째, 찰스 파햄의 인격적인 성향을 살펴보면 성령께서 과연 그의 사역을 통해 전 세계적인 부흥 운동의 불길을 일으키셨는지 의심스럽지 않을 수 없다. 그는 자신의 학생들이 방언을 말하고 나서 곧바로 거대한 영적 부흥이 일어날 것이라고 예언했다. 그러나 그는 토피카에 있는 성경학교의 문을 닫지 않을 수 없게 되었다. 그는 캔자스의 다른 지역과 미드웨스트에 가서 신유와 부흥 집회를 열어 추종자들을 끌어들였다. 그는 곧 5천 명 이상의 추종자를 거느리게 되었다.[22] 그는 자신의 추종자들이 늘어나는 현상을 "사도적 신앙 운동"으로 일컫고(이는 그가 격주로 발행했던 잡지 『사도적 신앙』을 그대로 되풀이한 것이다), 스스로에게 "사도적 신앙 운동의 설계자"라는 칭호를 부여했다.[23]

그러나 그 운동은 파햄의 명성이 몇 차례 혹독한 타격을 받으면서 좌초되고 말았다. 1906년 가을, 그는 일리노이 시온에서 부흥 집회를 개최했다. 그로부터 몇 달 뒤에 그의 추종자들 가운데 다섯 명이 그곳에서 류머티즘 귀신을 내쫓는다며 장애 여성을 때려 숨지게 만드는 사건이 발생했다. 파햄은 그 여성이 죽자 오랫동안 시온을 떠났지만, 그 일로 인해 열린 살인 재판은 전국에 알려졌고, 신문사들은 살해자들의 신원을 "파햄 종파의 일원들"이라고 명명했다.[24] 그 범죄의 주동자들이 유죄 판결을 받자 전국의 방송 매체는 "재판의 심리 과정에서 발견된 증거에 따라 다른 연루자들이 체포될 가능성이 있으며, 현재 감옥에 갇힌 자들이 속한 종파의 지도자인 파햄도 감시를 받게 될 것이다"라고 보도했다.[25] 파햄은 그 사건과 관련해 기소되지는 않았지만, 그의 이름은 격렬한 종교적 광신주의의 대명사가 되었다.

부모가 병원 치료를 거부하고 파햄의 사역을 통해 자신의 어린 딸을 고치려 했다가 사망하는 사건이 일어나자 오순절 전도자인 파햄은 할 수 없이 캔자스를 떠나 텍사스로 활동 근거지를 옮겨야 했다.[26] 그는 그곳에서 서른다섯 살의 아프리카계 미국인인 윌리엄 세이무어를 만났다. 그는 성령과 방언의 은사에 대한 파햄의 가르침을 받아들이고 나서 1906년에 로스앤젤레스 아주사 스트리트의 부흥 운동을 일으켰다. 그러나 그들의 우정은 곧 깨어졌다. 파햄은 세이무어의 사역을 살펴보기 위해 캘리포니아 남부를 방문했지만, 그 모임에서 일어난 과격한 행위를 인정하지 않았다. 아이러니컬하게도, 파햄은 아주사 스트리트에서 자신이 목격한 일 가운데 대부분을 거짓으로 여기고, 마음속으로 그들의 경험을 불신했다.[27] 그는 그 부흥 운동을 자신이 주도하려고 했지만 거부당했다.

그때부터 파햄의 삶은 급속히 악화되었다. 1907년 7월 19일, 그는 텍사스 주 샌안토니오의 한 호텔에서 동성연애 혐의로 체포되었다가 나흘 뒤에 석방되었다. 그는 결백을 주장했지만, 그를 반대하던 사람들은 그가 석방의 대가로 자백서를 썼다고 주장했다.[28] 그는 사실 무근이라고 항변했지만 그의 명성은 완전히 훼손되었고, 그의 영향력은 급격히 줄어들기 시작했다.

로빈스는 당시의 일을 이렇게 설명했다. "그 무더웠던 여름날 밤에 실제로 무슨 일이 있었는지는 확실하게 알 수 없지만, 나중에 기소가 취하되었는데도 불구하고 파햄의 지위는 회복할 수 없을 정도로 큰 타격을 입었다. 그 추문은 오순절 성결 운동의 지지자들 가운데 빠르게 확산되었다. 그로 인해 파햄을 싫어하는 사람들은 기뻐했고, 세력이 줄어들고 있던 그의 친구들은 크게 실망하지 않을 수 없었다. 그 과정에서 '사도적 신앙 운동'은 붕괴되었다."[29]

파햄은 자신의 명예를 회복하려고 필사적인 노력을 기울였다. 그는 혐의를 씻어버리려면 무엇인가 진정으로 놀라운 업적을 이루어야 할 필요가 있다고 생각하고, 성지 여행을 위한 모금 운동을 시작했다. 그는 성지 순례를 통해 노아의 방주와 잃어버린 언약궤를 찾아내겠다고 약속했다. 파햄이 제기한 성지 여행은 그가 그 전에 했던 주장과 일치한다. 조 뉴먼은 이렇게 설명했다. "파햄은 옛 유대 문서에서 발견한 언약궤의 위치에 대한 정보를 활용하게 될 것이라고 주장했다. 그는 언약궤의 내용물이 드러나면 수많은 유대인이 성지로 돌아갈 것이라고 말했다. 그는 영어를 사용하는 민족이 B. C. 722년에 앗수르에 포로로 잡혀가 사라진 이스라엘 열 지파의 후손들이라고 믿었기 때문에 미국인들이 시온주의 운동을 지지해야 한다고 생각했다."[30] 그러나 성지 여행은 시작도 하기 전에 끝나고 말았다.

파햄의 전기 작가 제임스 고프는 당시의 일을 이렇게 설명했다. "언론 앞에서 계획을 발표하고 충분한 기금을 모금한 뒤에 파햄은 예루살렘 행 증기선을 타기 위해 1908년 12월에 뉴욕으로 향했다. 그러나 그는 중동 지역으로 가는 배표를 구입하지 못했다. 파햄은 1909년 1월에 한 친구가 빌려준 돈으로 다시 고향인 캔자스로 돌아왔다. 그는 낙담한 모습으로 자신의 추종자들에게 뉴욕에 도착한 직후에 강도를 만나 배표를 살 기회조차 갖지 못했다고 설명했다."[31]

당시 그 지역에서 성결 운동과 관계를 맺었던 대다수 설교자들과 마찬가지로, 파햄도 지엽적이고, 새롭고, 극단적일 뿐 아니라 정통과 전혀 거리가 먼 교리에 관심을 기울였다. 그는 조건적 불멸설(악인들은 영원한 형벌을 받지 않고 소멸된다는 이론)을 열렬히 지지했고, 때로는 보편구원론을 지지하는 것처럼 말하기도 했다.[32] 인간의 타락에 관한 그의 견해는 비정통적이었고, 그는 죄의 속박에 관한 교리를 옳게 이해하지 못했던 것이 분명하다. 그는 죄인들이 스스로의 노력과 하나님의 도우심을 통해 자신을 구원할 수 있다고 믿었던 듯하며, 하나님이 인간에게 은혜를 빚지셨다고 생각했다. 아울러 그는 성화가 질병 치료를 보장한다고 가르쳤기 때문에 어떤 질병이든 병원 치료를 구하는 것은 불신앙의 행위로 간주했다.[33]

이 밖에도 파햄은 "앵글로 선민사상(Anglo-Israelism)"을 주장했다.[34] 그는 서유럽 인종(특히 앵글로색슨 계통)이 앗수르 포로시대에 뿔뿔이 흩어졌던 이스라엘 열 지파의 후손이기 때문에 유럽의 백인들이 참된 "선민"이라고 가르쳤다. 이 견해는 자연히 인종적 편견을 조장하는 경향이 있었다.[35] 사실상, 시간이 지나면서 파햄은 인종 차별의 옹호자로서의 면모를 차츰 더 분명하게 드러내기 시작했다. 그는 하나님이 홍수로 세상을 심판하신 이유는 인종 간의 결혼 때문이었다고 주장했다. 그는 1905년 8월 13일자 『휴스턴 데일리 포스트』에 실린 "창조와 형성"이라는 제목의 설교에서 "불행히도 인종 간의 결혼이 시작되었고, 그로 인해 홍수로 인한 형벌이 주어졌다. 그 후에도 그런 결혼을 통해 태어난 자손 삼대와 사대에 전염병과 치유할 수 없는 질병이 뒤따랐다. 시간이 흐르면서 아메리카의 백인과 흑인과 황인들 사이에 결혼이 계속 이루어진다면, 폐결핵을 비롯해 다른 질병들이 혼혈 혈통을 지면에서 쓸어낼 것이다"[36]라고 했다.

파햄은 1906년에 아주사 스트리트를 방문해 그곳의 지나친 감정적 행위를 목격하고는 맹렬한 비난을 퍼부었다. 그의 적대감은 그의 인종차별적 성향을 아울러 드러냈다. "파햄은 노골적인 인종차별적 언사를 사용해 흑인남자들과 더불어 아주사 집회에 참석해 예배를 드렸던 백인 여성들을 비난했고, 백인과 흑인이 남녀를 가리지 않고 함께 무릎을 꿇고, 서로의 몸 위로 넘어지는 것을 개탄스럽게 생각했다. 그는 '그런 어리석은 행동이 아주사 사역이 행해지는 곳마다 일어났다'고 비난했다."37 그는 생애 말년인 1927년에 이르러서는 "큐 클럭스 클랜(KKK단)"을 공공연히 칭찬하며 지지를 보냈다.

프레드릭 해리스는 파햄의 인종차별적 견해를 요약하면서 이렇게 말했다. "오순절주의의 신학적 설립자 찰스 파햄은 KKK단을 지지했고, 토피카에 있는 자신의 성경학교에서 학생들을 차별했으며, 인종 간의 결혼을 반대하는 설교를 했고, 앵글로색슨족이 지배자 인종이라고 믿었다."38

당연히 파햄의 삶에는 추문과 불명예가 뒤따랐으며, 그의 명성은 크게 흔들릴 수밖에 없었다. 오순절 진영 안에 있는 다른 사람들은 곧 자신들의 설립자와 거리를 두기 시작했다. "재정 운영에 대한 우려, 기괴한 교리, 인종차별적인 태도 때문에 파햄은 오순절 운동이 20세기 초창기에 성장세를 구가하던 시기에 큰 걸림돌로 전락했다."39 그러나 싫든 좋든, 현대의 오순절주의자들을 비롯해 모든 은사주의자들은 파햄을 자신들의 운동을 뒷받침하는 신학적 토대를 마련한 인물로 인정하지 않을 수 없다.40 앤서니 티슬턴은 이렇게 설명했다. "찰스 파햄은 고전적 오순절주의의 설립자로 널리 인정된다. ······파햄은 구원, 성령 세례, 치유, 그리스도의 재림에 대한 기대라는 오순절 신학과 경험의 네 가지 특성을 확립했다."41

관련자들의 모순된 증언, "방언"의 무의미한 속성, 첫 번째 설립자의 좋지 못한 평판과 같은 초창기에 드러난 의심스런 증거들로 미루어 볼 때, 현대 오순절 운동의 주장에 대해 심각한 의문을 제기하지 않을 수 없다. 더욱이 오순절주의는 찰스 파햄과 윌리엄 세이무어가 참여했던 19세기 성결 운동의 그릇된 구원론을 근거로 삼는다.[42] 성결 운동 신학은 요한일서 1장 8-10절과 같은 성경 본문에도 불구하고, 신자들이 회심한 뒤에 "두 번째 축복"을 경험함으로써 이 세상에서 "기독교적인 완전함"을 이루게 된다고 잘못 가르친다.[43] 19세기 성결 운동의 지도자들 가운데는 "세 번째 축복"을 가르치는 이들도 있었다. 그들은 그것을 "성령 세례"와 동일시했고, 오순절주의자들은 나중에 그것을 방언과 결부시켰다.[44]

이 모든 역사의 요점은 "성령께서 오순절을 재창조하실 의도가 있으셨다면, 과연 오순절 운동이 그분이 진정으로 의도하신 것이었는가?"라는 물음에 있다. 심지어 사도행전 2장의 사건과 그로부터 19세기가 지난 캔자스 주 토피카의 사건을 대충 비교만 해도, 두 사건의 뚜렷한 차이점을 쉽게 식별할 수 있다. 본래의 오순절 사건은 그릇된 구원론에 근거하지도 않았고, 목격자들의 증언이 서로 엇갈리지도 않았다. 사도들이 받은 방언의 은사는 무의미한 중얼거림과는 거리가 멀었다. 사도들은 기적을 통해 그들이 배우지 않았던 외국어를 말했다(행 2:9-12). 더욱이 성령의 능력은 그들이 열심히 전하는 설교를 통해서만이 아니라 그들의 경건한 인격을 통해 나타났다. 성령께서는 그들이 일생을 살아가는 동안 계속 그들을 거룩하게 하시는 사역을 행하셨다.

은사 운동의 "새로운 오순절"은 사도행전의 오순절과는 달라도 너무 다르다. 이 운동은 성결 운동의 그릇된 구원론에서 파생했다. 목격자들의 증언도 서로 엇갈렸고, 그 종교적 경험도 거짓이었으며, 평판이 좋지 못한 영적 지도자에 의해 시작되었다. 그런 요인들은 이 운동의 정당성에 대해 심각한 의문을 제기한다.

"믿음의 말씀" 운동의 뿌리

찰스 파햄이 학생들에게 성령 세례의 표징으로 방언의 은사를 구하라고 가르칠 무렵, 또 한 사람의 미국인 목회자는 자신의 추종자들에게 긍정적인 말을 하면 소원이 이루어질 것이라고 가르쳤다.

"고백하는 것을 갖게 될 것이다."[45] 훗날 믿음의 말씀 설교자들에 의해 유명하게 된 이 슬로건을 처음 만든 사람은 윌리엄 케년이었다. 케년은 1867년부터 1948년까지 살았던 "자유 의지 침례파(Free Will Baptist)" 목회자이자 교육자였다. 케년은 감리교 가정에서 성장했지만, 유명한 복음전도자 고든의 영향을 받고 침례교 신자가 되었다. 아울러 그는 19세기 형이상학적 컬트 집단의 영향을 받았고, 그런 잘못된 가르침을 자신의 신학에 접목시켰다.

그는 1892년에 보스턴에 있는 에머슨 웅변대학에 입학했다. 그곳은 형이상학적 과학 컬트 집단(특히 "신사상 형이상학")을 위한 강사들을 훈련하는 전문학교였다.[46] 케년의 사상은 본래 그보다 한 세대 일찍 피니어스 큄비의 가르침에 의해 시작되었다. 큄비는 정신적이고 영적인 수단을 통해 물리적인 현실을 통제하고 조종할 수 있다고 가르쳤던 뉴잉글랜드의 철학자이자 최면술사요 치료사였다. 그의 가르침은 고도의 지성, 또는 신성한 힘이 모든 곳에 존재하고, 인간은 신의 속성을 소유하고 있으며, 정신을 이용해 물리적 현실을 바꿀 수 있고, 옳게 사고하기만 하면 질병과 가난으로부터 자유로울 수 있다고 강조했다.[47] 큄비의 사상은 메리 베이커 에디를 비롯한 그의 추종자들을 통해 널리 보급되었다. 그들은 이런 가르침을 크리스천 사이언스라는 컬트에 접목시켰다.

케년은 에머슨대학을 떠난 뒤에 몇몇 침례 교회에서 목회 활동을 펼쳤다. 1898년, 그는 매사추세츠 주 스펜서에서 벧엘 성경학교를 설립하고, 1923년까지 그 학교의 교장으로 일하다가 "대중에게 공개되지 않은 논란의 소용돌이에 휘말려" 교장직을 사임했다.⁴⁸ 매사추세츠를 떠난 그는 서쪽으로 가서 캘리포니아 남부에서 몇 해 동안 정착해 지내다가 1930년대 초에 워싱턴 주 시애틀로 이주했다. 그는 그곳에서 뉴커버넌트 침례 교회와 시애틀 성경학교를 설립하고, "케년 교회 방송"이라는 라디오 프로그램을 통해 자신의 가르침을 전파했다. 그는 오순절주의자가 아니었다. 그러나 "말년에 그는 오순절 집회에 참석했고, 로스앤젤레스에 있는 에이미 셈플 맥퍼슨의 유명한 '앤젤러스 템플(Angelus Temple)'에서 초청 강사로 말씀을 전했다. 그는 2차 세계대전이 끝난 직후에 사망했지만, 전후에 활동했던 뛰어난 부흥 치료사들 가운데 많은 사람이 그의 영향을 받고, 그의 책을 인용했다."⁴⁹ 믿음의 말씀(Word of Faith) 설교자들 가운데 누구든, 그 교리적 근원지를 추적해보면, 케년까지 거슬러 올라가는 것을 발견할 수 있을 것이다.

케년의 가르침은 몇 가지 점에서 매우 심각한 오류를 저질렀다. 그는 설교와 가르침을 베풀 때에 큄비의 사상을 기독교 교리와 혼합시켰다. 그는 단지 "하나님의 말씀을 긍정적으로 고백하기만 하면" 물리적인 상황을 바꿀 수 있다고 주장했다.⁵⁰ 예를 들어, 신자들이 병 고침을 받으려면 자신이 이미 나았다고 선언하면 그만이라는 것이다. 케년은 이렇게 말했다. "고백이 항상 치유보다 먼저 이루어진다. 증세는 보지 말고, 말씀만 보고, 담대하고 힘찬 고백을 하려고 노력하라. 사람의 말을 듣지 말라. ······하나님은 '네가 고침을 받았다'고 말씀하신다. 그 말씀이 네가 고침을 받았다고 말한다. 감각을 믿지 말라. 그 말씀을 의지하라."⁵¹ 긍정적인 고백을 하는 사람들만 긍정적인 결과를 기대할 수 있다. 비관적인 말을 하는 사람은 실패할 수밖에 없다.

케년의 말을 다시 인용하면 다음과 같다. "사람의 운명은 스스로의 말에 의해 좌우된다. 질병을 말하면 그 말대로 될 것이고, 연약함과 실패를 말하면 그런 결과를 맞이할 것이다. '나는 일자리를 얻을 수 없어,' '나는 이 일을 할 수 없어'라고 계속 말하면, 그 말이 자신의 육체에 영향을 미친다. 그 이유는 무엇일까? 그것은 우리가 영적인 존재이기 때문이다. 우리는 물리적인 존재가 아니다. 우리가 근본적으로 영적 존재라면, 압지가 잉크를 흡수하듯 우리의 영이 그 말을 기억한다."[52] 케년은 창조적 능력과 질병은 물리적이 아닌 정신적 실체라는 개념을 강조함으로써 나중에 나타난 "믿음의 말씀" 신학을 위한 기본 전제를 마련했다. 케년은 이렇게 말했다. "육체의 증세가 무엇이든 아무 차이가 없다. 나는 그것들을 비웃고, 질병의 원인자를 향해 예수님의 이름으로 내 몸에서 떠나라고 명령한다."[53]

케년의 가르침은 "믿음의 말씀"이 물질 축복을 강조하는 발판을 마련했다. 그는 복음이 미래에 있을 천국에서의 상급에 대한 소망을 제시할 뿐 아니라 이곳 세상에서의 물질 축복을 약속한다고 생각했다. 그는 "우리가 기독교를 통해 얻는 것이 곧 기독교의 가치다. 우리가 기독교인이라는 것은 곧 우리가 이 세상에서 무엇인가를 받아 누릴 수 있다는 것을 의미한다. 우리는 다가올 세상에 대한 희망을 주장한다. 또한 우리는 우리가 섬기고 예배하는 하나님께 우리의 간구를 들으시고, 우리를 위험 가운데서 보호하시며, 슬픔 가운데서 위로해 달라고 요구한다"라고 말했다.[54]

그는 또한 이렇게 말했다. "하나님은 우리가 물질적, 정신적, 영적 빈곤 속에서 살아가도록 계획하지 않으셨다. 그분은 이스라엘을 경제적인 측면에서 모든 나라의 머리가 되게 하셨다. 하나님과 동반자 관계를 맺고, 그분의 사업 방식을 배운다면, 결코 실패하지 않을 것이다. ……그분은 우리에게 우리의 삶을 성공으로 이끌 수 있는 능력을 허락하실 것이다."[55] 그의 말은 현대 번영 신학 설교자들과 유명한 텔레비전 전도자들이 토해내는 그릇된 발언과 너무나도 흡사하다. 그들은 케년에게서 그런 사상을 배웠다.

케년의 새로운 사상은 곧 은사 운동에 침투했고, 그 결과 은사주의 내에서

"믿음의 말씀 운동"을 탄생시켰다. 데니스 홀링거는 "1940년대와 1950년대에 활동했던 다양한 오순절주의 치유 사역자들은 케년의 책을 읽었고, 이따금 그의 말을 인용했다"라고 말했다.[56] 윌리엄 브랜햄과 오럴 로버츠와 같은 믿음 치료사들은 은사주의 진영 내에서 번영 신학의 받아들여질 수 있는 토대를 마련했다.[57] 그러나 "믿음의 말씀 운동의 창시자"로 널리 알려진 사람은 케니스 해긴이었다. 그는 케년의 사상을 대중화시켰을 뿐 아니라 그의 글의 많은 부분을 자신의 책에 표절하기까지 했다.[58] 케니스 코플랜드, 베니 힌, 크레플로 달러와 같은 후대의 번영 신학 설교자들은 모두 해긴의 영향을 받았다. 앞장에서 살펴본 대로, 번영 신학은 현대 오순절주의와 은사 운동을 이끄는 동력이 되었다.

찰스 파햄의 인격적인 성향이 오순절 운동 초창기부터 음울한 의심의 그림자를 드리웠던 것처럼 케년이 큄비의 사상의 원리를 채택했던 것도 믿음의 말씀 운동과 번영 신학의 진정한 실체를 드러낸다.

파햄은 실제로 사용하는 외국어를 말하는 것을 기대했지만, 그의 경험은 처음부터 거짓이었다. 케년도 형이상학적 철학을 설교에 도입했지만, 그의 신학은 사이비였다. 케년의 뒤를 따르는 믿음의 말씀 설교자들은 피니어스 큄비와 같은 사람들로부터 비롯했다. 이것은 그들의 신학이 크리스천 사이언스, 신지학, 마음의 과학, 스웨덴보르그 신비주의, 신사상 형이상학과 동일한 계통에 속한다는 것을 의미한다. 결국, 번영 신학은 신영지주의 이원론, 뉴에이지 신비주의, 노골적인 물질주의의 혼합물인 셈이다. 건강과 부를 강조하는 번영 신학은 희생자들을 도덕적으로 빈궁하게 만들고, 영적으로 파산시키는 "멸망하게 할 이단(벧후 2:1)"이다.

찰스 파햄과 윌리엄 케년에게 초점을 맞추는 이유는 무엇일까? 그 대답은 간단하다. 그 두 사람이 은사주의를 지탱하는 신학적인 주춧돌을 놓았기 때문이다. 그들은 은사주의 역사의 뿌리다. 파햄은 오순절주의의 설립자이자 신학적 설계자로서 원리들을 정립하고, 현대 은사 운동을 촉발시킨 경험들을 해석했다. 그의 오류와 실패는 은사주의 체제가 서있는 토대에 의문을 제기한다. 케넌은 믿음의 말씀 운동의 조상으로서 후대의 번영 신학 설교자들에게 그릇된 교리를 만들어내는 방법을 전수했다. 그가 형이상학적인 컬트 집단과 관계를 맺었다는 사실은 오늘날의 텔레비전 전도자들이 전하는 달콤한 메시지 안에 치명적인 독즙이 내재해 있는 이유를 잘 설명해준다.

참된 영적 각성 운동

현대 은사 운동은 그 의심스런 기원에도 불구하고 엄청난 발전을 이루었다. 은사 운동의 전례 없는 성장을 지켜본 일부 사람들은 그것을 "새로운 종교개혁"으로 일컬었다. 한 학자는 이렇게 말했다. "오늘날 기독교는 16세기에 유럽을 진동시켰던 종교개혁보다 훨씬 더 근본적이고 광범위한 종교개혁을 거치고 있다. 오늘날의 종교개혁은 16세기 종교개혁보다 더 철저하게 사회의 근본을 뒤흔들고 있는 관계로 그 결과가 더 철저하고 광범위하다."[59] 다른 학자도 "우리는 현재 종교개혁 이후로 기독교 내에서 발생한 가장 극적인 변화 가운데 하나를 거치고 있다. 기독교는 큰 활동성을 보이며 기독교 운동의 지표면을 바꾸는 지진과도 같은 변화를 일으키고 있다"라고 비슷하게 말했다.[60]

다른 사람들은 그보다는 다소 온건한 표현을 사용해 현대 은사 운동을 "새로운 대각성 운동"으로 일컫는다. 빈슨 사이넌은 이렇게 설명한다. "일부 역사가들은 1906-1909년에 일어난 아주사 스트리트 부흥 운동을 '4차 대각성 운동'으로 간주한다. 이 역사적인 부흥 운동이 계기가 되어 세계 전역에 백만 개가 넘는 오순절 교회가 탄생했다. 또한 은사 갱신 운동도 오순절 운동에서 파생했다. 은사 갱신 운동은 1960년대에 시작해 '성령 갱신 운동'을 세계 도처에 있는 개신교 교회와 가톨릭 교회들에게까지 확대시켰다."⁶¹ 은 사주의자들이 자신들의 운동과 18세기 대각성 운동을 연관시키는 것은 그리 드문 일이 아니다.⁶² 그 이유는 조지 휘트필드와 조나단 에드워즈와 같은 유명한 설교자와 신학자들의 지도 아래 1730년대 말부터 1740년대에 일어났던 뉴잉글랜드 부흥 운동이 큰 호평을 받았기 때문이다.

아울러, 은사 운동은 18세기 부흥 집회에서 이따금 나타났던 감정의 분출 현상에서도 유사점을 찾는다.⁶³ 대각성 운동 당시, "사람들은 울며 죄를 회개했고, 죄 사함을 받고서는 기뻐 소리쳤다. 개중에는 감정에 압도되어 실신한 사람들도 있었다."⁶⁴ 어떤 때는 감정의 분출이 훨씬 더 극단적인 경우도 있었다. 더글러스 제이콥슨은 이렇게 설명했다. "식민지 미국에서 대각성 운동이 일어났을 당시, 사람들은 때로 경련을 일으키며 몸을 떨었고, 짐승처럼 으르렁거리거나 날카로운 소리를 외치기도 하고, 정신을 잃고 몽환 상태에 빠지기도 했다. 영적인 고뇌나 해방감이 물리적인 반응으로 나타나는 것은 오순절주의자들이 만들어낸 것이 아니었다. 영적 상태가 물리적인 반응으로 나타나는 현상은 그보다 오래된 부흥 운동의 역사에서 비롯했다."⁶⁵

뉴잉글랜드 청교도 가운데 많은 사람이 지나친 감정주의 때문에 부흥 운동을 회의적으로 바라보았던 이유를 충분히 이해할 만하다. 그들 가운데 한 사람은 보스턴의 목회자였던 찰스 촌시였다. 그는 "오늘날의 신앙은 정신적 기질의 변화보다는 감정의 동요에 치우친 상태다"라고 말했다.⁶⁶ 그는 1742년 "경계해야 할 종교적 열광"이라는 제목의 설교에서 대각성 운동을 비판하며 부흥 운동이 참된 영성을 무절제한 감정주의로 대체했다고 주장했다. 그는 나중에 쓴 『뉴잉글랜드 신앙 상태에 대한 고찰(Seasoned Thoughts on the State of Religion in New England)』에서도 그와 똑같은 주제를 다루면서 부흥 집회에서 발생한 지나친 감정주의를 비판했다.

대각성 운동을 열렬히 지지했던 조나단 에드워즈는 찰스 촌시를 비롯한 "올드 라이트(old light)" 청교도들의 우려를 십분 이해했다(부흥 운동을 환영했던 청교도를 "뉴 라이트(new light)"로 불렀고, 그것을 의심스런 눈길로 바라보았던 청교도를 "올드 라이트"로 불렀다 - 역자 주). 에드워즈가 1741년 7월에 "진노하신 하나님의 손에 붙들린 죄인들"이라는 가장 유명한 설교를 전했을 때 청중의 반응이 너무 격렬해 설교를 다 마치지 못했다. 조지 마스던은 "비명소리와 신음소리와 부르짖는 소리가 온 청중을 압도할 만큼 큰 소동이 일어났다. 사람들은 '어떻게 해야 구원받습니까? 오, 나는 지금 지옥을 향해 가고 있습니다. 내가 그리스도를 위해 무엇을 해야 하나요?'라고 외쳤다"고 말했다.[67]

그 이틀 전에 에드워즈는 코네티컷 주 서필드에서 성찬식을 거행하면서 말씀을 전했다. 그때의 반응도 똑같이 감정적이었다. "설교가 끝난 뒤에 도착한 한 방문자는 4백 미터나 떨어진 곳에서도 사람들이 자신의 영적 상태를 고뇌하며 마치 '산고를 겪는 여성처럼' 울부짖고, 비명을 지르고, 신음하는 소리를 들을 수 있었다고 말했다. 실신하거나 혼수상태에 빠진 사람들도 있었고, 몸을 심하게 떠는 사람들도 있었다. 에드워즈와 다른 사람들은 괴로워하는 많은 사람들과 함께 기도했다. 어떤 사람들은 '놀라운 평화와 기쁨을 맛보았고, 어떤 사람들은 주체할 수 없는 기쁨에 사로잡혀 주 예수 그리스도를 찬양하고' 다른 사람들에게 구주를 영접하라고 권유했다."[68]

에드워즈는 비판자들로부터 대각성 운동을 옹호하기 위해 그런 식의 감정적 분출에 대한 그들의 우려를 해소시켜야 할 필요성이 있다고 인식했다. 그는 1741년 늦은 여름에 모교인 예일대학교에서 전한 졸업식 설교에서 그 문제를 직접 다루었다.[69] 그의 설교는 나중에 『성령 사역의 표징』이라는 책으로 출판되었다. 그는 그곳에서 부흥 운동의 합법성은 감정적 반응을 근거로 판단할 수 없다고 설명했다.

에드워즈는 늘 그런 대로 명확한 논리를 구사해 "울음, 떨림, 신음, 큰 부르짖음, 육체의 고통, 기력 저하"와 같은 격렬한 물리적 현상이 부흥 운동의 합법성을 입증하는 증거가 될 수 없다고 주장했다. 그는 성령의 비상한 은사들이 주어지는 시대가 도래했다고 생각하지 않았으며, (당시의 일부 급진주의자들이나 후대의 오순절주의자들과는 달리) 황홀경에 빠진 징후들이 성령의 진정한 임재를 입증하는 가장 중요한 증거는 아니라고 말했다. 그와 동시에 그는 그렇다고 해서 주체할 수 없는 감정의 표출이 성령의 임재를 부정하는 증거도 아니라고 말했다. 그런 극적인 현상이 존재하느냐 여부가 참된 기준, 곧 참된 성령의 사역을 "식별하는 표징"이 될 수는 없다. 그런 표징은 사람들의 삶이 변화되어 복음의 명령에 따라 살며, 참 신자의 특성과 미덕을 나타내는 데 있다.[70]

에드워즈는 요한일서에서 그러한 표징을 발견하고, 성령의 참된 사역은 오직 성경적 판단을 근거로 판별할 수 있다고 주장했다. 감정적인 경험은 아무리 강력해도 하나님의 사역이 진정으로 이루어지고 있음을 입증하는 증거가 될 수 없다.[71] 에드워즈는 "감정의 열광은 복음전도자들이 거짓 교리를 전할 때도 종종 확산된다. 사탄은 참된 영적 부흥을 흉내낼 수 있다"라고 말했다.[72]

에드워즈는 성령 사역의 참된 표징을 명료하게 설명하면서 "부정적인 표징," 즉 하나님의 참된 사역에 동반될 수 있지만 위선자들이 날조할 수 있는 표징들을 아울러 묘사했다.[73] 에드워즈는 설교에 대한 물리적 반응과 감정의 분출이 성령의 참된 사역을 판별하는 기준이 되지 않는다고 말했다. 그런 현상은 그 자체로는 부흥 운동의 합법성을 인정하는 증거가 될 수 없다. 그와 마찬가지로, 에드워즈는 감정적 반응이 회심의 진정한 잣대가 될 수 없다고 말했다. 참된 영적 부흥은 장기적인 열매, 곧 성령 사역의 영향을 받은 사람들의 행동과 삶의 방식에서 눈에 띄는 변화를 이루어낸다. 에드워즈는 『신앙 감정론』에서 이렇게 말했다. "기독교적인 실천은 표징 중의 표징이다. 이런 점에서 이것은 경건의 다른 모든 표징을 확증하고, 아름답게 만드는 위대한 증거다. 성령의 은사 가운데 기독교적 실천이 그 진실성을 입증하지 않는 은사는 단 한 가지도 없다."[74]

그렇다면 참된 부흥과 거짓 부흥을 어떻게 구별할 수 있을까? 좀 더 정확히 말해, 성령의 참된 사역과 거짓으로 위장한 사역은 어떻게 다를까? 에드워즈는 "영들을 분별함으로써" 구별할 수 있다고 대답했다. 청교도 신학자인 그는 요한일서 4장 1절 말씀에서 다섯 가지 원리를 추출해 하나님의 사역이라고 생각되는 것에 적용할 수 있는 성경적인 판단 기준을 마련했다.[75]

이처럼 에드워즈는 성경의 렌즈를 통해 당시의 경험들을 평가했다. 그는 당시의 가장 큰 종교적 논쟁과 관련된 성경의 원리들을 제시했다. 따라서 그의 접근 방식은 우리에게 유익한 모형을 제시한다. R. C. 스프로울과 아치 패리시는 이렇게 설명했다.

> 영적 부흥의 표징이 역사의 지평 위에 모습을 드러내는 때, 제기해야 할 첫 번째 질문 가운데 하나는 그 진정성이다. 영적 부흥이 진짜냐, 아니면 단지 피상적인 감정의 표출에 지나지 않느냐? 감정의 열광이 알맹이 없는 공허한 것이냐, 아니면 하나님의 중요한 사역을 알리는 증거냐? 역사에 기록된 영적 부흥은 모두 다양한 표징들이 서로 혼합된 상태였다. 황금이 항상 불순물과 섞여 있듯, 모든 영적 부흥에는 가짜가 섞여 있다. 왜곡된 것이 오

히려 참된 것에 대해 의문을 제기하는 경향이 있다.

조나난 에드워즈가 중심 역할을 했던 18세기 뉴잉글랜드 대각성 운동의 경우도 예외가 아니었다. 그는 『성령 사역의 표징』에서 허황된 것과 실질적인 것을 가려내며 당시의 영적 부흥을 주의 깊게 분석했다. 이 문제에 관해 청교도 목회자였던 그가 연구한 결과는 당시의 각성 운동에만 적용되는 것으로 그 효력을 다하지 않는다. 그의 연구는 영적 부흥의 시대들을 분별할 수 있는 길잡이 역할을 한다. 그런 이유로 그의 연구는 오늘날 우리에게도 여전히 지속적인 가치를 발휘한다.[76]

조나단 에드워즈 당시 미국 기독교인들은 대각성 운동이 성령의 참된 사역인지를 분별하려고 애썼다. 에드워즈는 올바른 평가를 내리기 위해 성경을 열심히 탐구했다. 그는 자신의 목표를 이렇게 밝혔다. "사도 시대에 성령의 가장 큰 역사가 일어났다. 그러나 참된 성령의 역사가 넘쳐나자 거짓된 역사도 덩달아 넘쳐났다. 마귀는 성령의 평범한 사역이나 비상한 사역을 모두 흉내냈다. 따라서 그리스도의 교회에 몇 가지 확실한 규칙, 곧 명확한 분별의 표징을 제시해 참된 사역과 거짓 사역을 안전하게 판단하도록 도와야 할 필요가 있다. 그런 규칙을 제공하는 것이 요한일서 4장의 분명한 목적이다. 요한일서 4장은 이 문제를 성경의 다른 어떤 본문보다 더 명확하고, 온전하게 다루고 있다. 오늘날과 같이 성령의 사역에 관해 이토록 많은 논의가 오가는 시대에 우리는 이런 원리들을 주의 깊게 적용해야 한다."[77]

그와 마찬가지로 오늘날에도 많은 신자들이 현대 은사 운동이 성령의 참된 사역인지 궁금해한다. 지금까지 은사주의 운동의 역사적 뿌리를 살펴보았다. 그렇다면 그 열매는 과연 어떨까(마 7:15-20 참조)?

조나단 에드워즈는 평가를 내리기 위해 하나님의 말씀을 의지했다. 성령으로 영감된 성경의 가르침은 시대를 초월하기 때문에 우리도 그와 똑같은 성경의 진리를 활용해 현대 은사 운동을 평가할 수 있다. 다음 장부터는 조나단 에드워즈가 요한일서 4장을 근거로 제시한 다섯 가지 판단 기준을 살펴볼 예정이다.

3장 영들을 시험하라 (1)
: 영적 분별력을 위한 성경적 기준

거짓 교사들을 경고하고, 신자들에게 영적 분별력을 발휘하라고 권고하는 말씀이 신약 성경 도처에 나타난다. 주님은 산상 설교에서 청중에게 "거짓 선지자들을 삼가라 양의 옷을 입고 너희에게 나아오나 속에는 노략질하는 이리라(마 7:15)"라고 경고하셨다. 바울 사도도 그와 비슷한 말로 에베소 장로들의 주의를 환기시켰다. 그는 "내가 떠난 후에 사나운 이리가 여러분에게 들어와서 그 양떼를 아끼지 아니하며 또한 여러분 중에서도 제자들을 끌어 자기를 따르게 하려고 어그러진 말을 하는 사람들이 일어날 줄을 내가 아노라(행 20:29, 30)"라고 말했다. 베드로 역시 신자들에게 "멸망하게 될 이단을 가만히 끌어들일" "거짓 선생들"을 조심하라고 당부했다(벧후 2:1).

거짓 교사들은 처음부터 교회의 연합과 건전성을 심각하게 위협했다. 우리는 초대 교회가 순수하고 순결하다고 생각하는 경향이 있지만, 이단 사상은 교회가 갓 태어난 순간부터 교회를 오염시켰다. 거짓 교리의 위협은 사도적 가르침의 변함없는 주제 가운데 하나였다. 예수님도 스스로 하나님의 대변자를 자처하는 사람들이나 영적 메시지를 신중하게 평가하라고 당부하셨다. 그분은 거짓 선지자들을 주의하라고 당부하시면서 "그들의 열매로 그들을 알지니(마 7:16)"라고 말씀하셨다. 베드로후서와 유다서는 그 열매가 무엇을 뜻하는지 구체적으로 설명했다. 그 가운데는 돈을 사랑하는 것, 성적 범죄, 교만, 위선, 그릇된 교리 등이 포함된다.

바울은 데살로니가 신자들에게 예언을 통해 전달된 메시지를 분별하라고 말하면서 "범사에 헤아려 좋은 것을 취하고 악은 어떤 모양이라도 버리라(살전 5:21, 22)"고 권고했다. 새로운 교리, 허식적인 태도, 새로운 계시를 받았다는 주장(모두 은사 운동에서 흔히 발견되는 특성에 속한다)은 거짓 교사의 명백한 특징이다. 하나님으로부터 새로운 가르침을 받았다는 주장은 모든 이단의 성공을 보장하는 본질적인 특성에 해당한다. 따라서 신자들은 성경적인 분별력을 발휘해 거짓을 가려내야 한다. 이 점에서 실패한다면, 그것은 "사람의 속임수와 간사한 유혹에 빠져 온갖 교훈의 풍조에 밀려 요동하는""어린아이(엡 4:14)"가 되어 스스로의 미숙함으로 인한 위험을 자초하는 결과를 낳는다.

요한 사도는 예수님이 산상 설교를 가르치신 이후 약 50년이 지난 뒤, 그러니까 바울이 그의 서신들을 기록한 지 수십 년이 지난 뒤에 비로소 첫 번째 서신을 기록했다. 그러나 상황은 조금도 변한 것이 없었다. 거짓 교사들은 여전히 교회를 크게 위협하고 있었다. 따라서 요한은 진리를 알고 사랑하라고 권고할 뿐 아니라 동시에 거짓 선지자들의 기만적이고 파괴적인 교리를 경계하라고 경고했다.

요한 사도는 요한일서 4장 1-8절에서 신자들이 성령의 참된 사역과 거짓 선지자들의 그릇된 사역을 구별할 수 있는 가르침을 전했다. 그 가르침이 제시하는 원리들은 비록 1세기에 기록되었지만 시대를 초월한다. 특히 기독교 지도자를 자처하는 많은 사람과 종교 방송이 온갖 오류로 진리를 오염시켜 그것이 마치 하나님의 말씀인 양 내세우는 오늘날과 같은 시대에는 더욱더 적절하다.

요한일서 4장은 "사랑하는 자들아 영을 다 믿지 말고 오직 영들이 하나님께 속하였나 분별하라 많은 거짓 선지자가 세상에 나왔음이라(1절)"라는 말씀으로 시작한다. "분별하라"로 번역된 헬라어는 고대에는 광석에서 금속을 추출해 그 순도와 가치를 높이는 야금술을 가리키는 의미로 사용되었다. 귀한 금속은 도가니나 풀무에서 연단되었다(잠 17:3). 뜨거운 열로 광석을 녹이면 불순물, 곧 금속에 섞여 있는 무가치한 물질과 찌꺼기들이 드러나 모두 타 없어진다. 그와 마찬가지로, 신자들도 늘 "영들을 분별해야 한다." 즉, 사역자들과 그들의 메시지와 모든 가르침의 원리들을 평가해 진정으로 가치 있는 것과 거짓으로 위장된 것을 가려내야 한다.

요한은 영들을 분별하라고 권고하고 나서 2-8절을 통해 가르침의 참된 실체를 평가하는 데 필요한 다섯 가지 원리를 제시했다. 요한 사도가 죽은 지 1600년이 지난 뒤, 조나단 에드워즈는 이 본문을 연구해 깨달은 원리들을 대각성 운동에 적용했다. 앞서 말한 대로, 그는 대중적인 인기나 감정적인 열광을 근거로 미국의 부흥 운동을 옹호하지 않았다. 오히려 그는 성경의 잣대로 당시의 영적 현상에 대한 올바른 반응을 구별해냈다. 에드워즈처럼 오늘날의 신자들도 현대 은사 운동의 주장과 실천 행위를 비롯한 모든 영적 경험을 평가할 수 있는 한 가지 확실한 잣대를 가지고 있다. 성경의 잣대를 통과한 것만 받아들이고, 거기에 미치지 못하는 것은 모두 단호히 배격해야 한다. 이는 참 신자의 책임이자 모든 목회자와 교사들의 의무다.

요한일서 4장 2-8절에 제시된 다섯 가지 원리를 다섯 가지 질문 형태로 바꾸면 다음과 같다. 1) 이 사역이 그리스도를 높이는가? 2) 세속주의를 반대하는가? 3) 사람들을 성경으로 이끄는가? 4) 진리를 앞세우는가? 5) 하나님과 다른 사람들에 대한 사랑을 독려하는가? 이것이 조나단 에드워즈가 대각성 운동을 통해 일어난 영적 부흥에 적용했던 원리들이다. 이번 장과 다음 장에서는 무분별한 현대 은사주의 운동을 이 원리들에 비춰 생각해볼 것이다.

첫 번째 원리 : 그리스도를 높이는가?

조나단 에드워즈는 요한일서를 연구하면서 요한일서 4장 2, 3절이 가르치는 진리, 곧 성령의 참된 사역은 그리스도를 높인다는 원리를 찾아냈다. 거짓 선지자들과는 달리, 성령의 참된 능력을 부여받은 사람들은 다른 무엇보다 예수 그리스도의 인격과 사역을 강조한다. 성령의 참된 사역은 구세주를 밝히 드러내고, 명확하고 숭엄하고 탁월한 태도로 그분을 앞세운다. 그와는 다르게 거짓 선지자들은 그리스도에 관한 진리를 축소하고, 왜곡시킨다.

요한의 시대에 유행했던 이단 가운데 하나는 예수님이 육체를 소유하신 사실을 부인함으로써 성육신에 관한 성경의 교리를 공격했다. "가현설(Docetism, '나타남'을 뜻하는 헬라어에서 유래했다)"로 알려진 이 그릇된 주장은 주님의 육체가 환영에 지나지 않는다고 가르쳤다. 현대인의 귀에는 이상하게 들릴지 몰라도, 이 주장은 물질적인 우주는 악하고 오직 영적 현실만이 선하다는 헬라 철학이 유행할 당시에 큰 인기를 누렸다. 가현설에 따르면, 예수님은 육체를 지니고 계시지 않거나 아니면 악에 오염되셨거나 둘 중에 하나일 수밖에 없으시다.

가현설은 헬라의 이원론에 근거할 뿐, 그리스도와 그분의 복음에 관한 성경의 진리와 전적으로 상충된다. 성육신(하나님의 아들이 참된 인간이 되셨다는 교리)은 복음의 핵심 진리에 해당한다. 예수 그리스도께서 육신을 입고 오지 않으셨다면, 육체적인 죽음도 한갓 환영에 지나지 않았을 것이기 때문에 결코 십자가에서 죗값을 치를 수 없으셨을 것이다. 또한, 인간의 실존을 직접 경험하지 않으셨다면, 하나님과 인간 사이의 참된 중보자가 될 수 없으셨을 것이다.¹ 가현설의 위험을 의식한 요한 사도는 그것의 참된 정체(즉, 사탄의 속임수)를 드러냈다. 그는 "이로써 너희가 하나님의 영을 알지니 곧 예수 그리스도께서 육체로 오신 것을 시인하는 영마다 하나님께 속한 것이요 예수를 시인하지 아니하는 영마다 하나님께 속한 것이 아니니(요일 4:2, 3)"라고 말했다. 요한의 지적은 한 치도 틀리지 않았다. 가현설의 지지자처럼 예수님을 그릇 가르치는 사람은 자신이 거짓 선지자요 자신의 사역이 하나님으로부터 비롯하지 않았다는 사실을 자인하는 셈이다.

조나단 에드워즈는 이 말씀에서 좀 더 폭넓은 원리를 찾아냈다. 그것은 성령의 참된 사역은 항상, 그리고 반드시 사람들에게 주 예수 그리스도에 관한 진리를 가르친다는 것이다. 에드워즈는 이 말씀을 이렇게 설명했다. "사람들 가운데서 역사하는 영이 다음과 같은 방식으로, 즉 동정녀의 몸에서 태어나 예루살렘 성문 밖에서 십자가에 못 박히신 예수님을 높이고, 그분을 하나님의 아들이요 사람들의 구원자로 선언하는 복음의 진리를 사람들의 마음속에 심어주고, 또한 확증한다면 그것은 그 영이 하나님의 성령이시라는 확실한 증거다."² 그와는 달리, 사람들을 그리스도에게서 멀어지게 만들거나 그분의 본성과 복음의 진리를 왜곡하거나 그분의 영광을 욕되게 하는 것은 성령의 사역이 아니다.

에드워즈는 계속해서 이렇게 설명했다.

> 성령께서 증언하시는 인격, 그분이 존귀하게 여겨 높이 찬양하게 만드시는 인격은 또 다른 그리스도나 신비롭고 환상적인 그리스도가 아니라 육신을 입고 나타나신 예수님이시다. ……육신을 입고 오신 예수님을 높이거나 의지하지 않고, 그분에게서 멀어지게 만든다면 그것은 거짓이다. 예수님을 증언하고, 그분께 인도하는 영이어야 한다. 마귀는 앙심과 적대감을 품고 그

리스도의 인격, 특히 사람들의 구원자이신 그분의 인격을 공격한다. 마귀는 그리스도의 구원에 관한 이야기와 교리를 몹시 싫어한다. 그는 사람들의 마음속에 그리스도를 더욱 존중하는 마음을 심어주어 그분을 더욱 경외하게 만들지도 않고, 그분의 가르침과 명령을 더욱 중시하는 마음을 절대 심어주지도 않는다.³

마귀는 주 예수님에 관한 진리를 왜곡하고, 혼란시키고, 억제한다. 그는 가능한 모든 수단을 동원해 사람들의 관심을 그리스도로부터 멀어지게 만든다. 그러나 성령의 참된 사역은 그와는 전혀 다르다. 성령의 사역은 사람들을 성경이 증언하는 그리스도께로 인도하고, 복음의 진리를 확증한다.

성령의 참된 사역은 사람들을 그리스도께로 인도한다

성령의 영광스런 사역은 사람들을 주 예수 그리스도께로 인도하는 데 초점을 맞춘다. 예수님은 제자들에게 "보혜사 곧 아버지께서 내 이름으로 보내실 성령 그가 너희에게 모든 것을 가르치고 내가 너희에게 말한 모든 것을 생각나게 하리라. 그가 내 영광을 나타내리니 내 것을 가지고 너희에게 알리시겠음이라(요 14:26, 16:14)"라고 말씀하셨다. 성령의 사역은 항상 구원자이신 주님을 중심으로 한다. 그분이 이끄시는 사역이나 운동도 그와 동일한 우선 순위와 명확성을 지닌다.

그러나 그리스도의 인격과 사역을 강조하는 것은 은사주의 운동의 특성이 아니다. 은사 운동은 그 대신 성령의 축복과 은사에만 모든 관심을 집중하고, 그것들을 중심 무대에 올려놓는다. 잭 헤이포드와 데이비드 무어와 같은 은사주의 저자들은 "오순절 운동은 매우 다채롭지만, 단 한 가지는 모두 동일하다. 그것은 바로 성령의 임재와 능력을 경험하려는 열정이다. 이것이 공통분모다. 성삼위 하나님 가운데 삼위이신 성령을 강조하는 것이 '은사주의 시대'의 특징이다"라고 말했다.[4] 아이러니컬하게도, 그들은 잘못된 우선순위를 강조한다. 은사주의자들은 성령을 높인다고 주장하면서 정작 성령 사역의 주된 목적(주 예수님께 모든 관심을 기울이게 만드는 것)을 무시한다. 스티브 로슨은 다음과 같이 옳게 지적했다. "성령은 우리가 자신이 아니라 예수 그리스도께 관심을 집중하기를 바라신다. 그것이 성령의 주된 사역이다. 그분은 우리를 예수님께로 인도하신다. 그분은 그리스도를 더욱 분명하게 보이게 만드신다. 성령께서 스스로 목적이 되신다고 생각한다면, 그것은 그분의 사역을 오해하는 것이다."[5]

은사주의자들은 그리스도께 마땅히 초점을 맞추어야 하는데도 불구하고 영적 은사와 초자연적인 능력에만 집착하는 경향이 있다.[6] 전형적인 은사주의자의 말을 들어보면, 성령의 사역이 그분 자신을 나타내고, 그분 자신의 사역에 관심을 기울이게 만드는 것처럼 생각될 것이다. 전에 오순절주의자로 활동했던 케니스 존스의 말을 빌려 말하면, 은사주의 교회들은 "그리스도 중심적이라기보다는 성령 중심적이다."[7] 존스는 오순절 운동에 참여해 "여리고 행군"이라는 집회에서 방언을 말하고, 성령의 능력으로 쓰러지는 현상을 경험한 일을 돌아보며 이렇게 말했다.

> 두 가지 모두 '성령의 주권적인 역사'이자 성령의 능력을 받는 방법으로 우리에게 제시되었다. 그런 경험을 하려면, "성령께 복종하고," "우리 안에 있는 성령의 능력을 발현하고," "우리에게 역사하는 그분의 임재와 기름 부으심을 의식해야 하고," "그분의 음성을 새롭게 듣는 것"이 필요하다고 했다. 우리는 예수님은 뒷전으로 밀쳐내고, 성령을 체험하려고 노력했다.
> 예수님 중심보다는 성령 중심이어야 한다는 말을 들었다. 이 왜곡된 메시

지는 감정적인 느낌과 과장된 기대를 지나치게 자극해 마치 우리가 기적으로 부정적인 상황을 모두 극복하는 초자연적인 삶을 살 수 있는 것처럼 느끼게 만들었다. 성령 충만한 상태에 이를 수만 있다면 초자연적인 능력을 소유하게 될 것이라는 가르침이 주어졌다.[8]

또 다른 저자도 "성령의 능력에 취하고, 영적 은사를 갈망하며 기적적인 것에 집착하다 보니 그 과정에서 예수 그리스도를 잊는 것은 너무나도 쉬었다"며 지난 일을 회상했다.[9]

이런 증언들은 로널드 백스터의 말이 옳다는 것을 암시한다. 그는 "은사 운동은 어떤 종류의 연합을 만들어내는가? 그것은 성령에 대한 강조로 그리스도를 대체했다"라고 말했다.[10] 심지어 은사주의 저자들조차도 솔직함을 내비칠 때는 자신들의 운동이 성령을 "체험하는 것"에만 초점을 맞추는 바람에 균형을 잃게 되었다고 인정했다.[11] 예를 들어, 오순절 운동의 개척자이자 선구자였던 도널드 지는 생애 말년에 "66년의 세월이 지난 뒤에도(1966년) 오순절 신자들은 여전히 감정적인 것, 극적인 것, 표적을 구하는 것에 집착하고 있다"며 안타까워했다.[12] 그로부터 다시 50년이 지난 지금에는 그런 집착이 전보다 더 강해졌다.

이 모든 사실은 은사 운동의 근본 전제를 의심하지 않을 수 없게 만든다. 만일 "성령께서 자기 자신이나 사람이 아니라 주 예수 그리스도와 하나님이 자기 아들 안에서, 그분을 통해 이루신 일에 모든 관심을 기울이게 만드신다면"[13], 성령 운동을 자처하는 운동들은 왜 그와 똑같은 목적을 지향하지 않는 것일까?[14] 은사주의자들은 성령, 즉 자신들이 생각하는 성령을 강조하기를 원한다.[15] 그러나 성령께서는 예수 그리스도의 참된 인격과 사역을 강조하기를 원하신다. 예수님은 다락방에서 제자들을 가르치시면서 성령께서 자기 이름으로 보냄을 받으시고, 자신의 가르침을 생각나게 하시며, 자신의 사역을 증언하실 것이라고 말씀하셨다(요 14:26, 15:26). 성령께서는 자신의 권위를 강조하거나 자기 자신에게 관심을 기울이게 만들지 않으신다. 그분은 성자를 영화롭게 하기를 원하신다(요 16:13, 14). 유명한 청교도 매튜 헨리는 "성령께서는 새로운 왕국을 건설하기 위해서가 아니라 그리스도를 영화롭게 하기 위해 오셨다"는 말로 이 사실을 간단하게 요약했다.[16] 최근에는 케빈 드영도 성령의 역할을 이렇게 묘사했다.

> 그리스도 안에서 기뻐하는 것이 성령의 사역을 입증하는 증거다. 교회의 초점은 비둘기가 아닌 십자가에 있다. 이것이 성령께서 일하시는 방식이다. 제임스 패커는 "성령께서는 우리에게 '나를 바라보라. 내 말을 들어라. 내게 오라. 나를 알라'고 말씀하지 않으시고, 항상 '그를 바라보라. 그의 영광을 보라. 그에게 귀를 기울여라. 그의 말을 들어라. 그에게 가서 생명을 얻어라. 그를 알고, 그가 주시는 기쁨과 평화의 은사를 맛보라'라고 말씀하신다"라고 말했다.[17]

성령께서 교회 안에서 역사하시는 이유는 예수님을 주님으로 알고, 그분의 권위를 인정하고, 그분의 뜻에 복종하게 하시기 위해서다(고전 12:3, 빌 2:9-13).[18] 이처럼 성령의 참된 사역은 무엇보다 그리스도를 만유의 주님으로 인정하고, 그분께 모든 관심과 사랑을 기울이게 하시는 것이다. 성령께서는 우리가 성자를 영화롭게 할 때 가장 큰 영광을 누리신다.

성령께서는 주 예수님께 관심을 기울이게 하실 뿐 아니라 그분의 형상을 본받게 하신다. 신학자 브루스 웨어는 이렇게 설명했다. "성령께서 끊임없이 행하시는 사역의 핵심은 그리스도께 존귀와 영광을 돌리는 것이다. ……성령께서는 성부의 일을 이루시고, 그분의 자녀들로 하여금 그분의 아들 예수 그리스도를 닮게 하시기 위해 신자들 안에서 역사하신다. 그렇다면 성령께서는 어떻게 그리스도의 형상을 닮게 하실까? 고린도후서 3장 18절은 성령께서 그리스도의 영광의 아름다움에 우리의 관심을 기울이게 하시어 더욱 더 그분을 닮게 만드시는 일을 하신다고 암시한다."[19] 신자들은 성령의 능력으로 그리스도의 영광을 보고, 그로 인해 그분의 형상을 차츰 닮아간다. 그리스도께 초점을 맞추지 못하게 만드는 것을 성령의 사역으로 여기는 것은 옳지 않다. 오히려 그런 일은 성령을 근심하시게 만든다.

아마도 20세기 초에 활동했던 저명한 영국 설교자 마틴 로이드존스보다 이 점을 더욱 명확하게 설명한 사람은 없는 듯하다. 그는 다음과 같이 말했다.

> 성령께서는 스스로를 영화롭게 하지 않으신다. 그분은 성자를 영화롭게 하신다. ……나는 이것이 성령에 관한 성경의 교리 가운데서 가장 놀라운 사실 가운데 하나라고 생각한다. 성령께서는 스스로를 감추시고, 숨기시는 것처럼 보인다. 그분은 항상 성자에게 초점을 맞추신다. 이것이 내가 성령을 받았는지 여부를 판단할 수 있는 가장 훌륭한 잣대가 성자에 관해 어떻게 생각하고, 또 그분에 대해 무엇을 알고 있는지를 묻는 것이라고 믿고, 확신하는 이유다. 성자께서 우리에게 현실로 다가오시는가? 그것이 곧 성령의 사역이다. 성령께서는 간접적으로 영광을 받으신다. 그분은 항상 성자를 바라보게 하신다.
>
> 따라서 비성경적인 방법으로 너무 지나치게 성령을 강조하는 경우에는 그릇 치우쳐 이단으로 기울기 쉽다. 성령께서 우리 안에 거하신다는 사실을 깨달아야 마땅하지만, 그분이 우리 안에 거하시면서 행하시는 사역은 성자

를 영화롭게 하시고, 성자와 우리를 향하신 그분의 놀라운 사랑을 아는 복된 지식을 지니게 하는 데 있다. 그분이 능력으로 우리 속사람을 강건하게 하시는 이유는 이 사랑, 곧 그리스도의 사랑을 알게 하시기 위해서다(엡 3:16).[20]

안타깝게도, 은사 운동의 참여자들 가운데는 이 점에서 그릇 치우치는 사람들이 너무나도 많다. 그들은 성령의 은사와 축복에 초점을 맞추는 것이 그분을 영화롭게 하는 일이라고 생각한다. 그러나 사실은 그 반대다. 성령을 진정으로 영화롭게 하려면, 그리스도께 초점을 맞춰야 한다. 신학자 제임스 몽고메리 보이스는 이렇게 설명했다. "성경이 성령께서 자기 자신이 아니라 예수님을 증언하신다고 가르친다면, 예수 그리스도의 인격과 사역을 무시하고 성령의 인격과 사역을 강조하는 것은 무엇이든 성령의 사역에 해당한다고 말할 수 없다. 사실, 그리스도의 인격을 무시하는 것은 다른 영, 곧 적그리스도의 영이 행하는 사역에 지나지 않는다(요일 4:2, 3). 성령께서 아무리 중요한 존재이시더라도 그분은 결코 우리의 생각 속에 있는 그리스도의 지위를 빼앗지 않으신다."[21]

찰스 스윈돌 목사는 이 문제에 대해 훨씬 더 분명하게 말했다. "잊지 말라. 성령께서는 그리스도를 영화롭게 하신다. 분명하게 말하지만, 만일 영광과 관심의 초점이 성령께 돌아간다면, 그분은 그곳에 함께 하지 않으신다. 성령께서 역사하실 때 영광을 받으시는 분은 바로 그리스도이시다. 성령께서는 각광을 받지 않으시고 항상 배후에서 사역을 행하신다."[22] 영적 은사, 기적적인 능력, 건강과 부의 약속 따위를 전면의 중심에 내세운다면, 사역의 초점이 예수 그리스도에게서 멀어질 수밖에 없다. 그런 이탈 행위는 성령의 사역과 무관하다.

댄 필립스 목사는 이 점을 분명하게 지적했다.

성령과 (실질적인 것이거나 상상으로 만들어낸 것이거나 상관없이) 그분의 은사에 집착하는 사람을 내게 데려와라. 그러면 그 사람이 성령 충만하지 못한 사람이라는 것을 보여주겠다.

예수 그리스도의 인격과 사역에 초점을 맞추는 사람, 그분에 대해 배우고, 그분을 생각하며, 그분을 알고, 그분에 관해, 그분을 위해, 그분에게 말하며, 그분의 완전하심과 아름다우심에 도취되어 기뻐하고, 그분을 섬기고 높이는 길을 열심히 추구하며, 그분을 위해 헌신하고 쓰임받을 수 있는 기회를 찾고, 더욱더 그분의 인격을 닮아가기를 간절히 원하는 사람을 데려와라. 그러면 그 사람이 성령 충만한 사람이라는 것을 보여주겠다.

우리는 성경이 성령에 대해 가르치는 것을 배워야 한다. 우리는 성경이 성령에 대해 말씀하는 것을 가르쳐야 한다. 우리는 성경적으로 정의된 성령의 사역으로 충만한 삶을 살기 위해 노력해야 한다.

그러나 이 한 가지 사실, 곧 성령으로 충만할수록 주 예수 그리스도의 인격을 목표로 삼고, 거기에 초점을 맞추게 될 것이라는 사실을 잊어서는 안 된다.[23]

성령 충만한 것은 곧 그리스도 중심적이다(히 12:2). 성령께서는 구원자이신 주님께 관심을 기울이게 만드신다. 그것이 그분의 가장 우선적인 목표다. 이 우선순위에서 이탈하는 운동은 무엇이든 성삼위 하나님 가운데 삼위이신 성령의 능력과는 무관하다는 것을 스스로 입증하는 셈이다.

성령의 참된 사역은 그리스도에 관한 진리를 확증한다

성령께서는 주 예수 그리스도께 관심을 기울이게 만드실 뿐 아니라 항상 그분을 성경이 가르치는 대로 정확하게 전하신다. 성령께서는 진리의 영이

시기 때문에(요 15:26), 주 예수 그리스도에 관한 그분의 증언은 항상 자신의 영감으로 기록된 말씀의 진리와 일치한다. 성령께서는 구약 시대의 선지자들을 감동시켜 메시아의 강림을 예언하게 하셨다(벧후 1:21). 베드로 사도는 "이 구원에 대하여는 너희에게 임할 은혜를 예언하던 선지자들이 연구하고 부지런히 살펴서 자기 속에 계신 그리스도의 영이 그 받으실 고난과 후에 받으실 영광을 미리 증언하여 누구를 또는 어떠한 때를 지시하시는지 상고하니라(벧전 1:10, 11)"라고 말했다. 주 예수 그리스도께서는 모든 성경의 주제이시고, 성령께서는 하나님의 말씀을 사용해 예수 그리스도의 영광을 바라보게 하신다.

예수 그리스도를 성경이 가르치는 대로 정확하게 전하지 않는 사역이나 메시지는 성령의 참된 사역에 속하지 않는다. 이것이 요한 사도가 가현설의 "거짓 그리스도"를 비판하면서 말하고자 했던 요점이었다.

조나단 에드워즈도 요한일서 4장 2, 3절을 적절하게 잘 적용했다.[24] 앞에서 살펴본 대로, 에드워즈는 "퀘이커 교도의 '내면의 빛'"과 같은 "신비롭고, 환상적인" 그리스도를 단호하게 배격했다. 그런 상상은 참된 구원자를 나타내지 못한다. 예수 그리스도를 왜곡하는 운동은 무엇이든 성령의 참된 사역과는 거리가 멀다. 그것은 적그리스도의 영으로부터 비롯된 것이다.

은사주의자들 사이에는 환상 중에 예수님을 보았다는 이야기가 흔하게 돌아다닌다. 그들은 예수님이 소방관처럼 옷을 차려 입으시고[25], 키가 274미터나 되시며[26], 느닷없이 욕실에 나타나시고[27], 쓰레기 더미 위에서 춤을 추시며[28], 회복실에서 휠체어에 앉아 계시고[29], 해변을 오랫동안 거니시는[30] 등 지나친 상상에 의존하는 말을 서슴없이 전하고 있다. 그러나 그런 체험은 성령에게서 비롯한 것이 아니다. 왜냐하면 성경이 묘사하는 예수님의 참 모습을 왜곡하고 있기 때문이다. 요한 사도는 환상 중에 부활하신 그리스도를 보는 순간 죽은 자처럼 엎드러졌다(계 1:7).

이 사실을 은사주의 저자가 전하는 환상과 같은 오늘날의 경험담과 비교하면 그 차이를 분명하게 알 수 있을 것이다. "성령께서 자신을 나타내신 직후에 나는 예수님을 보았다. 나는 주님께 그분만의 은밀한 장소로 나를 데려가 달라고 부탁했다. 나는 유리 안에 누운 채로 '예수님, 제 옆에 눕지 않으시겠어요?'라고 말했다. 우리는 서로의 눈을 바라보며 그곳에 누워 있었다. 성부께서도 오시어 예수님 옆에 누우셨다."[31]

감상적인 감정주의에서부터 기괴한 공상에 이르기까지 은사주의자들이 말하는 이런 환상들이 일부 교회 안에서 많은 인기를 누리고 있지만, 그것들은 성령과는 전혀 무관하다. 그런 이야기는 주 예수님을 성경이 가르치는 대로 묘사하지도 않고, 또 무한히 영광스러우신 그분을 진정으로 높이지도 않는다. 그러나 성령의 참된 사역은 항상 예수님의 참 모습과 그분의 영광에 초점을 맞춘다.

설상가상으로, 일부 은사주의 설교자들은 노골적으로 이단적인 기독론을 주장한다. 그들은 예수님이 인간의 몸을 입으신 하나님으로 세상에 오시지 않았다거나[32] 그분이 스스로 하나님이시라고 주장하신 사실을 부인하거나[33] 예수님이 십자가에서 사탄의 부패한 본성을 짊어지셨다고 주장하거나[34] 그분이 십자가에서 육체적으로 죽으시고 나서 지옥에서 영적으로 죽으셨다고 주장하는[35] 등 노골적인 신성모독을 일삼는다. 번영 신학의 설교자 케니스 코플랜드의 말을 들어보면, "믿음의 말씀" 진영 안에서 예수 그리스도를 얼마나 비성경적이고 불경스럽게 묘사하는지 분명히 알 수 있다.

예수님이 십자가에서 "나의 하나님"이라고 부르짖었던 이유는 무엇일까? 그 이유는 하나님이 더 이상 그분의 아버지가 아니셨기 때문이다. 그분은 친히 사탄의 본성을 취하셨다. 예수님은 그 구덩이 한가운데 빠지셨다. 그분은 그곳에서 겪을 수 있는 온갖 고통을 감당하셨다. ……비쩍 말라 작은 벌레 같은 그분의 영혼이 그 밑바닥까지 내려갔고, 마귀는 그분을 완전히 없애버렸다고 생각했다. 그러나 갑자기 하나님이 개입하셨다.[36]

"믿음의 말씀" 운동을 벌이는 또 다른 저자인 크레플로 달러도 그리스도의 신성을 공공연히 의문시하면서 그와 비슷한 불경을 저질렀다.

예수님은 완전하게 태어나지 않으셨다. 그분은 차츰 완전해지셨다. 성경에 기록된 말씀에 따르면, 그분은 여행을 하다가 지치셨다. 하나님은 피로를 느끼지 않으신다. 그러나 예수님은 그랬다. 만일 그분이 하나님으로서 세상에 오셨는데 피로를 느끼셨다면, 즉 피곤하셨기 때문에 우물가에 앉으셨다면, 곤란한 문제가 발생한다. 어떤 사람은 "예수님은 하나님으로서 세상에 오셨습니다"라고 말한다. 그러나 성경은 하나님은 졸지도 주무시지도 않으신다고 가르친다. 마가복음에 따르면, 예수님이 배 한쪽 구석에서 잠을 주무셨다고 증언한다.[37]

아이러니컬하게도 "믿음의 말씀" 설교자들은 그리스도의 신성은 부인하면서 스스로가 작은 신이라고 주장하기를 주저하지 않는다.[38] 케니스 코플랜드는 예수님을 대변하는 척하면서 다음과 같은 왜곡된 가르침을 전했다. "너희 자신을 신으로 생각한다는 이유로 사람들에게서 비난을 받더라도 당혹스러워하지 말라. ……그들은 내가 하나님이라고 주장했다는 이유로 나를 십자가에 못 박았다. 나는 내가 하나님이라고 주장하지 않았다. 나는 단지 내가 그분과 동행하고 있으며, 그분이 내 안에 있다고 주장했을 뿐이다.

할렐루야! 너희가 하고 있는 일도 그와 같다."³⁹ 참 신자라면 누구나 이런 노골적인 교만과 뻔뻔한 거짓말에 치를 떨지 않을 수 없을 것이다. 적그리스도의 영이 아니라면, 이토록 심한 비성경적인 가르침을 결코 전하지 못할 것이다. 성령의 참된 사역은 항상 사람들을 "우리의 크신 하나님 구주 예수 그리스도(딛 2:13)"에 관한 진리 가운데로 인도한다.

아울러, 성령께서는 예수 그리스도의 복음에 관한 진리를 가르치신다. 성령께서 보내심을 받은 목적은 죄와 불의에 얽매인 세상을 책망해 죄인들로 하여금 주 예수님을 믿게 하시기 위해서다(요 16:7-11). 성령께서는 복음의 역사적 진리를 증언하시고(행 5:30-32), 구원의 메시지를 전하는 사람들에게 능력을 허락하신다(벧전 1:12). 복음의 메시지를 훼손하는 것은 무엇이든 성령의 참된 사역과는 무관하다.

복음의 진리를 훼손하는 행위는 교파를 초월해 가톨릭 은사주의, 사도적 오순절파, 믿음의 말씀(Word of Faith) 등 여러 형태의 그릇된 은사주의 진영 전반에 걸쳐 나타난다. 은사주의 진영을 하나로 묶는 공통된 특징은 복음의 진리가 아니라 황홀경 속에서 이루어지는 영적 체험이나 방언과 같은 물리적인 현상이다. 한 저술가는 "은사 운동이 비공식적인 독립 교회만이 아니라 철저한 위계질서를 갖춘 가톨릭 교회 내에서까지 성행하고 있는 현실은 은사 체험이나 성령 안에서의 재탄생과 같은 교리가 기독교 신앙의 범위 내에 존재하는 다양한 신학적 신념을 모두 수용할 정도의 융통성을 지니고 있다는 사실을 반영한다"라고 말했다.⁴⁰ 건전한 교리가 영적 체험에 종속되는 탓에 은사주의 진영 내에 있는 많은 사람이 그릇된 복음을 스스럼없이 받아들이고 있다.

가톨릭 은사 갱신 운동(CCR)은 1967년에 시작했다. 보고에 따르면, 당시 한 무리의 학생들이 성령 세례를 받고 방언을 말하기 시작했다고 한다. 이 운동은 곧 교황 요한 바오로 2세에 의해 공식적으로 인정되었고, 가톨릭 교회의 축복을 받으며 신속하게 확대되었다. 앨런 앤더슨은 "2000년이 되자 가톨릭 은사주의자들의 숫자가 대략 1억 2천만 명에 달했다. 이는 전 세계 가톨릭 신자들의 11퍼센트에 해당하며 고전적 오순절주의자들을 모두 합쳐 놓은 숫자의 두 배에 이른다"고 말했다.[41]

이런 사실은 로마 가톨릭 신자들이 전 세계 은사주의자들 가운데 5분의 1을 차지한다는 것을 의미한다. 가톨릭 은사주의자들은 로마 가톨릭 교회의 교리를 신봉하면서[42] (이들도 오직 믿음으로만 의롭다 하심을 받는다는 것을 부인하고, 가톨릭 교회의 일곱 성례의 사효적 효력을 인정할 뿐 아니라[43] 미사와 마리아 숭배와 같은 모든 형태의 우상숭배를 받아들인다.)[44] 개신교 오순절주의와 은사주의자들도 기꺼이 환영해 왔다.

틱펜은 이렇게 설명했다. "가톨릭 은사주의자들은 다른 오순절주의자들과 마찬가지로 기본적인 경험(은사를 수반하는 성령 체험)을 공유한다. 이런 공통점 때문에 가톨릭 신자들과 개신교 신자들이 은사 운동이 처음 시작될 때부터 은사주의 집회에 나란히 참석했을 뿐 아니라 심지어는 언약 공동체 안에서 함께 지내는 것이 가능했다."[45] 예를 하나 들면 다음과 같다.

> 지난 여름, 초교파적 집회에서 은사주의자와 오순절주의자들 만여 명이 성령 안에서 하나가 되어 나흘 동안 기도하고, 찬양하고, 손뼉을 치고, 기뻐했다. 플로리다 올랜도에서 7월 26일부터 29일까지 개최된 "성령과 세계 복음화"라는 집회에 참석한 인원 가운데 절반이 가톨릭 신자들이었다. 집회 진행위원장을 맡았던 리젠트대학교(총장 팻 로버트슨)의 신학과 학과장인 빈슨 사이넌은 "성령께서는 가톨릭 신자들과 개신교 신자들 사이에 있는 담을 허물기를 원하신다"라고 말했다.[46]

이런 경우는 성경의 진리가 아니라 공통된 영적 체험에 근거한 그릇된 연합을 추구함으로써 건전한 교리를 훼손하는 결과를 낳는다.[47] 그러나 (성경의 권위와 충족성을 믿는 개신교 신자들이 항상 강조하는 대로) 로마 가톨릭 교회가 그릇된 복음을 가르치는 한, 가톨릭 은사 갱신 운동의 배후에 있는 영은 성령과는 거리가 멀다.

은사 운동의 한 분파인 "사도적 오순절파(전 세계적으로 약 2400만 명에 달한다)"[48]는 삼위일체를 부인한다.[49] 윌리엄 케이는 이렇게 설명했다. "미국 내의 고전적 오순절주의자들 가운데 약 25퍼센트가 사도적 오순절파의 신학을 받아들이고 있다. 이 신학은 아타나시우스 신조에 진술된 대로 서로 동등하신 삼위 하나님이 존재하신다고 믿지 않고, 하나님이 세 가지 양태(성부, 성자, 성령)로 나타나신다고 믿는다는 점에서 양태론과 매우 흡사하다."[50] 양태론은 교회 역사상 이단으로 단죄되었다. 왜냐하면 신성 안에 성부와 성자와 성령 삼위 하나님이 존재하신다는 성경의 가르침을 부인했기 때문이다. 양태론자들은 다음과 같이 주장했다.

> 서로 다른 세 가지 이름, 곧 성부, 성자, 성령으로 불리는 한 분 하나님이 존재하신다. 이 명칭들은 시대에 따라 달리 불릴 뿐, 서로 독특한 세 인격을 가리키지 않는다. 즉, 이 명칭들은 한 분 하나님의 제각기 다른 양태를 나타낼 뿐이다. 하나님은 세상의 창조주요 입법자이시라는 점에서 "성부"로, 인간의 몸을 입으시고 예수 그리스도의 모습으로 나타나셨다는 점에서 "성자"로, 교회 시대에 나타나셨다는 점에서 "성령"으로 각각 불리신다. 따라서 예수 그리스도께서도 하나님이시고, 성령께서도 하나님이시지만, 이 둘은 서로 구별되는 인격을 가리키지 않는다.[51]

니케아 공의회(325년)와 콘스탄티노플 공의회(381년) 이후로 주류 기독교 교단들은 모두 양태론을 정통 신학을 벗어난 이단으로 간주했다. 양태론은 성경의 분명한 가르침에 위배된다(마 3:13-17, 28:19 등).

초교파적인 은사주의의 또 다른 사례가 유명한 번영 신학 설교자 조엘 오스틴을 통해 나타난다.

오스틴의 교리는 천박하고 감상적인 보편주의를 지향한다. 그런 사상은 그리스도의 주권과 배타성에 관한 성경의 가르침과 정면으로 충돌한다. 오스틴은 예수 그리스도를 영접하지 않는 사람들이 잘못이냐는 질문을 받고, 매우 불명확하고 모호한 대답을 늘어놓았다. 그는 "글쎄요. 그들이 잘못인지는 잘 모르겠습니다. 다만 이것이 성경이 가르치는 것이고, 기독교 신앙에 따르면 이것이 내가 믿는 것입니다. 나는 오직 하나님만이 사람의 마음을 판단하실 수 있다고 생각합니다. 아버지와 함께 인도에서 많은 시간을 보냈습니다. 그들의 종교에 대해 잘 알지 못합니다. 그러나 나는 그들이 하나님을 사랑한다는 것을 압니다. 잘 모르겠지만, 그들은 매우 진지했습니다. 아무튼 잘 모르겠습니다. 내가 아는 것은 나 자신과 성경이 가르치는 것뿐입니다. 나는 예수님을 믿고 싶습니다"라고 말했다.[52]

그는 다른 때에 모르몬교 신자가 참된 기독교 신자라고 생각하느냐는 질문을 받았을 때도 매우 실망스런 대답을 내놓았다. 그는 "글쎄요. 내 생각에는 그런 것 같습니다. 미트 롬니는 그리스도를 구주로 믿는다고 말했습니다. 그것이 내가 믿는 믿음입니다. 아시다시피, 나는 그 고백의 세부 내용을 판단할 입장이 못 됩니다. 나는 그들이 기독교인이라고 생각합니다"라고 대답했다.[53]

말일성도 예수 그리스도 교회에 관한 오스틴의 어정쩡한 발언은 흥미로운 논점을 제시한다. 왜냐하면 모르몬교의 설립자들도 오늘날의 오순절주의와 은사주의자들의 경우처럼 초자연적인 현상을 경험했다고 주장했기 때문이다. 조셉 스미스는 1836년에 커틀랜드 템플을 봉헌하면서 방언과 예언과 기적적인 환상 등, 다양한 은사 체험이 있었다고 설명했다.[54] 같은 사건을 목격한 다른 증인들도 그와 비슷한 주장을 제기했다. "방언을 하고, 환상을 보고, 천사들이 나타나는 등, 큰 능력의 나타남이 있었다."[55] "오순절처럼 주님의 영이 풍성하게 임하셨다. 장로들 수백 명이 방언을 말했다."[56] 찰스 파햄과 오순절주의자들이 방언을 말하기 50년 전에 말일성도 예수 그리스도 교회의 신자들은 비슷한 경험을 했다.[57] 이런 이유로 어떤 역사가들은 오순절주의의 뿌리를 모르몬교에까지 거슬러 올라간다.[58]

심지어 오늘날에도 어떤 사람들은 그런 유사점을 토대로 두 집단의 일치를 추구하기도 한다. 롭과 캐시 대츠코는 『성령 충만한 기독교인들과 말일성도를 잇는 다리를 놓자』라는 책에서 "말일성도와 성령 충만한 기독교인들 사이에는 커다란 언어와 문화의 장벽이 존재하지만, 이 두 집단은 여러 가지 동일한 기본 교리를 공유하고 있다"라고 말했다.[59]

오순절주의는 전통적으로 말일성도를 배격했지만,[60] 조엘 오스틴과 같은 사람들의 말을 들어보면 초교파적인 포괄주의의 새로운 물결이 곧 나타날 조짐을 보이고 있다. "제3의 물결 운동"의 발상지인 풀러신학교가 최근에 모르몬교와 복음주의 기독교의 연합 운동을 전개하고 있는 것은 결코 우연의 일치가 아니다.[61]

은사주의가 복음을 왜곡한 또 하나의 사례가 "믿음의 말씀" 운동이 내세우는 번영 신학, 곧 건강과 부의 약속에서 확인된다. 이것은 은사 운동의 치명적인 오류가 아닐 수 없다. 앞 장에서 살펴본 대로, 번영 신학은 "모든 오순절주의의 근본 특성"이다. "대다수 나라의 오순절주의자들 가운데 90퍼센트가 넘는 사람들이 그런 믿음을 지니고 있다."[62] 번영 신학의 탐욕스런 물질주의는 성경적인 복음을 완전히 거꾸로 뒤엎는다. 참된 복음은 죄와 영적 죽음으로부터의 구원을 제시하지만, 번영의 복음은 그런 영원한 현실을 무시하고, 경제적 빈곤과 육체의 질병 같은 일시적인 문제로부터의 구원을 약속한다.

예수님은 제자들에게 모든 것을 버리고 십자가를 짊어지고 자기를 좇으라고 말씀하셨다(눅 9:23). 그러나 번영 신학은 돈을 주고서라도 육신적인 위로, 세상의 재물, 세속적인 성공을 사려고 하는 사람들에게 축복을 약속한다.[63] 참된 복음은 하나님의 영광에 초점을 맞추지만, 번영 신학은 인간의 소원과 바람을 전면의 중심에 내세운다. 한 저술가는 "이런 그릇된 사상을 전하는 사람들은 거짓 복음을 전하는 죄를 저지르고 있다. 그들은 복음의 중심에서 그리스도를 제거하고, 일시적인 것을 영원한 것 위에 올려놓았다"라고 말했다.[64]

번영 신학 설교자들은 이단적인 사상을 가르치는 과정에서 세상 사람들 앞에서 기독교를 비웃음거리로 만들었다. 브루스 비켈과 스탠 잰츠는 "번영의 복음은 거짓이지만, 오락적 가치를 지닌다는 점에서 기독교로 포장한 프로 레슬링과 다를 바 없다"라고 적절히 비꼬았다.[65] 그러나 프로 레슬링과는 달리, 번영 신학은 단순한 오락으로 끝나지 않는다.

필립스는 이렇게 말했다. "오늘날과 같이 탐욕스런 시대에는 소위 번영의 복음이라는 것이 버젓이 존재하지만, 성경 시대에는 그 누구도 그런 복음을 전하지 않았다. 이 거짓 복음은 '원하는 것을 말하고 요구하라'는 신념을 가르친다. 이 복음은 건강과 부가 모든 신자의 타고난 권리라고 주장한다. 이런 신념은 신약 성경의 가르침이나 인격적인 경험, 또는 교회의 역사와 전혀 들어맞지 않는다. 번영의 복음은 구약 성경의 축복과 신약 성경의 축복, 이스라엘 민족과 하나님의 교회, 세상의 하나님 백성과 하늘의 하나님 백성을

구별하지 못하는 데서 비롯한다."⁶⁶

이 신학은 매우 유해하고 가증스런 사상이다. 영적 사기꾼들은 이 사상을 전함으로써 의도적으로 하나님의 진리를 왜곡하고 있다. 그들은 불경스런 거짓을 일삼은 대가로 장차 엄한 형벌을 받게 될 것이다(유 13절).

가톨릭 은사 갱신 운동, 사도적 오순절파, 믿음의 말씀 운동과 같은 건강과 부와 번영의 복음을 전하는 이단과 연루된 사람들의 숫자는 이루 다 헤아릴 수 없을 만큼 많다. 이들은 현대 은사 운동을 이끄는 다수의 세력에 해당한다. 이들은 거짓 복음을 전하고 있지만, 소위 "영적" 체험을 공유했다는 이유로 은사주의 진영 내에서 크게 환영받고 있다.

거짓 복음을 경계하라

성령의 참된 사역은 사람들에게 그리스도에 관한 진리를 가르친다. 조나단 에드워즈는 이 기준을 자기 시대의 영적 체험에 적용했다. 우리도 마땅히 그래야 한다. 은사 운동에 그런 기준을 적용해야 한다. 그러면 그것이 최소한 두 가지 점에서 기준에 어긋난다는 사실을 발견할 수 있을 것이다.

첫째, 성령의 은사와 능력에 집착하는 은사주의는 사람들의 관심을 예수 그리스도의 인격과 사역으로부터 멀어지게 만든다. 성령께서는 자기 자신이 아니라 그리스도를 증언하신다. 진정으로 성령 충만한 사람이라면, 그와 똑같은 열정을 지닐 것이 틀림없다. 둘째, 은사 운동은 자신의 진영 내에서 거짓 복음이 마음껏 세력을 확산하도록 만들었다. 로마 가톨릭주의의 행위로 말미암는 의에서부터 번영 신학이라는 천박한 물질주의에 이르기까지 온갖 오류가 기승을 부린다. 문제는 이런 오류가 은사 운동의 변두리에서 이루어지고 있는 것이 아니라 운동의 중심을 차지하고 있다는 데 있다.

이 모든 사실은 "사람들의 관심을 그리스도에게서 멀어지게 만드는데도 거짓 복음을 받아들이는 것을 성령 사역의 결과로 인정해야 하느냐?"라는 중요한 의문을 제기한다. 조나단 에드워즈는 이 물음에 결단코 그럴 수 없다고 대답한다.

에드워즈는 『성령 사역의 표징』이라는 책에서 겉으로 나타나는 현상만으로는 성령 사역의 진정성 여부를 결정적으로 판단할 수 없다고 말했다. 그는 어떤 운동을 통해 나타난 현상이 새롭다거나 기이하다는 이유만으로 그것을 성령의 참된 사역이 아니라고 단정할 수도 없고, 우는 것과 같은 행위를 통해 감정을 표출한다거나 그 사역이 강한 인상을 주어 사람들의 상상력을 크게 자극했다고 해도(에드워즈는 이런 현상은 성경의 선지자들이 경험했던 환상과는 질적으로 다르다고 지적했다) 역시 마찬가지라고 말했다. 아울러, 그는 일부 사람들이 이상하고 무분별하게 행동하거나 심각한 오류를 저지르거나 경솔한 행위를 했다고 해서 그것을 성령의 사역이 아니라는 결정적인 증거로 삼을 수도 없다고 주장하기도 했다. (흥미롭게도, 에드워즈는 종교개혁 당시의 급진적 개혁자들에게서 발견되는 성경 외적인 은사 행위들이 그릇된 행위인 것은 분명하지만, 그렇다고 그것이 종교개혁의 진정성을 훼손하는 것은 아니라고 말했다.)

그는 그런 현상들을 절대적인 규칙이 아니라 비정통적이고 바람직하지 못한 예외로 간주했을 뿐이다. 아무튼, 그가 요한일서 4장 1-8절에서 발견되는 "긍정적인 표징들"을 논의한 내용을 살펴보면, 거짓 교리나 수치스런 행위를 수반하는 운동을 성령의 능력에 의한 결과로 단정하지는 않았을 것이 분명하다. 그는 퀘이커 교도를 비롯해 그들과 같은 사람들이 황홀경 속에서 신비로운 경험을 하는 것을 비판했던 것과 똑같은 방식으로 현대의 은사주의 진영에서 이루어지는 현상을 비판했을 것이 틀림없다.

나도 요한일서 4장 2, 3절에서 발견되는 성경적 원리들에 근거해 그런 평가에 전적으로 동의한다. 성령께서는 거짓 복음을 퍼뜨리거나 사람들을 그리스도에 관한 진리에서 멀어지게 만드는 사람들을 보증하기 위해 자신의 은사들을 사용하지 않으신다. 다음 장에서는 요한일서 4장 2-8절이 제시하는 판단 기준을 좀 더 살펴보면서, "현대 은사 운동이 성령의 참된 사역인가?"라는 문제를 계속해서 탐구해나갈 계획이다.

4장 영들을 시험하라 (2)
: "번쩍이는 것이 모두 금은 아니다"

윌리엄 셰익스피어는 『베니스의 상인』이라는 유명한 희곡에서 "번쩍이는 것이 모두 금은 아니다"라는 표현을 만들어냈다. 그로부터 250년이 지난 1840년대, "캘리포니아 황금광 시대"에 모험적인 보물 사냥꾼들은 이 말의 진리를 몸으로 체득했다. 황금을 찾는 보물 사냥꾼들은 그리 오래지 않아 번쩍이는 것이 모두 채취할 가치가 있는 것은 아니라는 사실을 발견했다. 바위가 갈라진 틈이나 시냇물 바닥에 금가루처럼 반짝거리는 물질들이 보였지만 모두 황금과는 거리가 멀었다. 마치 황금처럼 반짝거렸던 황철광 같은 흔한 광물질은 곧 "바보의 황금"이라는 별명을 얻었다. 정신이 말짱한 채굴자라면 누구나 반짝거리는 물질과 진짜 금을 구별할 수 있어야 했다.

19세기 캘리포니아의 강과 산들처럼, 오늘날의 기독교 세계 안에도 "바보의 황금"이 존재한다. 겉으로는 반짝거리지만, 영적으로는 무가치한 것이 많다. 앞장에서 요한일서 4장 1-8절을 중심으로 기독교인이 영적 운동을 평가할 때 물어야 할 다섯 가지 원리를 제시했다.

1) 이 사역이 그리스도를 높이는가? 2) 세속주의를 반대하는가? 3) 사람들을 성경으로 이끄는가? 4) 진리를 앞세우는가? 5) 하나님과 다른 사람들

에 대한 사랑을 독려하는가? 여기에서는 나머지 네 개의 원리를 살펴보기로 하자.

두 번째 원리 : 세속주의를 반대하는가?

은사주의자에게 성령의 능력이 삶에 어떤 영향을 미치고 있느냐고 물어보면, 다음과 같은 대답 가운데 하나를 듣게 될 것이다. 고전적 오순절주의자들은 방언과 입신을 비롯해 상상으로 빚어낸 여러 형태의 기적적인 은사들을 강조할 것이고, 요즘의 은사주의자들은 믿음의 치유나 경제적 행운을 언급함으로써 인기 있는 텔레비전 전도자들의 가르침을 그대로 되뇌일 것이다. 아울러, 두 진영의 은사주의자들 모두 환상을 통한 계시, 예언의 말씀, 초자연적인 능력에 사로잡힌 듯한 감정적 열광과 같은 특이한 방법을 통해 하나님을 체험했다고 주장할 것이다. 그들은 그런 식의 증거를 잣대로 삼아 성령 충만한 신자라고 자처한다. 그러나 그들이 말하는 성령 충만이 과연 무슨 의미인지 참으로 궁금하다.

은사주의자들은 주관적인 경험이 무엇이든 성령 사역의 증거로 해석한다. 그들은 아무 의미도 없는 말을 끊임없이 반복하거나 정신을 잃고 몽환의 상태에 빠지거나 그릇된 말을 예언으로 내세우거나 감정적인 전율을 느끼거나 건강과 부를 외치는 번영 신학의 설교자들에게 기부금을 바치는 것과 같은 행위를 성령 충만으로 간주한다. 그러나 그런 행위 가운데 어느 것도 성령의 임재를 입증하는 증거와는 아무런 상관이 없다.

은사주의 진영 내에서 일반적으로 강조되는 것과는 달리 개인의 삶에 미치는 성령의 영향력을 진정으로 입증해주는 증거는 물질적인 번영, 무분별한 감정주의, 상상으로 빚어낸 기적이 아닌 성화다. 성화란 성령의 능력과 인도를 통해 영적으로 성장하고, 거룩한 삶을 살며, 그리스도의 형상을 본받는 것을 의미한다(이런 역사는 성령께서 신자의 마음에 성경의 진리를 적용하실 때 일어난다). 성령의 참된 사역은 마음의 죄를 깨닫게 하고, 속된 정욕을 책망하며, 하나님의 백성의 삶 속에서 영적 결실을 맺는다.

바울 사도는 로마서 8장 5-11절에서 모든 사람을 두 가지 범주로 구분했다. 하나는 육신을 따르는 사람들이고, 다른 하나는 성령을 따르는 사람들이다. 육신을 따르는 사람들은 덧없는 세상의 쾌락을 추구한다(롬 8:5, 요일 2:16, 17). 그들은 "하나님을 기쁘시게 할 수 없는(롬 8:8)" 육신의 생각을 좇는다. 그들의 사악한 마음은 경건하지 못한 행동으로 표출되어 갈라디아서 5장 19-21절에 열거된 대로 성적 범죄와 우상숭배와 교만을 비롯해 온갖 육신의 열매를 맺는다.

그와는 대조적으로, 성령을 따르는 사람들은 그리스도께서 계시는 위의 것을 바라본다(골 3:1, 2). 그들은 주 예수님을 섬기는 것을 기뻐하고, 그분을 사랑하는 마음으로 복종한다(요 14:15). 그들은 성령의 인도하심을 받고, 그 결과 삶 속에서 성령의 열매를 맺는다(롬 8:14, 갈 5:22, 23). 성령께서 역사하시는 곳에서는 세상의 것과 악을 추구하려는 열정이나 정욕이 근절된다. 신자는 "영으로써 몸의 행실을 죽인다(롬 8:13)." 성령의 사역은 육신의 속된 욕망과 정면으로 충돌한다. 바울은 갈라디아서 5장 16, 17절에서 "너희는 성령을 따라 행하라 그리하면 육체의 욕심을 이루지 아니하리라 육체의 소욕은 성령을 거스르고 성령은 육체를 거스르나니 이 둘이 서로 대적함으로 너희가 원하는 것을 하지 못하게 하려 함이니라"라고 말했다.

요한 사도도 영들을 시험하라고 말하면서 그와 똑같은 성경의 진리를 전했다. 그는 거짓 선지자에 관해 말하면서 "자녀들아 너희는 하나님께 속하였고 또 그들을 이기었나니 이는 너희 안에 계신 이가 세상에 있는 자보다 크심이라 그들은 세상에 속한 고로 세상에 속한 말을 하매 세상이 그들의 말을 듣느니라(요일 4:4, 5)"라고 조언했다. 거짓 교사들은 세상과 연관되어 있다. 세상은 사탄이 지배하는 영적 체계, 곧 하나님을 대적하고 일시적인 정욕을 추구하는 악한 성향을 가리킨다(엡 2:1-3, 요일 5:19). 요한은 그 앞의 대목에서도 "이 세상이나 세상에 있는 것들을 사랑하지 말라 누구든지 세상을 사랑하면 아버지의 사랑이 그 안에 있지 아니하니 이는 세상에 있는 모든 것이 육신의 정욕과 안목의 정욕과 이생의 자랑이니 다 아버지께로부터 온 것이 아니요 세상으로부터 온 것이라(요일 2:15, 16)"라는 말로 속된 마음을 꾸짖었다.

어떤 운동이 세상과 육신을 추구하는 마음을 부추긴다면, 그 배후에 있는 영적 세력을 진지하게 의심해볼 필요가 있다. 조나단 에드워즈는 이렇게 말했다. "역사하는 영이 사탄의 왕국을 이롭게 하는 일, 곧 죄를 독려하고 확증하며, 인간의 속된 욕심을 부추기는 일을 반대한다면, 그것은 그 영이 거짓이 아닌 참된 영이라는 확실한 증거다."[1] 다시 말해, 성령의 참된 사역은 공허한 추구나 육신의 정욕으로 사람들을 유혹하지 않고, 오히려 개인의 경건을 독려하고, 속된 욕망을 억제한다.

그럼에도 불구하고, 현대 은사주의 신학의 가장 뚜렷하면서도 명백한 특징은 세속적 가치를 지나치게 강조하는 것이다. 은사주의는 육신의 욕망을 만족시켜 사람들의 관심을 끌려고 한다. 유명한 은사주의자들, 곧 텔레비전 전도자와 믿음 치료사와 번영 신학 설교자들은 마치 이 세상의 정욕이 신앙의 참된 목적인 양 노골적으로 그것을 부추긴다. 그들의 그럴싸한 주장과 화려한 삶의 방식은 성경이 가르치는 교회 지도자들의 모습과는 극명하게 대조된다(딤전 3:1-7, 딛 1:5-9).

텔레비전 전도자들의 인격을 그리스도와 사도들과 비교하면 그 차이점을 즉각 알 수 있다. 그들의 현란하고 자기만족적인 삶의 방식은 "머리 둘 곳이 없는(눅 9:58)" 주님의 삶의 방식을 전혀 닮지 않았다. 돈에 집착하며 청취자들에게 헌금을 강요하는 그들의 태도는 "인자가 온 것은 섬김을 받으려 함이 아니라 도리어 섬기려 하고 자기 목숨을 많은 사람의 대속물로 주려 함이니라(마 20:28)"라고 말씀하신 예수님과 뚜렷하게 대조된다. 기적을 선전하며 대중의 인기에 영합하려는 그들의 모습은 예수님의 삶의 방식과 정반대다. 예수님은 병을 고쳐주신 사람들에게 종종 "이 일을 아무에게도 말하지 말라"고 당부하셨다(눅 8:56, 마 8:4, 막 7:36). 무엇보다도 평판만 번지르르할 뿐 도덕적인 추문에 쉽게 휘말리곤 하는 일부 은사주의 협잡꾼들은 "거룩하고 악이 없고 더러움이 없고 죄인에게서 떠나 계시고 하늘보다 높이 되신(히 7:26)" 예수님과 아무런 관계가 없다.

은사주의자들은 겸손, 인내, 화평, 그리스도의 주권에 대한 희생적 헌신과 같은 성령의 참된 열매는 종종 무시한 채, 오로지 육체의 건강, 물질적인 부, 일시적인 행복에만 병적으로 집착하는 경향이 있다. 최근 몇 십 년 동안 은사 운동이 극적인 성장을 이룬 것은 모두 번영 신학을 강조했기 때문이다. 번영 신학은 거듭나지 못한 죄인들에게 그들이 마음으로 바라는 것들을 약속하고, 육신의 정욕을 기독교적 용어로 포장해 마치 그것이 예수 그리스도의 좋은 소식인 것처럼 제시한다. 오순절주의자 열 명 가운데 아홉 명이 가난하게 살고 있지만,[2] 번영의 복음은 계속해서 사람들을 은사 운동으로 불러들이고 있다. 사회적 상황이 열악할수록 번영 신학 설교자들이 사람들을 속이기가 더 쉬워진다.

> 나이지리아, 남아프리카공화국, 인도, 필리핀 등지에 있는 오순절주의자와 은사주의자들 가운데 90퍼센트가 넘는 사람들이 "하나님이 충분한 믿음을 지닌 모든 신자에게 물질적인 번영을 허락하실 것"이라고 믿고 있다. 사실, 모든 나라에서 오순절주의 신자들이 다른 기독교인들보다 그런 믿음을

더 많이 가지고 있다. 그런 메시지가 전달되는데 사람들이 몰려들지 않는다면, 그것이 더 이상할 것이다. 번영의 복음은 아메리카 드림(좋은 집, 좋은 직업, 충분한 예금)을 종교적으로 포장한 것에 지나지 않는다. 결국, 번영의 복음이 전 세계에서 호황을 누리는 것은 아메리카 드림이 수출되어 확장된 결과인 셈이다.[3]

번영 신학은 덧없는 세상의 쾌락을 추구하라고 노골적으로 사람들을 유혹한다. 구체적으로 말해, 그릇된 욕망을 꾸짖기보다 속된 삶의 방식을 높이 추켜 세우고, 부패한 욕망을 부추기며, 절실한 사람들에게 터무니없는 약속을 남발한다. "주님과 올바른 관계를 맺으면 좋은 직업과 멋진 집과 새 자동차를 주실 것이다"라고 선전한다.[4] 번영의 복음은 라스베이거스의 카지노보다 도덕적으로 더 많은 비난을 받아야 마땅하다. 왜냐하면 세속주의를 종교로 위장해 그리스도의 이름으로 제시하기 때문이다. 번영의 복음도 카지노처럼 화려한 흥행술을 동원해 적은 투자로 일확천금을 얻을 수 있다고 선전하며 희생자들을 유혹하고 있다. 번영의 복음은 마치 영적 슬롯머신처럼 마지막 동전까지 모두 헌납하게 한 뒤에 처음에 왔을 때보다 더 못한 상태로 사람들을 집으로 돌려보낸다.

은사주의 신학의 주관적이고 신비로운 속성은 번영 신학이 싹틀 수 있는 이상적인 환경을 제공한다. 그 이유는 자칭 선지자를 자처하는 이들이 성령의 기름부음을 제공할 수 있다고 주장하면서 하나님의 권위로 말하는 것처럼 위장해 사람들을 갈취하게 하는 한편, 그릇된 교리를 전하면서도 성경의 시험대를 요리조리 피할 수 있게 해주기 때문이다. 필립 젠킨스는 이렇게 설명했다. "번영의 복음은 부패한 성직자들이 아무런 처벌도 받지 않고 살아갈 수 있도록 해준다. 그들은 성경 말씀을 위협의 도구로 삼아 선량한 신자들에게 의무를 이행하라고 억지로 강요한다. 그런 신앙 체계는 그들의 악행을 적당히 변명할 수 있는 여지를 제공한다."⁵ 그런 악한 행위 때문에 복음주의 기독교의 평판이 더렵혀져 세상의 조롱거리가 되고, 마치 그것을 기독교의 참 모습으로 생각하는 고정관념이 형성되었다. 그 결과, 교회의 복음전도는 심각한 어려움을 겪고 있다. 사람들이 기독교를 거부하는 이유는 복음의 참 메시지가 전달되었기 때문이 아니라 은사주의 매체를 통해 복음이 기괴하게 변형되었기 때문이다.

물론, 건전한 교회들 가운데서도 이따금 재정을 편취하는 행위나 도덕적 실패가 발생하기도 한다. 그러나 더 높은 영성의 단계에 도달했다고 주장하는 사람들 사이에서는 그런 추잡한 행위가 일어나는 빈도수가 훨씬 더 적어야 마땅하다. 바로 여기에 문제의 핵심이 있다. 은사 운동은 "영성"을 표적과 기사와 특별한 체험의 관점에서 정의하고, 번영 신학의 천박한 물질주의가 번성할 수 있는 분위기를 조성하며 참된 영적 성장의 길을 도외시해왔다. 그릇된 영성의 기준은 육신을 제어할 수 없다.

심각한 도덕적 실패를 저지른 사람은 비단 오순절주의의 설립자 찰스 파햄(2장 참조)만이 아니다. 오순절주의와 은사주의 역사를 돌아보면, 그런 추문을 일으킨 사람들이 너무나도 많았던 것을 알 수 있다.

1926년 5월, 에이미 셈플 맥퍼슨(유명한 여선지자이자 "국제 복음 교회〈International Church of the Foursquare Gospel〉"의 설립자)은 로스앤젤레스 해변에서 해수욕을 즐기다가 돌연 사라졌다. 당시 그녀의 갑작스런 실종에 대한 소식은 미국 주요 신문의 1면을 장식했다. 그녀의 추종자들은 그녀가 익사한 줄 알고 크게 슬퍼했다. 그러나 "그녀는 몇 주 뒤에 다시 나타나 멕시코에서 납치되어 갇혀 있다가 가까스로 탈출해 도보로 사막을 건너 용감하게 납치범들의 손에서 빠져나왔다고 주장했다. 조사자들은 그녀가 캘리포니아 해안 도시인 카멜의

밀회 장소에서 자신의 라디오 방송국의 기사와 시간을 보냈다는 증거가 포착되자 즉시 그 이야기의 허점을 캐기 시작했다.[6] 그녀는 갇혀 지낸 적이 없었다. 그녀가 어설프게 날조한 납치와 탈출설은 "성적 모험이 동기로 작용한 이야기로 그녀를 세상의 비웃음거리로 만들었다. 약 1년 동안 실시된 언론의 취재와 법적 조사를 통해 에이미 셈플 맥퍼슨은 공인으로서는 그 누구도 결코 헤어 나올 수 없는 나락으로 떨어져 세간의 비웃음을 사고 말았다."[7]

1970년대와 80년대에 오순절주의 전도자 론니 프리스비는 "예수 운동"을 이끌었던 가장 유명한 인물 가운데 하나였다. 자칭 선지자라고 주장했던 그는 1960년대 말과 1970년대에 일어난 예수 운동의 개척자요 인기 있는 지도자였다(그의 삶은 에미상 후보에 올랐던 "프리스비: 한 히피 설교자의 생애와 죽음"이라는 영화로도 제작되었다). 그는 나중에 존 윔버와 함께 "표적과 기사 운동"에 참여했다. 그는 척 스미스와 윔버와 함께 갈보리 채플과 "빈야드 운동"의 초창기에 주도적인 역할을 했다. 그러나 오랫동안 동성애를 즐겨왔다는 사실이 세간에 알려지면서 프리스비의 사역은 불명예로 마감되었다.

사실, 프리스비의 사생활은 웨스트코스트 은사주의 공동체 내에서 수년 동안 공개적인 비밀로 회자되었다. 그는 토요일 저녁에 난잡한 난교행위를 즐기다가 주일 아침에 말씀을 전하곤 했다. 프리스비의 사생활은 친구들과 동료 은사주의자들 사이에 잘 알려져 있었다.

다큐멘터리 영화 "프리스비: 한 히피 설교자의 생애와 죽음"에서 이 사실이 거듭 언급되었다. 영화가 39분 55초 동안 진행된 장면에 보면, 프리스비의 친구 한 사람이 "결혼 생활이 막바지에 접어들 무렵, 그는 내게 늦게까지 게이 바에서 시간을 보냈다고 말했다. 어떻게 토요일 저녁에 파티를 즐기고 주일 아침에 말씀을 전할 수 있는지 나로서는 납득하기 어려웠다"라고 말하는 장면이 나온다. 그러나 참으로 놀랍게도 그 바로 다음에 이어지는 대사는 이랬다. "하나님의 성령께서 역사하셨다. 그 점에 대해서는 아무 의심도 있을 수 없었다."[8] 프리스비의 방탕한 삶을 더 이상 숨길 수 없게 되자, 존 윔버는 "그것이 빈야드 운동을 심각하게 훼손할 것을 우려했다."[9] 그는 프리스비를 공적 사역에서 물러나게 했고, 그는 결국 에이즈에 감염되어 1993년에 사망했다.[10]

1983년, 뉴질랜드 하나님의 성회 목회자 네빌 존슨도 부도덕한 행위 때문에 교회를 사임했다. 그의 은사주의 신학은 거의 망상의 단계에 이르렀다. 그는 하나님으로부터 아내가 곧 죽고, 자신이 자유롭게 재혼할 것이라는 계시를 받았다고 주장했다. 그는 혼외 관계를 맺어도 좋다는 특별한 은혜를 허락받았다고 말했다.[11]

1986년, 믿음의 치료사 피터 포포프의 정체가 텔레비전을 통해 폭로되었다. 마술사이자 초자연 현상 연구가인 제임스 랜디는 선지자를 자처하는 그가 눈에 잘 보이지 않는 이어폰을 끼고 청중에 관한 "계시"를 받고 있다는 사실을 발견했다. "포포프의 아내가 청중 틈에 앉아 있으면서 여러 참석자와 대화를 나누다가 휴대용 무전기를 이용해 (소형 이어폰을 끼고 있는) 남편에게 정보를 제공했다. 그러면 포포프는 흥분의 도가니에 빠진 수천 명의 참석자들에게 특정한 참석자의 이름과 병명과 주소를 말하곤 했다."[12] 랜디는 포포프의 아내가 은밀히 남편과 대화를 나누는 것을 포착했다. 그는 "존 카슨의 투나잇 쇼"에서 그 사기 행각을 폭로했다. 포포프는 일 년도 채 못 되어 파산을 신청해야 했다.

사역자는 책망할 것이 없어야 한다는 성경의 기준에도 불구하고, 은사주의 세계 내에서는 심각한 도덕적 잘못을 저질렀더라도 반드시 공적 사역에서 물러나는 결과로 이어지는 것은 아니다. 그곳에서는 그런 일로 인해 비난받는 기간이 놀라울 정도로 짧다. 피터 포포프와 같은 사람조차도 공적 사역에서 물러난 적이 없었다. 그는 경제적인 위기를 잘 넘겼다. 1998년, 『워싱턴 포스트』는 그가 "모습을 달리해 아프리카계 미국인을 상대로 다시 힘차게 재기하고 있다"고 보도했다.[13] 그의 사기 행각이 텔레비전 생방송을 통해 전국에 보도된 지 약 25년이 지난 오늘에도 (그보다 좀 덜 알려졌지만 그와 비슷한 행위가 여러 번 적발되었는데도 불구하고) 피터 포포프 선교회는 또다시 왕성하게 성장하고 있는 듯 보인다. 그 선교회의 웹사이트는 경제적인 축복과 기적적인 치유에 관한 사례들을 크게 다루고 있다.[14] 2007년, 포포프는 심야 텔레비전 쇼를 통해 "기적의 샘물"을 팔았고, 그로 인해 2300만 달러의 수입을 올렸다.[15]

1986년과 1987년에 지미 스와가트는 동료 텔레비전 전도자 두 사람(마빈 고먼과 짐 배커)의 간통 행위를 공개함으로써 미국 사회의 화제가 되었다. 밝혀진 증거에 따르면, 짐 배커는 자신들의 부정한 밀회에 대해 입을 다무는 조건으로 교회 비서에게 265,000달러를 제공한 것으로 나타났다. 나중에 배커는 기부자들을 속여 1억 5천 8백만 달러를 갈취해온 죄가 드러나 철창 신세를 져야 했다. 아이러니컬하게도, 스와가트 자신도 고먼과 배커의 죄를 폭로한 직후에 창녀와 관계를 맺었던 사실이 드러났다. 그가 눈물을 흘리며 잘못을 고백하는 모습은 80년대 텔레비전 보도 사건 가운데 가장 큰 이목을 집중시킨 사건 중 하나가 되었다. 그는 눈물범벅이 된 얼굴로 턱을 덜덜 떨면서 "나의 주님, 주님께 죄를 지었나이다. 저의 죄가 하나님의 망각의 바다에 던져져 다시는 기억되지 않을 때까지 주님의 보혈로 모든 허물을 말갛게 씻어주소서"라고 말했다.[16]

그러나 그는 공적 사역에서 물러나지 않았다. 1991년, 스와가트는 다시 창녀를 대동하고 역방향으로 차를 몰다가 캘리포니아 고속도로 순찰대의 단속에 걸렸다. 그는 이번에는 시청자들에게 "주님이 제게 말씀하시길 여러분이 전혀 신경 쓸 일이 아니라고 하시더군요"라고 말했다. 그는 하나님이 사역을 중단하지 말라고 지시하셨다고 주장했다.[17] 요즘에도 스와가트와 배커는 여전히 은사주의 텔레비전 전도자로 일하고 있고, 아직도 그들을 따르는 열광적인 추종자들이 적지 않다.

1991년, 캔자스시티 선지자 밥 존스는 소위 "예언자적 기름부음"을 운운하며 여성들로 하여금 옷을 벗게 만들었다는 주장이 제기되면서 공적으로 창피를 당했다.[18] 같은 해, ABC 뉴스는 당시에 매년 8,000만 달러 이상의 돈을 긁어모았던 로버트 틸턴의 사역을 조사했다. 조사 결과, 그의 사역 단체는 기도를 요청한 편지는 읽어보지도 않고 쓰레기통에 내버렸고, 단지 그 안에 동봉된 돈만 챙겼던 것으로 드러났다.[19]

2000년, 클래런스 맥클렌던 감독은 16년 동안 살았던 아내와 이혼한 지 일주일 만에 재혼했고, 의심의 눈총을 받으면서 혼외 자식을 길렀던 것으로 드러났다. 로스앤젤레스에서 대형 오순절 교회를 이끌었던 맥클렌던은 "국제 은사주의 교회 연합회"의 주요 인사였다. 그는 그런 추문에도 불구하고 사역에서 물러나거나 강단에서 내려오기를 거부했다. 그는 자신의 이혼에 관해 말하면서 "나는 결혼하지 말고 말씀을 전하라는 소명을 받았다. 이혼은 내 사역에 아무런 영향도 미치지 못한다"라고 주장했다.[20]

2002년 초, 캘리포니아에서 활동했던 오순절 교회 목회자 로버츠 리어든은 교회의 젊은 사역자 존 캐럿과 동성애를 즐겼다는 사실을 시인해 추종자들에게 충격을 안겨주었다. 그러나 놀랍게도 그는 그런 일이 있은 지 얼마 되지 않아 곧바로 전임 목회자로 복귀했다.[21] 2004년, 전에 트리니티 방송사에서 일했던 에녹 론니 포드는 1990년대에 있었던 폴 크라우치와의 동성애 관계에 대한 세부 사실을 기록한 문서를 공개하겠다고 위협했다. 『로스앤젤레스 타임즈』는 크라우치가 그 사실을 공개하지 못하게 하려고 포드에게 425,000달러를 주었다고 보도했다.[22]

2005년, 유명한 은사주의 선지자 폴 케인은 "오랫동안 동성애와 술이라는 두 가지 문제에 시달려왔다"고 고백했다.[23] 같은 해, "국제 은사주의 성경 사역"의 설립자인 얼 폴크는 법적 소송에 휘말렸다. 그의 교회에 다녔던 한 유부녀가 자신을 유혹해 14년 동안 불륜 관계를 맺었다며 소송을 제기했다. 그녀의 말에 따르면, 폴크는 영적으로 성숙한 사람들은 간음죄를 짓지 않고서도 혼외 관계를 맺을 수 있다고 말했다고 한다. 그는 그런 부정한 행위를 "왕국의 관계"라고 일컬었다.[24]

2006년, 콜로라도 스프링스에서 "뉴 라이프 처치"라는 은사주의 복음 교회를 담임했던 테드 해거드는 동성애 상대자에게 마약을 살 돈을 대주고, 3년 동안 성관계를 맺어온 사실이 드러난 후에 사임했다. 그는 2011년 2월에 『지큐』와의 인터뷰에서 "내가 이 사회에서 스물한 살 청년이라면, 아마도 양성애자로 살아갔을 것이다"라고 말했다.[25] 2010년, 그는 콜로라도에서 새 교회를 개척했다.[26]

2008년, 오순절주의자인 토마스 웨슬리 윅스 3세 감독은 은사주의 여선지자였던 아내 후아니타 바이넘을 폭행했다고 인정했다. 그녀는 남편이 호텔 주차장에서 자신의 목을 조르며 바닥에 밀어뜨리고 발로 마구 짓밟았다고 말했다. 그는 죄를 인정하고, 3년의 집행유예를 선고받았다.[27] 바이넘 자신도 나중에 동성애의 욕구에 시달리며 여러 해 동안 여러 여성과 부정한 관계를 맺었다고 시인했다.[28]

2008년, 신앙 치료사 토드 벤틀리는 한 여성 직원과 부정한 관계를 맺었다고 고백했다. 그는 아내와 이혼한 뒤에 부적절한 관계를 맺었던 그 여성 직원과 재혼했다.[29] 같은 해, 오스트레일리아 오순절주의자 마이클 구글리엘무치는 암과 싸우고 있다는 허위 주장을 제기해 일평생 포르노그래피에 중독되어 살아오던 습관 때문에 생겨난 스트레스 증세를 은폐했다. 그는 자신

4장 영들을 시험하라 (2) 107

이 암에 걸렸다고 믿게 만들기 위해 머리털을 밀고, 산소 탱크를 사용했으며, 가상의 의사들이 보내온 이메일을 조작했다. 또한, 그는 "치료자"라는 제목의 히트송을 만들어 주님이 질병과 싸우는 자신을 도와주셨다고 선전했다.[30]

2009년, 공화당 상원의원 척 그래슬리는 케니스 코플랜드, 크레플로 달러, 베니 힌, 에디 롱, 조이스 마이어, 폴 화이트의 사역 기금에 대한 공식적인 조사를 실시했다. 조사가 실시된 이유는 이들 텔레비전 전도자들의 호화스런 생활 때문이었다.[31] 그러나 이 사역자들의 비리는 비단 경제적인 비행에만 국한되지 않았다. 2010년, 에디 롱은 교회의 십대 소년들에게 돈과 다른 선물들을 주고 동성애 관계를 맺었다는 이유로 여러 차례 법적 소송에 휘말렸다.[32] 크레플로 달러도 2011년에 열네 살 된 딸의 목을 조른 혐의로 체포되었다.[33]

2010년 호 『내셔널 인콰이어러』는 이혼한 텔레비전 전도자 베니 힌과 폴라 화이트가 서로 손을 잡고 나란히 로마의 한 호텔을 나서는 모습을 담은 사진들을 발표했다.[34] 7월 23일에 게재된 기사에 따르면, 힌이 가명으로 예약한 최고급 호텔에서 두 사람이 사흘 밤을 보냈다고 한다.[35] 두 사람 모두 발뺌했지만, 그들이 성관계를 맺었다는 소문이 빠르게 전파되었다. 그들은 로마를 방문한 이유는 바티칸에 기부금을 내기 위해서라고 주장했다. 마치 그렇게 말하면 자신들의 행위가 덜 외설스럽게 보일 것이라 생각했던 듯하다. 힌은 그로부터 2년 뒤인 2012년에 자신과 자신의 아내 수잔이 오순절주의의 거장인 잭 헤이포드 목사의 주례로 재결합할 것이라고 발표했다. 수잔은 2010년 2월에 도저히 서로 화합할 수 없는 차이점을 열거하며 이혼 소송을 제기한 바 있었다. 베니는 나중에 자신들이 갈라선 이유는 아내의 약물 중독 때문이었다고 주장했다.[36]

지금까지 열거한 사례는 은사 운동을 끊임없이 곤경에 몰아넣은 국내외 추문들 가운데 지극히 적은 일부에 지나지 않는다.[37] 그러나 『타임』이 "유명한 오순절 설교자들과 추문의 오랜 상관관계"라고 일컬은 것을 입증하는 증거로는 이런 사례들만으로도 충분하다.[38] 『카리스마』의 편집장 리 그래디는 비슷한 사례들을 언급하면서 "이들에 대한 사적 감정은 조금도 없다. 그러나 나는 이들을 현대판 나답과 아비후라고 말하지 않을 수 없다. 이들은 영적 건달들이다. 이들은 '다른 불'을 다루고 있다. 이들은 사역을 행할 권리가 없으며, 장차 자신들이 일으킨 해악에 대해 하나님 앞에서 심판을 받게 될 것이다"라고 인정하지 않을 수 없었다.[39]

그래디가 경각심을 느낀 것은 당연했다. 그러나 그는 그런 추문이 주변적인 현상이 아니라는 사실을 간파하지 못했다. 사실, 그것은 체계적인 오류를 드러내는 징후였다. 그런 추문이 은사주의 역사에 깊숙이 스며들어 있다. 그 근원을 파헤쳐 올라가면, 그릇된 교리에 원인이 있다는 사실을 발견할 수 있다. 한마디로, 지금까지 열거한 도덕적, 영적 실패는 그릇된 성령론, 즉 성령에 대한 잘못된 가르침에서 비롯한, 불가피한 결과물이다.

그런 오랜 추문의 역사를 관통하는 한 가지 뚜렷한 현상을 간과해서는 안 된다. 그것은 은사 운동을 이끌고 있는 자격 없는 목회자들이 아무리 심각한 죄를 저질렀거나 그 사실이 세상에 알려져 사람들의 공분을 자아냈더라도 너무나도 신속하게 회복되어 버젓이 강단 위에 군림한다는 것이다. 어떤 경우에는 회복 기간이 불과 몇 주도 채 되지 않을 때도 있다. (심지어는 사역을 잠시도 중단하지 않고 지속할 때도 있다.)

그 이유는 은사주의 신자들이 자신들의 지도자는 하나님과 사적으로 특별한 관계를 맺고 있는 비범한 존재로서 세상에서 다른 사람들에 대한 책임을 전혀 질 필요가 없다고 믿기 때문이다.

신학 교수 채드 브랜드는 "어떤 사람이 은사 능력이나 기름부음을 베풀 수 있는 힘을 지니고 있다고 생각되면, 그의 실패는 쉽게 간과되어 용서될 때가 많다"고 말했다.[40] 브랜드는 1975년 존 해기의 이혼, 1979년 리처드 로버츠(오럴 로버츠의 아들)의 이혼, 2007년 파울라와 랜디 화이트의 이혼을 지적하고 나서, "이혼은 그들의 사역에 영향을 미치지만, 나중에 다시 사역이 번창하는 경우가 대부분이다. 한편, 다른 복음주의 진영에서는 문제가 된 목회자들이 이혼의 영향을 더욱 심각하게 느끼는 것이 보통이다"라고 덧붙였다.[41]

성령과 가장 긴밀한 관계를 맺고 있다고 주장하는 운동이 개인의 경건과 순결에 가장 적은 관심을 기울이는 것은 큰 모순이 아닐 수 없다. 그들은 성령께서 세우신 높은 기준, 곧 말씀을 전하고 가르치는 이들이 갖춰야 할 자격 기준에 크게 미치지 못한다. 결국, 일반 신자들은 지도자들보다 더 나을 수 없기 때문에 그들의 공동체에는 그와 동일한 범죄 행위가 넘쳐날 수밖에 없다.

성령의 참된 사역은 사람들의 삶을 거룩하게 만든다. 신앙 운동을 이끄는 지도자들이 끊임없이 추문과 부패에 저촉되면, 그 배후에 있는 영적 세력을 의심해봐야 할 필요가 있다. 성령께서는 자기 백성을 거룩하게 하시는 일에 열심을 내신다. 그분은 그들에게 힘을 주어 육신에 맞서 싸우게 하시고, 그리스도의 형상을 더욱 닮게 하신다. 육신의 정욕을 억제하지 못하는 것은 거짓 교사들의 특징이다(벧후 2:10, 19).

세 번째 원리 : 사람들을 성경으로 이끄는가?

성령의 참된 사역을 구별할 수 있는 세 번째 표징은 사람들을 성경으로 이끄는가이다. 조나단 에드워즈는 이렇게 설명했다. "사람들로 하여금 성경에 좀 더 많은 관심을 기울이게 만들고, 성경의 거룩함과 진리로 그들을 더욱 확고하게 세우는 역사를 행하는 영은 하나님의 성령이신 것이 분명하다."[42]

에드워즈는 "우리는 하나님께 속하였으니 하나님을 아는 자는 우리의 말을 듣고 하나님께 속하지 아니한 자는 우리의 말을 듣지 아니하나니 진리의 영과 미혹의 영을 이로써 아느니라(요일 4:6)"라는 요한 사도의 말에서 이 원리를 찾아냈다. 성령의 참된 사역은 신자들을 이끌어 사도적 가르침(즉, 신약 성경)을 포함한 성경 전체에 복종하게 만든다. 성령께서는 성경을 더 많이 이해하고 사랑할 수 있게 인도하신다. 그와는 달리, 거짓 선지자들은 하나님의 말씀을 경시하며 자신의 사상을 덧붙여 의미를 왜곡시킨다(벧후 3:16 참조).

성령과 그분의 영감으로 기록된 성경은 서로 떼려야 뗄 수 없는 관계를 맺고 있다(벧후 1:20, 21). 구약의 선지자들은 성령의 감동을 받고 주 예수 그리스도의 강림을 예언했다(벧전 1:10, 11, 행 1:16, 3:18). 사도들도 성령의 영감을 받아 복음서와 신약 성경의 서신서를 기록했다(요 14:25, 26, 15:26). 예수님은 사도들에게 주어질 성령의 계시에 관해 이렇게 말씀하셨다. "내가 아직도 너희에게 이를 것이 많으나 지금은 너희가 감당하지 못하리라 그러나 진리의 성령이 오시면 그가 너희를 모든 진리 가운데로 인도하시리니 그가 스스로 말하지 않고 오직 들은 것을 말하며 장래 일을 너희에게 알리시리라 그가 내 영광을 나타내리니 내 것을 가지고 너희에게 알리시겠음이라 무릇 아버지께 있는 것은 다 내 것이라 그러므로 내가 말하기를 그가 내 것을 가지고 너희에게 알리시리라 하였노라(요 16:12-15)".

주님이 분명하게 말씀하신 대로, 성령께서는 자신의 말씀을 하지 않으시고 그리스도의 말씀을 깨우쳐주신다. 이 약속은 신약 성경의 기록을 통해 성취되었다.

성경은 성령의 책이다. 성경은 성령의 영감과 능력으로 기록되었다. 성경은 성령께서 세상의 죄를 책망하시고(요 16:8-11, 행 2:37), 죄인들을 구세주께 인도하시며(요 5:39, 요일 5:6), 신자들로 하여금 주님의 형상을 닮게 하실 때(고후 3:18, 벧전 2:2) 사용하시는 가장 중요한 도구다. 이런 이유로 성경은 "성령의 검"으로 일컬어진다. 성령의 검은 신자들에게는 유혹으로부터 그들을 보호하는 능력의 수단이고(엡 6:17), 불신자들에게는 불신앙의 마음을 정교하게 찔러 쪼개는 수단이다(히 4:12). 에베소서 5장 18절과 골로새서 3장 16절을 비교하면, "성령으로 충만함을 받으라"는 명령이 "그리스도의 말씀이 너희 속에 풍성히 거하는 것"을 의미한다는 것을 알 수 있다. 그 이유는 이 둘이 동일한 결과를 만들어내기 때문이다(엡 5:18-6:9, 골 3:16-4:1 참조).

어떤 주석학자는 "성령으로 충만하지 않으면 하나님의 말씀이 신자 안에 거하는 것이 불가능하다. 또한, 그리스도의 말씀이 그 안에 거하지 않으면 성령으로 충만해질 수 없다"라고 설명했다.

래드마커는 또 이렇게 덧붙였다. "하나님의 성령이 없는 하나님의 말씀은 생명력이 없다. 또한, 하나님의 말씀이 없는 하나님의 성령은 벙어리나 다름없다. 다시 말해, 하나님의 성령 없이 하나님의 말씀만을 강조하면 형식주의로 기울고, 하나님의 말씀 없이 하나님의 성령만을 강조하면 광신주의로 기울 수밖에 없다. 그러나 하나님의 말씀과 하나님의 성령을 둘 다 강조하면 그리스도의 형상을 닮게 될 것이다."[43]

성령 충만은 성경 말씀에 충실한 데서부터 시작된다. 하나님의 말씀에 복종하면, 성령의 거룩하게 하시는 능력이 주어진다. 성령께서는 마음을 밝혀 주 예수님을 아는 지식 안에서 자라가게 하시고, 구원자이신 주님을 사랑하는 마음이 더욱 깊어지게 만드신다(고전 2:12-16 참조).

성령께서는 사람들이 성경(곧, 성령의 영감과 능력으로 기록되어 그분의 조명을 통해 구원과 성화를 이루게 하는 책)을 읽고, 연구하고, 적용하는 것을 방해하지 않으신다. 그러나 현대 은사 운동은 마치 성령께서 오늘날의 교회 안에서 자신의 말씀과 모순되는 방식으로 역사하시거나 자신의 뜻을 임의로 전달하기라도 하시는 것처럼 비성경적인 경험을 인정하고, 성경 외적인 계시를 주장함으로써 성경과 그 저자이신 그분의 관계를 갈라놓는다. 은사주의자들은 성령을 제멋대로 생각해 그분이 성경과 무관한 새로운 방법으로 말씀하고 행동하시기를 기대한다. 결국 성경의 계시는 크게 훼손되고, 왜곡되고, 축소된다.

놀랍게도 은사주의 진영 내에는 하나님의 말씀을 진지하게 연구하는 것이 오히려 성령의 사역을 제한하거나 방해한다는 생각이 암암리에 만연해 있다.[44] 그러나 그런 생각은 큰 잘못이다. 성경을 연구하는 것은 성령을 무시하기는커녕 오히려 그분을 존중하는 것이다(행 17:11 참조). 정확한 의미를 알기 위해 성경을 연구하는 것은 성령께 귀를 기울이는 것이다. 왜냐하면 성경의 모든 말씀이 성령의 영감으로 기록되었기 때문이다.

은사 운동은 성령의 영감으로 기록된 성경을 존중하라고 가르치기보다(시편 138편 2절은 하나님이 말씀을 자신의 이름보다 높게 하셨다고 말씀한다) 성경의 근거가 없는 하나님의 계시를 찾으라고 종용한다. 이런 그릇된 전제가 일으키는 파장은 그야말로 엄청나다. 이것은 성경의 충족성에 관한 교리를 파괴하고, 정경 종결 교리를 무시하는 결과를 낳는다. "제3의 물결"의 지도자이자 사도를 자처하는 피터 와그너는 하나님의 계시가 오늘날에도 여전히 계속된다는 주장으로 성경 계시의 독특성을 문제시하는 대표적인 사람들 가운데 하나에 지나지 않는다. 그는 이렇게 말했다.

> 어떤 사람들은 하나님이 직접 우리와 말씀하신다는 것을 부인하고, 하나님이 계시하기를 원하신 모든 것을 성경에 기록하게 하셨다고 주장한다. 그

러나 그것은 사실이 아니다. 왜냐하면 성경이 66권으로 이루어졌다고 말하는 구절은 성경 어디에도 없기 때문이다. 사실, 하나님이 교회에게 어떤 책을 성경에 포함시키고, 어떤 책을 포함시키지 말아야 할지를 깨우쳐주시기까지는 2백 년이 넘는 세월이 필요했다. 그것이 곧 성경 외적인 계시가 아니고 무엇인가? 더욱이 가톨릭 교회와 개신교는 여전히 정경의 숫자를 놓고 이견을 내비친다. 또한, 나는 기도는 쌍방향의 활동, 곧 우리가 하나님께 말하고, 그분이 우리에게 말씀하기를 기대하는 활동이라고 믿는다. 우리는 하나님의 음성을 들을 수 있다. 우리가 목격해온 대로, 그분은 선지자들에게 새로운 계시를 허락하신다.[45]

이런 식의 사고방식은 은사주의자들의 생각이 얼마나 위험한지를 잘 보여준다. 정경 종결 교리와 같은 근본 교리를 공공연히 의문시하고, 심지어는 암묵적으로 부인하는 것은 너무나도 위험한 발상이 아닐 수 없다. 와그너가 견고한 닻과 같은 성경 계시로부터 더 멀리 표류하며 더욱 기괴하게 변해가면서 다양한 이단 사상을 도처에 공급하는 일에 자신의 삶을 바쳐온 것은 조금도 놀랍지 않다.[46]

은사주의 저술가 잭 디어는 한걸음 더 나아가 성경의 충족성을 마귀의 교리로 간주했다. 그의 말을 직접 들어보자.

우리의 삶을 위한 하나님의 가장 고귀한 목적을 이루려면 기록된 말씀과 하늘로부터 새롭게 주어지는 말씀을 통해 그분의 음성을 들을 수 있어야 한다. ……사탄은 신자가 하나님의 음성을 듣는 것이 너무나도 중요한 일이라는 사실을 잘 알고 있기 때문에 이 점과 관련해 우리에게 다양한 공격을 퍼붓는다. 그의 가장 성공적인 공격 가운데 하나는 하나님이 기록된 말씀을 통하지 않고는 우리에게 더 이상 아무 말씀도 하지 않으신다고 가르치는 교리를 발전시켜온 것이다. 이 교리는 비록 기독교 신학자들을 통해 완성되었지만, 궁극적으로는 마귀의 교리에 지나지 않는다.[47]

디어는 기독교인들이 성경 이외의 계시를 구해야 한다고 주장한다. 그러면서도 그는 은사주의 선지자들의 예언이 오류가 많다고 인정한다. 그는 성경 외의 메시지를 자신 있게 해석하기는 불가능하다고 말한다. 그는 심지어 "우리의 생각을 하나님의 계시로 착각할 수 있다"라고 말하기도 했다.[48] 6장에서 살펴볼 예정이지만, 상상으로 빚어낸 계시나 부정확한 예언은 은사 운동의 비일비재한 현상이다.

새로운 계시가 심각한 오류를 일으키고, 큰 해악을 초래할 잠재성을 지니고 있는데도 불구하고, 일부 은사주의 교회들은 현대의 예언을 성경보다 더 중요하게 취급하고 있다. 한 저술가는 이렇게 말했다. "종종 성경보다 더 가치 있게 받아들여지곤 하는 새로운 계시를 강조하는 교회들 가운데는 존 로버트 스티븐스가 설립한 '살아 있는 말씀의 교회(the Church of the Living World)'와 '만민이 기도하는 집(the United House of Prayer for All People)'이 포함된다. 스티븐스는 성경은 시대착오적이기 때문에 성령께서 우리 시대를 위해 허락하시는 예언으로 보완되어야 한다고 가르친다."[49]

물론, 대다수 교회들은 그렇게까지 극단으로 치닫지 않는다. 그러나 그런 사례들은 하나님이 오늘날에도 교회에게 새로운 계시를 허락하신다는 은사주의 신념의 필연적인 결말을 암시한다. 만일 성령께서 지금도 계시를 허락하신다면, 왜 그런 말씀을 모아 성경에 더하지 않는 것인가?

사실, 현대 은사 운동이 스스로를 복음주의로 일컫는 것은 잘못이다. 그 이유는 성경의 권위와 충족성을 훼손하기 때문이다. 상상으로 빚어낸 계시를 비롯해 여러 가지 영적 경험을 성경보다 더 우위에 올려놓는 것은 정통도 아니고 복음주의도 아니다. 베드로는 변화산에서 직접 목격한 사실을 진술하면서 이렇게 말했다.

> "우리 주 예수 그리스도의 능력과 강림하심을 너희에게 알게 한 것이 교묘히 만든 이야기를 따른 것이 아니요 우리는 그의 크신 위엄을 친히 본 자라 지극히 큰 영광 중에서 이러한 소리가 그에게 나기를 이는 내 사랑하는 아들이요 내 기뻐하는 자라 하실 때에 그가 하나님 아버지께 존귀와 영광을 받으셨느니라 이 소리는 우리가 그와 함께 거룩한 산에 있을 때에 하늘로부터 난 것을 들은 것이라 또 우리에게는 더 확실한 예언이 있어 어두운 데를 비추는 등불과 같으니 날이 새어 샛별이 너희 마음에 떠오르기까지 너희가 이것을 주의하는 것이 옳으니라(벧후 1:16-19)."

베드로는 변화산에서 비할 데 없이 놀라운 초자연적 현상을 목격했다. 그것은 참되고 신령한 경험이었다. 그러나 그는 가장 장엄한 경험보다도 "예언," 곧 성경이 "더 확실하다"는 것을 알았다. 베드로가 말하는 요점을 이해하지 못하는 은사주의자들이 너무나도 많다. 인간의 경험은 주관적이며, 얼마든지 오류가 있을 수 있다. 오류가 없는 것은 오직 하나님의 말씀뿐이다. 왜냐하면 성경의 저자이신 하나님이 완전하시기 때문이다.

바울 사도도 베드로처럼 놀라운 경험을 했다. 그는 "낙원으로 이끌려 가서 말로 표현할 수 없는 말," "사람이 가히 이르지 못할 말"을 들었다(고후 12:4). 오늘날 사후 세계에 대한 공상적인 이야기를 늘어놓는 사람들이 적지 않다. 그들은 심지어 이곳저곳을 돌아다니면서 천국에서 보았다고 주장하는 것을 전하곤 한다. 그러나 바울은 그런 사람들과는 달리 자신의 경험을 자랑하는 것은 "부득불"한 일, 곧 영적으로 그다지 유익하지 못한 일이라고 말했다(1절).

왜 그랬을까? 그 이유는 지극히 참된 경험조차도 검증되거나 다시 되풀이될 수 없기 때문이다. 바울은 단지 복음의 진리와 자신이 구원받은 놀라운 사실을 자랑하고자 했을 뿐이다(갈 6:14). 사실, 주님은 바울이 환상과 계시를 받은 것을 자랑하지 못하게 하시려고 "육체에 가시 곧 사탄의 사자를 주셨다(고후 12:7)." 그는 자신의 초자연적 경험을 자랑하기보다 하나님의 말씀을 전하는 소명에 충실했다(딤후 4:2). 그 이유는 성경의 복음이 "모든 믿는 자에게 구원을 주시는 하나님의 능력(롬 1:16)"이기 때문이다.

성경의 계시는 누구에 의해, 누구의 능력으로 이루어진 것일까? 변화산의 경험을 언급하고 있는 베드로의 말을 다시 살펴보면, 그가 두 구절 밑에서 이 질문에 대답하고 있는 것을 알 수 있다. 그는 "예언은 언제든지 사람의 뜻으로 낸 것이 아니요 오직 성령의 감동하심을 받은 사람들이 하나님께 받아 말한 것임이라(벧후 1:21)"라고 말했다. 하나님의 말씀을 우리의 권위로 삼아 복종하는 것은 곧 성령께 복종하는 것이다. 왜냐하면 성경에 기록된 모든 말씀은 그분의 영감으로 이루어졌기 때문이다. 성령의 참된 사역은 성경과 모순되거나 성경을 훼손하거나 성경에 새로운 계시를 더하지 않는다(계 22:17-19 참조). 오히려 성령의 참된 사역은 신자들의 생각과 마음속에서 성경의 진리를 높인다.

네 번째 원리 : 진리를 앞세우는가?

성령의 참된 사역인지를 분별하는 데 필요한 네 번째 기준은 "그 사역이 영적 진리와 교리적 명확성을 강조하느냐, 아니면 혼란을 야기하고 오류를 조장하느냐?" 하는 것이다.

요한 사도는 요한일서 4장 6절에서 "진리의 영과 미혹의 영을 이로써 아느니라"라고 말했다. 진리이신 성령께서는 오류와 거짓을 야기하는 미혹의 영과 극명한 대조를 이루신다. 영적 운동이 건전한 신학을 옹호하고, 거짓 가르침을 비판하며, 피상적인 연합을 거부한다면, 그것이 성령의 참된 사역이라는 확실한 증거가 아닐 수 없다.[50] 따라서 신자들은 건전한 교리를 무시하고, 거짓을 전하고, 일치라는 미명 아래 타협을 조장하는 종교 체계는 무엇이든 경계해야 한다.

성경의 진리가 은사 운동의 특징이 된 적이 한 번도 없다는 사실은 참으로 안타깝기그지없다. 은사 운동은 항상 영적 경험을 건전한 교리보다 더 우위에 두었다. 신학자 프레드릭 데일 브루너는 이렇게 설명했다. "간단히 말해, 은사주의는 오순절의 경우처럼 방언을 말하는 것을 성령 세례의 증거로 내세우며 체험을 강조하는 경험적 기독교로 이해할 수 있다. ……오순절주의자들이 거듭 주장하는 것이 교리가 아닌 성령의 체험이라는 사실을 기억하는 것은 매우 중요하다."[51]

오순절주의의 역사, 곧 방언을 말하는 것을 신학의 핵심 원리로 받아들인 은사주의 운동의 역사를 돌아보면, 이를 뒷받침하는 한 가지 사례를 발견할 수 있다. 2장에서 살펴본 대로, 초창기 오순절주의자들은 성경을 살펴보고 나서 성경의 방언이 진정한 외국어라고 확신했다.

그러나 현대의 방언이 진정한 언어가 아니라는 사실이 명백하게 드러났을 때 과연 어떤 일이 일어났는가? 만일 그들이 성경을 최고의 권위로 받아들였다면, 마땅히 자신들이 행하는 일이 성경적 선례가 없다는 것을 인정하고, 중단했을 것이다. 그러나 그들은 오히려 자신들의 오류를 정당화하고 계속 유지해 나가기 위해 신약 성경을 제멋대로 해석했다. 결국, 그들은 방언을 "인간의 언어가 아닌 말"로 다시 정의하고, 그것을 오늘날의 현상에 맞추기 위해 방언에 대한 성경의 확실한 가르침을 왜곡시켰다.

오순절주의 교회들은 실제로 체험을 성경보다 우위에 둔다. "성령으로 쓰러짐"과 같은 비성경적인 행위가 조장된다. 그런 행위가 성경에 증거가 있기 때문이 아니라 사람들의 기분을 좋게 만들기 때문이다. 교회에서 여성들을 목회자로 세우는 이유도 여성의 지도력이 항상 은사 운동의 특징으로 자리 잡아왔기 때문이다. 무질서하고 분별없는 예배 형태가 독려되는 이유 역시 성경이 그런 형태의 예배를 용납하기 때문이 아니라(고전 14:33), 감정적인 열기가 황홀경을 유도하는 데 필요하기 때문이다. 은사주의 안에서 영적 체험이 항상 성경의 권위를 짓밟고 있다는 사실을 보여주는 사례는 이 밖에도 얼마든지 더 있다.

1960년대에 시작된 은사 갱신 운동도 여러 면에서 똑같은 문제점을 드러내고 있다. 그런 문제점을 가장 극명하게 드러내는 것은 은사 갱신 운동이 단지 공통된 경험만을 근거로 피상적인 일치를 주장하며 중요한 교리상의 차이를 적당히 얼버무리고 있다는 사실이다.[52] 앞에서 살펴본 대로, 경험에 근거한 포괄주의의 가장 터무니없는 사례는 은사 운동 내에 가톨릭 은사주의자들을 받아들인 것이다. 그로 인해 많은 은사주의자들이 개신교 교리의 역사적 특징을 무시하거나 무가치하게 여기는 결과가 나타났다. 단지 가톨릭 은사주의자들이 방언을 말하거나 다른 은사 경험을 공유하고 있다는 이유에서다. 요즘에는 심지어 은사주의 모르몬교 신자들까지 등장했다.[53] 무엇을 가르치느냐에 상관없이 단지 영적 경험을 했다는 이유만으로, 모두 받아들인다.

은사주의 텔레비전 프로그램을 대충만 살펴보아도, 개인의 경험으로 참된 진리를 짓밟는 은사주의자들이 많다는 것을 곧 알 수 있다. 나는 은사주의 텔레비전 프로그램의 사회자가 초대 손님의 말을 가로막고 "그것은 사실이 아닙니다. 그런 말은 하나님의 말씀에 없습니다. 우리는 그렇게 생각하지 않습니다. 그것은 성경으로 입증할 수 없는 일입니다"라고 말해주기를 오랫동안 기다려왔다. 그러나 초대 손님이 무슨 말을 하든, 그런 식으로 말하는 일은 단 한 차례도 없었다. 기괴한 신학적 주장을 펼치거나 성경을 우스꽝스러울 만큼 엉터리로 해석하면서 성경 구절을 문맥과 상관없이 그 의미를 마구 왜곡하는데도 누구 한 사람도 그 말을 가로막고 "잠깐만요. 그것은 잘못된 사상입니다. 진리가 아닙니다"라고 말한 적이 없었다.

은사주의가 교리적인 분별력과 신학적인 책임성을 결여하고 있는 것 때문에 일부 관찰자들은 우려의 목소리를 내지 않을 수 없었다. 그들은 "은사주의 운동은 성경의 위대한 교리적 진리를 사람들의 삶 속에 스며들게 하지 못하고 있다. 성령 체험만 강조하고, 신학을 부지런히 연구하는 것은 가치 있게 여기지 않는다"라고 지적한다.[54] 교리적 차원에서 생각하면, 은사 운동은 사사 시대를 영락없이 닮았다. 사사 시대는 "사람이 각기 자기 소견에 옳은 대로 행하였던(삿 21:25)" 시기였다. 은사 운동이 신학적인 체계를 거부하는 이유는 개인의 직관이나 사상에 의존해 계속 불어나는 다양한 견해를 수용하는 특성을 지니고 있기 때문이다.

심지어 은사주의 저술가들도 자신들을 향해 "먼저 무엇을 경험하고, 그런 다음 스스로에게 일어난 일의 근거를 찾기 위해 성경을 뒤적거린다"는 비판이 제기되고 있다는 것을 알고 있다.[55]

그런 저술가 가운데 한 사람은 이렇게 말했다. "통제하려고 하지 말라. 저항하지 말라. 분석하지 말라. 단지 하나님의 사랑에 복종하라. 경험은 나중에 분석할 수 있다. 그냥 일어나게 하라."[56] 그러나 이것은 순서가 뒤바뀐 것이다. 하나님의 말씀에서부터 시작해야 한다. 본문을 적절히 해석해 우리의 경험을 통제해야 한다. 성령의 참된 사역은 건전한 교리 위에서 왕성하게 일어난다. 성령의 사역은 성경의 진리를 무시하거나 위협으로 간주하지 않고 오히려 존중한다. 경험을 진리를 판별하는 잣대로 세우면, 주관주의가 모든 것을 지배하기 때문에 교리든 실천이든 그 무엇에도 성경의 기준을 적용하기가 불가능해진다.

은사주의자들이 교리를 경시하는 이유는 성경을 무시하기 때문이다. 그들은 시간을 초월하는 객관적 진리에 대한 관심이 성령의 사역을 방해한다고 생각한다. 그들은 성령의 사역이 정의할 수 없는 주관적인 사역, 곧 전적으로 자유롭고 한없이 유동적인 사역인 것처럼 생각한다. 신조, 신앙고백, 체계적인 신학은 성령의 사역이 자유롭게 이루어지는 것을 제한하는 편협한 족쇄로 간주된다.

한 저술가는 다음과 같은 말로 은사주의 진영 내에 이런 식의 사고 경향이 있다는 것을 인정했다. "일전에 한 학생이 내게 '위험한 귀신론'에 대해 경고했다. 그는 체계적인 신학을 그렇게 일컬었다. 그러면서 그는 '주님은 우리에게 성령을 허락하시어 성경을 해석하게 하셨습니다. 교리를 가르치는 것은 성령에 의지하지 않고 우리의 생각으로 성경을 이해하게 하려는 사탄의 시도일 뿐이지요'라고 설명했다."[57]

충격적인 말이 아닐 수 없다. 사실, 건전한 신학은 오류를 제거하는 것 뿐이다. 이것이 건전한 교리가 은사주의의 탈선행위를 제한하는 가장 좋은 수단이 되는 이유다. 성령께서는 진리의 영이시라는 사실을 잊지 말라(요 16:13). 성령께서 행하시는 사역은 무엇이나 사람들의 생각과 마음속에 성경의 진리와 건전한 교리를 심어준다.

다섯 번째 원리 : 하나님과 다른 사람들에 대한 사랑을 독려하는가?

조나단 에드워즈는 영적 운동을 평가하는 데 필요한 마지막 다섯 번째 기준을 제시했다. 그 기준은 성령의 참된 사역은 항상 하나님과 다른 사람들에 대한 사랑을 독려한다는 것이다. 그는 이 원리를 요한일서 4장 7, 8절에서 찾아냈다. 그곳에서 요한 사도는 "사랑하는 자들아 우리가 서로 사랑하자 사랑은 하나님께 속한 것이니 사랑하는 자마다 하나님으로부터 나서 하나님을 알고 사랑하지 아니하는 자는 하나님을 알지 못하나니 이는 하나님은 사랑이심이라"라고 말했다. 성령의 첫 번째 열매는 사랑이다(갈 5:21). 참된 사랑이 존재한다면, 그것은 성령의 참된 사역이 이루어지고 있다는 증거다.

성령의 참된 사역은 하나님에 대한 사랑을 독려해 건전한 정신으로 그분을 숭앙하고 찬양하게 만든다. 이것이 성경적인 예배다. 예배는 하나님께 대한 사랑을 표현하는 것이기 때문에 본질상 영혼의 열정을 불러일으키기 마련이다. 대다수 신자들은 모두 최소한 기본적으로나마 이 사실을 의식하고 있다.

그러나 인간의 생각을 개입시키지 않아야만 참된 예배를 드릴 수 있다고 생각하는 사람들이 너무나도 많은 듯하다. 나는 은사주의 설교자들이 너무 많이 생각하면 성령께서 역사하실 수 없기 때문에 이성적인 기능을 중지하는 것이 좋다고 말하는 소리를 들어본 적이 있다. 그런 생각은 전혀 성경적인 근거가 없다. 참된 예배는 생각과 감정은 물론, 인간의 모든 기능이 순수한 숭앙심을 통해 하나님께 오롯이 집중될 때 비로소 가능해진다. 이 원리가 "네 마음을 다하고 목숨을 다하고 뜻을 다하여 주 너의 하나님을 사랑하라(마 22:37)"는 크고 첫째 되는 계명에 고스란히 담겨 있다.

성부 하나님이 원하시는 찬양은 생각 없이 혼란스럽고 시끄럽게 울려나는 소음과는 거리가 멀다. 예배는 열광적인 감정만으로 이루어지지 않는다. "하나님을 예배하는 자는 영과 진리로 예배한다(요 4:24)." 하나님은 "지혜를 은밀히 가르치시기를" 기뻐하신다(시 51:6). 따라서 참된 예배는 참된 성화와 마찬가지로 생각을 무시하지 않는다. 예배는 오히려 생각을 새롭게 한다(롬 12:1, 2, 엡 4:23, 24 참조).

조나단 에드워즈가 말한 대로, 참된 성경적인 예배는 "거룩하신 하나님과 그분의 영광스럽고 완전하신 속성을 생각하는 마음을 높이 고양하고, 예수 그리스도의 탁월하심을 흠모하며 즐거워하는 마음을 불러일으킨다."[58] 그 결과, 우리는 온전히 새로워져 "지식에까지 새롭게 하심을 입은 자(골 3:10)"가 된다. 성경은 지성을 무시하고 오직 감정에만 치중하는 영성을 독려하지 않는다.

그러나 은사주의자들의 예배는 무질서와 혼란에 치우칠 때가 많다. 그런 예배는 하나님을 영화롭게 할 수 없다(고전 14:33). 오순절 신학을 가르치는 한 교수는 "나는 은사주의 예배를 '전신(全身) 예배,' 곧 마음과 생각과 영혼과 힘을 다하는 예배라고 부르고 싶다. 하나님이 우리를 위해, 또 우리와 함께 행하신 일을 생각하면 우리는 열광하지 않을 수 없다. 우리는 우리의 농구 팀으로 인해 열광할 때보다 훨씬 더 열광한다"라고 말했다.[59] 트리니티 방송사를 비롯해 은사주의 텔레비전 방송사의 프로그램을 지켜보면, 정신을 잃고 황홀경에 빠져 열광하는 현상, 곧 무의미한 말을 중얼거리고, 몽환의 상태에 빠져 쓰러지고, 주체할 수 없는 웃음을 터뜨리고, 개처럼 짖어대는 현상을 쉽게 관찰할 수 있다.[60]

은사주의자들은 생각을 사용하지 않고 예배와 기도를 드리는 경우가 허다하다. 그들은 "조용한 장소를 찾아 생각을 모두 비우고 자신의 숨소리에 귀를 기울이며 한 가지 말만 생각하라. 즉, '주님'이라는 말을 생각하든지, 아니면 부드럽고 신령한 음악에 귀를 기울이는 등, 마음을 집중할 수 있는 방법을 찾아 조용히 성령께서 자신에게 말씀하시게 하라"라고 사람들에게 말한다.[61] 그들은 성령 충만한 상태를 생각이 없는 상태와 동일시하는 경향이 있다.

한 오순절주의자는 이렇게 말했다. "성령께서 나를 감동하실 때마다 항상 당혹스러웠다. 사람들이 나를 미쳤다고 생각했을 것이 틀림없다. 참으로 강력한 경험이었다. 마치 몸을 통제할 수 있는 힘을 모두 잃은 상태에서 무엇인가가 내 몸을 주장해 도저히 멈추게 할 수 없는 듯한 느낌이었다."[62]

무질서한 은사주의 예배를 가장 생생하게 보여주는 사례 가운데 하나가 1990년대 중반에 있었던 "토론토 블레싱"에서 일어났다. 사회학 교수 마가렛 폴로마는 1995년에 "토론토 에어포트 크리스천 펠로우십 교회"에서 열린 예배를 통해 직접 그 광경을 목격했다.

> 웃음소리가 터져 나와 그칠 줄 모르고 계속되었다. 전도자 브라이언 모트는 "하나님이 큰 잔치를 배설하셨습니다"라고 선언했다. 그러고 나서 그는 예수님의 모친인 마리아에 관한 설교를 시작하려는 듯 누가복음 1장을 펼쳐 들었다. 사람들의 웃음소리가 예배당 도처에서 계속되면서 모트의 말소리가 불분명해졌다. ……그는 침착함을 되찾으려는 듯 자리에 앉았다. 그의 모습은 마치 술 취한 사람이 술집 의자에서 떨어지지 않으려고 애쓰는 것 같았다. 결국 모트는 "성령에 취해" 곧 바닥에 쓰러졌고, 사람들은 여전히 웃음을 터뜨리며 박수갈채를 보냈다. 잰 모트가 집회 강사로서 남편의 자리를 대신 메우고 "내게 입맞추기를 원하니"라는 아가서 말씀을 읽었다. 그녀도 침착함을 유지하려고 애쓰면서(그녀는 어느 시점인가는 "무릎이 약한 관계로" 자리에 앉아야 했다), 웃음이 어떻게 사람들의 마음을 열어 하나님의 사랑을 받아들이게 하는지에 대해 말했다. 예배당에 있는 사람들 가운데 성령에 취하거나 바닥에 쓰러지거나 주체할 수 없는 웃음을 터뜨리지 않는 사람들은 그녀를 따라 "나의 예수님, 주님을 사랑합니다"라는 찬송가를 불렀다.[63]

그런 식의 기괴한 행동은 성경적인 예배에 위배된다. 그런 행동은 거룩한 것을 웃음거리로 만들고, 하나님을 욕되게 한다. "토론토 블레싱"은 21세기가 되면서 유명무실해졌지만, 예배를 드릴 때 감정을 통제하지 않으면 걷잡을 수 없는 무질서한 행동들이 일어날 수 있다는 것을 보여주는 좋은 사례가 아닐 수 없다. 아주사 스트리트 부흥 집회를 주도했던 초창기 오순절주의자들도 그런 행동을 연출했다.[64]

심지어 오순절주의의 창시자인 찰스 파햄조차도 자신이 목격한 행위들을 보고 겁에 질려 움츠렸다. 그는 "이런 광적인 집회들 가운데서 이루어지는 기괴하고 방탕한 기도 모임에서는 마치 댄스홀에서처럼 흔들리는 몸들이 서로 부딪치면서 자유연애, 어리석은 애정행각, 이성 관계 등을 자극하는 분위기가 조장되기 쉽다"라고 말했다.[65]

런던 "메트로폴리탄 태버내클 교회"의 목회자 피터 마스터스는 통제되지 않은 감정주의와 이성적인 통제력의 상실이 은사주의 예배의 핵심 요소가 될 수밖에 없는 이유를 이렇게 설명했다.

> 은사주의자들은 우리의 생각과 행위를 이성적으로 통제할 경우에는 성령의 사역을 거부하고, 소멸하게 된다고 주장한다. 그들은 열린 마음으로 예배하고 기독교적인 섬김을 거룩하게 실천하려면 이성적인 통제력을 기꺼이 포기해야 한다고 말한다. 존 윔버는 "대다수 서구 기독교인들은 통제력을 상실하는 것에 큰 위협을 느낀다"고 우려했다. 그는 그런 두려움을 극복해야 한다고 주장한다. 그는 이성적인 통제력을 포기해야만 방언을 말할 수 있고, 예배를 드릴 때 황홀한 감정이 치솟는 것을 느낄 수 있으며, 하나님이 주시는 메시지를 마음에 직접 받아들일 수 있고, 치유와 같은 기적이 일어날 수 있다고 말한다.[66]

그러나 예배를 드릴 때 통제력을 잃는 것은 심각하고 치명적인 오류다. 그것은 스스로를 섬기는 자의적이며 불경건한 예배에 해당한다. 왜냐하면 영과 진리로 예배를 드리라는 하나님의 명령을 경솔히 무시하거나 노골적으로 거부하는 것이기 때문이다(요 4:24).[67]

그렇다면, 이성적인 통제력의 상실을 독려하는 예배 행위를 어떻게 평가해야 할까? 한 저술가는 다음과 같은 설득력 있는 답변을 제시했다. "생각을 비우라는 것은 기독교적 사고에는 전혀 낯선 개념이다. 그런 개념은 초월적인 명상, 신비로운 의식, 최면을 비롯해 생각을 비우게 만드는 행위들을 독려하는 이교의 관습과 더 깊은 관계가 있다. 그런 행위들은 종종 마귀의 세력을 불러들이는 역할을 한다. 생각을 무시하는 영적 경험을 추구하는 사람은 스스로가 속하기를 원하지 않는 영적 실체에 자신을 내주는 결과를 낳기 쉽다. ······영성에 이르는 지름길을 찾는 사람, 곧 신비롭고 기적적인 경험을 추구하는 사람은 사탄의 속임수에 취약해질 가능성이 높다."[68]

은사주의 예배의 "신비주의"는 번영 신학의 "물질주의"와 결합하는 순간 더욱 악화된다. 이미 살펴본 대로, 은사 운동 내에서 영향력을 발휘하고 있는 사람들은 하나님을 모든 물질적인 욕구를 기쁘게 채워주는 우주의 산타클로스처럼 생각한다. 또, 어떤 사람들은 성령을 강력한 힘, 곧 황홀한 감정을 자극하는 영적 전류나 능력처럼 생각한다. 어느 쪽이 되었든, 은사주의 신자들은 자신이 원하는 것을 얻기 위해 하나님께 나아간다.

한 저술가는 이렇게 설명했다. "번영의 복음은 종교적으로 위장한 냉혹한 물질주의에 지나지 않는다. 그것은 성경 구절을 임의로 선택해 '원하는 것을 말하고 요구하라'는 개념을 부추길 뿐, 하나님을 사랑하는 것과는 전혀 무관하다. 번영의 복음은 이기적이고, 유아적인 목적을 위해 하나님을 이용한다."[69] 그와는 대조적으로, 하나님을 참되이 사랑하는 사람은 사심 없는 복종과 희생적인 섬김을 통해 그 사랑을 표현한다(롬 12:1).

성령의 참된 사역은 하나님을 더욱 사랑하게 만들 뿐 아니라 신자들로 하여금 서로에게 진지하고 희생적인 사랑을 베풀게 한다. 그런 사랑은 "진리와 함께 기뻐한다(고전 13:6)." 이는 피상적인 일치를 위해 타협을 종용하는 그릇된 가르침을 용납하지 않는다는 뜻이다. 아울러, 이 사랑은 그리스도의 몸 안에서 서로의 덕을 세운다.

바울은 고린도전서 12-14장에서 영적 은사들을 논하면서 은사가 교회 안에 주어진 목적이 서로의 덕을 세우는 것이라고 말했다. 그는 "각 사람에게 성령을 나타내심은 유익하게 하려 하심이라(고전 12:7)"라는 말로 이 점을 분명히 했다. 바울은 고린도전서 13장 5절에서도 참된 사랑은 "자기의 유익을 구하지 않는다"고 말했다.

그러나 은사주의자들은 이를 거꾸로 뒤집어 은사(특히 방언의 은사)를 자신을 유익하게 하는 데 사용한다. 그런 태도는 고린도전서 14장 4절을 잘못 이해한 데서 비롯한다.

나는 『무질서한 은사주의』라는 책에서 이렇게 말했다. "바울의 말은 방언을 자기의 덕을 세우는 데 사용하라고 말한 것이 아니라 은사의 목적을 무시하고 사랑의 원리를 도외시한 채 은사를 사용하는 사람들을 단죄한 것이다. ……고린도 신자들은 방언을 이기적인 목적으로 자신의 덕을 세우는 데 사용했다. 그들의 동기는 건전하지 않고, 이기적이었다. 방언에 대한 그들의 열정은 다른 신자들 앞에서 보란 듯이 은사를 자랑하려는 욕망에서 비롯했다. 바울의 요점은 그런 식의 자기과시는 방언을 말하는 사람을 제외하고는 아무도 유익하게 할 수 없다는 뜻이었다. 그런 사람은 방언을 통해 단지 자신의 자아를 강화하는 결과를 낳을 뿐이다."[70]

바울이 편지를 띄워 바로 잡기 위해 노력했던 문제가 바로 이것이었다. 그는 고린도 신자들이 이기적이고 교만한 태도로 영적 은사들을 사용하는 것을 꾸짖었다.

오늘날의 은사 운동도 고린도 신자들이 저지른 잘못을 되풀이해왔다. 그런 자기중심적인 태도는 불행한 결과를 낳는다. "영적 은사가 자기를 유익하게 하기 위해 주어졌고, 우리 자신의 덕을 세우기 위해 사용되어야 한다는 생각에서 비롯한 해악은 돌이킬 수 없는 지경에 이르고 말았다. 그런 생각은 성경에 위배된다. 은사는 자기 자신의 덕이 아니라 다른 사람들의 덕을 세우기 위해 주어졌다."[71]

설상가상으로, 영적 은사를 자기중심적으로 받아들이는 태도는 번영의 복음을 통해 자신을 유익하게 하려는 욕망과 결부될 때가 많다. 번영 신학이 예배를 소원 목록으로 대체하는 것과 마찬가지로, 그런 태도는 다른 사람들에 대한 진정한 사랑을 물질적인 이익을 위한 이기적인 욕망으로 대체한다.

은사주의자들은 자신들의 운동이 다른 사람들을 위한 참된 사랑에 근거한다고 주장한다. 그러나 조나단 에드워즈는 그릇된 집단 안에는 참 사랑을 위장한 거짓 사랑이 존재할 때가 많다고 지적했다. 주의를 당부하는 그의 말은 특히 오늘날의 은사 운동에 적용된다.

> 미혹의 영에 이끌리는 사람들 가운데서 종종 거짓 사랑이 발견된다. 가장 광적인 열광주의자들 가운데는 서로를 향해 유대감과 사랑을 내비치는 경우가 많다. 그러나 그들의 유대감과 사랑은 자기애의 발로일 뿐이다. 그들은 다른 모든 사람들과는 크게 의견이 다른 문제들에 관해 자기들끼리만 서로 동의를 표한다. 그 때문에 그들은 나머지 인류의 웃음거리로 전락한다. 이런 상황은 자연히 그들이 서로에게서 발견하는 특별한 공통점, 곧 다른 나머지 사람들의 멸시의 대상이 되는 특이점을 더욱 소중히 여기는 태도를 발전시

키게 만든다. 예를 들어, 고대의 영지주의자들과 종교개혁 시대 초기에 나타났던 광신자들은 서로를 열렬히 사랑한다고 자랑했다. 그들 가운데 한 종파는 스스로를 "사랑의 가족"으로 일컫기까지 했다. 그러나 그 사랑은 내가 방금 설명한 기독교적 사랑과는 거리가 멀다. 그것은 단지 자기애의 본성에서 비롯된 것일 뿐 참된 호의와는 아무 상관이 없다. 이는 마치 해적들이 세상 모든 사람들과 대적하면서 자기들끼리의 유대감과 우정을 자랑하는 것과 같다.[72]

현대 은사 운동의 "가장 광적인 열광주의자들"은 에드워즈의 비판에 직면할 것이 분명하다. 종교개혁 당시의 광신자들은 여러 가지 황홀한 경험에서부터 성령으로부터 새로운 계시를 받는다는 주장에 이르기까지 현대 은사주의자들과 공통점이 많다. 마르틴 루터는 그런 비성경적인 견해를 논박하면서 신학적인 급진주의자들을 강력하게 경고한 바 있다.[73]

물론, 조나단 에드워즈가 사역이나 영적 운동의 장단점을 평가하는 최종적인 권위자는 아니다. 오직 성경만이 모든 것을 판단하는 척도다. 하나님을 영화롭게 하는 예배에서 진리가 차지하는 역할에 관한 성경의 가르침을 통제력을 잃고 혼란으로 치닫는 은사주의 예배에 적용하거나, 은사주의 신학의 자기중심적인 속성을 사랑에 관한 성경의 정의에 비춰본다면, 심각한 문제가 발생할 것이 틀림없다.

은사주의자들은 자신들의 운동을 에드워즈 당시의 대각성 운동에 빗댄다. 예를 들어 빈야드 운동의 창시자 존 윔버는 성령의 능력이 나타나는 것을 처음 목격했을 때, "조나단 에드워즈, 존 웨슬리, 조지 휘트필드가 묘사한 사건들," 즉 대각성 운동을 가리키며 그런 현상을 정당화했다.[74] 그러나 요한일서 4장의 기준을 적용하면, 그 차이점이 즉각 분명하게 드러난다.

영적 보화인가, 바보의 황금인가?

조나단 에드워즈는 17세기 초에 일어난 대각성 운동에 요한일서 4장 1-8절을 적용하면서 과도하고 육신적인 행위들이 더러 있었지만, 하나님의 성령께서 그 부흥 운동에 진정으로 역사하셨다고 결론지었다. 왜냐하면 참된 그리스도가 전파되었고, 세속주의와 죄가 억제되었으며, 성경의 권위가 높아졌고, 복음의 진리가 고양되었으며, 하나님과 다른 사람들에 대한 진정한 사랑의 결과로 나타났기 때문이다.

현대 무분별한 은사 운동은 이와 정반대되는 결과를 나타낸다. 먼저, 그리스도에 관한 진리가 왜곡된다. 주 예수님의 인격과 사역이 아니라 스스로 생각하는 성령의 능력과 축복에 초점이 맞춰진다. 은사 운동 내에서 영향력이 가장 크고, 가장 빠르게 성장하고 있는 번영 신학의 설교자들은 세속주의를 노골적으로 조장한다. 소위 "성령 충만"을 받았다는 운동의 지도자들 사이에서는 잦은 추문이 발생하고 있다.

은사주의자들은 성령의 영감으로 기록된 성경을 존중하기보다 성경만으로는 불충분한 것처럼 새롭고 주관적인 계시를 추구한다. 그 결과, 성경의 진리가 경시되고, 무분별한 연합주의가 성행하며, 건전한 교리가 "생명력이 없는" 교조주의나 "분열을 조장하는" 요인으로 치부된다. 건전한 정신으로 드리는 예배와 진지한 복종을 통해 하나님께 대한 사랑이 표현되어야 하고, 사심 없는 봉사와 다른 사람들의 덕을 세우려는 열정을 통해 다른 사람들에 대한 사랑이 표현되어야 마땅하지만, 은사 운동은 영적 은사들을 추구하거나 번영 신학을 주장함으로써 하나님을 이용해 스스로를 유익하게 하려고 힘쓴다.

그렇다면, 우리는 성경의 기준에 근거해 어떻게 결론지어야 할까? 그 대답은 자명하다. 은사 운동은 대부분 거짓 복음을 전하는 거짓 교사들에 의해 지배된다. 들불처럼 번지는 "믿음의 말씀" 운동과 번영 신학의 경우가 특히 그렇다. 신약 성경은 부정직한 이익을 위해 교회 안에서 그릇된 사상을 전하는 자들에 대해 거듭 경고한다. 인기 있는 신앙 치료사, 번영 신학의 설교자, 은사주의 매체를 운영하고 있는 텔레비전 전도자들은 그런 경고의 말씀이 적용되어야 할 현대판 거짓 교사들이 아닐 수 없다.

참된 신자는 어떤 희생을 치르더라도 그런 영적 사기극에 휘말려서는 안 된다. 요한 사도는 요한이서 7-11절에서 다음과 같이 주의를 당부했다.

> "미혹하는 자가 세상에 많이 나왔나니 이는 예수 그리스도께서 육체로 오심을 부인하는 자라 이런 자가 미혹하는 자요 적그리스도니 너희는 스스로 삼가 우리가 일한 것을 잃지 말고 오직 온전한 상을 받으라 지나쳐 그리스도의 교훈 안에 거하지 아니하는 자는 다 하나님을 모시지 못하되 교훈 안에 거하는 그 사람은 아버지와 아들을 모시느니라 누구든지 이 교훈을 가지지 않고 너희에게 나아가거든 그를 집에 들이지도 말고 인사도 하지 말라 그에게 인사하는 자는 그 악한 일에 참여하는 자임이라."

물론, 은사 운동 내에도 체계적인 부패와 혼란에도 불구하고 복음의 진리를 이해하는 진지한 신자들이 틀림없이 있을 것이다. 그들은 대리 속죄, 그리스도의 참된 본성, 삼위일체의 진리, 성경적 회개, 성경의 독특한 권위를 받아들인다. 그들은 구원이 건강과 부에 관한 것이 아니라는 것을 인정하고, 죄와 영적 사망과 영원한 지옥의 형벌에서 구원받기를 진심으로 바란다. 그러나 그들은 성령의 사역과 영적 은사의 본질에 대해서는 여전히 혼란을 겪고 있다.

결국, 그들은 "다른 불"을 다루고 있는 셈이다. 은사 운동의 그릇된 가르침과 거짓 영성에 계속적으로 노출되는 한, 그들 자신은 물론이고 그들의 영적 보살핌을 받고 있는 사람들까지 위태로운 상황에서 벗어나기 어렵다. 참 신자들에게는 무분별한 은사주의 운동이 영적 성장과 사역과 유용성을 방해하는 큰 걸림돌이 아닐 수 없다. 성령과 성령의 영감으로 기록된 성경에 대한 은사 운동의 그릇된 가르침은 미성숙함과 영적 무기력과 죄로 인한 끝없는 고뇌를 영속화할 뿐이다.

현대 은사 운동의 덫에 걸린 신자들과 1세기의 고린도 교회에 속한 신자들 사이에는 공통점이 존재한다. 고린도 교회는 도덕적 타협, 육신적인 욕망, 영적 은사에 대한 혼란에 사로잡혀 있었다. 그러나 모순된 말처럼 들릴지 몰라도, 그곳에는 참 신자들이 많았다. 고린도 교회에 오류가 침투한 것은 성령의 책임이 아니었다.

그와 마찬가지로, 오늘날 복음주의 교회 내에서 은사주의를 둘러싸고 일어나는 혼란의 책임도 그분과는 전혀 무관하다. 성령께서는 고린도 신자들의 터무니없는 오류에도 불구하고 참 신자들의 삶 속에서 끊임없이 사역을 행하셨다.[75] 부패의 심각성은 부인할 수 없더라도 그와 똑같은 일이 오늘날에도 여전히 계속되고 있다.

성경 외의 계시, 몽환적인 경험, 주관적인 인도, 통제되지 않는 감정주의, 물질적인 번영을 추구하는 은사주의는 큰 위험을 내포하고 있다. 어린아이가 성냥을 가지고 놀아서는 안 되는 것처럼, 신자들도 "다른 불," 곧 하나님이 기뻐 받지 않으시는 무분별한 은사주의의 예배와 관습을 멀리해야 한다. 은사주의는 아무리 좋다고 해도 바울이 엄히 꾸짖었던 고린도 교회의 혼란한 상황을 되풀이하는 것에 지나지 않고, 크게 잘못될 경우에는 거짓 교사들이 전하는 가증스런 사상을 널리 유포할 뿐이다.

바울은 그들에 대해 이렇게 말했다. "내가 여러 번 너희에게 말하였거니와 이제도 눈물을 흘리며 말하노니 여러 사람들이 그리스도의 십자가의 원수로 행하느니라 그들의 마침은 멸망이요 그들의 신은 배요 그 영광은 그들의 부끄러움에 있고 땅의 일을 생각하는 자라(빌 3:18, 19).″

STRANGE FIRE

2부 거짓 은사들을 주의하라

5장 신사도 운동의 실체를 파악하라
: 자칭 사도라고 부르는 사람들

1901년이 은사 운동의 큰 획을 그은 해라면, 2001년은 그보다 훨씬 더 큰 획을 그은 해라고 말할 수 있다. 앞의 연대는 현대 오순절 운동이 시작된 해에 해당한다. 당시 캔자스 주 토피카에서 개최된 기도회 도중에 아그네스 오즈먼이 방언을 말했다고 전해진다. 그러나 뒤의 연대, 곧 그로부터 정확히 100년이 지난 2001년은 은사주의자들 사이에서 그보다 훨씬 더 굉장한 사건이 일어난 해로 기억되고 있다. 일부 은사주의 지도자들은 2001년을 "두 번째 사도 시대가 시작된 해"로 일컫는다.[1] 이는 인기 있는 저술가요 선교학자이자 은사 운동의 역사가인 피터 와그너가 한 말이다. 그는 21세기 초에 하나님의 구원 계획에 큰 변화가 일어났다고 믿는다.

와그너는 "지금 우리는 종교개혁 이후로 교회 역사상 가장 급진적인 변화를 목격하고 있다. 사실, 나는 이것이 전보다 더 급진적인 변화를 일으킬 것이라는 사실을 합리적으로 주장할 수 있는 근거를 가지고 있다고 생각한다"라고 말했다.[2] 21세기가 시작되면서 기적적인 은사들에 대한 새로운 관심이 고조되었지만, 들리는 소문대로라면 새 천년은 이전보다 훨씬 더 중요한 사건을 일으킨 시대가 되었다.[3] 와그너는 이렇게 말했다. "사도의 직임이 교회 역사상 처음 1, 2세기에 국한되지 않고, 오늘날의 그리스도의 몸 안에서 여전히 기능하고 있다는 인식이 널리 확산되고 있다."[4]

와그너는 현대에 출현한 이런 사도적 리더십을 "신사도 개혁 운동(New Apostolic Reformation)"으로 일컬었다. 그는 이 운동을 다음과 같이 정의했다.

> 나는 이 운동을 "새로운 사도 개혁 운동"으로 일컫기로 결정했다. "개혁"이라는 용어를 사용하는 이유는 앞서 말한 대로 이 운동의 전반적인 영향력이 종교개혁과 버금가기 때문이고, "사도"라는 용어를 사용하는 이유는 오늘날의 교회 안에서 사도의 은사와 직임을 인정하는 분위기 조성된 것이 모든 변화 가운데 가장 급진적인 변화에 해당하기 때문이다. 또한, "새로운"이라는 용어를 사용한 이유는 "사도"라는 용어를 공식 명칭으로 사용해 새로운 교회라기보다는 전통적인 교회와 공통되는 형태를 취하는 다수의 교단들과 이 운동을 구별하기 위해서다.[5]

와그너는 소수의 현대적 "예언"을 비롯해 풀러신학교가 주관한 "교파주의 이후의 교회"에 관한 1996년 내셔널 심포지엄에 참여한 토론단의 동의를 근거로 오늘날의 교회 안에 여전히 사도들이 존재한다고 단정하고, 그때부터 현대 교회가 사도의 직임을 온전히 받아들이는 것을 보기 위한 사역에 착수했다.

와그너는 교회 역사의 각 시대마다 항상 사도의 은사를 받은 개인들이 존재했다고 믿으면서도 "그 중요한 집단이 발전될 가능성이 2001년, 그러니까 내가 두 번째 사도 시대로 선택한 해에 비로소 시작되었다"고 주장했다.[6] 와그너에 따르면, 현대의 신자들도 "사도의 직임을 비롯해 모든 영적 은사를 인정하고, 받아들이고, 활용하기만 한다면 얼마든지 1세기 교회와 같은 영적

생명력과 능력을 발휘할 수 있다"고 한다.[7]

역사적으로, "사도 베드로"라는 호칭은 오직 한 사람의 개인, 곧 시몬 베드로에게만 적용되었다. 그는 열두 제자를 이끌었던 지도자로 그가 사도로서 행한 사역은 사도행전 1-12장에 기록되어 있다.

그러나 피터 와그너는 신사도 개혁 운동을 주창하면서 그 직임을 스스로에게 적용했다.[8] 와그너는 1995년에 두 명의 여선지자가 자신이 사도로서 기름부음을 받았다고 선언했다면서 "사도직"을 주장하기 시작했다. 그의 사도적 소명은 1998년에 댈러스의 한 집회에서 또 다른 예언의 말을 통해 확증되었다고 한다. 와그너는 당시의 사건을 둘러싸고 일어난 기이한 상황을 이렇게 설명했다.

> 나는 앞줄에 앉아 있었다. ……당시 나는 어떻게 된 일인지 "크리스천 인터내셔널"의 짐 스티븐스와 함께 연단에 무릎을 꿇고 있었다. 그는 대중 앞에서 나에 대한 예언의 말을 전할 준비가 되어 있었다. 내가 어떻게 그곳에 있게 되었는지 지금도 여전히 기억이 나지 않는다. 고개를 들어 위를 바라보니 공인된 중보기도자 가운데 한 사람인 찰스 두리틀이 내 위에 서있는 모습이 보였다. 신장이 193센티미터나 되는 아프리카계 미국인 경찰관으로서 캘리포니아 주 글렌데일 경찰서에서 일하고 있는 찰스가 매서운 표정을 한 채 1미터 정도 되는 큰 칼을 내 머리 위에 쳐들고 있었다. 나는 행동을 더욱 조심해 짐 스티븐스가 하는 말을 경청하기로 얼른 마음먹었다. ……그후로 나는 그 때가 바로 내가 사도로서 임명된 날이라고 생각해왔다.[9]

와그너는 그 후 얼마 지나지 않아 자신이 사도로 임명되었다는 것을 보여주는 증표로 유럽에서 광우병이 사라졌다고 주장했다. 그의 말을 들어보자.

하나님이 내게 허락하신 사도적 권위로 유럽과 영국에서 광우병이 사라졌다고 선언하기를 원하신다는 것을 알았다. 나는 그 뜻대로 행했다. ……그때는 2001년 10월 1일이었다. 그로부터 한 달 뒤에 내 친구가 영국에서 신문 기사를 보내왔다. 그 기사에 따르면, 그동안 광우병이 발생해오다가 2001년 9월 30일에 마지막으로 보고되었다고 했다. 사도적 선언이 있기 바로 하루 전날이었다.[10]

와그너는 크게 흥분했을 테지만, 광우병이 여전히 유럽에 존재한다는 사실을 알지 못한 것이 분명하다. 2009년 한 해만 해도 감염된 소들 가운데 양성 반응을 보인 소들이 육십칠 두에 달했다.[11] 유럽 정부들의 적극적인 통제 노력을 통해 광우병의 대대적인 확산이 방지된 것은 사실이지만, 광우병이 종식되었다는 와그너의 사도적 선언은 명백한 거짓이다.

2000년, 와그너는 새로 설립된 "국제 사도 연합회"를 "의장 사도(Presiding Apostle)"로서 이끌기 시작했다. 그는 그 직책을 2009년까지 유지하다가 자신의 칭호를 "명예 의장 사도"로 바꾸었다.[12] 오순절주의 역사가 빈슨 사이언은 사도 연합회가 발족했을 당시 "새로운 사도들이 합류했고, 회비로 매달 69달러를 지불했다"라고 말했다.[13] 사이언 자신도 와그너가 합류하라고 초청했지만, 나중에 사양했다고 한다. 그는 이렇게 설명했다. "나는 내가 사도라고 생각하지 않았다. 나는 그에게 편지를 보내 69달러의 월정회비를 내고 사도가 될 여유가 없다고 말했다."[14] 2012년 말의 회비 비율은 사도가 거주하는 나라에 따라 약간 달라졌다. "사도 연합회"의 기본 회비는 350달러였다. 북아메리카 지역에 사는 사도들의 회비는 일 년에 450달러에서부터 시작했다. 결혼한 사도들(즉 남편과 아내 모두가 스스로를 사도로 여기는 사람들)의 경우에는 650달러였다. 북아메리카 원주민들("퍼스트 네이션 사도들")도 동일한 회비를 내고

"국제 사도 연합회"에 가입할 수 있었다.[15]

와그너는 "신사도 개혁 운동"을 조직하면서 "사도들"을 두 가지 주요 범주와 몇 가지 하위 범주로 나누었다. "수직적 사도들"은 다양한 사역이나 사역 체제를 이끄는 지도자로서 활동하고, "수평적 사도들"은 같은 수준의 지도자들을 규합해 다양한 목적에 이바지하도록 돕는 일을 담당한다. 와그너는 베드로와 바울이 "수직적 사도들"에 속하는 신약 성경의 사례라고 말했다. 그는 그들이 각자 행한 사역의 본질 및 교회 체제가 그들의 보살핌 아래 있었다는 이유를 들었다. 그와는 달리, 주님의 형제 야고보는 "수평적 사도들"에 속하는 경우다. 왜냐하면 예루살렘 교회 회의에서 다른 사도들을 규합하는 일을 성공적으로 감당했기 때문이다.[16]

하위 범주의 사도들 가운데는 교회적, 기능적, 사도적인 팀원들, 회중 사도들, 소집, 동원, 대표의 사역을 감당하는 구역 사도들, 일터 사도들, 방문 사도들이 포함된다.[17] 신약 성경에 이런 직분들이 있는지 찾아보라. 그러면 어디에도 없다는 사실을 즉시 알 수 있을 것이다.

그럼에도 불구하고, "신사도 개혁 운동"은 주류 은사주의 교회와 제3의 물결 교회들 안에서 급속히 인기를 얻고 있다. 한 저술가는 이렇게 설명했다. "이들 새 교회는 성령께서 에베소서 4장 11절에 기록된 다섯 가지 직임(사도, 선지자, 복음 전하는 자, 목사, 교사)을 회복하고 계신다고 믿는다. 그러나 그 초점은 사도와 선지자의 사역에 있다. 왜냐하면 복음주의 세계는 복음전도자, 목사, 교사의 직임에 이미 익숙해 있기 때문이다."[18] 와그너는 자신이 일으킨 신사도 개혁 운동이 기독교의 한 종파로서 빠르게 성장하고 있다는 사실에 크게 기뻐하면서 이를 하나님이 자신의 운동을 인정하시는 증거로 받아들인다.[19]

와그너는 이런 성장을 근거로 교회 안에서 대규모의 근본적인 변화가 일어나고 있다고 주장한다. 그는 이를 옛 언약에서 새 언약에로의 변화에 비유한다.[20] 그는 신사도 개혁 운동을 새 언약의 "포도주 부대"에 빗대기까지 한다. 그는 "오늘날 우리는 또 하나의 새로운 포도주 부대를 도입했다. 나는 이를 두 번째 사도 시대로 일컫는다. 교회를 이끄는 우리의 방식이 곧 급진적으로 변화될 것이다. 그런 변화는 이미 우리에게서 일어나고 있다"라고 말했다.[21]

와그너는 신사도 개혁 운동을 거부하는 사람들을 바리새인으로 간주한다. 그는 "그런 사람들은 하나님의 새로운 포도주 부대를 환영하고 축복하는 대신 거부한다"라고 말했다.[22] 그는 자신의 새로운 운동을 거부하는 사람들이 마귀의 영향을 받고 있다고까지 말했다. "사탄은 악한 영들을 보내 우리의 생각에 영향을 미치게 함으로써 하나님의 새로운 시대와 시기가 도래하는 것을 방해하려고 애쓴다. 그들이 성공을 거둔다면, 우리는 하나님이 독려하시는 새로운 포도주 부대에 관해 그릇 생각하기 시작할 것이다."[23] 와그너의 전제, 곧 그 자신과 다른 은사주의 지도자들이 "사도들"이라는 것을 문제 삼는 사람은 귀신들린 자이거나 율법주의자, 또는 교회의 역사상 새롭게 시작된 급진적인 변화를 선뜻 수용하지 못하는 겁쟁이라는 비웃음을 사기 십상이다.

개혁인가 왜곡인가?

와그너는 자신을 비판하는 사람들에 대해 인신공격성 발언을 주저하지 않지만, 이제는 누군가가 나서 신사도 개혁 운동의 실체를 폭로해야 할 때가 되었다. 한마디로, 그의 운동은 사기다.

뻔뻔스런 교만함과 성경에 대한 무지가 신사도 개혁 운동에 깊이 침투해 있다는 사실은 아무리 강조해도 지나치지 않다. 신사도 개혁 운동에 관한 와그너의 말 가운데 아마도 내가 동의할 만한 것이 있다면 단 한 문장뿐일 것이다. 그는 "나는 내가 말한 것이 다소 경솔한 말로 받아들여질 수도 있다는 사실을 잘 알고 있다"라고 말했다.[24] 그러나 그 정도의 겸양은 턱없이 부족할 뿐이다. 사실, 사도의 직임을 주장하는 것은 교만의 극치일 뿐 아니라 완벽한 광대극이다. 오순절주의를 열렬히 옹호하는 빈슨 사이넌조차도 와그너의 새로운 운동을 우려의 눈길로 바라보았다. "처음부터 나는 교회 안에서 무소불위의 권위를 행사하는 사도의 직임을 회복하겠다고 주장하는 운동에 대해 깊은 우려를 느꼈다. 권위가 남용될 소지가 너무나도 크다. 교회의 역사를 돌아보면, 교회 안에서 사도의 직임을 회복하려는 시도가 모두 이단으로 치우치거나 말로 다할 수 없는 고통을 초래한 것을 알 수 있다."[25]

와그너는 이 운동을 "새로운 사도 개혁 운동"으로 일컬었다. 그러나 이 말 가운데 옳은 말은 하나도 없다. 이 운동은 새롭지도 않고, 개혁적이지도 않으며, 사도적이지도 않다. 권력에 굶주린 거짓 교사들이 사도를 자처하며 다른 사람들에게 영적 영향력을 행사하려고 했던 일이 이 운동을 통해 처음 시작된 것은 아니다. 거짓 교사들은 일찍이 신약 시대에도 만연했다. 바울은 "그런 사람들은 거짓 사도요 속이는 일꾼이요 자기를 그리스도의 사도로 가장하는 자들이니라 이것은 이상한 일이 아니니라 사탄도 자기를 광명의 천사로 가장하나니(고후 11:13, 14)"라고 말했다. 중세 시대의 로마 가톨릭교회 교황은 베드로의 사도직을 계승한다는 명분을 내세워 사도의 권위를 주장함으로써 전체주의적이고 획일적이며 독재적인 체제를 구축해 권력을 남용했다. 와그너는 20세기에도 초창기 은사 운동의 일각에서 사도의 직임을 회복하려는 시도가 있었다고 인정했다. 피터 호켄은 그런 초창기 은사주의 집단을 아래와 같이 소개했다.

오순절 운동이 처음 시작되었을 때 사도와 선지자의 직임이 회복되었다고 선언했던 집단이 몇몇 있었다. 특히 1916년에 "사도적 교회"가 결성되어 사역을 체계적으로 행하기 시작했다. 대다수 오순절 교회들은 이들의 사역을 거부했지만, 1948년 캐나다 서스캐처원 주 노스배틀포드에서 시작된 "늦은 비 운동"을 통해 다시 모습을 드러냈다. "늦은 비 운동"의 지지자들은 에베소서 4장 11절에 기록된 직임들이 회복되었다고 믿었다. ……이런 신념은 (나중에) 막 태동하기 시작한 은사 운동에 영향을 미쳤다.[26]

와그너는 "늦은 비 운동"에서 사도직의 개념을 빌려와 자신의 "제3의 물결 운동"에 접목했다. 따라서 그의 운동을 "새로운" 운동으로 일컫는 것은 잘못이다.

그의 운동에 "개혁"이라는 용어를 갖다 붙이는 것도 잘못이기는 마찬가지다.[27] 사실, 종교개혁은 스스로 사도적 권위를 주장했던 교황권에 대한 항거였다.[28] 더욱이 종교개혁의 근본 원리는 오직 성경에만 충실하다. 이는 와그너의 견해와는 정반대되는 개념이 아닐 수 없다. 와그너는 "종교적 정신"을 마귀적인 것으로 규정하면서 "그런 정신은 종교 지도자들로 하여금 성령께서 현재 말씀하고 계시는 것이 아니라 이전 세대에 말씀하셨던 것에 초점을 맞추게 만든다"고 주장했다.[29] 와그너에 따르면, 성령께서 이전 세대에 말씀한 것(곧 성경)에만 관심을 기울이는 사람들은 마귀의 영향을 받고 있는 셈이다.

종교개혁의 지도자들은 그런 생각을 비웃었을 것이 틀림없다. 당연히 그럴 수밖에 없다. 그들은 오직 성경만이 믿음과 실천에 속한 모든 것을 위한 궁극적인 권위라고 주장했다(딤후 3:16, 17 참조). "오직 성경으로(sola Scriptura)!"라는 종교개혁의 교리는 현대 은사주의자들의 상상에서 비롯한 예언을 결코 인정하지 않는다. 따라서 와그너가 이 교리를 거부하는 것은 조금도 놀랍지 않다. (이미 4장에서 와그너가 정경 종결 교리를 공공연히 의문시했다는 사실을 살펴본 바 있다.)

마지막으로 가장 중요한 사실은 "신사도 개혁 운동"이 사도적인 운동과 아무런 관계가 없다는 것이다. 성경이 가르치는 참 사도들의 자격 요건을 살펴보면, 이 사실을 간단하고 확실하게 입증할 수 있다. 신약 성경의 기준에 비춰보면, "신사도 개혁 운동"의 사도들은 거짓이요 모조에 지나지 않는다는 것을 즉시 알 수 있다.

성경이 가르치는 사도직의 자격 요건

은사 운동은 초대 교회 당시에 일어났던 현상이 오늘날의 교회 안에서도 여전히 기대되고 경험될 수 있다는 것을 전제로 한다. 지난날에 가장 널리 알려진 오순절주의 지도자 가운데 한 사람인 데이비드 두 플레시스는 "신약 성경은 한 세대 내에서 일어났던 일을 기록한 책이 아니다. 그것은 예수님이 다시 오실 때까지 모든 세대 안에서 계속 일어나야 할 일을 보여주는 청사진이다"라는 말로 그런 정서를 표현했다.[30] 이런 생각은 와그너를 비롯한 사람들이 오늘날의 교회 안에도 여전히 사도들이 존재한다고 결론지을 수 있는 논리를 성립시킨다. 그들은 초대 교회 안에 사도들이 존재했다면 지금도 존재해야 한다고 생각한다.

그러나 이런 생각은 심각한 오류를 안고 있다. 성경이 가르치는 사도들의 자격 요건은 오늘날에도 여전히 사도들이 존재한다는 주장을 불가능하게 만든다. 사실, 신약 성경에 구체적으로 제시된 자격 요건을 살펴보면, 최후까지 살아남았던 요한 사도의 죽음(AD 100년) 이후로는 교회의 역사상 그 누구도 사도임을 주장할 수 없다는 사실을 알 수 있다. 성경을 살펴보면, 사도의 직임과 은사가 초대 교회에만 국한될 수밖에 없는 이유가 최소한 여섯 가지나 되는 것을 알 수 있다. 그런 것은 오늘날의 교회 안에서는 도저히 경험될 수 없는 것이다.

사도직에 필요한 자격 요건

오늘날의 신자 가운데 성경이 가르치는 사도의 자격 요건을 충족시킬 사람은 아무도 없다. 신약 성경은 세 가지 기준을 분명하게 언급한다. 1) 사도는 부활하신 그리스도를 직접 목격한 사람이어야 했다(행 1:22, 10:39-41, 고전 9:1, 15:7, 8). 2) 사도는 주 예수 그리스도께서 직접 임명하신 사람이어야 했다(막 3:14, 눅 6:13, 행 1:2, 24, 10:41, 갈 1:1). 3) 사도는 기적과 표적으로 사도직에 임명되었다는 사실을 확증할 수 있어야 했다(마 10:1, 2, 행 1:5-8, 2:43, 4:33, 5:12, 8:14, 고후 12:12, 히 2:3, 4).

이런 기준들만으로도 오늘날의 교회 안에 사도들이 존재할 수 없다고 확실하게 결론지을 수 있다. 사도 시대 이후로 지금까지 부활하신 그리스도를 직접 눈으로 보았던 사람은 아무도 없고, 사도행전에 기록된 대로 사도들이 행한 기적과 표적을 행할 수 있는 사람도 아무도 없다(행 3:3-11, 5:15, 16, 9:36-42, 20:6-12, 28:1-6 참조). 또한 주제넘게도 사도를 자처하는 사람들이 있지만, 오늘날의 교회 안에서 주 예수님이 직접 사도로 임명하신 사람은 아무도 없기는 마찬가지다. 물론, 일부 은사주의자들은 환상 중에 부활하신 그리스도를 보았다고 주장하기도 한다. 그러나 그런 주장은 몹시 의심스러울 뿐 아니라 검증이 불가능하다. 그들은 사도직의 자격 요건을 충족시킬 수 없다. 왜냐하면 사도는 부활하신 그리스도를 눈으로 직접 목격해야 했기 때문이다. 새뮤얼 월드런은 이렇게 말했다.

> 환상과 꿈은 아무리 사실적이고 참되다 해도 그리스도의 사도가 될 수 있는 자격을 부여하지 못한다. 성경은 내적인 눈과 외적인 눈의 차이를 강조할 뿐 아니라 외적인 눈으로 목격한 계시를 더 월등한 권위를 드러내는 표징으로 간주한다. 오늘날 꿈이나 환상으로 예수님을 보았다는 주장이 더러 있지

만, 그 누구도 그런 것만으로는 그리스도의 사도가 지니는 이 필수불가결한 표징을 지녔다고 주장할 수 없다.³¹

피닉스신학교에서 성경신학과 조직신학을 가르치는 교수이자 인기 있는 저술가인 웨인 그루뎀은 헌신적인 은사주의자일 뿐 아니라 은사 운동을 가장 잘 대변하는 신학자요 변증학자인 듯하다. 그러나 심지어 그조차도 "오늘날 부활하신 그리스도를 직접 목격해야 한다는 자격 조건을 충족시킬 수 있는 사람은 아무도 없기 때문에 오늘날에는 사도들이 있을 수 없다"고 인정했다.³²

피터 와그너도 그런 자격 기준을 잘 알고 있다. 그는 그런 사실을 부인할 수 없기 때문에 그냥 무시해버린다. 그는 "신사도 개혁 운동"에 걸맞은 "사도직"을 설명하고 나서 사도직을 규정하는 성경의 자격 기준을 일부러 배제했다고 인정했다. 그의 말을 직접 들어보자.

> 사도를 정의할 때 포함시켜야 할 사도직의 성경적 자격 요건이 세 가지 있지만, 나는 그것들을 포함시키지 않기로 결정했다. 그 세 가지 요건은 1) 표적과 기사(고후 12:12), 2) 예수님을 직접 목격한 것(고전 9:1), 3) 교회들을 설립한 것(고전 3:10)이다. 그 이유는 내가 이 세 가지 요건을 절대적인 요건으로 생각하지 않기 때문이다. ……개인이 이런 요건 가운데 한두 가지를 결여하고 있다고 해도, 나는 그 사실만으로 그를 합법적인 사도가 아니라고 단정할 수는 없다고 생각한다.³³

"교회를 설립하는 것"이 성경이 가르치는 사도직의 자격 요건이 될 수 있느냐 하는 문제에 대해서는 논란이 있을 수 있지만, 나머지 두 가지 요건만

큼은 확실하다. 그러나 와그너는 그 요건들을 절대적인 요건이 아니라고 말한다. 그는 그것들을 미결정 사항으로 받아들인다. 그가 성경의 자격 요건을 애써 무시하는 이유는 그것이 사도의 권위를 주장하는 자신의 입장을 난처하게 만들기 때문이다. 그는 사도를 자처하며 성경이 가르치는 것이 "자신이 생각할 때" 불편하게 느껴지거나 스스로 자격이 충분하다고 생각하는 직임으로부터 자신을 배제하는 것처럼 보일 때면 성경의 명백한 가르침조차도 무시할 수 있는 권위를 지니고 있는 것처럼 행동한다. 성경에 대한 그런 식의 무모하고 교만한 태도가 "신사도 개혁 운동"을 지배하고 있다. 결국, 와그너와 그의 추종자들이 오늘날의 사도직을 옹호할 수 있는 유일한 길은 귀를 막고 성경의 명백한 가르침을 무시하는 것뿐이다.

마지막 사도였던 바울

바울은 위에서 설명한 세 가지 자격 요건을 모두 충족시켰는데도 그의 사도직 임명은 정상적인 기준에 부합하지 못했다. 바울 자신도 예수님이 부활하신 후에 모습을 보이셨던 사례를 열거하면서 그 점을 강조했다. 바울은 열한 제자들과는 달리 예수님의 공생애 기간 동안에 그분의 제자가 되지 못했다. 그는 주님이 모습을 드러내셨던 다락방에도 있지 않았고, 부활하신 그리스도를 목격했던 오백여 증인들 가운데도 포함되지 않았다. 사실, 그리스도께서 바울에게 모습을 보이신 때는 부활하신 후가 아니라 승천하신 후였다. 당시만 해도 "사울"로 불렸던 그는 그리스도를 따르는 사람들을 박해하기 위해 다메섹으로 가는 도중에 그분의 현현을 목격했다(행 9:1-8).

그렇다고 해서 아무나 바울처럼 사도가 될 수 있다고 생각해서는 곤란하다. 바울이 사도로 부르심을 받았다는 것을 보여주는 중요한 두 가지 사실이 존재한다. 첫째, 바울은 고린도전서 15장 8절에서 자신이 부활하신 그리스도께서 친히 물리적인 형태로 나타나신 모습을 마지막으로 목격한 사람이라고 진술했다. 부활하신 그리스도를 직접 목격하는 것은 사도직의 자격 요건 가운데 하나다. 바울은 자신이 그런 경험을 한 마지막 사람이라고 말했다. 따라서 바울 이후의 사람은 아무도 합법적으로 사도직을 주장할 수 없다.

둘째, 바울은 사도직을 지극히 탁월하고 독특한 소명으로 받아들였다. 그가 스스로를 가리켜 "만삭되지 못하여 난 자"요 "사도 중에 가장 작은 자"로 일컬은 이유는 회심하기 전에 교회를 적대시했기 때문이다. 그는 자신의 사도직이 참되다는 사실을 결코 의심하지 않았지만, 자신의 경험이 후대의 신자들을 위한 규범이 될 수 있다고 생각하지 않았다.

사도들은 독특한 권위를 소유했다

신약 성경의 사도들은 하나님의 계시를 전달하는 자들이었다. 그 자체로 그들은 교회 역사상 누구도 범접할 수 없는 권위를 소유했다. 그들의 권위는 그리스도로부터 직접 비롯했다. 예수 그리스도의 사도가 된다는 것은 곧 그분의 대리자가 된다는 것을 의미했다. 현대의 법률 용어를 빌려 말하면, 사도들은 주님의 대리인들이었다. 그들은 그리스도의 권위를 위임받은 자들이었다.

"사도"라는 용어가 신약 성경에서 때로 "교회의 사자들(고후 8:23)"을 가리키는 일반적인 용어로 사용된 것은 사실이다. 그러나 그런 사람들을 열두 제자나 바울 사도와 혼동해서는 안 된다. 주 예수 그리스도의 사도가 되는 것은 특별한 소명이요 놀라운 특권이 아닐 수 없었다. 사도는 단지 교회에서 파견한 사자와는 전혀 달랐다. 주 예수님의 사도가 되는 것은 그분의 직접적인 임명을 통해서였다. 그것은 교회 안에서 가장 높은 권위를 지닌 직분이었고, 그리스도로부터 양도할 수 없는 사명을 부여받아 계시된 교리를 선포하고, 교회의 기초를 닦는 일을 수행했던 독특한 직임이었다.

예수님은 "다락방 강화"를 통해 사도들에게 권위를 부여해 자신이 떠나고 난 뒤에 교회를 이끌게 하셨다. 그분은 성령께서 그들에게 영감을 주어 하나님의 진리를 사람들에게 전하게 하실 것이라고 약속하셨다(요 14:26, 15:26, 27, 16:12-15 참조). 초대 교회 신자들은 사도들의 가르침을 그리스도 자신의 권위를 통해 주어지는 것으로 받아들였다. 사도들의 기록은 성령의 영감으로 기록된 무오한 계시였다. 신자들은 그것을 하나님의 말씀으로 받아들여 복종했다(살전 2:13). 사도의 권위로 성령의 영감을 받아 기록한 서신들은 구약 성경과 동등한 권위를 지녔다(고전 14:37, 갈 1:9, 벧후 3:16 참조). 유다는 교회에 서신을 띄우면서 "사랑하는 자들아 너희는 우리 주 예수 그리스도의 사도들이 미리 한 말을 기억하라(유 17절)"라고 말했다.

사도적 권위에 관한 문제는 정경의 교리를 생각할 때 특히 더 중요하다. 사도들은 주 예수님의 권위를 위임받아 성경을 기록했다. 그들의 권위는 초기 교회가 정경을 결정할 때 적용했던 가장 중요한 기준이었다. 예언적인 권위를 지닌다고 주장하는 서신이나 책이 사도가 직접 쓴 것이나 사도의 감독 아래 기록된 것이라면, 성령의 영감으로 기록된 권위 있는 말씀으로 인정되었다. 그러나 사도적 권위와 무관한 기록은 기록자가 아무리 권위를 주장한다고 해도 성경의 일부로 간주되지 않았다.[34]

이 모든 사실은 오늘날의 교회 안에 사도직을 복원하기를 원하는 은사주의자들에게 심각한 문제를 야기한다. "사도"를 자처하는 사람들 가운데 대다수가 남몰래 은밀히 하나님으로부터 특별한 계시를 직접 받았다고 주장한다. 그들이 사도적 권위를 지닌 것이 사실이라면, 그들의 계시를 성경에 더하는 것이 마땅하지 않겠는가? 만일 오늘날의 사도들이 자신의 계시를 성경에 더하는 것을 꺼려한다면, 어떻게 그들의 사도직이 합법적이라고 말할 수 있겠는가? 웨인 그루뎀은 다음과 같이 옳게 말했다. "이런 사실은 그 자체로 사도의 직임이 매우 독특한 것일 뿐 아니라 오늘날에 그런 직임이 계속 존재하기를 기대할 수 없다는 것을 보여준다. 왜냐하면 오늘날 성경에 자신의 말을 덧붙인다거나 그것을 하나님의 말씀이거나 성경의 일부로 간주할 수 있는 사람은 아무도 없기 때문이다."[35]

은사주의를 이끄는 신학자 가운데 한 사람이 그렇게 인정했다. 은사주의 교리의 출발점은 사도행전과 고린도전서에 기록된 기적과 영적 은사들이 오늘날의 신자들에게도 여전히 가능하고, 예언의 은사를 비롯해 표적과 기사들이 사도 시대에만 국한된 것이 아니며, 그런 현상 가운데 일부가 중단되었다고 믿을 이유가 없다는 것이다. 그런 입장은 "은사지속론"으로 알려져 있다.

그러나 웨인 그루뎀은 자신은 사도의 직임과 성경의 정경에 관한 문제에 있어서는 "은사종결론자"라고 인정했다. 그는 은사주의 교리를 반대하는 그런 근본적인 주장을 수용했다. 이 점은 뒤에서 다시 살펴볼 예정이다. 여기에서는 은사지속론을 옹호하는 대표적인 학자들조차도 사도 시대가 지난 후부터 뭔가 중요한 변화가 일어났다는 것을 인정하지 않을 수 없었다는 사실만을 지적하는 것으로 만족하고자 한다.

모든 신실한 신자들이 인정해야 할 가장 중요한 변화는 정경이 종결되었다는 것이다. 정경이 종결된 이유는 사도의 직임이 교회사의 처음 1세기를 넘어서지 않았기 때문이다. 오늘날 유일한 권위로 남아 있는 것은 사도들의 기록된 증언(곧 성경에 포함된 그들의 권위 있는 가르침)뿐이다. 따라서 오직 신약 성경의 기록만이 오늘날의 교회 안에 존재하는 유일하고 참된 사도적 권위로 간주되어야 한다.

사도들은 교회의 토대를 닦았다

바울은 에베소서를 기록하면서 서신의 수신자들이 하나님의 가족에 속한다고 설명했다. 그는 "너희는 사도들과 선지자들의 터 위에 세우심을 입은 자라 그리스도 예수께서 친히 모퉁잇돌이 되셨느니라(엡 2:20)"라고 말했다. 이 구절은 사도들을 교회의 토대라고 진술한다. 만일 사도직이 교회사의 첫 단계에 국한되지 않는다면, 이 말씀은 아무 의미도 없다. 토대란 건축이 단계적으로 이루어지는 동안 매번 다시 닦을 수 있는 것이 아니다. 토대는 유일무이하고, 항상 가장 먼저 건설된다. 토대는 그 위에 건축되는 나머지 건축물을 굳건히 지탱한다.

교부들(사도 시대 직후에 살았던 신자들)의 기록을 살펴보면, 그들이 교회의 토대를 닦는 일이 과거에 이루어졌다고 말했던 것을 곧 알 수 있다.[36] 이그나티우스(35-115년)는 『마그네시아인들에게 보내는 편지』에서 베드로와 바울의 토대 작업을 언급하면서 과거시제를 사용했다. 그는 사도행전을 언급하면서 "이것은 수리아에서 처음 이루어졌다. 왜냐하면 바울과 베드로가 교회의 토대를 놓을 무렵, 제자들은 안디옥에서 그리스도인들로 불렸기 때문이다"라고 말했다.[37]

이레네우스(130-202년)는 열두 사도를 "열두 기둥으로 된 교회의 토대"라고 일컬었다.[38] 그와 비슷하게 터툴리아누스(155-230년)도 "사도 시대 이후에" 참된 신자들이 받아들였던 유일한 교리는 "사도적 토대 위에 선 교회 안에서 선포된 것"이었다고 말했다.[39] 락탄티우스(240-320년)는 『거룩한 규칙』에서 교회의 사도적 토대가 놓였던 과거를 언급했다. 그는 열두 제자의 역할을 설명하면서 "제자들이 여러 영지로 흩어져 도처에 교회의 토대를 놓았고, 거룩한 주님의 이름으로 믿기 어려운 기적들을 많이 행했다. 그 이유는 주님이 떠나시면서 그들에게 능력과 권능을 주셨기 때문이다. 그들이 새롭게 선포한 체

계가 그것을 통해 설립되고 확증되었다"라고 말했다.[40]

이런 사례들은 얼마든지 있다. 요점은 분명하다. 현대 은사주의자들은 사도적 토대가 오늘날에도 여전히 계속된다고 주장한다. 그러나 그런 주장은 성경의 분명한 가르침과 사도 시대 직후에 살았던 기독교 지도자들의 견해와 정면으로 충돌한다. 그들은 교회의 사도적 토대가 1세기에 온전히 이루어졌다고 이해했다. 현대의 사도들이라는 개념은 에베소서 2장 20절에 기록된 바울의 비유적 표현에 담겨 있는 의미를 전적으로 무시한다. 사도들이 교회의 초석을 놓았다면, 그것을 다시 갈아엎으려는 것은 어리석기 짝이 없는 행위에 지나지 않는다.

사도 시대 이후의 교회는 장로들과 집사들이 이끌었다

사도들은 교회의 앞날에 관한 가르침을 베풀었고, 교회를 어떤 식으로 조직해야 할지를 알려주었을 뿐, 새로운 사도를 임명해야 한다고 말하지 않았다. 그들은 단지 목사, 장로, 교사들에 관해 말했다. 베드로는 장로들에게 "하나님의 양무리를 치라"고 당부했다(벧전 5:2). 바울은 디도에게 "내가 명한 대로 각 성에 장로들을 세우라(딛 1:5)"고 말했다. 그는 디모데전서 3장에서 장로와 집사의 자격 기준을 제시했다. 바울은 목회 서신 어디에서도 사도직이 계속될 것이라고 말하지 않았다. 그는 자격 있는 장로와 집사들의 지도 아래 교회를 조직해 나가라고 가르쳤을 뿐이다. 충실한 신자들이 그런 직임을 맡아 행하면 교회는 자연히 성장할 것이었다. 그는 디모데에게 "네가 많은 증인 앞에서 내게 들은 바를 충성된 사람들에게 부탁하라 그들이 또 다른 사람들을 가르칠 수 있으리라(딤후 2:2)"라고 말했다.

교회사를 돌아보며 신약 시대가 끝난 직후에 살았던 교회 지도자들의 증언을 살펴보면, 초기 교부들이 스스로를 사도가 아니라 "사도들의 제자"로 생각했다는 것을 알 수 있다.[41] 그들은 사도들을 독특한 존재라고 이해했고, 사도 시대가 끝난 뒤부터는 장로, 목사, 감독, 집사들이 교회를 이끄는 지도자들이라고 생각했다. 로마의 클레멘트는 90년대에 사도들이 그들의 수고를 통해 "결실을 맺은 첫 열매들," 곧 "나중에 믿음을 갖게 될 신자들을 이끌게 될 감독과 집사들을 세웠다"고 말했다.[42] 이그나티우스도 『안디옥 사람들에게 보내는 편지』에서 자신이 사도가 아니라고 분명히 밝혔다. 그는 "이 점에 관해 내가 마치 사도인 것처럼 명령하지 않겠습니다. 단지 여러분과 똑같은 종으로서 이 점을 상기시켜주는 것일 뿐입니다"라고 말했다.[43]

이런 말들은 내 주장을 펼치기 위해 특별히 골라낸 말들이 아니다. 사도 시대가 교회사의 초창기에 국한된, 반복되지 않는 독특한 시대라는 것은 모든 교부들의 공통된 인식이었다. 아우구스티누스와 크리소스토무스는 "사도들의 시대"를 지나간 과거의 현실로 간주했다.[44] 교회 역사가 유세비우스는 4세기에 "사도들의 시대"부터 자신의 시대까지 교회사가 발전해온 과정을 추적했고,[45] 가이사랴의 바실리우스는 초창기의 교회 지도자들을 "사도들의 시대에 가까이 살았던" 사람들로 일컬었다.[46] 아울러, 터툴리아누스는 "사도들의 시대 이후에" 일어났던 사건들을 강조했다.[47]

이런 예는 얼마든지 더 있다. 사도 시대가 끝났고, 다시 반복되지 않는다는 것은 초기 교회의 보편적인 인식이었다. 사도들의 뒤를 이은 사람들은 자신이 사도가 아니라고 분명하게 말했다. 그들은 스스로를 목사, 장로, 집사로 간주했다. 웨인 그루뎀은 사도 시대가 종결되었다는 것을 이렇게 설명했다.

> 아타나시우스나 아우구스티누스, 루터나 칼빈, 웨슬리나 휘트필드 등 교회사에 등장했던 그 어떤 탁월한 지도자도 "사도"라는 칭호를 스스로에게 적용하거나 그렇게 불리기를 원하지 않았다는 것은 주목할 만한 사실이 아

닐 수 없다. 현대의 인물들 가운데 "사도"를 자처하려는 사람이 있다면, 그는 온당하지 못한 교만과 스스로를 높이려는 욕망과 지나친 야망에 사로잡혀 적절한 권위 이상의 권위를 탐한다는 의심을 불러일으킬 수밖에 없다.[48]

사도들은 독특한 영예의 자리를 차지한다

사도들은 교회의 역사 가운데서 독특한 권위를 지닐 뿐 아니라 영원한 세상에서도 독특한 영예의 자리를 차지한다. 요한 사도는 새 예루살렘을 묘사하면서 "그 성의 성곽에는 열두 기초석이 있고 그 위에는 어린 양의 열두 사도의 열두 이름이 있더라(계 21:14)"라고 말했다. 그 기초석은 교회와 하나님과의 관계를 영원토록 기념할 것이다. 열두 사도가 바로 그 기초석이다. 열두 사도의 이름은 새 예루살렘 성곽에 영원히 새겨질 것이다.

사도를 자처하는 현대의 인물들은 자신들이 신약 시대의 사도들과 동등한 영예의 자리를 차지한다고 생각하는가? 그들의 추종자들 가운데는 그렇게 생각하는 사람들이 더러 있다. 선지자를 자처하는 한 사람은 이렇게 말했다. "피터 와그너 박사와 같은 사도들은 하늘에서 벌어지는 영적 싸움을 승리로 이끌 수 있는 토대를 마련하고 있다. ……사도들이 세움을 받고 있다. 하나님은 모두가 볼 수 있도록 그들을 높이 세우셨다. 우리는 신약 성경의 사도들에 관해 많은 것을 알고 있다. 장차 새 예루살렘에서도 우리는 여러 사도들에 관해 많은 것을 알게 될 것이다. 우리는 그들 가운데 하나가 될 수도 있고, 또 그렇게 되지 못한 것을 안타까워할 수도 있다."[49]

참으로 어처구니없는 말이 아닐 수 없다. 이 말은 와그너와 같은 사람들이 열두 제자와 바울처럼 영원히 영예의 자리를 차지하게 될 것이라는 의미를 담고 있다. 참 신자라면 누구나 그런 노골적인 교만과 주제넘은 태도에 대해 분노하지 않을 수 없을 것이다. 새 예루살렘에서 사도들에게 주어지는 영예는 독특하다. 신약 시대에 그리스도께서 직접 사도로 임명하신 자들만이 그런 영예를 누릴 수 있다. 현대의 인물이 영원한 사도직의 영예를 누린다고 주장하는 사람이 있다면, 그는 그릇된 환상에 사로잡힌 거짓 교사인 것이 분명하다.

에베소서 4장 11-13절의 의미

현대의 사도직을 옹호하는 사람들은 에베소서 4장 11-13절을 그 근거로 내세운다. 따라서 이 대목을 주의 깊게 살펴보는 것이 중요하다. 바울은 그리스도의 승천을 언급하고 나서 이렇게 말했다.

> "그가 어떤 사람은 사도로, 어떤 사람은 선지자로, 어떤 사람은 복음 전하는 자로, 어떤 사람은 목사와 교사로 삼으셨으니 이는 성도를 온전하게 하여 봉사의 일을 하게 하며 그리스도의 몸을 세우려 하심이라 우리가 다 하나님의 아들을 믿는 것과 아는 일에 하나가 되어 온전한 사람을 이루어 그리스도의 장성한 분량이 충만한 데까지 이르리니."

현대의 사도직을 옹호하는 사람들은 두 가지 그릇된 전제 아래 본문을 해석한다. 첫째, 그들은 13절에 언급된 일치와 지식과 성숙함이 그리스도의 재림을 암시한다고 주장한다. 둘째, 그들은 11절에 언급된 직분들(사도, 선지자, 복음 전하는 자, 목사, 교사)이 그리스도의 재림 때까지 계속된다고 주장한다. 그러나 본문은 그런 주장을 지지하지 않는다.

두 번째 전제를 먼저 살펴보자. 본문은 과연 11절에 언급된 직분들이 13절에 언급된 상태가 이루어지기까지 계속 존재한다는 것을 의미할까? 만일 본문에 12절이 없다면, 그런 해석이 가능할 수 있다. 그러나 13절의 "-까지"

라는 말은 12절에 언급된 가장 가까운 원리("그리스도의 몸을 세우는 것")와 관계가 있을 뿐, 그보다 멀리 떨어져 있는 11절의 "삼으셨으니"라는 동사와는 전혀 무관하다. 따라서 바울의 요점은 그리스도께서 11절에 언급된 직분들을 허락하신 이유는 성도들을 온전하게 해 자신의 몸을 세우게 하시기(12절) 위해서라는 것이다.

결국, 본문은 성도들이 그리스도의 몸을 세우는 일이 13절에 언급된 상태가 이루어질 때까지 계속된다는 것을 의미한다. 본문은 결코 사도와 선지자들이 교회 시대 전반에 걸쳐 계속 이어질 것을 암시하지 않는다. 단지 그들이 시작한 사역(성도를 온전하게 해 그리스도의 몸을 세우는 일)이 계속될 뿐이라고 말한다. 문법에 근거한 이런 결론은 에베소서 전체의 문맥을 통해 더욱 분명해진다. 왜냐하면 바울은 이미 사도들과 선지자들을 교회의 터라고 말했기 때문이다(엡 2:20).

이를 토대로 13절에 언급된 일치와 지식에 관해 생각하면 다음과 같다. 일부 학자들은 그런 궁극적인 목표가 현세에서는 절대 이루어질 수 없다고 주장한다. 그들은 바울이 장차 하늘나라에서 이루어질 일치와 지식에 관해 말했다고 주장한다. 그러나 그런 해석은 바울이 전개하는 사고의 흐름에 걸맞지 않는다. 그는 성도들이 교회를 세워나가는 동안 그런 결과들이 나타날 것이라고 말했다. 그의 초점은 하늘나라에서 이루어질 하나님의 최종 사역(영화)이 아니라 세상의 교회들 가운데 속한 충실한 신자들의 사역에 있다. 신자들은 교회 안에서 성경의 진리에 서로 복종함으로써 얼마든지 깊은 일치를 이룰 수 있고, 주 예수 그리스도를 깊이 아는 지식과 차원 높은 영적 성장에 도달할 수 있다. 아울러, 바울은 건전한 교리(14절)와 그리스도의 형상을 닮는 것(15절)을 성도를 온전하게 해 그리스도의 몸을 세워나가는 사역에서 비롯하는 여러 가지 축복 가운데 포함시켰다.

에베소서 4장 11-13절을 옳게 이해한다면, 사도와 선지자를 비롯한 다섯 가지 직분이 그리스도의 재림 때까지 계속될 것이라는 의미가 아니라는 사실을 분명히 알 수 있다. 이 본문은 단지 주 예수님이 사도와 선지자와 복음 전하는 자와 목사와 교사를 교회에 허락하신 목적이 성도들을 온전하게 하는 데 있다고 말할 뿐이다. 그런 사역을 통해 일치와 지식과 성숙함과 건전한 교리와 성화가 이루어져 교회가 더욱 굳건해지는 결과가 나타난다.

바울은 이미 사도들과 선지자들이 교회의 터라고 말했기 때문에 그런 직임이 일시적인 것이라고 거듭 강조할 필요가 없었다. 다섯 가지 직분 가운데 두 가지 직분은 1세기로 끝났지만, 사도들과 선지자들은 성령의 영감으로 기록된 말씀(성경)을 통해 여전히 성도들을 온전하게 하는 일을 행하고 있다. 나머지 세 가지 직분(복음 전하는 자, 목사, 교사)은 지금까지 계속되고 있다. 이들 직분은 각 시대마다 성도들을 온전하게 해 교회를 세우는 목적에 이바지한다.

사도 시대 종결 교리의 의미

피터 와그너 같은 현대 은사주의 지도자들은 사도의 은사와 직임이 지속된다고 주장한다. 로마 가톨릭 교회도 그와 비슷하게 교황을 통해 사도직이 계승된다고 말한다. 그러나 그런 주장들은 심각하게 잘못되었다. 정직한 눈으로 신약 성경을 살펴보면, 사도는 주 예수님이 스스로 모퉁잇돌이 되시는 교회의 교리적 토대를 마련하기 위해 직접 선택해 세우신 독특한 신분을 지닌 사람들이라는 것을 곧 알 수 있다. 심지어 기적을 행하는 은사들이 활발하게 이루어졌던 1세기경에도 단지 소수의 선택받은 영적 지도자들만이 사도로 인정되었다.

그 후로는 교부들조차도 사도를 자처하지 않았다. 2세기 이후의 교회 지도자들은 사도 시대를 되풀이될 수 없는 독특한 시대로 인식했다. 21세기에 접어들어 느닷없이 사도직이 지속된다고 주장하는 사람들이 나타났지만, 건전한 신자들은 그때부터 현재에 이르기까지 사도 시대가 끝났다는 데 기꺼이 동의해왔다. 역사나 성경의 관점에서 보면, 오늘날에 사도직을 주장하는 것은 참으로 교만하고도 어리석은 일이 아닐 수 없다.

사도의 은사와 직임은 1세기 이후에는 더 이상 존재하지 않는다. 요한 사도가 하늘나라에 들어간 것을 끝으로 사도직은 종결되었다. 물론, 사도의 영향력은 그들이 성령의 영감으로 기록된 성경을 통해 항상 지속되어 왔다. 따라서 사도적 토대가 교회 역사상 계속되어왔다고 생각하는 것은 옳지 않다. 사도적 토대는 사도들이 살아 있는 동안 완전히 이루어졌기 때문에 다시 토대를 마련할 필요가 없다.

이제 사도 시대 종결 교리가 은사지속론에 어떤 영향을 미치는지 살펴보자. 신약 시대의 교회 안에서 일어났던 모든 것이 오늘날에도 여전히 일어나는 것은 아니다. 은사주의자들은 이런 사실을 달가워하지 않고 당혹스럽게 생각할 것이 틀림없다. 왜냐하면 사도직도 하나의 은사였기 때문이다. 에베소서 4장 11절이 그 사실을 분명히 밝히고 있다. 만약 사도직이 중단되었다면, 사도행전과 고린도전서에 기록된 모든 영적 은사가 지금도 여전히 계속되고 있다고 주장해서는 안 된다.

토머스 에드거는 이렇게 말했다. "사도의 은사가 사도 시대로 끝났다는 사실은 은사주의의 관점을 뒷받침하는 근본 전제, 곧 모든 은사가 교회 시대에 계속 지속된다는 전제에 심각한 타격을 입힌다. 우리가 아는 한, 최소한 한 가지 은사는 종결되었다. 따라서 그들의 근본 전제는 잘못되었다."[50]

사도직이 1세기로 끝났다는 사실을 인정하는 일부 은사주의자들은 그것이 은사가 아니라 직임이었다고 주장한다. 그들은 사도의 직임은 끝났지만 기적을 행하는 은사는 여전히 계속된다고 말한다. 사도직의 종결이 은사주의의 입장에 미치는 파장을 교묘하게 피하기 위해 고안해낸 이 기발한 시도는 소기의 목적을 이룰 수 없다. 왜냐하면 바울이 고린도전서 12장 28, 29절에서 영적 은사들을 언급할 때도 사도가 선지자, 능력을 행하는 자, 방언을 말하는 자와 함께 언급되었기 때문이다.

문맥을 살펴보면, 바울이 사도를 은사의 하나로 생각했다는 것을 분명히 알 수 있다. 그는 4, 5절에서 은사와 직분을 언급하기 시작해 31절에서 결론을 내렸다. 바울은 "은사"를 뜻하는 "카리스마"라는 용어로 28-30절에 언급한 직분들을 가리켰다. 또한, 바울은 에베소서 4장 11절에서 그리스도께서 사도들을 교회에 허락하셨다고 말했다. 사도직은 직분인 것이 사실이지만, 그와 동시에 은사의 하나이기도 하다. 예를 들어, 예언도 가르치는 은사와 마찬가지로 직분과 은사에 모두 해당한다.

결국, 일부 은사지속론자들의 항변에도 불구하고, 고린도전서 12장에 언급된 가장 중요한 은사 가운데 하나(즉 사도직)가 오늘날의 교회 안에 더 이상 존재하지 않는다는 사실을 외면할 방법은 없다. 사도직은 중단되었다. 이 사실을 인정하는 것은 은사종결론의 근본 전제를 인정하는 것이다. 사도직이 중단되었다면, 신약 시대 교회 안에서 일어났던 모든 것이 오늘날의 교회 안에서 다 이루어지는 것은 아니라는 사실이 분명하게 드러난다. 더욱이 이 사실은 고린도전서 12-14장에 언급된 다른 은사들 가운데 일부도 중단되었을 가능성을 보여준다. 다음 장부터는 그런 은사들을 몇 가지 살펴볼 생각이다.

6장 거짓 선지자들의 거짓 예언을 경계하라
: 선지자를 자처하는 사람들

　성경은 물 없는 샘, 열매 없는 나무, 거친 물결, 유리하는 별들, 이성 없는 짐승, 광풍에 밀려가는 안개, 토한 것을 다시 먹는 개, 더러운 구덩이에서 뒹구는 돼지, 게걸스러운 늑대와 같은 표현을 사용해 거짓 선지자를 묘사한다(벧후 2장, 유 1장 참조). 신약 성경은 가장 가혹한 말로 거짓으로 하나님의 계시를 받아 말한다고 주장하는 사람들을 단죄한다. 우리도 성경이 단죄하는 것을 성경처럼 단호하면서도 엄격하게 단죄해야 마땅하다. 그러나 이 같은 표현을 오늘날의 거짓 선지자들에게 적용하면, 관대하지 못하고 기독교인답지 못하다는 비난에 직면하기 일쑤다. 교회의 일치만을 주장하는 요즘 사람들은 심지어 성경의 근거가 확실한데도 잘못을 엄히 꾸짖지 못하고 비겁하게 몸을 움츠린다.

　은사 운동의 성장은 문제를 더욱 복잡하게 만들어 성령의 이름으로 성경 외적인 발언을 일삼는 온갖 종류의 사람들이 활개치는 발판을 마련해준다(그들의 발언은 너무나도 터무니없고 비성경적일 때가 많다). 충실한 신자들이 깨어 일어나 거짓 예언이 은사 운동을 통해 교회 안으로 자유롭게 유입되는 것을 힘써 막아야 할 필요가 있다.

　신약 성경은 거짓 선지자들이 양의 탈을 쓴 늑대나 광명의 천사로 위장한 채 다가와 거짓을 퍼뜨리는 매우 위험한 존재라고 경고한다. 그들은 노골적으로 그리스도를 부인하거나 성령을 반대하지 않는다. 오히려 그들은 그리스도의 이름으로 접근해 성령의 권위를 주장한다. 그들은 위장술과 속임수를 사용해 교회에 침투한다.

주 예수님은 말세에 관해 말씀하시면서 "거짓 선지자가 많이 일어나 많은 사람을 미혹하겠으며……거짓 그리스도들과 거짓 선지자들이 일어나 큰 표적과 기사를 보여 할 수만 있으면 택하신 자들도 미혹하리라(마 24:11, 24)"라고 경고하셨다.

바울 사도도 에베소 장로들에게 "여러분은 자기를 위하여 또는 온 양떼를 위하여 삼가라……내가 떠난 후에 사나운 이리가 여러분에게 들어와서 그 양떼를 아끼지 아니하며 또한 여러분 중에서도 제자들을 끌어 자기를 따르게 하려고 어그러진 말을 하는 사람들이 일어날 줄을 내가 아노라(행 20:28-30)"라고 말했다.

또한 베드로 사도도 사기꾼들이 그리스도를 통해 구원받았다고 주장하며 교회에 침투할 것이라고 말했다. 그는 신자들에게 "그러나 백성 가운데 또한 거짓 선지자들이 일어났었나니 이와 같이 너희 중에도 거짓 선생들이 있으리라 그들은 멸망하게 할 이단을 가만히 끌어들여 자기들을 사신 주를 부인하고 임박한 멸망을 스스로 취하는 자들이라(벧후 2:1)"라고 경고했다. 이 밖에도 비슷한 내용을 담고 있는 성경구절이 여러 곳 있다(요일 4:1, 유 4절 참조). 요점은 분명하다. 즉, 거짓 선지자들은 그리스도의 몸을 크게 위협하는 존재들이다.

물론, 거짓 선지자들은 자신이 위선적인 이단이라고 떠벌리지 않는다. 그들은 양의 탈을 쓰고, 광명의 천사로 위장한 채 다가오며, 스스로는 악한 정욕의 노예이면서도 다른 사람들에게는 자유를 약속한다. 그러나 거짓 선지자들은 식별하기가 그렇게 어렵지 않다. 성경은 영적 사기꾼들을 식별할 수 있는 세 가지 기준을 제시한다.

첫째, 선지자를 자처하며 사람들에게 거짓 교리와 잘못된 사상을 가르치는 사람은 거짓 선지자다. 모세는 이스라엘 백성에게 이렇게 말했다.

> "너희 중에 선지자나 꿈꾸는 자가 일어나서 이적과 기사를 네게 보이고 그가 네게 말한 그 이적과 기사가 이루어지고 너희가 알지 못하던 다른 신들을 우리가 따라 섬기자고 말할지라도 너는 그 선지자나 꿈 꾸는 자의 말을 청종하지 말라 이는 너희의 하나님 여호와께서 너희가 마음을 다하고 뜻을 다하여 너희의 하나님 여호와를 사랑하는 여부를 알려 하사 너희를 시험하심이니라 너희는 너희의 하나님 여호와를 따르며 그를 경외하며 그의 명령을 지키며 그의 목소리를 청종하며 그를 섬기며 그를 의지하며 그런 선지자나 꿈꾸는 자는 죽이라 이는 그가 너희에게 너희를 애굽 땅에서 인도하여 내시며 종 되었던 집에서 속량하신 너희의 하나님 여호와를 배반하게 하려 하며 너희의 하나님 여호와께서 네게 행하라 명령하신 도에서 너를 꾀어내려고 말하였음이라 너는 이같이 하여 너희 중에서 악을 제할지니라(신 13:1-5)."

신약 성경도 조금도 사정을 두지 않고, 이와 똑같은 경고를 발한다. 사람들을 성경의 진리에서 멀어지게 만들면서 하나님을 위해 말한다고 주장한다면, 그는 곧 거짓 선지자요 속이는 자에 해당한다. 심지어 그런 사람이 정확한 예언을 하거나 놀라운 일을 행한다고 해도 그를 따라서는 안 된다. 왜냐하면 사탄도 거짓 기적을 행할 수 있기 때문이다(살후 2:9 참조). 역사를 보면, 거짓 선지자들이 큰 해를 끼쳤던 사례들을 얼마든지 찾아볼 수 있다. 몬타누스는 2세기의 거짓 교사였다. 그는 성경보다 두 여인의 그릇된 예언을 더욱 신뢰했다. 무함마드는 선지자를 자처하며 7세기에 가브리엘 천사로부터 계시를 받았다고 주장했다. 19세기에 요셉 스미스는 천사의 방문을 통해 성경 외적인 계시를 받았다는 터무니없는 주장을 앞세워 모르몬교를 창시했다. 이들은 거짓 선지자들이 그들을 추종하는 사람들에게 얼마나 큰 해를 입힐 수 있는지를 보여주는 몇 가지 사례에 지나지 않는다.

둘째, 선지자를 자처하며 무절제한 정욕에 사로잡혀 죄를 짓고도 회개하지 않는 사람은 거짓 선지자다. 주 예수님은 삶의 열매를 통해 거짓 선지자를 식별할 수 있다고 말씀하셨다(마 7:20). 베드로후서와 유다서는 이 가르침을 좀 더 확대해 거짓 선지자는 정욕의 노예가 되어 교만과 탐욕과 간음과 색욕과 반역과 부패를 일삼는다고 말했다. 그들은 돈을 사랑하는 마음으로 더러운 이익을 위해 영혼을 팔아넘긴다. 거짓 선지자들은 시간이 지나면 살아가는 방식을 통해 자신의 실체를 드러내기 마련이다. 그들은 주 예수 그리스도를 대변한다고 주장하지만, 실제로는 평범한 신자조차도 못된다.

때로 예언이 정확하더라도 예언의 은사를 받았다거나 참된 회심을 했다는 증거가 될 수 없다. 성경에 보면, 불신자들이 정확한 예언을 한 사례를 찾아볼 수 있다(민 22, 23장, 요 11:49-52). 예수님은 이렇게 경고하셨다. "그 날에 많은 사람이 나더러 이르되 주여 주여 우리가 주의 이름으로 선지자 노릇하며 주의 이름으로 귀신을 쫓아내며 주의 이름으로 많은 권능을 행하지 아니하였나이까 하리니 그 때에 내가 그들에게 밝히 말하되 내가 너희를 도무지 알지 못하니 불법을 행하는 자들아 내게서 떠나가라 하리라(마 7:22, 23)." 이 말씀은 선지자와 복음전도자를 자처하며 부도덕한 행위와 사치스런 삶을 일삼는 오늘날의 거짓 교사들이 마지막 날에 겪게 될 일을 보여준다.

셋째, 선지자를 자처하며 부정확하거나 사실이 아닌 것으로 드러날 일을 하나님으로부터 받은 계시라고 주장하는 사람은 하나님의 대변자가 아닌 거짓 선지자다. 성경은 주님의 이름으로 그릇된 것을 말하는 선지자는 가짜라고 분명하게 말씀한다. 하나님은 이스라엘 백성에게 이렇게 말씀하셨다.

> "만일 어떤 선지자가 내가 전하라고 명령하지 아니한 말을 제 마음대로 내 이름으로 전하든지 다른 신들의 이름으로 말하면 그 선지자는 죽임을 당하리라 하셨느니라 네가 마음속으로 이르기를 그 말이 여호와께서 이르신 말씀인지 우리가 어떻게 알리요 하리라 만일 선지자가 있어 여호와의 이름으로 말한 일에 증험도 없고 성취함도 없으면 이는 여호와께서 말씀하신 것이 아니요 그 선지자가 제 마음대로 한 말이니 너는 그를 두려워하지 말지니라(신 18:20-22)."

하나님으로부터 계시를 받았다고 주장하면서 부정확한 말이나 예언을 발설하는 것은 심각한 죄악에 해당했다. 거짓 메시지는 그 선지자가 사기꾼이라는 것을 보여주는 확실한 증거일 뿐 아니라 구약 율법에 따르면 사형에 해당하는 죄였다. 하나님은 거짓으로 자신의 대변자 노릇을 하는 사람들, 곧 아무런 말씀도 허락하지 않으셨는데도 "여호와께서 말씀하시기를"이라고 말하는 사람들의 죄를 가볍게 여기지 않으신다. 그런 행위를 용인하거나 독려하는 사람들은 주제넘은 태도로 스스로의 영적 의무를 등한시했다는 질책을 면하기 어렵다. 우리는 아무 분별력 없이 그런 예언에 귀를 기울여서는 안 된다(살전 5:21 참조).

은사주의자들은 성령의 분명한 경고를 무시함으로써 하나님의 성령을 욕되게 하는 데도 불구하고 거짓 예언을 은사 운동의 증거로 삼아왔다. 그들은 거짓 예언이 싹트기 쉬운 온상을 조성했고, 경솔하게 나서서 하나님으로부터 직접 계시를 받았다고 주장하는 사람들이 아무리 우스꽝스럽거나 불경한 말을 하더라도 그들에게 기꺼이 말씀의 권위가 살아 있어야 할 강단을 제공했다. 은사주의자들은 "예언의 말씀"이라는 미명 아래 다양한 이단 사상을 용인하거나 심지어는 적극적으로 조장해왔다. 또한, 현대의 "선지자"를 자처하는 사람들을 비롯해 가장 지명도가 높은 은사주의 지도자들의 삶에는 끊임없이 온갖 추문이 뒤따르고 있다. 이 두 가지 사실만으로도 은사주의 진영 내에 널리 퍼져 있는 "예언"이라는 것이 사실상 거짓 예언에 지나지 않는다는 것을 충분히 증명할 수 있다.

이번 장에서는 거짓 선지자의 세 번째 표징에 초점을 맞출 계획이다. 은사주의자들은 성경이 사형에 해당하는 죄로 간주하는 것을 영적 은사로 치켜세운다. 사실, 오늘날의 예언이 온갖 오류와 결함과 명백한 거짓에 오염되어 있는 것이 분명하고, 그와 관련된 증거도 너무나도 많기 때문에 심지어 은사주의 신학자들조차도 그 사실을 부인하려고 들지 않는다.

은사주의 선지자 빌 해먼의 말은 신명기 18장과 정면으로 충돌한다. 그는 "어떤 사람의 말이 부정확하다는 이유로 그를 섣불리 거짓 선지자로 단정해서는 안 된다. ……예언이 몇 번 빗나갔다고 해서 그가 거짓 선지자라는 증거는 아니다. 선지자는 유한한 인간이기 때문에 완벽할 수 없다. 모두 잘못을 범하기 쉽다"라고 말했다.[1]

잭 디어도 선지자가 "심각한 실수를 저질러" 그의 예언이 사람들의 삶에 "직접적으로 파괴적인 영향을 미친다고 해도" 그것이 꼭 그가 거짓 선지자라는 증거인 것은 아니라고 말했다.[2] 그러나 그런 말은 성경의 가르침에 전혀 부합하지 않는다. 선지자는 그들의 예언이 세부적으로 얼마나 정확한가가 아니라 얼마나 그릇된 예언을 했는가에 의해 판단된다(왜냐하면 심지어 귀신 들린 사람들도 때로 올바른 예언을 할 수 있기 때문이다. 행 16:16). 하나님으로부터 직접 받은 계시를 전하는 사람들은 오류가 없어야 한다. 그렇지 않으면, 스스로가 거짓말쟁이라는 사실을 드러내는 것이다.

아마도 현대의 예언이 거짓이라는 것을 가장 확실하게 입증하는 사례는 선지자를 자처하는 마이크 비클과 밥 존스가 나눈 긴 대화일 것이다. 이들은 캔자스시티 선지자들 가운데 가장 중요한 인물들 가운데 속한다. "환상과 계시"라는 주제를 논하면서 비클은 존스에게 그동안 예언이 틀린 적이 몇 번이나 있었느냐고 물었다. 그들의 대화를 인용하면 다음과 같다.

마이크 비클: "지금까지의 오류에 대해 말해주십시오. 얼마나 틀렸고, 얼마나 정확했는지 말입니다. 사람들이 그 점에 대해 약간의 이해가 필요한 듯해서 묻습니다."

밥 존스: "글쎄요. 그동안 많은 오류가 있었던 것 같습니다. 언젠가 교만에 빠졌던 적이 기억납니다. 제가 교만에 빠질 때마다 하나님 아버지께서는 저의 교만을 다스리는 법을 잘 알고 계십니다. 당시 저는 교만에 사로잡혀 한 교회의 교인들에게 사흘 동안 금식하면 큰 역사가 일어날 것이라고 말했습니다. 그들은 곧바로 금식에 돌입했지요. 그런데 너무 참담했습니다. 사흘이 지나 금식이 끝났는데 참담하게도 성령께서 그 날 밤에 역사하지 않으셨습니다······."

마이크 비클: "사람들에게 금식하라고 말했다구요?"

밥 존스: "네, 그랬습니다. 주님의 명령이 아니라 제 자신의 교만에서 비롯한 것이었지요. 금식하면 주님이 억지로라도 무엇인가를 해주실 것이라고 생각했습니다. 그러나 그렇게 할 수 없다는 것을 곧 알게 되었지요. 나이든 신자들 가운데 더러는 내게 돌이라도 던질 기세였습니다. 그래서 얼른 그 자리에서 빠져 나와 집으로 돌아갔지요. 모든 것을 체념한 채 말입니다. 그

러고는 고함을 치고 울부짖다가 잠이 들었습니다. 잠을 자고 있을 때 주님이 찾아와 제 손을 잡으셨습니다. (환상 중에 보니) 제가 여기 있는 이 작은 어린 소녀처럼 자리에서 일어나 앉아 있더군요. ……제 몰골이 말이 아니었습니다. 왜냐하면 기저귀를 차고 있었고, 그것을 온통 더럽혔기 때문이지요. 배설물이 제 양쪽 다리로 흘러내렸습니다. 주님은 제 손을 잡으셨고, 저는 큰 소리로 울부짖었습니다. ……그러던 중 저는 음성과 같은 소리를 듣고 어리둥절해하면서 '대체 봅에게 무슨 일이 일어난 것이죠?'라고 말했습니다. 그러자 하늘에 계시는 나의 중보자께서 음성을 높여 '그는 뜻밖의 사고를 당했단다'라고 말씀하더군요."

마이크 비클: "잘못된 예언을 했다는 말이로군요."

봅 존스: "'그렇다. 뜻밖의 사고를 당했단다. 기저귀를 온통 더럽혔으니 말이다'라는 말씀이었습니다. 그 순간, '이거 큰일이로군'이라고 생각하며 잔뜩 긴장했는데, 깜짝 놀랄 일이 일어났습니다. 온화하고 부드러운 음성이 들려오더니 '저 아이는 보험이 좀 더 필요하구나. 저 아이에게 더 좋은 보험을 제공하거라'라고 말하는 것이었습니다. 전혀 뜻밖이었습니다. 왜냐하면 막 모든 것을 체념한 상태였기 때문입니다. 그 음성은 '그를 깨끗이 닦아 다시 몸으로 돌려보내 두 배나 더 많은 예언을 하게 하라'고 말했습니다. ……그러고 나서는 다시 침대에 돌아와 있는 제 모습을 발견했습니다. 깨어나 보니 어른이 되어 있었고, 땀이 비 오듯 흘러내렸습니다."

마이크 비클: "그렇군요. 지금까지 오류가 있었군요. 얼마간의 오류가 말입니다."

봅 존스: "그래요. 아주 많았답니다."[3]

존스의 말은 현대의 예언이 지니는 심각한 문제점 두 가지를 드러낸다.

하나는 현대의 예언이 오류가 매우 많다는 것이고, 다른 하나는 하나님과는 전혀 무관한 신성모독적인 광기의 산물이라는 것이다. 존스가 예언적 오류를 더럽혀진 기저귀에 비유한 것은 매우 적절했지만 그 외의 말은 모두 잘못되었다. 참 선지자를 자처하는 그의 주장은 모두 거짓이다. 그가 환상 중에 보았다는 하늘나라는 거짓이다. 하나님은 그에게 수많은 오류를 저지르고도 마치 아무런 문제도 없는 것처럼 무사할 수 있는 "보험"을 제공하지 않으셨다.

위의 대화가 있은 후 삼 년이 채 지나지 않아 캔자스 주 올레이스에 있는 "캔자스시티 메트로 빈야드 펠로십 교회"는 봅 존스를 잠시 공적 사역에서 물러나게 했다. 그 교회의 담임목사는 다름아닌 마이크 비클이었다. 존스가 성폭행을 가해온 여성들로부터 신뢰를 얻으려고 거짓 예언을 이용한 사실이 드러났기 때문이다. 그 밖에도 "존스를 공적 사역에서 물러나게 만든 죄 가운데는 자신의 개인적인 욕망과 성적 부도덕을 위해 은사를 남용하고, 목회적 권위를 거스르며, 그리스도의 몸 안에서 많은 원망을 조장한 죄가 포함되었다."[4]

그럼에도 불구하고 그는 짧은 면직 기간을 마치고 은사주의 진영 내에서 다시금 각광을 받았다. 이 글을 쓰는 지금도 그는 은사주의 교회들 가운데서 여전히 목소리를 높이고 있고, 스스로를 기름부음 받은 하나님의 선지자로 내세우며 거짓되고 우스꽝스럽기 짝이 없는 예언을 남발하고 있다.[5] 속기를 잘하는 은사주의 신자들 가운데 많은 사람이 마치 그릇된 예언이나 추문이 전혀 없었던 것처럼 그의 모든 말에 귀를 기울이고 있다. 존스의 온라인 전기는 그의 사역을 다니엘 선지자의 사역에 빗대고 있지만, 그것은 오히려 그의 거짓 선지자 행각의 신성모독적인 속성을 더욱 분명하게 드러낼 뿐이다.[6]

거짓 예언과 무오한 말씀

은사주의자들의 예언이 터무니없는 거짓이요 심각한 신성모독에 지나지 않는다는 사실을 보여주는 그 밖의 사례들을 발견하는 일은 그다지 어렵지 않다. 베니 힌도 1989년 12월에 여러 가지 유명한 예언을 말했지만, 그 가운데 사실로 드러난 것은 아무것도 없었다. 그는 올랜도 크리스천 센터에서 자신의 교인들에게 하나님이 피델 카스트로가 1990년대에 죽을 것이고, 미국의 동성애자들이 1995년에 불로 심판을 받을 것이며, 2000년이 되기 전에 큰 지진이 일어나 이스트코스트를 황폐하게 만들 것을 계시하셨다고 자신 있게 말했다. 그의 예언은 모두 빗나갔지만, 그는 조금도 굴하지 않고 계속해서 대담한 거짓 예언을 남발했다.

새 천년이 시작될 무렵, 그는 자신의 텔레비전 청중에게 한 여선지자가 자신이 치유 집회를 인도하는 동안 예수님이 육체적인 모습으로 나타날 것을 알려주었다고 말했다. 힌은 그 예언을 사실로 확신했다고 말하면서, 2000년 4월 2일에 트리니티 방송을 통해 다음과 같은 말을 덧붙여 그 예언을 더욱 부풀렸다. "이 말을 들으라! 나는 지금 예언의 말을 전하고 있다. 예수 그리스도, 하나님의 아드님께서 몇몇 교회와 일부 집회와 많은 신자들 앞에 육체적인 모습으로 나타나실 것이다. 이제 말하노니, 그분이 곧 모습을 보이실 것이다. 깨어라! 성도들이여, 예수님이 오신다."[7]

힌의 거짓 예언은 수십 년 전에 오럴 로버츠가 시작했던 터무니없는 주장 못지않게 기괴하기 짝이 없다. 그러나 후자의 예언은 더욱더 인상적이다. 1977년, 로버츠는 키가 거의 300미터에 달하는 예수님을 환상 중에 보았다고 말했다. 그의 말에 따르면, 예수님이 툴사 남쪽에 "시티오브페이스", 곧 60층짜리 병원을 세우라고 지시하셨다고 한다. 그는 하나님이 자신에게 그 병원을 통해 의료 기술과 믿음의 치유를 결합시켜 질병 치유의 혁신을 일으키고, 의사들에게 암을 치료할 수 있는 능력을 주겠다고 약속하셨다고 말했다.

1980년대에 완성된 그 건물은 비용만 많이 들 뿐 아무 이득 없는 결과를 낳으리라는 것이 처음부터 불을 보듯 뻔했다. "시티오브페이스"가 문을 열었을 때 그 거대한 건축물의 두 개 층을 제외한 모든 곳이 텅 빈 상태였다. 1987년 1월이 되자 빚이 걷잡을 수 없는 지경에 이르렀다. 로버츠는 3월 1일경까지 800만 달러를 모금해 빚을 청산하지 않으면 자신이 죽게 될 것이라는 계시를 하나님으로부터 받았다고 말했다. 그의 목숨을 담보로 한 예언이 이루어질까 우려했던 기부자들은 제 시간에 필요한 기부금을 그에게 성실하게 헌납했다(플로리다의 개 경주장 소유주가 마지막 순간에 130만 달러를 기부한 것이 큰 도움이 되었다). 그러나 2년이 채 못 되어 로버츠는 병원 문을 닫고, 나날이 불어나는 빚을 청산하기 위해 건물을 처분해야 했다. 그 건물의 80퍼센트 이상이 채워진 적은 단 한 번도 없었고, 약속한 암 치료도 결코 실현되지 못했다.

캔자스시티 선지자의 한 사람이자 "모닝스타 선교회"의 설립자인 릭 조이너는 1990년대에 캘리포니아 남부에 큰 지진이 일어나 주의 대부분이 태평양 아래로 가라앉고 말 것이라고 예언했다. 예언은 실현되지 않았지만, 조이너는 여전히 예언대로 이루어질 것이라고 주장한다. 2011년, 진도 9.0의 지진이 일본 열도를 강타하자, 조이너는 나치 독일에 힘을 실어준 마귀의 세력이 일본에서 발생한 지진을 통해 시작된 세계적인 사건들을 이용해 미국에까지 침투해 들어올 것이라고 예언했다.[8]

이 밖에도 실패로 끝난 은사주의자들의 터무니없는 예언을 모두 언급하자면 몇 권의 책도 부족할 것이다. 그런 거짓 선지자들이 하나님의 심판을 두려워하며 살 것처럼 생각할지도 모르지만, 그들은 전보다 더 터무니없는 주장들을 계속 쏟아내고 있다. 놀랍게도 그들의 영향력은 심지어 주류 복음주의자들 사이에서도 날로 커지고 있다. 하나님이 일상적으로 신자들과 직접 대화를 나누신다는 생각이 교회 역사상 그 어느 때보다 더 많이 확산되어 나가고 있다.

은사 운동은 거의 100년 전에 시작되었다. 그것이 복음주의에 미친 영향은 아무리 과장해도 지나치지 않다. 찰스 폭스 파햄을 통해 처음 시작되어 베니 힌이라는 대표자를 통해 그 세력을 널리 확대하기에 이른 은사 운동은 처음부터 끝까지 거짓 사역자들이 이끌었던 사기극에 지나지 않는다. 참된 성경 해석, 건전한 교리, 역사적 신학은 은사 운동과는 아무런 관련이 없다. 은사 운동은 교회 역사에 오직 오류와 거짓만을 가중시켰을 뿐이다. 은사주의 신학은 다른 효과적인 거짓 체계와 마찬가지로 겉으로는 신뢰를 얻어낼 목적으로 상당한 진리를 주장하고 있지만, 실상은 진리에 치명적인 거짓을 혼합시켜 도덕적 부패와 교리적 독즙(치명적인 조합)을 사람들의 마음과 영혼 속에 주입하고 있다.

은사 운동은 성경에 대한 관심과 헌신을 독려하는 대신 성경 외적인 계시에 전례 없는 관심을 기울이게 만들었다. 은사주의 신학에 영향을 받은 수많은 사람들이 하나님이 항상 자신들에게 직접 말씀하신다고 확신하고 있다. 많은 사람이 하나님의 직접적인 계시를 신자들과 의사를 나누는 주된 방식으로 채택하셨다고 믿는 듯하다. 오늘날 "주님이 내게 말씀하시기를"이라는 말은 체험을 중시하는 복음주의자들이 즐겨 사용하는 상투어가 되었다.

물론, 하나님이 자신에게 직접 말씀하신다고 믿는 사람들이 모두 다 은사주의 텔레비전 전도자나 캔자스시티 선지자들이 방송을 통해 전하는 예언 같은 기괴한 주장을 펼치는 것은 아니다. 그러나 그들은 하나님이 귀로 들을 수 있는 소리나 환상, 또는 내적인 느낌이나 머릿속에 들려주시는 음성 등을 통해 성경 외적인 계시를 허락하신다고 믿는다. 그들의 예언은 비교적 사소한 것이 대부분을 차지한다. 그러나 그들의 예언과 베니 힌의 예언은 규모만 차이가 날 뿐, 실질상의 차이는 없다.

하나님이 오늘날의 신자들에게 성경 외적인 메시지와 새로운 계시를 계속 허락하신다는 생각은 은사주의 신앙의 필수 요소다. 하나님이 개개의 신자들에게 사적으로, 직접, 규칙적으로 말씀하지 않으신다면, 그분은 어디에나 존재하신다고 말할 수 없다는 것이 은사주의의 전형적인 신념에 해당한다. 위로부터 계시를 받았다고 주장하는 말들이 거의 대부분 거짓이요 속임수요 심지어는 위험하기까지 한데도 불구하고, 은사주의자들이 사사로운 예언을 그토록 끈질기게 옹호하는 이유가 바로 여기에 있다.

예를 들어, 웨인 그루뎀은 캠브리지대학교에서 수학할 당시 하나님이 마음속에 무의식적인 생각을 불러 일으켜 신자들에게 예언의 메시지를 전하신다는 생각을 옹호하기 위해 박사 논문을 집필했다. 그는 예언의 말이 "종종 오류를 저지를 수 있다"는 것을 인정하면서도 마음속에서 일어나는 강한 인상을 예언으로 간주해야 한다고 주장했다.[9] 또한, 그는 "모든 곳에서 들려오는 거의 한결같은 은사 운동의 증언에 따르면, 예언은 불완전하고 불순한 탓에 복종하거나 신뢰해서는 안 될 요소를 포함하고 있을 수밖에 없다"고 말했다.[10] 그렇다면, 신자들은 과연 어떻게 하나님에게서 비롯한 계시의 말씀과 스스로의 상상으로 빚어낸 말을 구별해낼 수 있을까? 그루뎀은 이 물음에 대한 적절한 대답을 찾으려고 고민한다.

계시가 성령에게서 비롯한 "것처럼 보였는가"? 당사자가 이전에 예배를 통해 알았던 성령의 다른 경험들과 비슷했는가? ……단지 회중이 시간이 지나면서 예언을 평가하는 데 더 능숙해질 것이라는 것……성령으로부터 비롯한 참된 계시를 알아보고, 그것을 자기 자신의 생각과 구별하는 데 더 능

숙해질 것이라는 말 외에는 더 이상 구체적으로 말하기가 어렵다.[11]

그루뎀은 다른 곳에서 현대의 예언을 평가하는 방식을 야구 경기에 빗대어 말했다. "눈에 보이는 대로 말하면 된다. 미국식 비유를 사용하면, 투수가 홈플레이트를 가로지르는 공을 던질 때 심판이 볼과 스트라이크를 구별해 말하는 것과 같다."[12] 이 말은 곧 은사주의 진영 내에 예언의 말씀과 상상의 말을 구별하는 객관적인 기준이 존재하지 않는다는 것을 의미한다.

명백한 주관주의와 많은 오류에도 불구하고, 하나님이 성경 외에 다른 계시를 주신다는 생각은 복음주의 진영은 물론, 심지어는 은사주의자가 아닌 신자들 사이에서 갈수록 더 넓게 확대되고 있다. 예를 들어, 남침례교 신자들은 헨리 블랙커비와 클로드 킹의 『하나님을 경험하는 삶』을 열심히 탐독하고 있다. 그 책은 성령께서 직접적인 말씀을 통해 신자들을 인도하신다고 강조한다. 블래커비는 하나님이 어떤 신자에게 교회에 적용되는 메시지를 허락하실 때는 그것을 모든 신자와 공유해야 한다고 주장했다.[13] 그 결과, 남침례교 신자들 사이에서조차 주님이 성경 외적인 계시를 허락하신다는 개념을 당연한 것으로 인정하기에 이르렀다.

그렇다면 오늘날 성경 외에 다른 수단을 통해 하나님의 계시를 구하는 신자들이 이토록 많은 이유는 무엇일까? 그것이 진리를 발견하는 신뢰성 있는 수단이기 때문은 결코 아니다. 모두가 현대의 예언이 틀릴 때가 많다고 인정한다. 예언의 적중률은 놀라울 정도로 낮다. 나는 『무질서한 은사주의』에서 캔자스시티 선지자 운동을 이끄는 두 지도자의 대화를 인용한 바 있다. 그들은 그 운동에 참여한 선지자들이 말한 예언 가운데 3분의 2가 정확했다고 생각하며 흥분을 감추지 못했다. 그들 가운데 한 사람은 "전보다 더 좋습니다. 최고치를 기록했어요"라고 말했다.[14]

간단히 말해, 현대의 예언은 진리를 발견하는 수단으로는 마법의 8번 공, 위자보드(점술이나 강령술에 이용하는 도구 - 역자 주), 타로카드만큼이나 신뢰하기 어렵다. 신자들이 기록된 말씀을 통해 하나님이 허락하신 것 외에 다른 새로운 계시를 받아야 한다고 가르치는 성경 구절은 어디에도 없다. 신명기 18장이 말씀하는 대로, 성경은 주제넘게 주님의 이름을 빌려 거짓을 말하는 모든 사람을 엄히 단죄한다. 그러나 하나님으로부터 새로운 계시를 받는다고 주장하는 사람들은 그런 경고를 완전히 무시한다.

새로운 예언에 집착하는 영적 운동은 무엇이 되었든 한결같이 성경을 무시하는 경향이 있다. "살아 계시는 하나님이 우리의 자국어로 날마다 직접 말씀을 건네시는데 굳이 오래된 성경책을 정확하게 이해하려고 애쓸 필요가 무엇인가?"라는 식이다. 그런 새로운 계시들은 익숙한 성경 말씀보다 더 적절하고, 더 실감 있게 들리는 것처럼 보인다. 사라 영의 『지저스 콜링』은 그녀가 그리스도로부터 들었다고 말하는 말씀을 토대로 꾸민 묵상집이다. 그 책은 마치 그리스도께서 인간 저자를 통해 독자에게 직접 말씀하시는 것과 같은 어조로 이루어져 있다. 그녀는 예수님이 말씀을 들려주셨고, 자신은 단지 귀를 기울였을 뿐이라고 말한다. 그녀는 성경만으로는 충분하지 못하다는 생각이 뇌리에서 떠나지 않아 성경 외적인 계시를 추구하기 시작했다고 인정했다. 그녀는 "나는 하나님이 성경을 통해 내게 말씀하신다는 것을 알고 있었다. 하지만 나는 더 많은 것을 갈망했다. 하나님이 어느 날 내게 직접 들려주실 말씀을 듣고 싶은 마음이 갈수록 간절해졌다"라고 말했다.[15] 이런 태도가 사람들을 성경에서 멀어지게 만들리라는 것은 불을 보듯 뻔하지 않은가?

현대의 복음주의가 성경 외적인 계시에 심취하는 것이 매우 위험한 이유가 여기에 있다. 그것은 중세의 미신행위를 되풀이하는 것이요, 성경이 삶을 위한 충분하고 유일한 최상의 권위를 지닌다는 근본적인 확신을 내팽개치는 것이다. 한마디로, 이는 "오직 성경으로!"라는 종교개혁의 원리를 전면 부인하는 것이다.

성경의 절대적인 충족성은 『웨스트민스터 신앙고백』에 다음과 같이 잘 요약되어 있다. "하나님의 영광, 인간의 구원, 믿음, 생명에 필요한 모든 것에 관한 그분의 온전하신 뜻은 성경에 명확하게 기록되어 나타나거나 옳고도 모순 없는 논리를 통해 성경에서 추론할 수 있다. 따라서 성령의 새로운 계시든 인간의 전통이든, 아무 때라도 성경에 무엇을 더 보태서는 안 된다."[16] 역사적 개신교 신앙은 정경이 종결되었다는 확신에 근거한다. 새로운 계시는 더 이상 필요하지 않다. 왜냐하면 성경만으로 완전하고 충족하기 때문이다.

성경은 하나님이 다양한 예언의 말씀으로 자기 백성에게 직접 말씀하시던 시절이 지나갔다고 분명하게 가르친다. 하나님이 정경인 신구약 성경에 계시하신 진리는 절대적으로 완전하다(히 1:1, 2, 유 3절, 계 22:18, 19 참조). 성경, 즉 기록된 하나님의 말씀은 우리가 필요로 하는 모든 계시를 완전하게 포함하고 있다. 바울은 디모데에게 이렇게 말했다.

> "또 어려서부터 성경을 알았나니 성경은 능히 너로 하여금 그리스도 예수 안에 있는 믿음으로 말미암아 구원에 이르는 지혜가 있게 하느니라 모든 성경은 하나님의 감동으로 된 것으로 교훈과 책망과 바르게 함과 의로 교육하기에 유익하니 이는 하나님의 사람으로 온전하게 하며 모든 선한 일을 행할 능력을 갖추게 하려 함이라(딤후 3:15-17)."

이 말씀은 지금 다루는 주제와 관련해 매우 중요한 두 가지 사실을 진술한다. 첫째, "모든 성경은 하나님의 감동으로 된 것이다." 성경은 하나님의 권위로 말씀한다. 성경은 확실하고, 온전히 믿을 만하다. 성경은 진리다. 예수님은 요한복음 17장 17절에서 "아버지의 말씀은 진리니이다"라고 말씀하셨다. 시편 119편 160절은 "주의 말씀의 강령은 진리이오니"라고 말씀한다. 이런 말씀들은 성경을 인간의 견해나 사변, 감정적인 느낌보다 더 우위에 올려놓는다. 성경은 다른 모든 목소리를 초월하는 권위로 말씀한다.

둘째, 위의 말씀은 성경이 "구원에 이르는 지혜가 있게 하고," "모든 선한 일을 행할 능력을 갖추게" 하기에 충분하다고 가르친다. 성경의 절대적인 충족성을 더욱 확실하게 보장해줄 계시를 구할 필요가 있을까? 하나님을 영화롭게 하는 삶을 사는 능력을 갖추게 하는 데 성경 외에 다른 계시가 과연 필요할까? 그렇지 않다. 하나님께 새로운 계시를 구하는 것은 기록된 말씀의 절대적인 확실성과 충족성을 부인하는 것이다. 그것은 인간의 틀리기 쉽고 부패한 상상력을 성경의 자리에 올려놓는 것이다. 교회가 "오직 성경으로!"의 원리로 되돌아가지 않으면, 방만한 미신행위와 영적 어둠이 활개를 치는 세상이 다시 오고 말 것이 분명하다.

그렇다면 하나님이 더 이상 아무 말씀도 하지 않으신다는 것인가? 결코 그렇지 않다. 그분은 모든 것이 충족한 성경 말씀을 통해 말씀하신다. 성령께서 우리의 마음을 감동하시고, 특별한 의무나 소명을 느끼게 하시는가? 물론이다. 그러나 하나님의 말씀을 통해 그렇게 하신다. 그런 경험은 새로운 계시가 아닌 성령의 조명에 해당한다. 성령께서는 성경 말씀을 우리에게 적용하시고, 영혼의 눈을 열어 진리를 보게 하신다. 우리의 경험과 주관적인 생각과 상상을 앞세워 성경의 권위와 확실성을 훼손하지 않도록 주의해야 한다.

영국의 저명한 20세기 성경 해설가인 마틴 로이드존스는 어떤 관점에서 예언을 바라봐야 옳은지를 적절하게 설명했다. 그는 에베소서 4장 11절을 주석하면서 이렇게 말했다.

> 신약 성경이 모두 기록된 이상, 선지자의 직임은 더 이상 필요하지 않았다. ……교회의 역사를 돌아보면, 사람들이 신약 시대와 같은 선지자를 자처하며 특별한 진리의 계시를 받았다고 생각했던 탓에 많은 문제가 발생했던 것을 알 수 있다. 신약 성경이 있는 한, 더 이상의 진리는 필요하지 않다. 이 것은 절대적인 명제다. 모든 진리는 신약 성경에 들어 있고, 더 이상 다른 계시는 필요하지 않다. 모든 진리가 주어졌다. 우리에게 필요한 모든 진리가 언제라도 이용가능하다. 따라서 새로운 진리의 계시를 받았다고 주장하는 사람이 있다면, 즉시 경계하며 의심해야 한다…….
>
> 신약 성경이라는 정경이 완성된 이상, 선지자의 필요성은 모두 사라졌다. 직접적인 진리의 계시는 더 이상 필요없다. 성령과 말씀을 분리해서는 안 된다. 성령께서는 성경 말씀을 통해 우리에게 말씀하신다. 따라서 하나님의 말씀에 일치하지 않는 계시는 항상 의심해야 한다. "계시"라는 용어를 사용하지 않고 오직 "조명"이라고 말하는 것이 현명하다. 계시는 모두 완성되었다. 우리가 필요로 하는 것과 하나님의 은혜로 우리가 누릴 수 있고, 또 누리는 것은 말씀을 이해하도록 돕는 성령의 조명이다.[17]

두 종류의 선지자?

은사주의자들은 성경이 정한 명확한 한계를 외면하고 예언의 가능성을 계속 유지할 목적으로 성경에 두 종류의 선지자, 곧 권위 있고 오류가 없는 선지자와 그렇지 못한 선지자가 존재한다고 주장한다. 전자에는 구약 시대의 선지자들을 비롯해 신약 시대의 사도들과 성경 저자들이 포함된다. 그들의 예언은 하나님의 백성에게 그분의 말씀을 완전하게 전달하는 역할을 했다. 따라서 그들의 예언은 오류가 없고, 다른 사람들의 삶에 즉각적인 구속력을 지녔다.

은사주의자들에 따르면, 신약 시대의 교회 안에는 또 다른 종류의 선지자들이 존재했다고 한다. 그들은 교회 안에서 활동하는 선지자들로 절대적인 권위가 없고, 오류에서도 자유롭지 못했다. 그런 선지자들이 신약 시대에 존재했다고 한다. 초대 교회 안에서 활동했던 선지자들은 하나님의 계시를 전하면서 이따금 잘못을 저질렀다. 그들에게는 구약 시대의 선지자들과 성경 저자들의 경우와는 달리 완벽한 기준이 적용되지 않았다. 은사주의자들은 그런 논리에 입각해 현대의 예언도 100퍼센트의 정확성을 갖춘 것으로 받아들일 필요는 없다고 말한다.

오류가 있는 신약 성경의 선지자, 곧 하나님의 대변자이면서도 왜곡되고 잘못된 계시를 전달할 수 있는 선지자라는 개념은 현대 은사주의자들의 생각과 잘 들어맞는다. 그러나 그런 생각은 큰 잘못이요 성경에 어긋난다. 성경은 한결같은 어조로 오류가 있는 선지자들을 위험한 사기꾼으로 단죄한다. 오류가 있는 선지자는 거짓 선지자이거나 잘해봤자 선지자와는 무관한 거짓말쟁이에 지나지 않는다. 그런 사람은 하나님의 대변자인 척하는 주제넘은 행위를 당장 중단해야 한다. 은사주의자들은 스스로의 경험을 성경의 정확한 잣대에 비춰보지 않고, 오히려 경험을 성경보다 우위에 올려놓는다 (그들은 오류투성이인 말을 "예언"으로 일컫는다). 하나님의 말씀이 제시하는 명확한 기준에 비춰보면, 현대의 예언은 그 기준에 부합하지 않는다.

은사주의자들은 신약 성경의 선지자들에게 구약 성경의 선지자들과 똑같은 기준을 적용하면 안 된다고 주장한다. 그러나 그런 주장은 아무 근거가 없다. 성경은 신구약 성경의 선지자들을 구분하지 않는다. 신약 성경은 신구약 성경의 선지자들을 묘사할 때 똑같은 용어를 사용한다. 사도행전은 구약 성경의 선지자들을 여러 차례 언급했다(행 2:16, 3:24, 25, 10:43, 13:27, 40, 15:15, 24:14, 26:22, 27, 28:23). 또한, 사도행전은 주의를 당부하는 말이나 이렇다 할 구분이나 설명 없이 똑같은 용어로 신약 성경의 선지자들을 묘사한다(행 2:17, 18, 7:37, 11:27, 28, 13:1, 15:32, 21:9-11 참조).

은사주의자들이 주장하는 대로, 만일 신약 성경의 선지자 직분이 본질적으로 달랐다면, 그 차이를 설명하는 말이 필요했을 것이다. 샘 월드런은 다음과 같이 옳게 지적했다. "만일 구약 성경의 예언과는 달리 신약 성경의 예언이 내용상 오류가 있을 수 있었다면, 구약 성경의 제도와 신약 성경의 제도 사이에 절대적이고 근본적인 차이가 존재했을 것이다. 그렇게 중요한 차이를 아무 설명도 없이 지나쳤다는 것은 도무지 상상할 수 없는 일이다."[18]

신약 성경의 선지자들에 대한 올바른 이해는 단지 그런 차이를 설명하는 말이 없다는 사실에만 근거하지 않는다. 베드로는 사도 시대에 교회에 주어진 예언의 형태를 언급하면서(행 2:18) 요엘서 2장 28절을 인용했다. 이는 신약 성경의 예언이 구약 성경의 예언과 동일하다는 분명한 증거가 아닐 수 없다. 성경 저자들은 신약 성경의 선지자들(세례 요한, 아가보, 요한계시록을 기록한 사도 요한 등)을 묘사할 때, 의도적으로 구약 성경의 선지자들을 상기시키는 표현을 사용했다.[19] 신약 성경의 저자들은 신구약 성경의 예언이 똑같은 기능을 한다고 강조했다.[20] 초대 교회는 신약 성경의 선지자들을 구약 성경의 선지자들과 동등한 자격을 지닌 존재로 간주했다. 신약 성경 학자 데이비드 파넬은 초기 교회사를 광범위하게 연구하고 나서 이렇게 결론지었다.

> 간단히 말해, 속사도 시대의 교회는 신약 성경 예언의 진정성을 구약 성경의 예언적 기준에 빗대어 판단했다. 황홀경에 빠져들어 성경을 잘못 적용하거나 그릇된 예언을 전했던 신약 성경 시대의 선지자는 거짓 선지자로 간

주되었다. 왜냐하면 그런 행동은 하나님의 참 선지자의 특징을 명시한 구약 성경의 규정에 어긋났기 때문이다(신 13:1-5, 18:20-22). ……초기 교회는 신구약 성경의 선지자들과 예언적 기준이 서로 영속성을 지닌다고 확신했다.[21]

구약 성경의 선지자들이 하나님으로부터 받은 계시를 선포할 때 오직 진실만을 말해야 했던 것처럼, 신약 성경의 선지자들도 그런 기준을 충족시켜야 했다. "주님이 이같이 말씀하시기를"이라고 말할 때는 하나님이 하신 말씀을 정확하게 전달해야 했다(행 21:11 참조). 하나님에게서 비롯한 참된 말씀은 항상 그분의 흠 없고 완전한 속성을 드러내는 것이기 때문에 그들의 예언도 늘 아무 오류 없이 정확할 수밖에 없었다. 예언을 시험하는 것이 필요했던 이유는 거짓 선지자들이 교회를 위협했기 때문이다(요일 4:1, 벧후 2:1-3, 요이 10, 11절, 요삼 9, 10절, 유 8-23절). 구약 시대의 예언이 이전에 전달된 예언에 근거해 판단되었던 것처럼(신 13:1-5), 신약 시대의 예언도 그렇게 판단되어야 한다(살전 5:20-22, 행 17:11).

어떤 사람들은 "우리에게 주신 은혜대로 받은 은사가 각각 다르니 혹 예언이면 (우리의) 믿음의 분수대로(롬 12:6)"라는 바울의 말을 내세워 이의를 제기할지도 모른다. 은사주의자들은 이 구절을 근거로 예언의 정확성은 믿음의 정도에 따라 다르다고 주장한다. 그러나 그런 해석은 바울의 진의와는 전혀 무관하다. 『킹제임스』 성경에 "우리의"로 번역된 말은 사실상 헬라어 정관사다. 따라서 "그"로 번역하는 것이 가장 정확하다. 바울의 말은 예언의 은사를 받은 사람들은 "그" 믿음, 즉 앞서 계시된 성경적 진리의 체계에 따라 예언해야 한다는 뜻이다(유 3, 4절 참조).

더욱이, 이 문맥에서 "예언"이라는 말이 반드시 미래에 관한 예언이나 새로운 계시를 가리키는 것은 아니다. 이 말은 단지 "말하다"를 의미한다. 따라서 하나님의 진리를 전하는 은사가 있는 사람이 "덕을 세우며 권면하며 위로하는(고전 14:3)" 말을 전하면서 권위 있게 하나님의 말씀을 선포하는 행위를 가리킬 수도 있다. 결국, 로마서 12장 6절을 적절하게 고쳐 번역하면, "네 은사가 하나님의 말씀을 선포하는 것이라면 그 믿음에 맞게 전하라"는 뜻이 된다. 무슨 말씀을 선포하든 참된 믿음에 일치해야 하고, 이전에 계시된 성경의 진리에 부합해야 한다는 개념을 다시금 확인할 수 있다.

아마도 은사주의자들이 오류가 있을 수 있는 예언을 주장할 때 가장 흔히 내세우는 증거는 신약 성경의 선지자 아가보일 것이다. 아가보는 사도행전 21장 10, 11절에서 바울이 예루살렘에 도착하면 유대인들이 그를 결박해 로마인들에게 넘겨줄 것이라고 예언했다. 은사주의자들은 누가가 나중에 21장에서 바울이 체포당한 사건을 진술하면서 그 예언을 다시 상세히 되풀이하지 않았다는 사실을 중시한다. 웨인 그루뎀과 같은 은사지속론자는 "(아가보의) 예언이 완전히 빗나간 것은 아니지만, 세부적으로는 약간의 오류가 있었다. 구약 시대 선지자의 경우에도 세부적으로 오류가 있을 때는 그 정당성을 의심받았을 것이 분명하다"라고 말했다.[22] 그루뎀은 다른 곳에서는 "나중의 이야기를 살펴보면, 유대인들에 의해 '결박되어', '넘겨질 것'이라는 예언의 두 요소가 분명하게 잘못된 것을 알 수 있다"라고 주장하기까지 했다.[23] 이런 주장에 따르면, 아가보는 신약 성경 시대의 오류 가능한 예언의 존재를 입증하는 사례로서 은사주의의 견해를 뒷받침하는 본보기를 제공하는 셈이다.

과연 아가보의 예언은 나중의 일을 통해 그 세부 내용이 잘못된 것으로 판명된 것일까? 본문을 자세히 살펴보면 전혀 그렇지 않다는 것을 알 수 있다. 유대인들이 바울을 "잡아(행 21:30)," "끌고 나가(30절)", "쳤다(32절)"는 사실에는 아가보가 11절에서 예언한 대로 그들이 그를 "결박했다"는 의미가 함축되어 있다. 사도행전 26장 21절에서 바울은 아그립바 앞에서도 유대인들이 자신을 "잡아 죽이고자 했다"고 진술했다. 바울을 강제로 붙잡아 성전에서 끌어냈다는 것은 즉각적인 수단(곧 바울의 허리띠를 가지고 그를 묶어 달아나지 못하게 하는 것)을 동원해 무고한 희생자인 그를 제압하려는 적대적인 폭력 행위에 해당한다. 아가보는 이미 10절에서 그 상세한 내용을 예언했기 때문에 누가는 굳이 30절에서 그 말을 다시 되풀이할 필요가 없었다. 현장에 도착한 로마 군인들은 바울을 정식으로 결박했다. 그들은 그를 임시로 묶었던 금제조처를 제거하고, 쇠사슬로 그를 결박했다. 모든 것이 아가보의 예언과 정확하게 일치한다.

유대인들이 바울을 로마 군인들, 즉 "이방인의 손에 넘겨줄" 것이라는 예언도 그대로 이루어졌다. 로마 군인들이 도착할 무렵, 성난 군중은 바울을 폭행하는 중이었다. 로마 군인들이 도착한 것을 본 유대인들은 즉각 폭행을 중단하고 그를 체포하게 했다(33절). 누가의 기록은 성난 군중이 바울을 로마 당국자들의 손에 넘겨주고 물러났다는 것을 암시한다.

본문을 이렇게 이해하는 것은 당사자였던 바울의 증언을 통해서도 분명하게 확증된다. 그는 사도행전 28장 17절에서 로마에 있는 유대인들에게 자신이 당한 일을 이렇게 설명했다. "여러분 형제들아 내가 이스라엘 백성이나 우리 조상의 관습을 배척한 일이 없는데 예루살렘에서 로마인의 손에 죄수로 내준 바 되었으니." 바울은 유대인의 율법을 어기지 않았지만, 유대 지도자들은 그가 율법을 어겼다고 단정하고, 거짓 죄를 뒤집어씌웠다. 그들은 그를 죄수(즉, 결박된 자)로 로마 당국자들의 손에 넘겨주었다. "내준 바 되었다(행 28:17)"라는 바울의 말이 아가보의 예언에 사용된 헬라어(행 21:11)와 똑같다는 사실은 매우 중요하다. 바울의 증언은 아가보의 예언이 세부적으로 한 치의 오류도 없었다는 사실을 입증한다.

아마도 가장 중요한 것은 아가보가 예언하면서 성령을 거론했던 일일 것이다. 아가보가 "성령이 말씀하시되"라는 말로 예언을 시작한 것은 구약 성경의 선지자들이 "여호와께서 말씀하시기를"이라고 선언했던 것과 매우 흡사하다. 아가보의 예언은 성령의 직접적인 지시였고, 누가는 그 말을 그런 식으로 기록했다. 성령께서 누가에게 직접 영감을 허락하시어 아무런 보완이나 수정 없이 그렇게 기록하게 하셨다는 사실은 매우 의미심장하다. 결국, 아가보의 예언이 세부적으로 틀린 점이 있었다는 주장은 무언중에 성령께서 예언의 계시를 잘못 허락하셨다고 비판하는 것이나 다름없다.

아가보는 은사주의자들이 주장하는 것과는 달리 오류가 있을 수 있는 예언의 가능성을 입증하는 본보기가 아니다.[24] 로버트 소시는 아가보에 관해 이렇게 설명했다. "그의 예언은 아무 오류가 없는 것으로 쉽게 설명될 수 있기 때문에 은사주의자들이 제기하는 오류 가능한 예언의 개념을 입증하는 예언의 사례와는 전혀 무관하다."[25]

데살로니가전서 5장 20-22절

바울 사도는 데살로니가전서 5장 20-22절에서 "예언을 멸시하지 말고 범사에 헤아려 좋은 것을 취하고 악은 어떤 모양이라도 버리라"라고 말했다. 이 본문에 기록된 바울의 명령을 신약 성경의 예언 은사와 관련해 옳게 해석하려면 어떻게 해야 할까?

본문을 올바로 이해하려면, 먼저 참된 예언은 하나님의 계시에서 비롯한다는 사실을 기억해야 한다. 예언을 멸시해서는 안 되는 이유는 그런 행위가 하나님의 말씀을 멸시하는 것이기 때문이다. 나는 다른 곳에서 이 점을 이렇게 설명했다.

> 바울은 하나님의 계시가 지니는 지고한 권위를 존중하라는 뜻에서 데살

로니가 신자들에게 예언을 멸시하지 말라고 주의를 당부했다. "멸시하다"로 번역된 헬라어 "엑수데네오"는 "무가치하게 여기다", "경멸하다", "무시하다"를 뜻한다. 신약 성경에서 예언의 말(프로페테이아)은 구두로 하는 말이나 기록된 말을 가리켰다. "예언하다"를 뜻하는 헬라어 "프로페투오"는 "공적으로 말하거나 선언하다"를 의미한다. 따라서 예언의 은사는 성령의 허락하심에 따라 하나님의 계시된 진리를 공적으로 선포하는 은사를 가리킨다. 신약 성경의 예언은 때로는 하나님으로부터 직접 받은 새로운 계시를 전달하기도 했고(눅 2:29-32, 38, 행 15:23-29), 때로는 이미 기록된 하나님의 말씀을 되풀이하는 데 그치기도 했다(눅 3:5, 6, 행 2: 17-21, 25-28, 34, 35, 4:25, 26, 7:2-53.).[26]

어느 경우가 되었든, 참된 예언은 하나님의 계시를 선포하는 것이기 때문에 하나님 자신의 성품을 고스란히 드러낸다. 이것이 예언을 "그 믿음(롬 12:6)"의 척도에 따라 판단할 수 있는 이유다. 이 말은 예언이 이미 계시된 진리와 조화를 이루어야 한다는 뜻이다(행 6:7, 유 3, 20절). 하나님이 주시는 예언의 말은 항상 사실이며, 성경과 일치한다. 따라서 하나님의 기록된 말씀에 어긋나거나 모순되는 예언은 거짓이다. 바울은 데살로니가 신자들에게 하나님으로부터 받았다고 주장하는 메시지를 전해들을 때마다 영적 분별력을 발휘해 그것을 이미 기록된 계시의 말씀과 주의 깊게 비교하라고 당부했다. 그는 그런 시험을 통과하지 못한 예언을 신자들이 피해야 할 "악(22절)"으로 일컬었다.

이런 사실에도 불구하고, 은사주의자들은 오류 가능성이 있는 예언을 옹호하기 위해 종종 데살로니가전서 5장 20-22절을 인용한다. 그들은 이 말씀이 신약 성경의 예언에 오류 가능성이 있었고, 실제로 오류가 많았다는 자신들의 주장을 뒷받침한다고 생각한다. 그들은 "신약 성경의 예언이 구약 성경의 예언처럼 무오하고 권위 있는 예언이었다면, 바울이 굳이 교회를 향해 예언의 말을 시험하라고 경고할 필요가 없지 않았겠는가?"라고 묻는다.

그런 질문을 제기하는 것을 보면, 은사주의자들이 구약 성경의 예언이 신약 성경의 예언처럼 분별을 필요로 했다는 사실을 전혀 알지 못함을 알 수 있다. 사실, 바울이 데살로니가 신자들에게 당부한 말은 하나님이 자기 백성들에게 항상 요구하시는 것을 되풀이한 것에 지나지 않는다. 하나님은 이스라엘 백성에게 정통성(신 13:1-5, 사 8:20)과 정확성(신 18:20-22)에 근거해 모든 예언을 시험하라고 지시하셨다. 그런 기준을 충족시키지 못하는 예언은 거짓으로 간주되었다. 구약 시대의 이스라엘 사회에는 거짓 선지자들이 많았기 때문에(신 13:3, 사 30:10, 렘 5:31, 14:14-16, 23:21, 22, 겔 13:2-9, 22:28, 미 3:11) 하나님의 백성은 그들을 식별해 물리쳐야 했다. 신약 시대의 신자들의 상황도 마찬가지였다. 이것이 바울이 데살로니가 신자들에게 예언의 말을 주의 깊게 분별하라고 당부했던 이유였다.

바울은 사도였지만 자신의 가르침에도 동일한 기준을 적용해 판단하라고 권고했다. 그는 갈라디아서에서 "우리나 혹은 하늘로부터 온 천사라도 우리가 너희에게 전한 복음 외에 다른 복음을 전하면 저주를 받을지어다(1:8)"라는 말로 신명기 13장 1-5절의 원칙을 되풀이했다. 바울은 데살로니가를 떠나 곧바로 베뢰아로 갔다. 당시는 아직 그의 첫 번째 서신이 기록되기 전이었다. 베뢰아 사람들은 바울의 가르침을 즉각 받아들이지 않고, 그의 말이 구약 성경의 계시에 부합하는지 시험했다. 사도행전은 그들에 대해 이렇게 진술했다. "베뢰아에 있는 사람들은 데살로니가에 있는 사람들보다 더 너그러워서 간절한 마음으로 말씀을 받고 이것이 그러한가 하여 날마다 성경을 상고하므로(행 17:11)." 아마도 바울은 이때의 일을 생각하며 나중에 데살로니가 신자들에게 서신을 띄워 신중하고 조심스러운 분별을 당부했을 것이다.

신약 성경은 1세기의 교회 안에 거짓 선지자들이 존재했다고 분명하게 증언한다(마 7:15, 24:11, 딤후 4:3, 4, 벧후 2:1-3, 요일 4:1, 유 4절). 예언을 시험하라는 명령은 그런 배경을 염두에 두고 이해해야 한다. 당시의 신자들은 하나님의 참된 대변자와 위험한 거짓 교사들을 분별하는 것이 필요했다. 데살로니가 신자들은 거짓 선지자들을 특별히 경계해야 했다. 바울이 그들에게 보낸 두 통의 서신은 그들 가운데 이미 바울의 성품(살전 2:1-12)과 교회의 종말론적인 미래(살전 4:13-5:11)를 오해한 사람들이 있었다는 사실을 보여준다. 바울의 권고는 데살로니가 교회에 큰 해악을 초래했던 그릇된 가르침을 경고하는 데 대부분 할애되었다. 아마도 그 이유는 데살로니가의 일부 신자들이 참된 예언을 포함해 모든 예언을 멸시하는 태도를 취했기 때문인 듯하다.

바울이 예언의 은사가 활발하게 이루어지고 있던 시기, 곧 교회의 토대가 형성되는 시기에 그런 말을 했다는 사실을 기억하는 것은 매우 중요하다. "예언을 멸시하지 말라"는 바울의 명령은 계시의 은사가 한참 활동 중인 때에 주어졌다. 은사종결론자들은 현대의 선지자들이 전하는 그릇된 예언은 불신하지만, 바울의 명령을 무시하지는 않는다. 오히려 그들은 하나님의 계시를 진지하게 받아들여 정확성과 정통성이라는 성경적 원리에 입각해 하나님으로부터 받았다는 메시지를 판단한다. 사실, 참된 예언을 멸시하는 쪽은 은사주의자들이다. 왜냐하면 거짓된 예언의 은사를 무분별하게 인정하고 있기 때문이다.

계시를 전하는 예언의 은사는 중단되었지만, 예언된 말씀을 선포하는 일은 사람들에게 성경을 해설해 복종을 권고하는 설교자들의 사역을 통해 여전히 계속된다(딤후 4:2). 따라서 데살로니가전서 5장 19-22절의 취지는 오늘날의 교회에도 똑같이 적용된다. 현대의 목회자들과 교사들이 전하는 모든 설교와 메시지와 적용은 성경의 렌즈를 통해 신중하게 판별되어야 한다. 어떤 사람이 하나님의 말씀을 전한다고 주장하면서도 그 말이 성경의 진리와 일치하지 않으면, 한갓 사기꾼에 지나지 않는다. 그런 경우에는 성경적인 분별이 필요하다.

이 모든 논지를 종합하면, 데살로니가전서 5장 20-22절은 예언의 오류 가능성을 주장하는 은사주의자들의 입장을 지지하지 않는다는 사실을 분명히 알 수 있다. 이 말씀은 오히려 그와 정반대되는 결론으로 귀결된다. 왜냐하면 신자들에게 하나님으로부터 받았다는 메시지나 메시지 전달자를 시험하라고 요구하기 때문이다. 현대 은사주의자들이 하나님으로부터 받았다고 주장하는 계시에 성경의 기준을 적용하면, 그 예언의 실체(위험한 거짓이라는 사실)를 금방 알 수 있다.

예언과 관련된 신약 성경의 본문을 모두 살펴보면, 은사주의의 견해가 아무 근거 없는 비성경적인 주장에 지나지 않는다는 사실이 여실히 드러난다. 신약 성경은 초대 교회의 선지자들이 구약 성경의 선지자들과 마찬가지로 정확성의 기준에 부합해야 했다고 가르친다. 자신들의 그릇된 행위를 정당화하기를 원하는 사람들은 그렇게 생각하지 않을지 몰라도, 오류 가능성이 있는 예언의 개념을 지지하는 증거는 성경 어디에서도 찾아볼 수 없다.

위험한 게임

현대 은사주의자들의 예언이 성경적이 아니라면, 과연 무엇일까? 전에 선지자를 자처했던 프레드 볼즈는 은사 운동을 통해 자신이 경험했던 일을 회상하며 통찰력 있는 대답을 제시했다.

나는 이들 "선지자"가 전하는 "예언"의 대부분이 서로 매우 흡사하다는 사실을 발견했다. 그들은 항상 큰 축복이나 미래에 성공과 행운을 거머쥘 기회를 언급하는 모호한 예언을 늘어놓았다. 새로운 예언이 주어졌을 때도 이전에 했던 예언을 다시 확증하고, 그것이 언젠가는 이루어지게 될 것이라고 말하는 것이 전부였다.

때로 예언에는 그 사람의 과거나 현재에 관한 약간의 정보가 곁들여지기도 했다. 예를 들면 이런 식이었다. "가족들 가운데 술이나 마약으로 고통당하는 사람이 있군요." "음악을 좋아하시는군요." (이런 말이 들어맞을 확률은 제법 크지 않을까?) 성경을 주의 깊게 살펴보면서 그런 말을 하나님의 말씀에 비춰보면, 그 모든 것의 실체가 한갓 거짓에 불과하다는 것을 알 수 있다.[27]

대다수 은사주의 선지자들은 손금을 보는 사람이나 서커스 막간극에 출연하는 점술사와 조금도 다르지 않다. 어떤 경우에는 그런 것보다 더 큰 위험을 내포하고 있다. 볼즈는 은사주의 예언을 뉴에이지 선지자들이 전하는 마귀적인 예언에 빗대었다. "다른 불"을 가지고 장난치는 사람들은 정신을 번쩍 들게 만드는 그의 말에 두려움을 느껴야 마땅하다.

나는 사탄이 미래를 정확하게 알고 있다고 믿지 않는다. 만일 그렇다면, 거짓 선지자들이 지금보다 훨씬 더 정확할 것이다. 예를 들면, 2001년 9월 11일에 테러분자가 세계무역센터를 공격할 것을 몇 달 전에 예언했다는 뉴에이지 계통의 거짓 선지자들이 있었다. ……군사 전문가들에 따르면, 그 일은 몇 년 전부터 계획되었다고 한다. 아마도 사탄은 그 계획이 처음 시작될 때부터 모든 것을 상세히 알고 있었을 것이다. 이것이 이따금 거짓 선지자들이 무서울 정도의 정확성을 지닌 것처럼 보이는 이유다. 사탄은 수천 년 동안 인간의 행위를 연구해왔고, 타락한 천사들과 귀신들을 자신의 눈과 귀로 삼아 모든 문제를 파악해왔다. 그러나 그 모든 지식에도 불구하고 그는 미래를 정확하게 볼 수 없다. 그는 단지 이따금 옳게 추측할 뿐이다.[28]

참 예언은 심리적인 직관이나 뉴에이지 신비주의를 통해 생각해낼 수도 없고, 또한 어림짐작으로 깨달을 수도 없다. 베드로는 "성경의 모든 예언은 사사로이 풀 것이 아니니 예언은 언제든지 사람의 뜻으로 낸 것이 아니요 오직 성령의 감동하심을 받은 사람들이 하나님께 받아 말한 것임이라(벧후 1:20, 21)"라고 말했다. 개인적인 인상이나 상상, 또는 직관을 하나님의 계시와 동일시하는 사람들은 크게 잘못되었다. 이런 문제는 거짓 예언을 전하는 사람들이 하나님의 대변자인 것처럼 행동하도록 일부러 방치하는 은사주의자들의 행위를 통해 더욱 크게 증폭된다. 간단히 말해, "예언"을 그런 식으로 접근하는 것은 가장 극악한 이단에 해당한다. 왜냐하면 하나님이 하지 않으신 말씀을 했다고 주장하기 때문이다.

은사주의자들은 거짓 예언을 참 예언으로 주장함으로써 사탄의 공격과 속임수가 침투할 수 있는 문을 열어놓는다. 은사 운동은 제칠일 안식일 예수재림 교회, 모르몬교, 여호와의 증인과 같은 사이비 집단과 똑같은 범주에 속한다. 거짓 예언은 비기독교적인 사이비 집단과 거짓 종교의 명백한 특징 가운데 하나다. 제칠일 안식일 예수재림 교회의 설립자인 윌리엄 밀러와 엘런 화이트는 예수님이 1843년에 재림하신다는 거짓 예언을 전했다. 예언이 맞지 않자 그들은 그 날짜를 1844년으로 변경했다. 예언이 다시 어긋났는데도 그들은 그 날짜가 틀리지 않았다고 주장했다. 그 대신, 그들은 자신들이 그 날짜와 연계시킨 사건이 잘못되었다고 주장했다. 결국 그들은 그리스도께서 1844년에 하늘의 성소에 들어가셔서 두 번째 속죄 사역을 시작하셨다는 새로운 교리를 만들었다(이런 주장은 히브리서 9장 12절은 물론, 신약 성경의 많은 본문과 정면으로 충돌한다).

모르몬교의 창시자 요셉 스미스도 예수님이 1891년 이전에 재림하실 것이라고 예언했다. 스미스는 그 밖에도 모든 민족이 미국의 남북전쟁에 가담할 것이고, 미주리 주 인디펜던스에 성전이 건축될 것이며(그런 성전이 건축된 일은 없었다), 모르몬교의 "사도" 데이비드 패턴이 1839년에도 선교 사역을 계속할 것이라는(패턴은 1838년 10월 25일에 총에 맞아 사망했기 때문에 1839년에는 어떤 사역도 행할 수가 없었다) 거짓 예언을 남발했다.

여호와의 증인도 100년의 역사를 지내오면서 그리스도의 재림(그들의 예언은 1914년부터 시작해 1915년, 1925년, 1935년, 1951년, 1975년, 1986년, 2000년까지 이르렀다)을 여러 차례 거짓으로 예언했다. 최근에 여호와의 증인은 1914년의 예언이 시작된 지 120년이 지난 2033년에 세계의 종말이 올 것이라고 기대한다. 여호와의 증인은 노아가 120년 동안 방주를 만들었던 것처럼 1차 세계대전이 발발한 지 120년이 지난 뒤에 하나님의 심판이 세상에 임할 것이라고 강조한다.

우리는 그런 어리석은 예언을 얼마든지 웃어넘길 수 있고, 그런 빤한 거짓을 그들의 잘못된 가르침을 논박하는 증거로 삼을 수도 있다. 그런 사이비 종파의 거짓 예언이 은사주의자들의 예언에서 발견되는 우스꽝스러운 오류와 무슨 차이가 있는지 궁금하다. 외부자의 관점에서 보면, 그 둘은 아무 차이가 없다. 거짓 예언을 사이비 종파의 거짓을 드러내는 증거로 삼는다면, 그것을 현대 은사주의 예언에도 똑같이 적용해야 마땅하다. 예언의 부정확성을 폭로하는 것은 사랑이 없는 행위가 아니라 지극히 성경적인 행위에 해당한다. 그것은 신명기 18장의 원칙을 굳게 고수하는 것이다.

참된 예언은 100퍼센트의 정확성을 요구했다. 신약 성경의 선지자들이 하나님으로부터 새로운 계시를 받아 교회에 전달할 때는 그 기준을 충족시켜야 했다. 예언된 말씀을 해설하고 선포하는 것(벧후 1:19)은 충실한 설교와 교육을 통해 오늘날에도 여전히 계속된다. 성경의 선지자들이 사람들에게 하나님의 계시에 귀를 기울이라고 권고했던 것처럼, 설교자로 부르심을 받은 사람들이 교회 역사의 시작부터 오늘날에 이르기까지 신자들에게 주님의 말씀에 귀를 기울이라고 열심히 권고해왔다. 성경의 선지자들은 하나님의 성령으로부터 직접 새로운 계시를 받았지만, 오늘날의 설교자들은 성령께서 영감을 주어 기록하게 하신 말씀만을 선포할 뿐이다(딤후 4:2). 따라서 누구든 "하나님이 말씀하시기를"이라고 말하려면, 그 다음에 반드시 성경에 기록된 말씀을 전해야 한다. 그 외에 다른 말을 전하는 것은 신성을 모독하는 교만죄에 해당한다. 그런 말은 예언의 말씀이 아니다.

예언에 관한 은사주의자들의 개념이 매우 위험한 이유는 새로운 계시를 받았다고 주장하기 때문이다. 그러나 성경은 신약 성경 시대의 선지자들을 통해 새로운 계시가 주어진 목적은 오직 교회의 토대를 닦기 위한 것이었다고 가르친다. 바울이 에베소서 2장 20절에서 명확하게 말한 대로, 교회는 "사도들과 선지자들의 터 위에 세우심을 받았다." 이 구절에서 바울이 언급한 선지자들이 신약 성경의 선지자들을 가리킨다는 사실은 에베소서의 나머지 내용을 통해 분명하게 확인된다. 에베소서 3장 5절과 4장 11절은 신약 성경의 선지자들을 묘사하고 있다.

은사주의자들은 하나님이 말씀하지 않으시는데도 그분으로부터 계시를 받았다고 말하는 것(즉, 오류와 거짓이 가득한 예언의 말을 전하는 것)이 하나님과 그분의 말씀을 크게 욕되게 한다는 사실을 심각하게 여기지 않는다. 하나님은 거짓말을 하실 수 없다(딛 1:2). 따라서 그분의 이름으로 거짓을 말하는 사람들은 그분의 심판을 받게 될 것이다.

진리는 기독교의 생명이다. 거짓 예언과 그로 인한 거짓 교리는 교회의 순결성을 가장 크게 위협한다. 은사 운동은 거짓 선지자들과 거짓 교사들이 아무 제재도 받지 않고 교회에 침투할 수 있게 만들었다. 더욱이 은사 운동은 상상으로 만들어낸 오류를 퍼뜨리는 사람들을 양팔을 벌려 환영해 맞아들였고, 그들의 오류에 아멘으로 화답했다. 은사 운동의 선지자들은 참 선지자들이 아니다. 그렇다면, 그들의 정체는 과연 무엇일까?

이 질문에 대한 대답은 이미 앞에서 제시했다. 베드로후서와 유다서에 따르면, 그들은 물 없는 샘, 열매 없는 나무, 거친 물결, 유리하는 별들, 이성 없는 짐승, 광풍에 밀려가는 안개, 토한 것을 다시 먹는 개, 더러운 구덩이에서 뒹구는 돼지, 게걸스러운 늑대다.

저명한 설교자 찰스 스펄전은 자기에게 찾아와 성령으로부터 계시의 말씀을 받았다고 주장하는 사람들을 염두에 두고 이렇게 말했다.

> 스스로의 공상에서 나온 헛된 상상을 그분(성령)께 전가하지 않도록 주의해야 합니다. 그동안 성령께서 사람들에게 수치와 모욕을 당하시는 것을 종종 보았습니다. 나는 이런저런 계시를 받았다고 말하는 사람들이 제정신이 아니라고 생각합니다. 지금까지 수년 동안 위선자들이나 광신자들이 계시를 받았다며 나를 괴롭히지 않은 적이 단 한 주도 없었습니다. 정신이 반쯤 나간 사람들은 주님으로부터 메시지를 받았다며 내게 찾아오기를 매우 좋아합니다. 그들이 정신을 차리게 하려면 그들의 어리석은 메시지를 용납할 수 없노라고 단호히 말해주어야 합니다. ······하늘로부터 자신에게 계시가 주어졌다고 절대 생각하지 마십시오. 그렇지 않으면 자기 자신의 주제넘은 어리석음을 성령께 전가하는 바보들처럼 될 것입니다. 허튼소리를 하려고 입이 근질거린다면, 그것이 성령이 아닌 마귀의 지시라는 것을 명심하십시오. 성령께서 우리에게 계시하기를 원하시는 것은 이미 모두 하나님의 말씀 안에 있습니다. 그분은 성경에 아무것도 더하지 않으시고, 앞으로도 그러실 것입

니다. 이런저런 계시를 받았다고 주장하는 사람들은 한잠 푹 자고 나면 정신이 올바로 돌아올 것입니다. 나는 그들이 이와 같은 조언을 받아들여 허튼소리를 성령의 뜻으로 돌려 그분을 더 이상 모욕하지 않았으면 좋겠습니다.[29]

스펄전의 말이 가혹하게 들릴지 몰라도, 그의 말은 그런 주제넘은 행위를 단죄하는 성경의 엄격함을 꼭 닮았다. 예레미야 23장도 그와 비슷하게 거짓 예언을 엄중히 경고한다. 은사주의 교회에 다니는 신자들은 이 말씀에 깊이 주의를 기울여야 한다.

> "만군의 여호와께서 이와 같이 말씀하시되 너희에게 예언하는 선지자들의 말을 듣지 말라 그들은 너희에게 헛된 것을 가르치나니 그들이 말한 묵시는 자기 마음으로 말미암은 것이요 여호와의 입에서 나온 것이 아니니라……이 선지자들은 내가 보내지 아니하였어도 달음질하며 내가 그들에게 이르지 아니하였어도 예언하였은즉 그들이 만일 나의 회의에 참여하였더라면 내 백성에게 내 말을 들려서 그들을 악한 길과 악한 행위에서 돌이키게 하였으리라……내 이름으로 거짓을 예언하는 선지자들의 말에 내가 꿈을 꾸었다 꿈을 꾸었다고 말하는 것을 내가 들었노라 거짓을 예언하는 선지자들이 언제까지 이 마음을 품겠느냐 그들은 그 마음의 간교한 것을 예언하느니라……여호와의 말씀이니라 보라 그들이 혀를 놀려 여호와가 말씀하셨다 하는 선지자들을 내가 치리라 여호와의 말씀이니라 보라 거짓 꿈을 예언하여 이르며 거짓과 헛된 자만으로 내 백성을 미혹하게 하는 자를 내가 치리라 내가 그들을 보내지 아니하였으며 명령하지 아니하였나니 그들은 이 백성에게 아무 유익이 없느니라 여호와의 말씀이니라(렘 23:16-32)."

7장 거짓 방언에 현혹되지 말라
: 위험한 체험

　　오순절주의 텔레비전 전도자요 자칭 여선지자인 후아니타 바이넘이 2011년에 자신의 페이스북에 "CHCNCFURRIRUNGIGNGNGNVGGGCG", "RFSCNGUGHURGVHKTGHDKUNHSTNSVHGN", "NDHDIUBGUGTRUCGNRTUGTIGRTIGRGBNRDRGNGGJNRIC"와 같은 뜻 모를 문자를 올리면서 세간의 화제가 되었다. 소셜미디어 사이트에 올라오는 뜻 모를 말은 아무런 주목을 받지 못하거나 정신 나간 말로 무시되거나 키보드가 고장난 탓으로 간주되는 경우가 대부분이다. 그러나 은사주의자들에게 바이넘의 뜻 모를 문자는 그보다는 훨씬 깊은 의미를 지닌 것으로 받아들여진다. 『크리스천 포스트』는 "텔레비전 전도자 후아니타 바이넘이 페이스북에 방언 기도를 올려 세상을 놀라게 하다"라는 제목으로 그녀의 기괴한 마이크로블로깅을 기사화했다.[1]

　　오순절주의자들의 방언은 입으로 하는 말이지만, 이 경우에는 인쇄된 형태로 나타났다. 바이넘의 페이스북에 게재된 뜻 모를 말은 현대 은사 운동이 주장하는 방언의 실체를 적나라하게 드러낸다. 이 이상한 행위는 번영의 복음에 비해 관심을 덜 받고 있지만, 여전히 은사 운동의 단골 메뉴 가운데 하나다. 때로 "하늘의 언어", "천사들의 말", "사적인 기도의 언어"로 일컬어지기도 하는 현대의 "방언"은 아무 의미 없는 허튼소리로 이루어져 있다. 심지어 은사주의자들도 이 사실을 인정한다.

『카리스마』의 편집장 리 그래디는 처음 방언을 말했던 일을 회상하면서 이렇게 말했다. "다음 날 내 방에서 기도할 때 하늘의 언어가 내 안에서 솟구치는 것을 느꼈다. 나는 입을 열어 그 말을 쏟아냈다. '일리아 스키리단 톨라도 스칸타마.' 내가 무슨 말을 하고 있는지 전혀 알 수가 없었다. 의미 없는 허튼소리처럼 들렸다. 그러나 방언으로 기도를 드리자 하나님과 가까워지는 느낌이 들었다."[2]

개인적인 은사 체험으로 1960년대 "은사 갱신 운동"을 촉발시키는 데 기여한 바 있는 데니스 베넷은 "방언이 어떤 소리로 이루어질는지는 알 수 없다. 내가 알고 있는 한 사람은 '루브 아 두브두브'라고 방언 기도를 드린다. 그는 방언 기도를 통해 큰 축복을 받았다"고 말했다.[3] 조이스 마이어는 "오늘날 수많은 사람들이 방언을 말하고 있다"는 이유를 들어 현대의 방언 현상을 옹호하면서도 "많은 사람이 스스로가 방언을 말하고 있다고 생각하기 위해 나름대로 말을 만들어 뜻 모를 소리를 중얼거리는 일에 시간을 할애하고 있다는 의구심이 든다"고 결론지었다.[4] 아이러니컬하게도 마이어는 어줍은 논리로 방언을 옹호하면서 "말을 만들어 뜻 모를 소리를 중얼거리는 일에"라는 표현으로 부지중에 현대 방언의 실체를 드러냈다.

현대 방언을 연구한 언어학자들은 그런 표현에 기꺼이 동의한다. 토론토 대학교 언어학 교수 윌리엄 새머린은 수년 동안 여러 나라의 은사주의자들을 직접 찾아다니며 현장 연구를 실시한 후에 이렇게 말했다.

> 방언은 신비롭지 않다. 테이프에 녹음된 샘플을 구해 분석하는 일은 그리 어렵지 않다. 방언은 항상 똑같다. 그것은 화자가 알고 있는 말에서 따온 일

련의 음절을 되는 대로 조합해 만든 것이다. 실제 언어와 같은 운율과 가락을 갖추고 있기 때문에 단어나 문장을 말하는 것처럼 들릴 뿐이다. 방언은 어떻게 보면 마치 언어 같다. 왜냐하면 화자가 무의식적으로 그것을 언어처럼 말하기를 원하기 때문이다. 그러나 방언은 그런 피상적인 유사성에도 불구하고 근본적으로는 언어가 아니다. 지금까지 조사한 방언들 가운데 의사전달 체계의 특성을 갖춘 것은 단 하나도 없었다…….

방언은 초자연적인 현상이 아니다. ……사실, 아무런 제약을 받지 않는 상태에서 그 "기술"만 파악한다면 누구라도 방언을 말할 수 있다.[5]

새머린은 다른 곳에서도 "언어학의 규칙을 방언에 적용하면, 단지 언어의 외관만 갖춘 것으로 드러난다"라고 말했다.[6]

『심리학과 종교 백과사전』은 방언의 실체를 더욱 명확하게 밝힌다. "방언은 인간의 언어가 아니다. 방언은 인간의 언어로 해석하거나 연구될 수 없다."[7] 『과학과 종교를 위한 캠브리지 지침서』도 방언이 "언어가 아닌 것"은 의문의 여지가 없다고 말했다.[8]

은사주의 저자들도 이런 명백한 현실을 알고 있기 때문에 방언의 은사를 더 이상 알려진 외국어와 결부시키려고 시도하지 않는다. 그들은 "성령의 은사를 받아 그들 자신의 영적 언어를 말하는 신자가 6억 명에 이른다"라고 말한다.[9] 모든 사람의 방언은 제각기 독특하다. 대부분 일련의 음절을 아무 생각 없이 반복하는 형태를 띤다. 한 목회자는 이렇게 가르쳤다. "성령께 구하면 머릿속에서 음절이 맴돌거나 생각날 것입니다. 믿음으로 그것을 말하면, 마치 댐 문을 연 것처럼 말이 쏟아져 나올 것입니다. 뱃속에 마치 실 꾸러미가 들어 있는 것과 비슷합니다. 그 실 꾸러미의 첫 부분이 혀끝에 걸릴 때 그것을 잡아당기면(즉 말하면) 나머지 실들이 풀려나올 것입니다."[10]

또 다른 은사주의 저자는 "스스로가 하는 말을 이해할 수는 없다. ……그것은 마음이 아니라 영으로 기도하는 것이다"라고 말했다.[11] 『회의주의자 사전』은 "정신분열증 환자가 말하는 알아들을 수 없는 말은 허튼소리로 간주되고, 은사주의 기독교 공동체 내에서 말하는 알아들을 수 없는 말은 '방언', 또는 '방언의 은사'로 간주되어 신성시된다"라는 말로 방언의 명백하면서도 곤혹스런 모순을 지적했다.[12]

현대의 방언은 황홀경 속에서 믿음을 표현하는 것으로 추정되기 때문에 언어의 규칙을 적용할 수 없다. 그러나 은사주의자들은 방언을 마치 실제 언어처럼 간주한다. 한 저자는 이렇게 말했다. "방언(성령 충만의 증거)은 그 어떤 언어로도 불가능한 것, 곧 말로 표현할 수 없는 의미를 전달하기 위해 문법적, 의미론적인 제약에 전혀 구애받지 않는다."[13] 이런 주장은 20세기 초의 1세대 오순절주의자의 입장과 큰 차이를 드러낸다. 2장에서 살펴본 대로, 찰스 폭스 파햄과 아그네스 오즈먼과 초창기 오순절주의자들은 실제 외국어를 말할 수 있는 초자연적 능력을 받았다고 믿었다.

케니스 놀런은 이렇게 말했다. "초기 오순절주의자들은 방언이 세계 선교의 목적으로 교회에 주어졌다고 믿었다. 그들 가운데 많은 사람이 성령께서 그 나라 사람들의 언어를 말하게 하실 것이라고 기대하고 낯선 선교지를 향해 떠났다. 이런 초창기의 기대와 그 결과는 언어를 배우는 데 오랜 시간을 투자하기를 원하지 않았던 선교사 지망생들에게 큰 실망을 안겨주었다."[14] 오순절주의자들은 방언이 알려진 언어와는 아무 상관이 없다는 사실이 명백해지자 둘 중 하나를 선택해야 할 기로에 섰다. 즉, 수많은 반증에도 불구하고 방언이 실제 언어라는 어리석은 주장을 유지하든지, 아니면 자신들의 실패한 경험을 설명하기 위해 방언을 적절히 재정의해야 했다. 결국, 그들은 방언을 언어가 아닌 뜻 모를 소리라고밖에 달리 설명할 길이 없었다.

현대의 방언 은사가 성경적인 은사에 해당하는가?

은사주의자들은 방언이 하나님과 더 가까워지게 만든다고 주장한다. 한 은사주의자는 이렇게 말했다. "하나님의 마음에 가까이 다가가 그분이 무엇을 원하시는지 알 수 있는 느낌을 받아요. 내가 무슨 말을 하는지 알 수는 없지만, 그것이 하나님이 내가 말하기를 원하는 것이라고 믿습니다. 방언은 깨달음 이상의 것을 제공하지요. 방언은 하나님이 나와 함께 계시며, 내가 하는 말을 통해 그분이 말씀하시는 것을 느낄 수 있게 해줍니다."[15] 방언에 대한 은사주의 신자들의 전형적인 입장을 드러내는 말이 아닐 수 없다.

또 다른 은사주의 신자는 "어떤 사람들은 마음속에서 따뜻하고 포근한 느낌을 느끼지만, 내 경우는 온 몸에 소름이 돋을 만큼 짜릿해요"라고 말했다.[16] 그런 느낌을 비롯해 최면에 걸린 듯한 변성 의식의 상태는 영적인 영역에서 무엇인가 의미 있고, 실질적인 것을 경험하는 증거로 간주된다. 그러나 성경을 읽고 이해하는 사람이라면, "기분을 좋게 만든다면 해야 한다"는 식의 주장이 적절한 논거가 될 수 없으며, 또한 매우 위험한 일이라는 것을 분명하게 알 수 있다.

현대의 방언은 참된 영성의 가면을 뒤집어쓴 위험한 거짓이다. 은사주의자들은 하나님이 자신들을 통해 말씀하신다고 주장할지 모르지만, 현대의 방언이 성령의 은사이거나 그분의 성화 사역을 돕는 수단이라는 것을 확증해줄 증거는 아무것도 없다. 오히려 그런 방언은 하지 않는 편이 더 낫다. 그것은 아프리카의 부두교 주술사에서부터 불교의 신비주의 수도사와 모르몬교의 설립자들에 이르기까지 다양한 사이비 종파와 거짓 종교에서 흔히 발견할 수 있는 현상이다. "어떤 사람들은 부두교 주술사, 아프리카 정령 숭배자, 티베트 불교 승려의 주문이나 힌두교 수도사의 기도를 비롯해 종교적인 분위기 속에서 사람들이 중얼거리는 원시적인 소리를 방언으로 간주한다.

그런 숭배자들의 중얼거림은 오순절주의와 은사주의 예배에서 발견되는 방언과 비교할 때 그 소리나 발성이 매우 흡사하다. ……방언은 정신분열이나 조울증을 비롯해 다양한 신경 질환과 같은 정신 질환을 앓는 사람들 가운데서도 얼마든지 나타날 수 있다." 그로매키는 고대 그리스와 페니키아 종교, 그리스 로마 신비 종교, 이슬람교, 에스키모 종교, 티베트와 중국의 종교에서도 격정적인 말(방언)을 하는 현상들이 있었다고 지적했다. 흥미롭게도, 하젤도 "무당"과 "주술 치료사"를 방언을 말하는 이교도의 목록에 포함시켰다.[17]

역사적으로, 황홀경에 빠져들어 뜻 모를 소리를 지껄이는 행위는 몬타누스파와 얀센파와 어빙파와 같은 이단에만 국한되었다. 현대 은사주의의 방언은 영적으로 백해무익했던 그런 경험과 본질적으로 똑같다. 방언의 역사를 잘 알지 못하는 오늘날의 복음주의자들은 그것의 기원이 멀리 사도 시대까지 거슬러 올라가는 것처럼 생각한다. 크리스웰이 오래 전에 방언에 관해 말했던 말은 지금도 여전히 사실이다.

> 사도 시대 이후 오랜 역사를 거치는 동안, 방언의 현상이 나타날 때마다 이단으로 간주되었다. 방언은 대부분 19세기와 20세기에 국한된다. 그러나 방언이 어디에서, 어떤 방식으로 나타났든, 기독교 세계의 교회들은 그것을 인정하지 않았다. 교회들은 어디에서든 방언을 정통 교리에서 벗어난 감정주의로 간주해 거부했다.[18]

간단히 말해, 오늘날 은사주의자들이 말하는 방언은 모든 점에서 신약 성경에 기록된 방언의 은사와는 다른 것이다. 방언을 말하는 사람들은 성경적인 은사를 받았다고 주장하지만, 결국에는 자신들이 하는 말이 실제 언어의 특성을 조금도 갖추지 못한 허튼소리라는 사실을 인정하지 않을 수 없다. 현대의 방언은 뜻 모를 중얼거림과 무의미한 음절로 이루어진 학습된 행위인데 비해, 신약 성경의 방언 은사는 화자가 배운 적이 없는 외국어를 정확하게 말할 수 있는 초자연적인 능력이었다. 은사주의자들은 성경의 용어를 빌려 자신들의 경험을 묘사하지만, 그들의 날조된 행위는 성경의 은사와는 아무 상관이 없다. 노먼 가이슬러는 이렇게 말했다.

> 심지어 현대의 방언을 믿는 사람들조차도 구원받지 못한 사람들이 방언을 경험할 수 있다고 인정한다. 그런 경험은 초자연적인 특성을 지니고 있지 않다. 그러나 한 번도 들어본 적이 없는 언어로 온전하고 의미 있는 문장과 말을 구사하는 것은 매우 독특하다. 이것이 신약 성경이 말하는 진짜 방언이다. "사적인 방언"처럼 여기에 부합하지 않는 방언은 성경적인 방언 은사로 간주할 수 없다.[19]

그러면 성경적인 방언 은사의 정확한 본질을 어떻게 알 수 있을까? 구체적으로 말해, "사람의 방언과 천사의 말"이라는 표현이 과연 하늘나라 천사들의 말을 구사할 수 있는 은사를 가리킬까? 앞으로 살펴보겠지만, 은사주의자들은 대부분 그렇다고 말한다. 그들은 이 말씀을 현대의 방언이 실제 언어의 특성을 조금도 갖추지 못한 이유에 대한 대답으로 받아들인다.

그러나 성경에 기록된 참된 방언 은사를 상세히 묘사한 대목은 오순절 성령 강림을 기록한 사도행전 2장뿐이다. 사도행전 2장 본문은 방언의 은사를 의미 있고 번역 가능한 실제 언어를 구사하는 초자연적 능력으로 묘사한다. 사도행전 2장 4절은 다락방에 모여 있던 예수 그리스도의 제자 120명이 "다 성령의 충만함을 받고 성령이 말하게 하심을 따라 다른 언어들로 말하기를 시작했다"고 분명하게 진술한다. 제자들이 실제 언어를 말했다는 사실은

"언어"를 뜻하는 헬라어 "글로사"(이 용어는 인간의 언어를 가리킨다[20])는 물론, 누가가 "방언"이라는 말을 사용한 사실(6, 7절)과 당시의 외국어를 언급한 사실(9-11절)을 통해 분명하게 확증된다. 세계 곳곳에 흩어져 살던 유대인들이 오순절을 기념하기 위해 예루살렘을 방문했다(5절). 그들 가운데는 아람어 외에 다른 언어를 말하며 성장한 순례자들이 많았다. 교육을 받지 못한 갈릴리 사람들이 갑자기 여러 나라의 언어를 유창하게 말한 것은 부인할 수 없는 기적이었기 때문에 그 소리를 듣는 순례자들은 깜짝 놀라지 않을 수 없었다(7, 8절).

당시 그곳에는 그런 언어들을 사용하지 않았던 관계로 제자들이 하는 말을 이해하지 못했던 본토 유대인들도 포함되어 있었다. 그 현상을 어떻게 이해해야 할지 혼란스러웠던 그들은 제자들이 술에 취했다고 의심하며 비웃었다(13절). 그러나 베드로의 설명대로, 오순절의 역사는 술 취함과는 아무 상관이 없었다(14, 15절). 초기 교부 가운데 한 사람은 "그들이 알지 못하는 언어를 말했던 그 기적은 참으로 놀라웠다"라고 말했다.[21]

하나님은 창세기 11장에서 인류를 심판하시기 위해 세상의 언어를 혼잡하게 하셨다. 그와는 대조적으로, 오순절에는 바벨의 저주가 기적적으로 풀려 예수 그리스도의 복음과 하나님의 놀라운 말씀이 온 세상, 모든 나라의 사람들에게 전해질 것을 암시했다. 아래의 인용문들은 사도 시대 이후의 초기 신자들이 방언의 기적을 어떻게 이해했는지를 잘 보여준다. 고대 시대의 저명한 설교자 요한 크리소스토무스는 이렇게 말했다.

> (바벨) 탑이 건축될 당시에 하나의 언어가 여러 언어로 나뉜 것처럼, (오순절에는) 한 사람이 여러 가지 언어를 말했다. 그는 페르시아어, 로마어, 인도어를 비롯해 많은 언어를 말했다. 성령께서 그 사람 안에서 말씀하셨다. 이 은사를 방언의 은사라고 일컬었던 이유는 그 사람이 한 번에 다양한 언어를

말했기 때문이다.²²

아우구스티누스도 그와 비슷하게 말했다.

성령께서 임하셨던 초창기에는 신자들이 성령이 말하게 하심에 따라 배우지 않은 언어를 말했다. 그런 표적은 당시에 매우 적절했다. 왜냐하면 성령의 사역이 모든 언어로 이루어져야 했고, 하나님의 복음이 각 민족의 언어로 온 세상에 전파되어야 했기 때문이다. 이것은 그 당시에 주어진 표적이었고, 그 후로는 사라졌다.²³

다시 말하지만, 이것은 20세기 초의 오순절주의자들까지도 사도행전 2장의 현상이 실제 언어였다는 것을 분명하게 인식할 정도로 명백했다. 그들은 성경을 읽고 성령께서 즉석에서 외국어를 말하는 기적적인 능력을 허락하셨다는 것을 알았고, 자기들에게도 선교 사역을 위해 그와 똑같은 능력이 주어졌다고 확신했다. 이것이 그들의 운동이 오순절이라는 이름을 얻게 된 이유였다. 나중에 현대의 "방언"이 실제 언어가 아니라는 사실이 밝혀지자 은사주의자들은 자신들의 비정통적인 견해를 옹호하기 위해 성경을 새롭게 해석하기 시작했다.

누가는 사도 시대의 교회 역사를 기록하면서 사도행전 10장 46절과 19장 6절에서 방언의 은사를 또다시 언급했다. 은사주의자들은 자신들의 방언을 입증해줄 성경의 증거를 찾기 위해 사도행전에 나중에 기록된 방언이 오순절의 방언과 달랐다고 주장하기도 한다. 그러나 본문은 그런 결론을 허용하지 않는다. 누가는 사도행전 2장 4절에서 다락방에 있던 제자들이 "다른 언어들(글로사)"을 "말했다(랄레오)"고 증언했다. 그는 세례 요한의 제자들(행

19:6)과 고넬료(행 10:46)의 경험을 묘사할 때도 정확히 똑같은 용어를 사용했다. 더욱이, 사도행전 10장의 현상이 사도행전 2장의 현상과 다르다는 생각은 사도행전 11장 15-17절에 기록된 베드로의 증언과도 모순된다. 베드로는 그곳에서 성령께서 오순절에 제자들에게 임하셨던 것과 똑같은 방식으로 이방인들에게 임하셨다고 진술했다.

대다수 은사주의자들은 의미 없는 방언을 옹호하기 위해 고린도전서를 인용한다. 그들은 고린도전서 12-14장에 기록된 방언이 사도행전의 방언과 전혀 다르다고 주장한다. 그러나 여기에서도 본문은 그런 주장을 용납하지 않는다. 단순히 용어만을 살펴봐도 그 사실을 쉽게 알 수 있다. 두 곳의 본문 모두 동일한 용어를 사용해 방언의 기적을 묘사한다. 누가는 사도행전에서 "방언"을 뜻하는 "글로사"와 "말하다"를 뜻하는 "랄레오"를 함께 조합해 네 차례 사용했다(행 2:4, 11, 10:46, 19:6). 바울은 고린도전서 12-14장에서 그와 똑같은 방식으로 두 용어를 조합해 열세 차례 사용했다(고전 12:30, 13:1, 14:2, 4, 5〈2번〉, 6, 13, 18, 19, 21, 27, 39).

누가가 바울의 조력자로 그와 함께 전도여행을 다니면서 그의 사도적 권위 아래 성경을 기록했다는 사실을 고려하면, 이런 용어상의 유사점은 더욱 더 의미심장해진다. 누가는 바울이 고린도전서를 기록한 지 약 5년 뒤인 60년에 사도행전을 기록했기 때문에 서로 다른 성격의 방언을 똑같은 용어로 언급할 경우에는 혼란이 야기되리라는 것을 익히 알고 있었을 것이다. 그는 그런 용어상의 혼란을 일으키기를 원하지 않았을 것이 분명하다. 간단히 말해, 오순절에 일어났던 현상이 바울이 고린도전서에서 언급한 방언과 똑같지 않았다면 바울이 사용한 용어를 사도행전에서 사용하지 않았을 것이다.

바울이 고린도전서 12장 10절에서 "각종 방언 말함을"이라고 말한 것은 일부는 실제 언어이고, 일부는 뜻 모를 소리였다는 의미를 담고 있지 않다.

"각종"을 뜻하는 헬라어 "게노스"에서 "종류"를 뜻하는 영어 단어 "genus"가 유래했다. "게노스"는 가족, 집단, 인종, 민족 등을 나타낸다. 언어학자들은 종종 언어를 "어족"이나 "어군"으로 일컫는다. 이것이 바울이 말하고자 했던 요지다. 세상에는 다양한 어족이 존재한다. 방언의 은사는 신자에게 다양한 언어를 말하는 능력을 제공한다. 누가는 사도행전 2장 9-11절에서 이와 동일한 개념을 강조했다. 그는 그곳에서 최소한 16개 지역의 언어가 사용되었다고 설명했다.

사도행전과 고린도전서 12-14장은 이 밖에도 또 다른 유사점을 지니고 있다. 두 곳 모두 성령께서 은사를 허락하셨다고 증언한다(행 2:4, 18, 10:44-46, 19:6, 고전 12:1, 7, 11 등). 또 두 곳 모두 방언의 은사가 사도들만이 아니라 평신도들에게 주어졌다고 말한다(행 1:15, 10:46, 19:6, 고전 12:30, 14:18 참조). 두 곳 모두 방언의 은사를 말하는 은사로 기술한다(행 2:4, 9-11, 고전 12:30, 14:2, 5 참조). 더욱이 방언은 이미 그 언어를 알고 있는 사람들이나(오순절의 경우처럼, 행 2:9-11), 통역의 은사를 받은 사람(고전 12:10, 14:5, 13)을 통해 이해 가능한 메시지를 전한다.

방언은 믿지 않는 유대인들을 위한 표적이었다(행 2:5, 12, 14, 19, 고전 14:21, 22, 사 28:11, 12 참조). 방언의 은사는 예언의 은사와 밀접하게 관련되었다(행 2:16-18, 19:6, 고전 14장). 방언을 이해하지 못했던 불신자들은 비웃으며 조롱했다(행 2:13, 고전 14:23). 이런 많은 유사점을 고려하면, 고린도전서가 묘사하는 현상과 사도행전 2장이 묘사하는 현상이 서로 다르다는 주장은 주석학적으로 불가능한 무책임한 발언이라는 사실이 분명히 드러난다. 오순절의 방언이 실제 언어를 말하는 은사였듯, 고린도 신자들도 실제 언어를 말했다.

두 가지 점을 더 생각하면 이런 해석이 절대적으로 확실하다는 것을 알 수 있다. 첫째, 바울은 교회에서 말하는 방언을 통역의 은사를 받은 사람이 해석해야 한다고 주장함으로써 그 은사가 의미 있는 언어였다는 것을 암시했다. "통역"으로 번역된 헬라어는 "헤르메뉴오"다(이 말에서 "해석학"을 뜻하는 영어 단어 "hermeneutics"가 유래했다). 이 말은 "통역", "정확한 의미 전달"을 뜻한다. 통역이란 하나의 언어로 다른 언어의 의미를 정확하게 옮기는 것을 의미하기 때문에 뜻 모를 허튼소리를 통역한다는 것은 불가능한 일이 아닐 수 없다.

고린도전서 12-14장에 언급된 방언이 실제 언어가 아니라면, 통역을 거듭 강조했던 바울의 말은 아무 의미가 없었을 것이다. 노먼 가이슬러는 이렇게 설명했다. "바울이 고린도전서에서 언급한 방언이 '통역 가능했다'는 것은 그것이 의미 있는 언어였다는 사실을 보여준다. 만일 그렇지 않았다면, '통역'이 아니라 의미를 창조하는 행위가 되었을 것이다. 이처럼 '통역'의 은사(고전 12:30, 14:5, 13)는 방언이 특별한 통역의 은사를 통해 번역되어 모두를 유익하게 만드는 실제 언어였다는 사실을 입증한다. 두 사람 이상의 오순절주의 방언 통역자들이 동일한 방언을 녹음한 내용을 듣고 해석을 시도하면 그 내용이 서로 전혀 다르다. 이런 사실 역시 현대의 방언이 통역 가능한 실제 언어가 아니라는 사실을 분명하게 입증한다."[24]

둘째, "이같이 세상에 소리의 종류가 많으나 뜻 없는 소리는 없나니 그러므로 내가 그 소리의 뜻을 알지 못하면 내가 말하는 자에게 외국인이 되고 말하는 자도 내게 외국인이 되리니(고전 14:10, 11)"라는 바울의 말은 분명히 인간의 언어를 가리킨다. 오순절에 통역자가 필요하지 않았던 이유는 군중 가운데 그들이 말하는 언어들을 이해하는 사람들이 존재했기 때문이다(행 2:5-11). 그러나 고린도 교회의 경우에는 그들이 이해하지 못하는 언어가 있었기 때문에 통역자가 필요했다. 통역자가 없다면 방언의 메시지를 이해할 수 없어 신자들이 아무 유익도 얻을 수 없었다. 바울 사도는 나중에 이사야서 28장 11, 12절(이 본문에서 "더듬는 입술과 다른 방언"은 앗수르의 언어를 가리킨다)을 언급했다(고전 14:21). 이 사실은 바울이 외국어를 염두에 두고 말했다는 것을 보여준다.

성경의 증거를 고려하면, 고린도전서 12-14장에 언급된 방언이 사도행전 2장에 기록된 기적적인 방언과 정확히 똑같은 은사(곧 화자가 알 수 없는 외국어를 말하는 성령의 능력)였던 것이 분명해진다. 토머스 에드거는 이렇게 말했다.

> 고린도전서 14장에는 외국어라고 생각하면 이해가 되지만 황홀경 속에서 뜻 모를 소리를 말하는 것으로 생각하면 전혀 이해가 되지 않는 구절들이 있다(예를 들면 22절). 그 반대의 경우를 생각하기는 어렵다. 듣는 사람이 이해하지 못하는 외국어는 그가 보기에 무의미한 언어와 하등 다를 바가 없다. 따라서 황홀경 속에서 말하는 뜻 모를 소리로 이해될 수 있는 대목을 그 말을 듣는 사람이 알지 못하는 외국어로 대체한다고 해도 아무런 무리가 없다. 이 대목에서도 "글로사"의 정상적인 의미를 무시하고, 아무 증거 없는 용법을 주장해야 할 필연적인 이유는 물론, 가장 단순한 이유조차 발견되지 않는다.[25]

이런 결론은 방언에 관한 현대 은사주의의 견해에 치명타를 날린다. 그들의 견해는 신약 성경의 방언과 아무런 공통점이 없고, 오히려 고대 그리스-로마 종교의 광적인 말(성경이 단죄하는 이교도의 관습, 마 6:7 참조)과 유사하다.[26]

방언의 은사에 관한 질문들

지금까지 말한 대로 방언에 관한 올바른 정의를 알고 있으면, 이 기적적인 능력에 관한 성경의 가르침을 정확하게 이해할 수 있다. 이번 장의 나머지 부분에서는 방언의 은사에 관해 흔히 제기되는 열 가지 질문을 생각해보자.

방언 은사의 목적은 무엇이었나?

방언의 목적은 구원의 역사를 위한 하나님의 주권적인 계획과 관련된 일차적인 목적과 초대 교회의 상황과 관련된 이차적인 목적으로 나누어 생각할 수 있다. 우선, 방언은 구약에서 신약으로 넘어가는 과도기적 상황에서 믿지 않는 유대인들을 위한 표적이었다. 바울 사도는 고린도전서 14장 21, 22절에서 이런 사실을 분명하게 언급했고, 누가도 사도행전 2장 5-21절에서 오순절 사건을 묘사하면서 그와 똑같은 사실을 언급했다. 마가복음의 마지막에도 그리스도의 제자들이 "새 방언"을 말할 것이라는 말씀이 기록되어 있다(16:17). 방언은 제자들이 참 복음의 사자라는 사실을 입증하는 표적 가운데 하나였다(20절).[27]

아울러, 교회를 위한 이차적인 목적(신자들의 덕을 세우는 일)이 있었다. 바울은 고린도전서 12장 7-10절에서 성령께서 허락하시는 모든 은사의 목적이 그리스도의 몸 안에 있는 신자들을 굳건히 세우는 데 있다고 말했다(벧전 4:10, 11 참조). 방언의 은사를 교회 밖에서 사용할 때는 (오순절의 경우처럼) 복음이 참되다는 것을 입증하는 표적이었다. 그러나 교회 안에서 사용할 때는 (바울이 고린도 신자들에게 말한 대로) 다른 신자들의 덕을 세우는 일에 기여해야 했다. 또한, 신약 성경이 완성되기 이전의 방언 은사는 통역이 가능한 경우에는 예언과 마찬가지로 하나님의 진리를 교회에 계시하는 역할을 했다.

서로에 대한 사랑이 항상 가장 중요했다. 모든 영적 은사는 목적을 위한 수단이었다(고전 13:1-7, 롬 12:3-21). 따라서 이기적인 목적으로 은사를 사용하는 것은 "소리 나는 구리와 울리는 꽹과리(고전 13:1)"만큼이나 무익했다. 바울이 고린도 신자들에게 설명한 대로, 사랑은 "자기의 유익을 구하지 아니한다(고전 13:5)." 그는 같은 서신에서 "누구든지 자기의 유익을 구하지 말고 남의 유익을 구하라(고전 10:24)"고 권고했다.

바울은 고린도전서 14장 4절에서 "방언을 말하는 자는 자기의 덕을 세우고 예언하는 자는 교회의 덕을 세우나니"라고 말했다. 그는 자기의 덕을 세우는 것을 가장 우선적인 행위로 인정하지 않았다. 그런 행위는 바울이 앞 장에서 말한 모든 것에 어긋난다. 그가 (모두가 이해할 수 있는 언어로 말하는) 예언이 (아무도 이해하지 못하는) 외국어로 말하는 방언보다 우월하다고 말했던 이유는 후자의 경우에는 통역이 필요했기 때문이다. 무슨 은사든 올바로 사용해 온 교회의 덕을 세우는 데 이바지해야 했기 때문에(고전 14:12, 26), 외국어는 통역을 통해 모두가 이해할 수 있게 하는 것이 중요했다(고전 14:6-11, 27).

고린도 신자들은 이기적인 동기와 육신적인 욕망에 사로잡혀 스스로의 영적 우월성을 드러내기 위해 방언의 은사를 사용했다. 오늘날에도 그런 동기가 지배하고 있기 때문에 다른 사람들의 덕을 세울 가능성은 매우 희박하다.

모든 신자가 방언을 말해야 했는가?

은사주의자, 특히 고전적 오순절주의에 영향을 받은 사람들 가운데는 모든 신자가 방언을 말해야 한다고 주장하는 이들이 많다. 그들은 방언이 성령 세례를 입증하는 보편적인 증거라고 주장한다. 그러나 고린도전서 12장에 기록된 바울의 가르침은 오순절주의의 그런 입장을 산산이 부서뜨린다. 바울은 13절에서 신자들이 구원을 받는 순간에 성령 세례를 경험했다고 암시했다. 그런 다음, 그는 모든 신자가 다 방언의 은사를 받는 것은 아니라고 설명했다. 이런 말은 고린도 신자들이 모두 성령 세례를 받았지만, 그들 모두가 방언을 말한 것은 아니라는 사실을 분명히 보여준다. 오순절주의자들의 주장과는 달리, 방언의 은사만이 성령 세례의 유일한 표징은 아니다. 바울은 12장에서도 성령께서 주권적으로 다양한 사람들에게 다양한 은사를 나눠주신다고 말했다.

"각 사람에게 성령을 나타내심은 유익하게 하려 하심이라 어떤 사람에게는 성령으로 말미암아 지혜의 말씀을, 어떤 사람에게는 같은 성령을 따라 지식의 말씀을, 다른 사람에게는 같은 성령으로 믿음을, 어떤 사람에게는 한 성령으로 병 고치는 은사를, 어떤 사람에게는 능력 행함을, 어떤 사람에게는 예언함을, 어떤 사람에게는 영들 분별함을, 다른 사람에게는 각종 방언 말함을, 어떤 사람에게는 방언들 통역함을 주시나니 이 모든 일은 같은 한 성령이 행하사 그의 뜻대로 각 사람에게 나누어 주시는 것이니라(7-11절)."

외국어를 말하는 초자연적인 능력이 오늘날에도 여전히 가능하더라도 모든 신자에게 다 그런 능력이 주어지지는 않을 것이 분명하다. 모든 신자가 다 방언의 은사를 구해야 한다는 은사주의자들의 주장은 고린도전서 12장 14-31절에 기록된 바울의 말과 전적으로 상충된다. 이런 사실은 그들이 말하는 방언의 은사가 가짜라는 것을 드러낸다.

은사주의자들은 "나는 너희가 다 방언 말하기를 원하나(고전 14:5)"라는 바울의 말을 모든 신자가 방언을 말해야 한다는 자신들의 주장을 입증하는 증거로 내세운다. 그러나 바울의 말은 실제적인 가능성이 아닌 가정적인 과장법에 해당한다. 이 경우, 바울은 예언의 은사가 방언의 은사보다 더 우월하다고 강조했다. "특별히 예언하기를 원하노라 만일 방언을 말하는 자가 통역하여 교회의 덕을 세우지 아니하면 예언하는 자만 못하니라"라는 5절의 나머지 내용이 그 점을 분명하게 언급하고 있다. 따라서 바울이 실제로 모두가 방언을 말하기를 바랐다고 해도, 그의 참된 의도는 고린도 신자들 모두가 방언이 아닌 예언을 말하는 것이었다는 사실을 익히 짐작할 수 있다. 왜냐하면 예언은 통역이 없어도 다른 신자들의 덕을 세우는 데 기여할 수 있었기 때문이다.

바울의 말은 문법적으로 볼 때 고린도전서 7장 7절과 매우 흡사하다. 그는 그곳에서 결혼하지 않은 자신의 상태를 염두에 두고, "나는 모든 사람이 나와 같기를 원하노라"라고 말했다. 바울의 말은 모든 신자에게 독신을 요구한 것이 아니었다. 왜냐하면 그는 독신의 은사가 모든 사람에게 주어졌다고 생각하지 않았기 때문이다. 고린도전서 14장 5절도 방언의 은사와 관련해 정확히 그와 동일한 논법을 사용하고 있다.

바울이 고린도 신자들에게 방언의 은사를 사모하라고 명령했는가?

고린도전서 12장 31절은 종종 "너희는 더욱 큰 은사를 사모하라"는 명령어로 번역된다. 그러나 그런 식의 번역은 한 가지 심각한 의문을 제기한다. 성령의 주권적인 권위에 의해 영적 은사들이 주어지고(고전 12:7, 18, 28), 각각의 은사가 그리스도의 몸을 세우는 데 필요하다면(14-27절), 신자들에게 그들이 받지 못한 은사를 사모하라고 명령해야 할 이유가 무엇인지 궁금하다. 그런 생각은 고린도전서 12장에 나타난 바울의 논조와 정면으로 충돌한다. 바울은 그곳에서 신자들에게 제각기 자신의 은사를 감사하게 여기고, 그것을 통해 교회의 덕을 세우라고 권고한 바 있다.

사실, 고린도전서 12장 31절은 문법적으로 명령법과는 무관하다. "사모하라"는 동사는 사실을 진술하는 직설법으로 번역할 수도 있다. 문맥에 따르면, 그렇게 번역하는 것이 더 낫다. 바울의 논리적 흐름은 명령법이 아닌 직설법과 더 잘 어울린다.[28] 『NIV 성경』은 사도의 취지를 잘 살려 이 구절을 "그러나 너희는 더 큰 은사들을 간절히 사모하고 있다"라고 번역했다. 『아람어 신약 성경』도 그와 비슷하게 "너희가 가장 좋은 은사를 갈망하고 있기에 내가 너희에게 더 좋은 길을 보이리라"라고 번역했다.[29]

바울이 고린도 신자들을 꾸짖었던 이유는 그들이 덜 중요해 보이는 은사들은 무시하고, 자랑할 수 있는 은사만을 추구했기 때문이다. 바울은 그런 그들에게 더 나은 길, 곧 다른 사람들에게 겸손한 사랑을 베푸는 길을 보여 주려고 했다. 그는 이것을 시작으로 고린도전서 13장에서 사랑의 우월성을 가르쳤다.

고린도 신자들은 교만함과 이기적인 야심에 사로잡혀 가장 굉장해 보이는 기적의 은사를 받으려고 애썼다. 그들은 사람들의 박수갈채를 원했고, 육신에 따라 살면서도 신령하게 보이기를 바랐다. (바울이 그들에게 권고하는 말을 가만히 살펴보면, 당시 고린도 교회 안에 오늘날의 은사 운동에 참여하는 사람들처럼 그리스-로마의 신비 종교에서 이루어졌던 뜻 모를 말을 흉내냈던 사람들이 존재했을 가능성이 농후하다.) 성령께서 주권적으로 나눠주시는 영적 은사를 이기적인 목적으로 구하는 행위는 그때나 지금이나 똑같이 잘못되었다. 자기 자신을 섬기거나 교만한 동기로 은사를 탐하는 것은 특히 더 잘못되었다.

"천사의 말"은 무엇인가?

은사주의자들은 바울이 고린도전서 13장 1절에서 말했던 "천사의 말"을 종종 언급한다. 그들은 은사주의 방언을 통해 듣게 되는 뜻 모를 말이 저 세상의 언어(인간의 언어를 초월해 천사들의 언어에 속하는, 거룩한 하늘나라의 말)라고 주장하기를 좋아한다.

본문의 문맥을 고려하면, 고린도전서 13장 1절을 그렇게 해석하는 것은 천사들을 모욕하는 차원을 뛰어넘어 아무런 타당성도 없다는 사실을 발견할 수 있다. 고린도전서 13장에서 바울이 다루는 주제가 영적 은사가 아닌 사랑이라는 사실에 주목하라. 그는 그 주제의 서두를 이렇게 꺼냈다. "내가 사람의 방언과 천사의 말을 할지라도 사랑이 없으면 소리 나는 구리와 울리는 꽹과리가 되고." 바울은 일종의 가정적 상황을 묘사하고 있다. (2, 3절에 언급된 다른 가정적 상황들도 사랑의 가치를 강조하기 위한 극단적인 예와 과장법에 해당한다.)[30] 바울은 사랑이 없는 사람이 아니었다. 그러나 그는 고린도 신자들에게 마치 자신이 그런 사람인 것처럼 가정하고 있다. 그와 마찬가지로, 그는 자신이 천사의 말을 할 능력이 있다고 주장하지 않았다. 그는 그렇게 할 수 있는 능력이 있으면서도 사랑으로 말하지 않는 사람, 곧 다른 사람들의 덕을 세우지 않는 사람을 가정하고 있을 뿐이다. 그렇다면 그런 가정의 결론은 무엇인가? 바울은 만일 다른 사람의 덕을 세우지 않는다면 천사의 말도 한갓 소음에 지나지 않을 뿐이라고 결론지었다.

은사주의자들은 바울이 진정으로 가르치고자 했던 것(곧 은사를 이기적으로 사용하는 것은 그 참된 목적에 어긋난다는 것)을 도외시한 채 오로지 "천사의 말"이라는 문구에만 초점을 맞추는 경향이 있다. 은사의 참된 목적은 사랑으로 다른 신자들의 덕을 세우는 것이다. 누군가가 방언을 말하는 광경을 보거나(고전 14:17), 뜻 모를 소리를 듣는 것만으로는 다른 사람들의 덕을 세울 수 없다. 그런 행위는 바울이 고린도전서에서 가르친 모든 것에 위배된다.

심지어 "천사의 말"을 문자 그대로 받아들인다고 해도 결과는 마찬가지다. 성경에서 천사들이 말을 할 때면, 그들은 항상 듣는 사람이 이해할 수 있는 실제 언어를 사용했다. 이처럼, 고린도전서 13장 1절의 "천사의 말"은 뜻 모를 허튼소리를 중얼거리는 현대 방언을 정당화하지 않는다.

"방언도 그친다"는 바울의 말은 무슨 뜻인가?

바울은 고린도전서 13장 8절에서 "방언도 그치고"라고 말했다. 이 구절에 사용된 헬라어 동사 "파우오"는 "영구적으로 중단된다"를 의미한다. 이 말은 방언의 은사가 완전히 중단될 때가 올 것을 암시한다. 교회 역사상 기적적인 은사들이 중단되었다가 1901년에 다시 회복되었다고 주장하는 고전적 오순절주의자들에게 "파우오"라는 동사에 담겨 있는 영구적인 의미는 심각한 문제가 아닐 수 없다. 이미 살펴본 대로, 현대의 은사주의자들이 어떻게 주장하든, 그들의 방언은 외국어를 말하는 은사가 아니다. 제자들이 오순절에 했던 것처럼, 배우지 않은 외국어를 유창하게 말하는 초자연적인 능력은 현대의 방언과 유사한 점이 아무것도 없다. 신약 성경의 은사는 사도 시대 이후 완전히 종식되었고, 지금까지 다시 나타난 적이 없었다.

바울은 고린도전서 13장 9, 10절에서 "부분적으로 알고 부분적으로 예언하는" 것이 "온전한 것이 올 때에는" 모두 사라질 것이라고 말했다. 그렇다면 바울이 말한 "온전한 것"은 무엇을 가리킬까? 헬라어 "텔레이온"은 "완전한, 성숙한, 온전한"으로 이해할 수 있지만, 그 정확한 의미에 대한 주석학자들의 견해는 서로 크게 엇갈린다.

그들은 다양한 해석을 제시한다. 예를 들어, 브루스는 "온전한 것"이 사랑을 가리킨다고 말했고, 워필드는 완성된 정경(약 1:25 참조)을 가리킨다고 말했다. 또한, 로버트 토머스는 성숙한 교회를(엡 4:11-13), 리처드 개핀은 그리스도의 재림을, 토머스 에드거는 개인 신자가 하늘의 영광에 들어가는 것(고후 5:8 참조)을 각각 가리킨다고 말했다. 그러나 "온전한 것"의 의미에 대해서는 학자들마다 의견이 엇갈리지만, 기적적인 계시의 은사가 중단되었다는 결론에 있어서는 모두 의견이 동일하다.[31]

이런 가능한 해석들 가운데 신자가 하늘의 영광에 들어가는 것이 바울이 고린도전서 13장 10절에서 말한 "온전한 것"과 가장 잘 어울린다. 이 해석은 신자가 그리스도를 "얼굴과 얼굴을 대하여 볼 것"이고 온전한 지식을 갖게 될 것이라는 12절을 이해하는 데 도움을 준다.

고린도전서 13장에서 바울이 말하려는 의도는 영적 은사가 후대의 교회 역사에까지 얼마나 오랫동안 지속될 것인지를 밝히는 것과는 전혀 무관하다.

그런 의도는 이 서신을 읽었던 본래의 독자들에게는 아무런 의미도 없었다. 바울은 1세기의 청중에게 구체적으로 적용되는 가르침에 초점을 맞추었다. 그는 "너희 고린도 신자들이 영화롭게 되어 천국의 온전한 영광을 누리게 될 때는[32] 너희가 그토록 소중이 여기는 영적 은사들이 더 이상 필요하지 않을 것이다(왜냐하면 영적 은사들을 통한 부분적인 계시가 온전해질 것이기 때문이다). 그러나 사랑은 영원한 가치를 지닌다. 사랑이 어떤 은사보다 더 뛰어나니 사랑을 추구하라"라는 의미를 담고 있다. 토머스 에드거는 이 문제를 이렇게 요약했다.

> 이 본문이 분명히 암시하듯, "텔레이온(온전한 것)"이 개인 신자가 주님과 함께 거하게 되는 것을 가리킨다면, 본문은 역사상의 어떤 예언적 시점을 가리키지 않는다. 이런 점으로 미루어볼 때, 본문은 은사가 언제 중단될지, 또는 은사가 얼마나 오랫동안 지속될지를 언급하지 않는다. 본문의 목적은 고린도 신자들에게 사랑은 본질상 이 세상에서만 일시적으로 존재하는 은사들과는 달리 지속적인 속성을 지닌다는 사실을 일깨워주는 데 있다.[33]

기적적인 계시의 은사가 중단된 교회 역사상의 시점을 파악하려면, 고린도전서 13장 10절이 아니라 에베소서 2장 20절과 같은 구절에 관심을 기울이는 것이 좋다. 바울은 그곳에서 사도와 선지자의 직임이 교회의 터를 닦는 시기에만 필요했다고 말했다. 1세기에 계시의 은사를 통해 전달된 내용은 신약 성경에 기록되어 대대로 전해져왔다. 따라서 목회자의 소명을 받은 설교자들은 기록된 하나님의 말씀을 충실하게 전하고 가르침으로써 그런 예언의 말씀을 선포할 수 있다.

이런 의미에서 하나님이 더 이상 교회에 새로운 예언의 계시를 허락하지 않으시더라도 예언은 오늘날에도 여전히 계속되며 앞으로도 그럴 것이다.

그리고 언젠가 교회 시대가 끝나면(즉 대환란과 천년 왕국의 시대에) 하나님은 다시 선지자들을 통해 예언을 허락하실 것이다(사 11:9, 29:18, 렘 23:4, 계 11:3 참조). 그러나 교회 시대에 새로운 계시가 주어진 것은 오직 교회의 처음 토대를 닦을 때뿐이었다(엡 2:20).

바울이 제시한 좀 더 큰 원리, 곧 사랑이 영적 은사보다 뛰어나다는 원리는 영광스런 영화를 고대하는 현대의 신자들에게도 똑같이 적용된다.

"방언을 말하는 자는 사람에게 하지 아니하고 하나님께 하나니"라는 바울의 말은 무슨 의미인가?

은사주의자들은 고린도전서 14장 2절을 자신들의 뜻 모를 방언을 정당화하는 근거로 내세운다. 그러나 다시금 문맥을 살펴보면, 그런 해석이 잘못되었다는 것을 알 수 있다. 1-3절을 모두 인용하면 다음과 같다. "사랑을 추구하며 신령한 것들을 사모하되 특별히 예언을 하려고 하라 방언을 말하는 자는 사람에게 하지 아니하고 하나님께 하나니 이는 알아듣는 자가 없고 영으로 비밀을 말함이라 그러나 예언하는 자는 사람에게 말하여 덕을 세우며 권면하며 위로하는 것이요."

위의 본문에서 바울은 방언의 은사를 추켜세우지 않았다. 오히려 그는 방언이 예언의 은사보다 못한 이유를 설명했다. 예언이 모두가 이해할 수 있는 말을 전하는 데 비해 외국어를 말하는 은사는 통역이 있어야만 다른 사람들의 덕을 세울 수 있었다. 바울은 "사람에게 하지 아니하고 하나님께 하나니"라는 말에 곧바로 "이는 알아듣는 자가 없고"라는 말을 덧붙임으로써 그 의미를 분명하게 밝혔다. 만일 방언이 통역되지 않으면, 오직 하나님만이 그 말을 알아들으실 수 있다.

바울은 그런 식의 방언을 칭찬하지 않았다. 그가 12장에서 이미 밝힌 대로, 은사의 목적은 그리스도의 몸 안에서 다른 사람들의 덕을 세우는 것이었다. 통역되지 않은 외국어는 그 목적을 이룰 수 없었다. 그것이 바울이 통역의 필요성을 강조했던 이유다(13, 27절).

방언으로 기도하면 안 되는가?

바울은 고린도전서 14장 13-17절에서 방언의 은사를 공중 기도에 사용해 교회의 덕을 세워야 한다고 말했다. 그러나 은사주의자들은 방언의 은사를 개인의 경건을 위한 초자연적인 표현 양식으로 재정의해 개인 기도에 활용하려고 노력해왔다. 그러나 방언을 묘사하는 바울의 말이 현대의 방언과 얼마나 큰 차이가 있는지 주목하라.

첫째, 바울은 뜻 모를 소리를 말하는 것을 권장하지 않았다. 그는 방언이 통역이 가능한 외국어를 말하는 은사라고 분명하게 밝혔다(10, 11절).

둘째, 바울은 많은 은사주의자들과는 달리 생각(마음)을 무시하는 기도를 권장하지 않았다. 그런 기도는 예나 지금이나 이교도의 관습에 지나지 않는다. 그리스-로마의 신비 종교는 황홀경에 빠져들어 중얼거리는 소리를 귀신과 소통하기 위해 생각을 마비시키는 수단으로 흔히 사용했다.

따라서 이 구절에 기록된 바울의 말은 풍자적인 의미를 지녔을 가능성이 높다. 그가 고린도 신자들을 책망한 이유는 그들이 이교도의 생각 없는 행위를 모방하려고 했기 때문이다. 바울의 가르침에 따르면, 외국어로 기도하는 사람은 먼저 통역의 은사를 구해 자신이 말하는 메시지를 이해하는 것이 필요했다(13절). 그렇지 않으면, 그의 생각은 "열매를 맺지 못한다(14절)." 바울은 그런 경우를 부정적으로 생각했다(골 1:10, 딛 3:14). 방언의 은사를 올바로 사용하려면 영과 생각이 둘 다 포함되어야 한다. "그러면 어떻게 할까 내가 영으로 기도하고 또 마음으로 기도하며 내가 영으로 찬송하고 또 마음으로 찬송하리라(15절)."

셋째, 바울이 여기에서 말한 기도는 개인의 경건을 위한 기도가 아닌 공중 기도였다. 16절은 교회에 있는 다른 신자들이 기도를 듣고 있는 상황을 분명하게 암시한다. 이처럼, 바울이 다른 사람들이 메시지를 이해해 그 내용을 통해 유익을 얻게 하려면 통역이 필요하다고 강조했던 이유는 그가 공중 기도를 염두에 두었기 때문이다. 이처럼, 신약 성경은 집에서 혼자서나 특히 교회에서 단체로 이해할 수 없는 말을 중얼거리는 현대 은사주의의 방언을 결코 지지하지 않는다.

바울은 방언을 개인적으로 말하지 않았는가?

은사주의자들은 고린도전서 14장 18, 19절을 근거로 바울이 개인적으로 방언을 말했다고 주장한다. 바울은 "내가 너희 모든 사람보다 방언을 더 말하므로 하나님께 감사하노라 그러나 교회에서 네가 남을 가르치기 위하여 깨달은 마음으로 다섯 마디 말을 하는 것이 일만 마디 방언으로 말하는 것보다 나으니라"라고 말했다. 그는 자신이 언제, 어디에서 방언을 말했는지 구체적으로 밝히지 않았다. 따라서 바울이 개인적으로 방언 기도를 드렸다는 은사주의자들의 주장은 순전히 사변에 근거한 억측에 지나지 않는다. 사도행전에 보면, 사도들이 다른 언어를 말해 불신자들에게 복음을 전했다는 기록이 있다(행 2:5-11). 그런 선례를 고려하면, 바울이 방언의 은사를 선교의 목적으로(사도로서의 사역을 뒷받침하는 표적으로) 사용했다고 결론지을 수 있다(막 16:20, 고후 12:12 참조).

바울은 고린도전서 14장에서 방언의 은사를 스스로의 유익을 위해 사사로이 사용하는 것을 용납하지 않았다. 오히려 그는 고린도 신자들의 교만을 엄히 꾸짖었다. 그들은 자신들이 알지 못하는 언어를 말할 수 있다는 이유로 우월감을 가졌다. 그러나 기적적인 은사를 통해 그들보다 더 많이 외국어를 말했던 바울은 아무리 대단한 은사일지라도 사랑보다는 못하다는 것을 깨닫기를 바랐다. 바울은 그리스도의 몸 안에서 은사를 사용할 때면 항상 다른 사람들의 덕을 세우는 것에 초점을 맞추었다. 은사를 자기중심적으로 사용하는 것은 고린도전서 12-14장에 기록된 바울의 가르침과 정면으로 충돌한다.

초대 교회 안에서 방언은 어떤 역할을 차지했나?

바울은 고린도전서 14장에서 방언의 은사를 논하면서 그것이 교회에서 차지하는 역할에 대해 구체적으로 밝혔다. 그는 26-28절에서 "너희가 모일 때에 각각 찬송시도 있으며 가르치는 말씀도 있으며 계시도 있으며 방언도 있으며 통역함도 있나니 모든 것을 덕을 세우기 위하여 하라 만일 누가 방언으로 말하거든 두 사람이나 많아야 세 사람이 차례를 따라 하고 한 사람이 통역할 것이요 만일 통역하는 자가 없으면 교회에서는 잠잠하고 자기와 하나님께 말할 것이요"라고 말했다.

바울은 위의 말씀에서 방언의 은사를 사용하는 규칙을 몇 가지 제시했다. 1) 예배를 드릴 때 세 사람 이상은 방언을 말하지 말라. 2) 한 번에 한 사람씩 말하라. 3) 방언을 통역해 교회의 덕을 세우라. 4) 통역할 사람이 없을 때는 침묵하라. 아울러 바울은 34절에서 다섯 번째 규칙을 덧붙였다. 그것은 "여자는 교회에서 잠잠해야 한다"는 것이었다. 전형적인 오순절주의와 은사주의 교회의 예배를 생각하면, 이 마지막 규칙을 따르는 것만으로도 현대의 거짓 방언이 대부분 사라질 것으로 보인다.

이교도들이 황홀경 속에서 뜻 모를 말을 중얼거리는 것과는 달리, 성령께서는 무절제하고, 비이성적인 사람들을 통해 역사하지 않으신다. 32, 33절은 "예언하는 자들의 영은 예언하는 자들에게 제재를 받나니 하나님은 무질서의 하나님이 아니시요 오직 화평의 하나님이시니라 모든 성도가 교회에서 함과 같이"라고 말씀한다. 초기 기독교 신학자 한 사람은 이 구절을 이렇게 설명했다. "성령으로 말하는 사람은 선지자들처럼 그분이 명령하실 때만 말하고, 그런 다음에는 침묵한다. 그러나 부정한 영에 사로잡힌 사람들은 원하지 않을 때도 말하고, 스스로가 이해하지 못하는 것을 말한다."[34]

예배를 드릴 때 단지 두세 사람만 방언으로 계시를 전달하도록 허용되었다. 또한 그들은 차례로 말해야 했다. 바울은 현대 은사주의 교회들의 경우처럼 모든 사람이 동시에 뜻 모를 소리를 중얼거리는 행위를 절대 허용하지도 않을 것이고, 또 그것을 성령의 사역으로 간주하지도 않을 것이 분명하다. 사실, 현대 은사 운동에 대한 가장 강력한 비판 가운데 하나는 이기적인 목적으로 무질서하고 혼란스럽게 거짓 방언을 남용하는 것이다.

앞서 말한 대로, 고린도 교회에서 말한 외국어 방언은 통역이 필요했다. 방언은 모든 사람이 그 의미를 이해할 수 있도록 반드시 통역해야 했다. 교회는 누가 방언의 은사를 받았는지 파악하고, 통역할 사람이 없으면 침묵하라고 지시해야 했다. "자기와 하나님께 말할 것이요"라는 말과 "교회에서는 잠잠하고"라는 명령이 병행되어 있는 것에 주목하라(28절). 바울은 집에서 개인적으로 말할 수 있는 방언을 언급하지 않았다. 그는 방언을 말하는 사람에게 통역이 없으면 예배를 드릴 때는 잠잠하고 조용히 하나님께 기도하라고 명령했다.

방언의 은사는 교회에서 질서 있게 사용되어야 했다(39, 40절). 방언을 무질서하게 사용하는 것은 하나님이 의도하신 사용 방법에 위배된다. 그런 규칙은 방언의 은사가 여전히 존재할 때 주어졌다. 방언의 은사가 중단되었다고 해도, 오늘날 신자들은 다른 은사를 사용해 예배를 인도할 때 여전히 질서와 예의를 지켜야 한다.

신자들이 거짓 방언의 은사를 구하지 못하게 해야 하는가?

바울 사도는 방언의 은사에 관한 논의를 다음과 같이 마무리했다. "그런즉 내 형제들아 예언하기를 사모하며 방언 말하기를 금하지 말라 모든 것을 품위 있게 하고 질서 있게 하라(고전 14:39, 40)." 바울이 교회 전체를 향해 그렇게 명령했을 당시에는 모든 은사가 여전히 존재했기 때문에 고린도 신자들은 방언의 은사를 질서와 품위를 지켜 사용하는 것을 금지해서는 안 되었다. 바울의 명령이 교회 전체를 향한 것이었다는 사실은 매우 의미심장하다. 그의 명령은 고린도 교회의 신자들 각자가 예언의 은사를 구해야 한다는 뜻이 아니었다. 그의 명령은 교회가 전체적으로 예언을 방언보다 우위에 두어야 한다는 뜻이었다. 그 이유는 예언은 통역이 없어도 다른 사람들의 덕을 세울 수 있었기 때문이다.

은사주의자들은 때로 39절을 근거로 오늘날의 은사주의 방언을 금지하는 사람은 바울의 가르침을 무시하는 것이라고 주장한다. 그러나 바울의 명령은 현대의 거짓 방언과는 아무 상관이 없다. 외국어를 말하는 참된 방언의 은사가 아직 활동 중일 때, 신자들은 그 은사의 사용을 금지해서는 안 되었다. 그러나 오늘날의 교회는 거짓 은사의 사용을 중단시켜야 할 의무가 있다. 뜻 모를 말은 참된 은사가 아니기 때문에 그런 행위를 금지하는 것은 고린도전서 14장 39절에 기록된 바울의 명령을 어기는 것이 아니다. 오히려 그 반대다. 난잡하게 뜻 모를 말을 중얼거리는 현대의 방언은 40절의 명령을 어기는 것이다. 교회의 품위와 질서를 유지해야 할 책임이 있는 사람들은 그런 행위를 용납해서는 안 된다.

지금까지 마가복음, 사도행전, 고린도전서를 중심으로 방언의 은사를 언급한 성경 구절들을 살펴보면서 현대 은사주의의 방언이 모든 점에서 거짓이라는 사실을 확인했다.[35] 참된 방언은 배우지 않은 외국어를 말하는 초자연적인 능력을 부여해 하나님의 말씀을 선포하고, 복음의 메시지를 뒷받침하는 역할을 했다. 그리고 교회에서 방언을 사용할 때는 반드시 통역을 통해 그 메시지로 다른 사람들의 덕을 세워야 했다.

그와는 대조적으로, 현대 은사주의의 방언은 통역할 수 없는 뜻 모를 소리에 지나지 않는다. 그것은 일종의 학습된 행동으로 인간이 사용하는 실제 언어와 아무런 유사점도 없다. 오늘날의 은사주의자들은 교회의 덕을 세우는 수단으로 사용하기는커녕 자기만족을 위해 사사로운 "방언 기도"를 날조한다. 그들은 하나님과 더 가까워지는 듯한 느낌을 준다는 이유로 방언 기도를 정당화하지만, 성경은 그런 식의 뜻 모를 소리를 결코 용인하지 않는다. 그들의 방언은 거룩하게 하는 능력은 없고, 거짓 영성을 자극해 교만을 부추긴다. 현대의 방언이 이교도의 종교 의식과 유사하다는 사실은 이 비성경적인 행위가 초래할 영적 위험을 강력히 경고한다.

8장 거짓 치유와 거짓 희망에 속지 말라
: 거짓 치유 사역자

2009년 12월 15일, 유명한 텔레비전 전도자 오럴 로버츠가 사망하자 종교계에 몸담은 많은 사람이 그가 미국의 기독교에 지대한 기여를 했다는 이유로 추모의 글을 게재해 "'번영 신학'의 선도적인 설교자"라는 찬사를 아끼지 않았다.¹ 그러나 내가 바라보는 오럴 로버츠의 생애와 유산은 그와는 정반대였다. 나는 그가 사망한 지 며칠 후에 발표한 글에서 "오럴 로버츠의 영향력은 성경을 믿는 기독교인들이 칭찬할 것이 못된다"는 점을 가능한 한 명확하게 부각시키려고 노력했다. 오순절주의와 은사 운동이 1950년 이후에 퍼뜨린 오류 가운데 거의 전부가 어떤 식으로든 오럴 로버츠의 영향력과 관계를 맺고 있다.²

가혹하게 들릴지 모르지만, 신약 성경의 어조는 그보다 훨씬 심하다. 신약 성경은 진리를 왜곡하는 사람들을 가장 가혹한 말로 엄중히 다스린다. 오럴 로버츠는 건강과 부라는 거짓 복음을 받아들였을 뿐 아니라 그것을 널리 확산시켰다. 그는 텔레비전 방송을 이용해 자신의 그릇된 교리를 대중에게 전파했다. 그는 텔레비전을 이용했던 최초의 거짓 신앙 치료사로 그의 뒤에 나타난 수많은 영적 사기꾼들이 당당히 활보할 수 있는 길을 열어놓았다.³

전기 작가 데이비드 에드윈 해럴 주니어는 『오럴 로버츠의 생애』에서 그가 번영 신학을 발견하고, 그것을 중심 메시지로 삼게 된 경위를 설명했다. 어느 날, 그는 손에 잡히는 대로 성경을 펼쳐 "사랑하는 자여 네 영혼이 잘됨같이 네가 범사에 잘되고 강건하기를 내가 간구하노라(요삼 1:2)"는 구절을 발견했다. 그는 그 말씀을 아내인 에블린에게 보여주었다. 그들 부부는 전체 문맥과 상관없이 그 구절만을 놓고, "이것이 '새 자동차'나 '새 집'을 소유하거나, '새로운 사역'을 시작할 수 있다는 의미가 아닐까?라고 생각하며 상기된 표정으로 그 의미를 새기기 시작했다. 나중에 에블린은 그 날 아침을 모든 것이 새롭게 시작된 시점으로 받아들였다. 그녀는 '바로 그 날 아침이 남편이 온 세상을 상대로 지금까지 행해온 사역의 시작점이었다. 왜냐하면 그 말씀이 그의 사고를 새롭게 열어주었기 때문이다'"라고 말했다.[4] 로버츠는 그런 경험이 있은 직후에 뜻하지 않은 방법으로 새 자동차를 손에 넣게 되었고, 그것이 "하나님을 믿을 때 사람이 무슨 일을 할 수 있는지를 내게 상기시켜주는 상징물이 되었다"라고 말했다.[5]

오럴 로버츠는 번영의 교리를 만들어내고 나서 그의 가장 유명하고, 가장 영향력이 컸던 "믿음의 씨앗(Seed-Faith)"이라는 개념을 창안했다. 그는 물질을 바쳐 믿음의 씨앗을 심는 것이 만사형통의 지름길이라고 가르쳤다. 그의 단체에 돈과 물질을 기부하는 것은 장차 주님으로부터 많은 물질 축복을 받을 수 있는 씨앗을 심는 것과 같다는 주장이었다. 로버츠는 자신의 단체에 무엇을 기부하든지 하나님이 기적을 베풀어 수십 배로 갚아주실 것이라고 장담했다. 쉽게 부자가 될 수 있다는 메시지에 믿음이라는 허울을 뒤집어씌운 이 단순한 메시지는 주로 가난하고, 절박하고, 불리한 처지에 있는 사람들의 관심을 사로잡았다. 그 결과, 엄청난 기부금이 로버츠의 미디어 제국에 쏟아져 들어왔다.

그런 결과가 가시화되자 그와 유사한 오순절주의와 은사주의 방송 사역

단체들이 앞다퉈 그 방법을 모방했다. 믿음의 씨앗이라는 원리는 일종의 고수익 상품으로 부각되어 기적을 약속함으로써 시청자들의 돈을 우려내는 텔레비전 전도자들과 설교자들의 방대한 조직망을 구축하고, 지원하는 데 기여했다. 사람들이 가장 많이 원하는 기적에는 항상 건강과 부가 빠지지 않았다.

불행히도, "믿음의 씨앗"이라는 메시지는 오럴 로버츠의 설교에 혹시나 포함되었을지도 모르는 복음의 요소를 남김없이 몰아내고 그 중심을 차지했다. 나는 텔레비전에서 그를 수없이 지켜봤지만, 그가 복음을 전하는 것을 한 번도 들어보지 못했다. 그의 메시지는 매번 믿음의 씨앗에 관한 것뿐이었다. 그 이유는 분명하다.

왜냐하면 십자가의 메시지, 곧 예수님의 고난을 통한 속죄 사역은 하나님이 텔레비전 설교자들에게 기부금을 바치는 사람들에게 건강과 부와 번영을 보장하신다는 개념과 도저히 조화될 수 없기 때문이다. 예수님의 고난에 참여하고(빌 3:10), 그분의 발자취를 따르는 것(벧전 2:20-23)은 번영 신학의 핵심 원리와 정면으로 충돌한다. 앞서 2장에서 논의한 대로, 번영의 복음은 "다른 복음"이다(갈 1:8, 9 참조).

로버츠의 사역이 우선적으로 강조했던 것 가운데 하나는 치유의 기적이었다. 그것은 사람들의 지갑을 열게 만드는 데 필요한 술책이었다. 오순절주의 역사가 빈슨 사이넌은 로버츠가 사망한 직후에 "은사 운동을 본격적인 궤도에 올려놓은 공로는 다른 누구보다 그에게 더 많이 돌아가야 마땅하다. 그는 하나님의 치유 사역을 미국인의 의식 속에 깊이 각인시켰다"라고 말했다.[6]

로버츠는 1950년대에 텔레비전에서 신앙 치료사로서 주로 명성을 날렸고, 심지어는 죽은 사람들을 많이 살려냈다고 주장하기까지 했다. 그런 기적이 과연 검증 가능된 사실이었을까? 물론, 그렇지 않았다. 그럼에도 불구하고 로버츠는 오늘날 종교 방송을 지배하고 있는 수많은 사기꾼과 협잡꾼과 텔레비전 전도자와 은사주의 설교자와 신앙 치료사들이 버젓이 활동할 수 있는 길을 열어놓았다.

사실, 로버츠는 초기 오순절 운동을 이끌었던 그 누구보다도 주류 복음주의 신자들에게 더 많은 영향을 미쳐 거짓 가르침을 받아들이게 만들었다. 그는 자신의 텔레비전 사역을 거대 제국으로 발전시켜 온 세상의 교회에 깊은 인상을 심어주었다. 오늘날, 세계에서 문맹률과 빈곤률이 가장 높은 일부 지역을 비롯해 많은 지역에서 오럴 로버츠의 "믿음의 씨앗" 원리가 이신칭의의 교리보다 더 잘 알려져 있다. 지금도 복음이라는 말을 들을 때 곧바로 믿음과 부의 메시지를 떠올리는 사람들이 셀 수 없이 많다. 온 세계의 수많은 사람이 복음을 죄 사함의 축복과 그리스도와 연합한 신자들이 누리는 영원한 축복에 관한 메시지로서가 아니라 물질적인 부와 육체적인 치유에 관한 메시지로 받아들이고 있다. 이 모든 것이 오럴 로버츠의 명성과 영향력을 우러러보기보다 슬프게 여겨야 할 이유다.

오럴 로버츠가 최초의 신앙 치료사는 아니었다. 그보다 앞서 존 레이크, 스미스 위글스워스, 에이미 셈플 맥퍼슨, 앨런 등과 같은 오순절 사역자들이 있었다. 또한, 로버츠는 20세기 중엽에 활동했던 유일한 신앙 치료사도 아니었다. 그의 친구였던 케니스 해긴과 캐서린 쿨만도 함께 이름을 날렸다. 그럼에도 불구하고, 현대의 치유 사역을 본격화시킨 사람은 바로 그였다. 그것은 그가 텔레비전이라는 매체를 통해 이룩한 위업이었다. 그는 1950년대에 먼지가 풀풀 나는 천막 집회에서 조잡한 흑백텔레비전 방송을 시작했고, 1970년대 이후부터는 정교한 시설을 갖춘 멋진 스튜디오에서 컬러텔레비전 방송 사역을 이끌었다.

로버츠가 텔레비전 사역에서 크게 성공하자 여러 단체가 그것을 모방하기 시작했다. 신앙 치료사들과 기부금을 모으려는 은사주의자들이 로버츠의 고향인 오클라호마 주 툴사에 근거지를 확보했다. 케니스 해긴과 어스번은 그곳에 대형 사역 단체를 설립했다. 1963년에 툴사에 설립된 오럴 로버츠대학교는 새로운 세대의 텔레비전 전도자들과 신앙 치료사들을 양성하는 온상이 되었다. 조엘 오스틴, 크레플로 달러, 태드 해거드, 케니스 코플랜드, 칼튼 피어슨, 빌리 조 도허티는 모두 그 대학 출신들이다.

결국, 오럴 로버츠가 남긴 참된 유산을 가장 잘 평가하는 방법은 그의 뒤를 따랐던 사람들이 끼친 영향을 살펴보는 것이다. 지금부터 그런 사람들 가운데 한 사람, 곧 로버츠의 대를 이어 현대의 신앙 치료사들 가운데 가장 큰 성공과 명성을 거머쥔 인물을 살펴보기로 하겠다.

베니 힌

오럴 로버츠의 탐욕스런 추종자들 가운데 가장 널리 알려진 사람은 투픽 베네딕투스(베니) 힌이다. 로버츠는 세상을 떠났을지 몰라도 그의 영향력은 힌과 힌처럼 되기를 원하는 사람들의 사역'을 통해 여전히 건재하다. 베니 힌은 오럴 로버츠가 사망한 직후에 그를 기리는 글을 썼다. 그는 자신이 로버츠의 영향을 받았다는 사실을 인정하고, "그는 많은 점에서 거인과 같은 존재였다. 오랫동안 그를 사랑스럽기 그지없는 친구로 대할 수 있어서 너무나도 행복했다. ······그가 자신을 따르는 수많은 사역자와 신자들에게 보여준 본을 생각할 때마다······우리가 나아가야 할 길을 알려준 것에 대해 늘 감사하지 않을 수 없다"라고 칭송해 마지않았다.[8]

로버츠와 힌은 친구였을 뿐 아니라 사역 동지였다. 그들은 텔레비전 방송에 함께 출연한 적이 많았다. "NBC 데이트라인"이 2002년에 힌의 비리를 폭로했을 때, 오럴 로버츠는 공개적으로 그를 옹호했고,[9] 힌은 수년간 오럴 로버츠대학교 학장으로 일했다.[10] 이런 점에서 보면, 베니 힌이 오럴 로버츠의 대를 이어 가장 널리 알려진 신앙 치료사가 된 것은 자연스런 결과였다.

사실, 베니 힌이 그가 세운 텔레비전 방송국과 그가 끌어들인 엄청난 숫자의 시청자들을 근거로 로버츠의 명성을 뛰어넘었다고 주장하더라도 틀리지 않을 것이다. 힌의 텔레비전 쇼 "디스 이즈 유어 데이"는 세계에서 가장 인기 있는 기독교 텔레비전 프로그램 가운데 하나다. 미국을 비롯해 전 세계 200여 국가에서 2천만 명이 넘는 사람들이 이 프로그램을 시청하고 있다.[11] 힌의 책들을 장식하는 표지에는 그를 "우리 시대의 위대한 치유 사역자"로 선전하는 문구가 새겨 있다.[12] 아울러, 그의 웹사이트는 인도에서 개최된 세 차례의 집회에 모두 730만 명이 참석함으로써 역사상 가장 규모가 큰 신유 집회를 기록했다"고 자랑한다.[13] 힌은 매월 개최하는 기적의 집회에서 "온갖 종류의 치유가 이루어졌고, 하나님이 강력하게 역사하셨다"고 주장했다.[14] 아마도 그것이 그의 사역이 죽음의 문턱에 이른 절박한 사람들의 관심을 사로잡는 이유인 듯하다.

다양한 은사주의 방송국과 독립 운영 체계를 갖춘 일반 방송국들을 통해 거의 매일 밤마다 베니 힌이 수많은 군중을 열광시키며 사람들을 "성령으로 쓰러뜨리고" 온갖 종류의 보이지 않는 질병을 치유했다고 주장하는 광경을 볼 수 있다. 수많은 시청자가 (엘리야와 엘리사의 경우처럼) 오럴 로버츠의 겉옷이 베니 힌에게 계승되었다고 믿는다. 그들은 그가 작고한 선임자처럼 치유와 기적을 행하는 놀라운 능력을 지니고 있다고 확신할 뿐 아니라 어쩌면 그보다 훨씬 더 위대할지도 모른다고 생각한다.

그러나 화려한 텔레비전 프로그램 너머에 있는 현실을 주의 깊게 살펴보면, 상황이 전혀 다르다는 것을 알 수 있다.

치료사인가 이단인가?

어느 서늘한 10월 저녁, 라파엘 마르티네스는 노스 클리블랜드에 있는 교회를 빠져나오는 순간, 한 젊은 부부가 병든 어린 자녀를 휠체어에 태우고 예배당 밖으로 나오는 모습을 발견했다. 그 아이의 "축 늘어진 몸에는 휠체어에 매달려 있는 호스, 인공호흡기, 불빛을 깜빡이며 삐삐 소리를 내는 생명 유지 장치가 달려 있었다." 그 아이의 부모는 기적을 바라고 그를 신유집회에 데려왔다가 돌아가는 중이었다. 그 날 저녁 집회를 이끌었던 사람은 유명한 신앙 치료사인 베니 힌이었다. 온통 열광의 분위기였고, 설렘과 기대감은 최고조에 달했다. 그러나 몇 시간 뒤에 집회가 다 끝났는데도 그들의 아들은 병 고침을 받지 못했다. 이제는 모든 희망을 잃고 집으로 돌아가야 할 시간이었다.

그 가슴 아픈 광경을 목격하는 순간, 마르티네스의 머릿속에 온갖 의문이 홍수처럼 밀려들었다. 그는 당시의 일을 회상하며 이렇게 말했다.

> 그들이 자신의 아들이 처음 올 때와 똑같은 상태로 돌아가야 하는 이유를 궁금해하지 않았을까 하는 생각이 들었다. 그들은 스스로의 믿음이 부족하고 불완전하다고 고민하지 않았을까? 혹시나 자신들이 무슨 죄를 지었느냐고 묻지는 않았을까? 대체 무슨 저주를 받았기에 믿음의 씨앗이 결실을 맺지 못했던 것일까? 힌이 그들에게 하나님의 기적을 믿으라고 말했을 때, 왜 그분은 저 아름다운 어린 소년을 못 박힌 손으로 안아들고, 그의 몸에 생기를 불어넣어 그가 직면한 불확실한 미래로부터 그를 구해주지 않으신 것일까? 나는 그들에게서 눈을 뗄 수가 없었다. 그 순간의 통렬함과 당혹감을 지금도 잊을 수가 없다.[15]

그 날 저녁의 거짓 희망에 속아 넘어간 사람은 그 어린아이의 부모만이 아니었다. 마르티네스는 다른 사람들을 관찰했다. 한쪽 다리에 보호 장치를 착용한 나이든 남자도 치료를 받지 못한 채 연단 위에서 몸을 돌이켰고, 꼭 병 고침을 받고야 말겠다는 생각으로 애틀랜타에서 클리블랜드까지 찾아온 병든 여성도 아무런 변화를 경험한지 못한 채 발길을 돌려야 했다. 집회가 끝날 무렵 주위를 돌아본 마르티네스는 "휠체어에 조용히 앉아 있거나 지팡이나 목발과 같은 보조 장치에 의지해 있는 사람들이 집회 장소 이곳저곳에 흩어져 있는 광경"을 목격했다. 그는 "목회자의 마음을 가진 사람이라면 이 상처받은 사람들이 영적 혼란과 고통과 당혹감과 상실감에 젖어 있는 모습을 보고 어찌 가슴 아파하지 않겠는가?"라고 묻지 않을 수 없었다.[16]

물론, 베니 힌의 치유 사역이 있을 때마다 그와 비슷한 이야기들이 끊임없이 들려왔다. 『로스앤젤레스 타임즈』 종교부 기자 윌리엄 로브델은 캘리포니아 애너하임에서 열린 힌의 신유집회 가운데 한 곳을 지켜보고 나서 이렇게 보도했다. "진정한 드라마는 그 목회자가 연단을 떠나고 음악이 멈춘 후에 일어났다. 말기 환자들이 처음과 똑같은 상태로 남아 있었다. 파킨슨병으로 팔다리가 뒤틀린 채 떨고 있는 사람들도 있었고, 목 아래 근육을 조금도 움직일 수 없는 사지마비 환자들도 있었다. 그런 사람들, 곧 매번 집회가 열릴 때마다 하나님이 자신을 치료해주지 않았다는 사실에 당혹감과 실망감을 느끼며 의자에 덩그러니 앉아 있는 사람들이 수백 명, 아니 수천 명에 달했다."[17] 현명하게도, 로브델은 관찰한 사실을 토대로 "힌의 사역은 거짓 희망을 부추기고 돈을 우려내는 간단한 논리를 구사한다"고 판단했다.

신앙 치료사를 자처하는 힌은 그리스도와 사도들의 본보기를 따른다고 주장한다. 힌은 예수님이 종종 개인에게 손을 얹지 않고 말씀으로만 병자들을 치유하셨다는 사실을 근거로 대중을 상대로 한 자신의 치유 방식을 옹호한다.[19] 또한, 그는 사도들의 사역을 거론하며 "주님은 내가 복음을 전할 때 사도들에게 '병든 사람에게 손을 얹은즉 나으리라'(막 16:18)고 말씀하셨던 것처럼 병자들을 위해 기도하라고 명령하신다"라고 말했다.[20] 그는 "병 고침은 과거만이 아니라 현재에도 똑같이 일어난다"고 역설하면서[21] 자신은 "상처받은 영적 기아자들에게 하나님의 치유 능력과 임재를 전하게 하시기 위해 성령께서 기름 부어 사용하시는 도구"라고 주장한다.[22]

그러나 그런 주장은 파렴치한 속임수와 노골적인 교만에서 비롯한 허풍에 지나지 않는다. 힌은 쇼맨십, 연극 같은 언동, 대중 조종술, 사기술, 대중 최면술이라는 "은사들"을 활용하고 있을 뿐이다. 그가 소유하지 못한 은사는 신약 성경에 나오는 병 고침의 은사이다. 힌이 주장하는 병 고침은 기껏해봤자 행복감을 자극하는 위약 효과에 지나지 않는다(위약 효과란 육체가 감정과 생각을 자극하는 술수에 일시적으로 반응을 나타내는 것을 의미한다). 그것도 아니라면, 그의 치유 사역은 뻔뻔한 거짓말이자 마귀적인 사기극이라고밖에는 달리 말하기 어렵다. 어느 쪽이 되었든, 힌의 정교한 무대 연출과 성경적인 은사를 간단히 비교해보면, 그 실체(사기)가 백일하에 드러난다.

현대의 거짓된 치유 사역과 성경적 치유 사역의 차이

표적과 기적을 구하는 현대 은사주의자들을 가장 크게 질타하는 성경 구절이 있다면, 마태복음 16장 4절일 것이다. 예수님은 그곳에서 "악하고 음란한 세대가 표적을 구하나"라고 바리새인들을 엄히 책망하셨다. 수많은 군중이 기적을 보거나 병 고침을 받기 위해 예수님께 몰려들었다. 주님은 "친히 모든 사람을 아셨기에" "그들에게 몸을 의탁하지 않으셨다(요 2:24)." 예수님은 구원자를 진정으로 사모하는 사랑이 아니라 단지 초자연적인 현상에만 호기심을 느끼는 거짓 신앙이 존재한다는 것을 잘 알고 계셨다.

현대 은사 운동도 그런 피상적인 신앙을 드러낸다. 사실, 지금은 그때보다 훨씬 더 못하다. 예수님과 사도들이 활동하던 당시에는 참된 기적이 일어났다. 은사주의자들은 그와 동일한 초자연적 능력을 지녔다고 주장하지만, 그들을 통해 참된 기적이 일어난 적은 단 한 번도 없었다. 신앙 치료사들과 텔레비전 전도자들의 사역은 사기극에 불과하다. 베니 힌과 같은 신앙 치료사들은 절박한 상황에서 쉽게 속아 넘어가는 사람들을 이용해 부를 누리는 사기꾼들일 뿐이다.

그렇다면, 그가 공공연히 불신을 받는 상황에서 굳이 한 장의 지면을 할애해 그를 다루는 이유는 무엇일까? 그 대답은 두 가지다. 첫째, 힌은 계면쩍은 너털웃음과 큰 실수를 연발하며 온갖 추문을 일으키는 데도 여전히 인기 있는 은사주의 텔레비전 전도자이자 가장 유명한 신앙 치료사로 버젓이 행세하고 있다. 그의 사역은 전 세계의 수많은 사람들에게 계속 영향을 미치고 있을 뿐 아니라 막대한 재물을 긁어모으고 있다. 둘째, 기적적인 치유가 오늘날에도 여전히 계속된다는 힌의 주장은 병 고침에 대한 은사주의의 입장이 결국에는 돌이킬 수 없는 극단으로 치우칠 수밖에 없다는 사실을 적절하게 보여준다. 힌과 같은 신앙 치료사들은 사도 시대의 병 고침을 재현할 수 있다고 주장한다. 그러나 그들의 사기 행각은 신약 성경에 나오는 병 고침의 은사와는 아무 상관이 없다. 이번 장의 남은 부분에서는 성경에 기록된 참된 치유 사역과 현대의 거짓된 치유 사역의 차이점 여섯 가지를 살펴볼 생각이다.

신약 성경의 치유 사역은 병 고침을 받은 사람의 믿음에 의존하지 않았다

베니 힌과 같은 은사주의 신앙 치료사들은 병 고침을 받지 못하는 이유를 믿음이 부족한 탓으로 돌린다. 물론, 여기에서 믿음은 그들의 믿음이 아니라 병 고침을 받지 못한 사람들의 믿음을 가리킨다. "베니 힌이 사역을 행할 때

많은 사람이 스스로의 믿음이 충분히 강하지 못한 탓에 하나님이 자신들을 고쳐주지 않으셨다고 생각한다. 힌의 사역에 충분한 기부금을 바치지 못했기 때문일 수도 있고, 믿음이 충분하지 못했기 때문일 수도 있다."²³ 힌은 혹시나 병이 나았다고 주장하는 경우에는 그 공로를 모두 자기에게 돌리면서도, 셀 수 없이 많은 실패 앞에서는 그 책임을 조금도 지려고 하지 않는다.

신앙 치료사들은 치유 사역이 실패하면 그 탓을 병자들에게 돌림으로써 편리한 변명을 늘어놓는다. 그러나 그런 변명은 전혀 성경적이지 않다. 그리스도와 사도들의 치유 사역을 대충 살펴보아도 그 사실을 금방 알 수 있다. 스스로 믿음을 표현하지 못했는데도 병 고침을 받은 사람들이 많았다. 아래의 경우는 그 가운데 몇 가지 사례에 지나지 않는다.

누가복음 17장 11-19절에 나오는 열 명의 나병환자들 가운데 믿음을 표현한 사람은 단 한 사람밖에 없었지만, 모두 다 병 고침을 받았다. 마태복음 8장 28, 29절과 마가복음 1장 23-26절에 나오는 귀신들린 사람들도 귀신들에게서 놓여나기 전에 믿음을 표현하지 않았고, 베데스다 연못가에 있던 장애인도 병 고침을 받기 전에는 예수님이 누구신지조차 알지 못했으며(요 5:13), 요한복음 9장에 나오는 소경도 예수님의 신분을 알지 못하고 병 고침을 받았다(요 9:36). 예수님은 여러 차례 야이로의 딸과 나사로와 같은 죽은 자들을 살려내셨다. 죽은 사람들은 믿음을 표현하기는커녕 "긍정적인 고백"조차 할 수 없는 상태였다. 또한, 주님은 믿지 않는 사람들이 많은 상황에서도 다수의 사람들을 고쳐주셨다(마 9:35, 11:2-5, 12:15-21, 14:13, 14, 34-36, 15:29-31, 19:2 참조).

마찬가지로, 사도들의 치유 사역도 병자의 믿음을 요구하지 않았다. 베드로는 아무런 믿음도 요구하지 않고 걷지 못하는 사람을 고쳐주었다(행 3:6-8). 그는 나중에는 다비다라는 이름의 죽은 여자를 다시 살리기도 했다(행 9:36-

43). 바울도 믿지 않는 여종을 귀신들린 상태에서 건져냈고(행 16:18), 창틀에서 떨어져 죽은 유두고를 살려냈다(행 20:7-12). 이 모든 치유의 기적은 믿음을 전제 조건으로 삼지 않았다.

그러나 힌과 같은 부류의 신앙 치료사들은 그렇지 않다. 그들은 도움을 구하는 사람들의 믿음에 책임을 돌린다. 힌은 "기적을 체험하려면 믿음이 반드시 필요하다. 믿음으로 치유를 받고, 믿음으로 치유가 유지된다"라고 말했다.[24] 또한, 그는 "치유를 받으려면……적극적인 믿음이 있어야 한다",[25] "하나님과 화목하지 않으면, 치유받을 수 없다. ……하나님과 올바른 관계를 맺으면, 쉽게 치유받을 수 있다"[26]라고 말했다. 그는 다른 곳에서도 이렇게 말했다.

> 나는 집회가 있을 때면 종종 사람들에게 하나님이 고쳐주셨으면 하는 신체 부위를 만져보라고 지시한다. 나는 그들의 아픈 팔을 움직여보거나 아픈 다리를 구부려보라고 말한다. 그런 행동은 그 자체로는 아무것도 아니지만, 하나님의 치유 능력을 믿는 믿음이 있다는 것을 보여준다. 우리는 성경에서 주 예수님이 병자들을 고쳐주실 때 기적이 일어나기 전에 종종 무엇인가를 하도록 요구하셨다는 사실을 발견할 수 있다.[27]

병 고침을 받지 못했을 때 그 책임이 당사자에게 있다는 생각은 병을 고쳐주는 것이 항상 하나님의 뜻이라는 힌의 가르침에서 자연스레 비롯하는 논리적인 결론이다. 힌의 견해에 따르면, 병 고침을 구하는 기도를 드릴 때 "만일 하나님의 뜻이거든"과 같은 말을 사용하는 것은 믿음이 부족하다는 표시다. 그는 "주님 앞에 나가 '만일 주님의 뜻이거든'이라는 말을 절대 꺼내서는 안 된다. 그런 식으로 믿음을 파괴하는 말을 입에 올리지 않도록 주의

하라. '주님, 만일 주님의 뜻이거든'이라고 기도하는 순간, 믿음은 파괴되고 만다"라고 말했다.[28]

병을 고쳐주는 것이 항상 하나님의 뜻이기 때문에 치유를 받지 못하면 그 책임이 병자 자신에게 있다는(곧 그의 믿음이 충분하지 못하다는) 생각은 참으로 터무니없다. 그런 문제점을 압박해 들어갈 때마다 힌은 항상 자신의 가르침에 그런 가혹한 의미가 담겨 있다는 사실을 무시하거나 부인하려고 애썼다. 저스틴 피터스는 다음과 같이 옳게 말했다.

> 수많은 사람들이 경험한 대로, 힌의 논리에 따르면 병 고침은 병자 자신의 믿음에 달려 있는 셈이다. 치유가 이루어지지 않으면, 병자는 모든 것이 자신의 잘못이라고 결론짓지 않을 수 없다. 다시 말해, 믿음이 충분히 강하지 못했고, 하나님과의 관계가 충분히 순수하지 못했다고 자책할 수밖에 없다. 힌은 "사람들에게 책임을 돌리는 가혹한 말을 던져 치유를 받지 못한 책임이 스스로에게 있다고 생각하게 만들려는 의도는 전혀 없다"고 말하지만, 그는 정확히 그런 일을 행하고 있다.[29]

예수님은 공생애 기간에 사람들의 믿음을 보시고 소원을 들어주기도 하셨지만, 그분의 치유 능력은 상대방의 믿음에 의존하지 않았다. "네 믿음이 너를 낫게 했다"는 표현은 "네 믿음이 너를 구원하였다"라고 번역하는 것이 더 낫다(마 9:22, 막 5:34, 10:52, 눅 7:50, 8:48, 18:42 참조. 『한글 개역개정 성경』은 이를 옳게 번역했다 - 역자 주). 믿음에 관한 주님의 관심은 질병 치유가 아닌 영혼의 구원과 관련이 있었다. 그러나 베니 힌과 같은 거짓 신앙 치료사들은 참 복음을 강조하지 않는다. 라파엘 마르티네스는 힌의 신유 집회를 직접 지켜보고 나서 이렇게 보도했다.

구원을 위한 강단 초청은 없었지만, 헌금을 바치라는 요구는 있었다. ……
힌은 그렇게 요구하면서 최근에 기동성을 확보하기 위해 2,300만 달러짜리
개인용 제트비행기를 계약했다는 말을 전달했다. ……그가 말한 것은 하나
님이 말세에 계획하신 위대한 일 가운데 하나, 곧 "영적 추수"를 위한 재정
을 지원하려고 계획하신 "부의 이전"(번영 신학 설교자들은 휴거가 있기 전에 온 세
상에 있는 죄인들의 부가 신자들과 교회에게로 이전될 것이라고 가르친다 - 역자 주)에
해당하는 일이었다. 그것은 하나님이 복음을 전하게 하시기 위해 세상의 부
를 우리에게 주실 수 있도록 먼저 우리의 것을 바쳐 기꺼이 믿음을 입증해보
여야 한다는 뜻이었다.[30]

힌은 온 세상을 돌아다녀야 한다고 떠벌리지만, 참된 복음을 전하는 일에
는 아무 관심이 없는 것이 분명하다. 그가 전하는 "복음"은 번영 신학의 물
질적인 주술에 지나지 않는다. 그는 오럴 로버츠와 같은 사람들로부터 전해
들은 건강과 부의 메시지를 설파할 뿐이다. 그런 메시지는 성경에 아무 근거
가 없다. 그러나 힌은 그것을 통해 막대한 부를 얻었다. 이런 사실은 두 번째
차이점으로 자연스레 이어진다.

신약 성경의 치유 사역은 돈이나 명성을 추구하지 않았다

주 예수님은 물질적인 이익을 바라고 병자를 고쳐준 적이 없으셨다. 사도
들도 마찬가지였다. 베드로는 돈을 주고 병 고치는 능력을 사려고 했던 마술
사 시몬을 엄히 책망했다. 그는 "네가 하나님의 선물을 돈 주고 살 줄로 생각
하였으니 네 은과 네가 함께 망할지어다(행 8:20)"라고 말했다.

그리스도와 사도들은 가장 가난하고 절박한 처지에 있는 사람들, 곧 은혜
에 보답할 길이 없는 사람들의 질병을 주로 고쳐주셨다. 눈 먼 걸인들(마 9:27-

31, 20:29-34, 21:14, 막 8:22-26), 사회에서 추방된 나병환자들(마 8:2, 3, 눅 17:11-21),
가난한 장애인들(마 9:1-8, 21:14, 요 5:1-9, 행 3:1-10, 14:8-18)은 질병을 죄와 결부
시켰던 사회에서 최하층에 속하는 사람들이었다(요 9:2, 3 참조). 그러나 예수님
과 제자들은 그들에게 동정을 베풀었다. 예수님과 제자들은 그 대가로 재물
을 구하지 않았다. 신약 성경의 치유 사역은 재물을 동기로 삼지 않았다. 오
히려 그 반대였다. 돈을 사랑하는 마음으로 사역을 행하는 사람들은 거짓 교
사로 단죄되었다(딤전 6:5, 9, 10). 예수님은 "너희가 하나님과 재물을 겸하여 섬
기지 못하느니라(마 6:24)"라고 말씀하셨다.

또한, 주님은 자신의 기적이 얄팍한 인기나 호기심을 자극하는 것을 경계
하셨다. 그분은 병을 고쳐주신 이들에게 일어난 일을 아무에게도 말하지 말
라고 종종 당부하셨다(마 8:4, 9:30, 막 5:43 참조). 군중이 진심으로 믿어서가 아
니라 더 많은 기적을 보고 싶은 마음에서 예수님을 왕으로 추대하려고 하자,
그분은 조용히 갈릴리 건너편으로 자리를 옮기셨다(요 6:15). 예수님은 누가
복음 10장 20절에서 제자들에게 기적을 행하는 능력을 소유한 것이 아니라
영원한 구원을 얻는 것을 기뻐하라고 가르치셨다. 군중이 늘 구름떼처럼 모
여들었는데도 주님은 대중의 인기를 구하지 않으셨다. 주님이 행하신 많은
기적에도 불구하고, 군중은 결국 그분을 십자가에 처형하라고 부르짖었다.

그와는 대조적으로, 베니 힌의 치유 사역은 대중의 인기와 개인적인 번영
에 초점을 맞추었다. 그는 자신의 자서전에서 "언론이 수많은 사람들을 우리
의 집회로 인도해 하나님의 말씀을 듣게 하는데 내가 어떻게 언론을 비판할
수 있겠는가?"라고 말했다.[31]

"하나님의 말씀을 듣게 한다고?" 베니 힌은 마치 자신이 그런 목적을 지
니고 있는 척 행세할 때가 많다. 그러나 그의 집회에 모여드는 군중은 말씀
을 듣기 위해 오지 않고, 그 역시 순전한 하나님의 말씀을 충실하게 전하지

않는다. 힌 자신도 "사람들은 자기처럼 집회에 오는 사람들이 무엇을 기대하고 모여드는지 잘 알고 있다. 그들은 기적을 기대한다"라고 인정했다.[32] 그는 다른 곳에서도 "사람들은 설교를 듣기 위해 오지 않는다. 그들은 무엇인가를 보기를 원한다"라고 말했다.[33]

힌은 오럴 로버츠와 마찬가지로 "믿음의 씨앗"이라는 메시지를 전함으로써 기적을 원하는 사람들을 기부자로 만드는 데서 더 큰 행복을 느낀다. 그는 2000년에 트리니티 방송사의 "프레이즈 어 돈"에서 이렇게 말했다. "오늘밤 사람들이 기부금을 서약할 때, 하나님의 치유 사역이 일어날 것이라고 믿습니다. 기부금을 서약하는 사람들은 병 고침을 받을 것입니다."[34] 그는 같은 프로그램에서 또 이렇게 말했다. "기부금을 서약하십시오. 헌금을 바치세요. 그것이 기적을 체험할 수 있는 유일한 길입니다. ······바치면 기적이 일어날 것입니다."[35] 힌이 자신의 텔레비전 시청자들에게 설명한 대로, 그런 메시지는 "믿음의 씨앗", 곧 바치면 얻는다는 터무니없는 물질주의의 논리에 근거한다.

> 기도를 요청할 때 소원을 구체적으로 명시하고 기부금을 보내세요. 그 이유는 성경이 "주라"고 가르치기 때문입니다. ······성경은 뿌리면 거둘 것이라고 말씀합니다. (돈의) 씨앗을 뿌리지 않으면 수확을 기대할 수 없습니다. ······오늘 당장 그 씨앗을 심으세요. 액수는 여러분의 필요에 따라 달라집니다. 최근에 교회에서 어떤 사람이 내게 찾아와 "목사님, 하나님께 얼마를 바쳐야 하나요?"라고 묻더군요. 나는 "글쎄요. 어떤 종류의 수확을 기대하는데요?"라고 말했습니다.[36]

그런 선전 전략은 매우 노골적이다. "병 고침을 받으려면 돈을 보내라. 병 고침을 받지 못했다면 돈을 충분히 보내지 않은 탓이다"라는 식이다. 거짓 희망을 팔아 돈을 버는 베니 힌은 "과부의 가산"을 삼켰던 사악한 종교 지도자들과 조금도 다르지 않다(눅 20장 참조).

베니 힌은 돈벌이가 목적이라는 것을 부인하지만,[37] 그의 호사스런 생활 방식이 그의 탐심과 물욕을 여실히 드러낸다. 그는 몇 년 전에 많은 직원들과 경호원들을 대동하고 콩코드 여객기를 타고 유럽을 방문했던 사실이 세간에 알려지면서 추문의 소용돌이에 휘말렸다. 물론, 그 경비는 모두 기부금으로 충당되었다. 콩코드 여객기의 일등석은 일인 당 8,850달러였다. 힌과 그의 일행은 유럽 여행 기간에도 객실 당 하룻밤에 2,000달러가 넘는 최고급 호텔에 머물렀다. CNN은 힌과 그의 측근들이 콩코드 여객기에 탑승하는 장면을 담은 비디오테이프를 공개하며 그 일을 집중보도했다.[38] 그 뒤에 간단한 비리가 하나 더 드러나면서 대중은 일시적으로 힌의 사치스런 생활에 염증을 느꼈다.

그때 이후로 변한 것은 거의 없다. "보도에 따르면, 힌은 일 년에 100만 달러 이상의 수입을 올리며 바다가 마주보이는 저택에서 살고 있고, 최신형 호화 자동차를 운전하며, 더 이상 콩코드를 이용할 필요없이 개인용 제트비행기로 여행을 다닌다."[39] 또한, 그는 "다이아몬드 롤렉스, 다이아몬드 반지, 금팔찌, 맞춤 양복"과 같은 사치품으로 온 몸을 치장하고 다닌다.[40] 그런 사치스런 삶은 물질적인 부를 하나님의 축복을 입증하는 증표로 떠벌리는 번영신학의 메시지에는 잘 어울릴지 몰라도 신약 성경에 나타난 사역 방식과는 너무나도 크게 대조된다. 힌이 치유 사역을 빙자해 우려내는 돈은 매년 약 1억 달러로 추정된다.[41] 그는 기적을 위해서라면 무엇이라도 할 각오가 되어 있는 절박한 사람들의 호주머니를 털고 있다.

신약 성경의 치유 사역은 완벽했다

예수님의 치유 사역은 단 한 번도 실패하지 않았다. 사도들이 사도행전에서 행한 기적들도 마찬가지였다. 마태복음 14장 36절은 예수님의 옷에 손을 대는 자는 모두 "나음을 얻었다"고 증언한다. 나병환자들도 제사장의 검사를 통과할 수 있을 정도로 깨끗하게 고침을 받았다(레 14:3, 4, 10 참조). 맹인의 시력도 온전히 회복되었고, 다리를 못 쓰던 자들도 뛰고 달릴 수 있게 되었으며, 귀먹은 사람들도 핀이 떨어지는 소리도 들을 수 있을 만큼 완전해졌고, 심지어는 죽은 자들도 건강한 몸으로 되살아났다. 신약 성경의 기적 가운데 결과가 불완전했던 것은 아무것도 없었다.

혹시 제자들이 귀신들을 쫓아내지 못했던 일(마 17:20)이나 주님이 맹인을 두 단계 걸쳐 고쳐주신 일(막 8:22-26)을 내세워 반론을 펼 사람이 있을지도 모르겠다. 그러나 그런 예외적인 사건들도 결코 예외가 아니었다. 왜냐하면 결국에는 온전한 병 고침이 이루어졌기 때문이다. 제자들이 실패했던 이유는 (병든 아이의 믿음이 아니라) 그들의 믿음이 부족했기 때문이다. 현대의 신앙 치료사들이 그런 사건에서 유사점을 찾으려고 한다면, 자신들의 믿음이 부족한 것이 문제라는 점을 겸허히 인정해야 할 것이다.

예수님이 맹인을 두 단계에 걸쳐 치료하신 이유는 영적 교훈을 주시기 위해서였다. 그분은 그 일을 통해 제자들의 영적 깨달음이 둔하다는 것을 보여주고자 하셨다(막 8:21 참조). 주님은 결국 그 사람의 시력을 온전히 회복시켜 주셨다. 복음서와 사도행전에 기록된 그리스도와 사도들의 치유 사역은 100퍼센트의 성공률을 기록했다. 토머스 에드거는 "실패는 단 한 번도 없었다. 모든 치유 사역이 성공을 거두었다"라고 옳게 말했다.[42]

현대의 치유 사역 가운데 이런 성경적 기준에 부합하는 것은 하나도 없다. 베니 힌의 흠 많은 이력을 보면 이 사실을 쉽게 알 수 있다. 2009년, "ABC

나이트라인"은 "힌은 자신이 일으킨 치유의 역사 가운데 의학적인 검증을 거친 것은 아무것도 없다고 인정했다. 사실, 그가 주장하는 치유의 역사 가운데는 사실이 아닌 것으로 판명된 것이 적지 않다"라고 보도했다.[43] "나이트라인"은 "2001년에 개최된 힌의 집회에서 시력이 손상된 아홉 살 된 윌리엄 밴던콜크가 자신의 시력이 회복되었다고 주장한 적이 있었다. 그는 지금 열일곱 살인데, 여전히 법률적으로 눈 먼 장애인으로 살아가고 있다"라고 덧붙였다.[44]

힌은 그런 사실들 앞에서 "안수를 해준 사람들이 왜 모두 병 고침을 받지 못하는 이유를 알 수 없다"고 인정하지 않을 수 없었다.[45] 그는 사람들에게 안수를 했는데도 "아무 일도 일어나지 않았던" 적이 종종 있었다고 말했다.[46] 뉴스 보도에 따르면, 케냐의 한 병원에서 더 이상 손을 쓸 수 없었던 심각한 환자 네 명이 질병 치유를 바라고 힌의 신유집회에 참석했지만, 병 고침을 받기는커녕 그 집회에서 네 명 모두 사망했다고 한다.[47] 이런 사실들은 힌의 주장과 정면으로 충돌한다.

힌은 『일어나 병 고침을 받으라』는 책에서 "하나님은 모든 사람의 모든 질병을 다 고쳐주시겠다고 약속하신다. 심지어는 두통, 부비강염, 치통도 예외일 수 없다. 우리는 질병을 앓아서는 안 된다. 하나님은 우리의 모든 질병을 치유하신다"라고 말했다.[48] 그러나 힌 자신조차도 진정으로 그렇다고 믿지 않는다. 『로스앤젤레스 타임즈』에 실린 한 기사는 치유가 종종 실패하는 이유를 납득하지 못해 곤혹스러워하는 힌의 심정을 정확하게 포착했다.

> 그는 연단에서는 그런 말을 거의 입 밖에 내지 않았다. 하지만 그 다음 날, 그는 "포 시즌스 호텔"에서 하나님이 왜 어떤 사람들은 치유하지 않으시는지 의문이라고 말했다. 그것은 그 목회자가 개인적으로 고민해온 문제였다.

그는 자신이 심장이 안 좋은데 하나님이 고쳐주지 않으신다고 말했고, 자신의 부모가 심각한 질병을 앓았다고 털어놓았다. 그는 "그것은 참으로 어려운 문제였지요. 왜냐하면 아버지에게 믿으라고 권유했지만 죽고 말았으니까요. 지금도 그 이유를 모르겠습니다"라고 말했다.

그가 병 고침을 받지 못하는 사람들이 있다는 사실을 인정하는 것은 비교적 새로운 일이다. 그는 "전에는 그런 말을 한 적이 없습니다. 그러나 내 어머니는 당뇨병을 앓고 있었고, 아버지는 암으로 사망했습니다. 그것이 인생이지요"라고 말했다.[49]

힌은 치유 사역의 실패를 마지못해 인정하면서도, 여전히 자신이 돈을 우려내는 사기꾼은 아니라고 주장한다. 그는 "내가 가짜라면, 사람들의 돈을 모두 돌려주겠다"고 말했다.[50]

과연 그럴까? 절박한 처지에 놓인 어수룩한 사람들을 여전히 갈취하면서 조금도 주저하지 않고 그들로부터 받은 돈으로 호사스런 삶을 일삼고 있는 것이 과연 그가 거짓말쟁이요 사기꾼이 아니라는 증거일까? 어이없게도, 베니 힌은 그런 논리를 구사한다.

2002년, 그는 텔레비전 시청자들에게 그와 비슷한 주장을 펼쳤다. 그는 "여기 내 눈을 똑바로 보세요. 내게 집중하십시오. 내 눈을 바라보세요. 나는 거짓말을 한 적이 없습니다. 단 한 번도 그런 적이 없었고, 앞으로도 그럴 것입니다. 하나님의 백성에게 거짓말을 할 바에는 차라리 죽겠습니다. 내 말은 진실입니다"라고 말했다.[51] 사실, 그의 말은 조금도 진실이 아니다. 힌은 자신의 동기가 순수하다고 주장하지만, 그 속을 깊이 파헤쳐보면 곧 거짓임을 알 수 있다. 『로스앤젤레스 타임즈』의 윌리엄 로브델은 힌과의 인터뷰를 이렇게 결론지었다.

힌은 하나님의 소명이 아니라면 당장 사역을 그만두겠다고 말했다. 힌의 속마음을 들여다볼 수는 없었지만, 나는 내 눈 앞에서 탁월한 연기술과 인간의 심리상태를 잘 활용해 마치 한 사람의 영화배우처럼 살아가는 재능 있는 연기자의 모습을 발견했다. 나는 그가 자신이 전하는 설교를 실제로 믿는다거나 사람들이 기적을 체험하지 못하고 죽은 것을 마음 아파한다는 느낌을 단 한순간도 받지 못했다. 다나 포인트의 절벽 위에 있는 그의 저택 대문 뒤에서 천장에서 바다까지 통유리로 된 창문을 통해 시야에 한가득 들어오는 태평양의 바다 위에서 서퍼들이 파도타기를 즐기고, 그 너머에서는 돌고래가 헤엄을 치고, 수평선 위에는 요트들이 점점이 늘어서 있는 광경을 내려다보면서 자신이 거머쥔 행운을 떠올리며 혼자 킬킬대는 그의 모습을 상상해보았다. 그는 로또에 당첨된 셈이었고, 그의 행위는 미국 수정헌법 제1조(언론, 종교, 집회의 자유를 보장한 조항 – 역자 주)에 의해 법으로부터 보호를 받는다.[52]

신약 성경의 치유 사역은 부인할 수 없었다

베니 힌이 주장하는 치유는 권위 있는 검증을 통해 사실로 밝혀진 적이 없지만, 그리스도와 사도들이 행한 기적적인 치유는 복음을 대놓고 적대시했던 사람들조차도 부인하기 어려웠다. 예수님이 귀신들을 쫓아내셨을 때 바리새인들은 그분의 초자연적인 능력을 부인하지 못했다. 따라서 그들은 그분이 사탄의 능력으로 기적을 행하셨다고 주장함으로써 그분의 평판을 깎아내리려고 애썼다(마 12:24). 예수님이 나사로를 죽은 자 가운데서 다시 살리셨을 때도 이스라엘의 종교 지도자들은 그 사실을 부인할 수 없었다(요 11:47, 48). 그러나 그들은 그 사실을 믿지 않고, 그분을 죽여 없애기로 결심했다. 사도행전에서도 이스라엘의 종교 지도자들은 베드로가 걷지 못하는 사람을 고쳐준 사실을 부인하지 못했다(행 4: 16, 17). 또한 귀신들린 여종의 주인도 그녀를 괴롭히는 귀신들을 내쫓았던 바울의 권위를 무시하지 못했다(행 16:19).

복음서와 사도행전의 저자들은 특별히 주의를 기울여 자신들이 다루는 역사를 정확하게 기록하려고 노력했다(눅 1:1-4 참조). 누가가 의사였다는 사실(골 4:14)은 신약 성경이 증언하는 기적들의 의학적 신뢰성을 더욱더 크게 증대시킨다. 물론, 사복음서 저자들도 모두 성령의 감동으로 성경을 기록했기 때문에(딤후 3:16, 17), 그들이 전하는 다양한 사건들의 세부 내용을 정확하게 기억할 수 있었다(요 14:26 참조). 따라서 우리는 성경의 기록을 온전히 신뢰할 수 있다.

베니 힌의 신유집회는 그와는 전혀 다르다. 힌은 "사실로 검증된 치유가 수백 건이나 되고, 많은 사람이 회심하는 역사가 일어났다"고 주장하지만, 사실 분명치 않다. 그는 종종 "사람들이 목발을 버리고 휠체어에서 일어났고……눈먼 사람과 귀먹은 사람들이 고침을 받은 것으로 확인되었다"고 주장하지만,[53] 그런 주장을 입증하는 증거는 존재하지 않는다. 마이크 토머스는 힌의 신유집회를 조사하고 나서 이렇게 말했다.

> 힌은 많은 기적이 일어났다고 주장하지만, 그의 교회는 의심하는 사람을 확신시킬 수 있는 증거를 생각해내느라고 애를 먹는 듯 보인다. 만일 하나님이 힌을 통해 병자들을 치유하신다면, 왜 영구적인 마비증세, 뇌손상, 정신박약, 육체적 기형, 한쪽 눈이 없는 것과 같은 명백한 질병들은 치유하지 못하는지 참으로 궁금하다.[54]

힌은 매년 수많은 신유집회를 열지만, 그가 주장하는 치유는 여전히 검증되지 않고 있다. 힌은 "기독교 연구소(Christian Research Institute)"에 가장 확실하게 입증된 경우라며 세 가지 치유 사례를 제시했지만, 그 결과는 크게 실망스러웠다. 기독교 연구소의 행크 해네그라프는 "세 가지 치유 사례 모두 증거가 불확실하고 혼란스럽다. 이런 증거가 힌이 오랫동안 '신유집회'를 해오면서 매번 집회가 열릴 때마다 직원을 통해 치유의 사례를 문서화시킨 것 가운데 가장 확실한 사례라면, 그가 지금까지 진정한 치유의 역사를 일으켰다는 사실을 입증해줄 신뢰성 있는 증거는 단 한 가지도 없는 것이 확실하다"라고 말했다.[55]

놀라운 치유의 역사가 일어났다는 굉장한 주장들이 갈수록 더 거세지지만, 참된 기적을 입증하는 실질적인 증거는 전혀 눈에 띄지 않는다. HBO(미국 유선 방송사)가 2001년에 제작한 다큐멘터리는 힌의 집회에서 치유를 받았다고 알려진 일곱 사람들의 삶을 일 년 동안 추적했다. 다큐멘터리 제작자 안소니 토머스는 그 기간이 다 지난 후에 실제로 병 고침을 받은 사람은 아무도 없다고 결론지었다.[56]

토머스는 『뉴욕 타임즈』와의 인터뷰에서 "내가 (힌의 집회에서) 기적을 목격했다면, 기쁘게 그 사실을 널리 알렸을 것입니다. ……그러나 돌이켜 생각해보면, 그런 기적 이야기들은 철저한 무신론자보다 기독교에 더 큰 해악을 끼치는 것 같습니다"라는 말로 힌의 사역을 원색적으로 평가했다.[57]

신약 성경의 치유 사역은 즉각적이고 자연스럽게 이루어졌다

예수님이나 사도들이 병자를 고칠 때는 즉시 건강을 되찾는 역사가 일어났다. 회복의 기간도 필요없었고, 다른 치료도 필요하지 않았다. 병자들은 서서히 회복되지 않았다. 나병환자들도 즉각 깨끗해졌고(막 1:42), 맹인도 즉각 시력을 되찾았으며(막 10:52), 몸이 마비된 사람들도 즉시 기뻐 뛰었다(행 3:8). 어떤 사람들은 마가복음 8장 22-26절(맹인이 두 단계를 거쳐 치유된 사건)과 누가

복음 17장 11-19절(10명의 나병환자들이 제사장에게 보이려고 가는 도중에 치유된 사건)과 요한복음 9장 1-7절(맹인이 실로암 못에서 씻은 후에 치유된 사건)처럼 치유가 지연된 사례가 있었다고 주장할지도 모른다. 그러나 그런 사건들도 지연된 시간이 며칠이나 몇 주가 아닌 불과 몇 분에 불과하다. 더욱이, 그런 지연은 예수님이 치유의 기적을 행하시면서 의도적으로 그렇게 하신 결과였다. 다시 말하지만, 그런 예외적인 사건들도 결코 예외가 아니었다. 신약 성경에 기록된 치유의 기적은 모두 즉각 이루어졌다.

그와는 대조적으로, 베니 힌은 "한 여성이 캐서린 쿨만의 집회에 열한 번 참석하고 나서 병 고침을 받았다. 열한 번!"이라고 말했다.[58] 이런 말은 힌의 "믿음의 말씀 신학"의 실체를 여실히 드러낸다. 맥코넬은 이렇게 말했다.

> 믿음의 말씀 운동은 신자들에게 치유가 이미 이루어진 "믿음의 현실"이지만, 신자의 육체 안에서 즉각 물리적인 현실이 되어 나타나는 것은 아니라고 가르친다. 치유의 믿음을 고백하는 순간부터 치유의 결과가 나타나기까지 신자는 질병의 "증세"를 계속 경험할 수 있다. 그러나 그 증세는 질병 자체가 아니라 사탄이 신자를 유혹해 부정적인 고백을 하게 함으로써 병 고침을 받지 못하게 만들려는 영적 미끼에 불과하다.[59]

다시 말해, 여전히 질병을 앓고 있는 것처럼 보여도 실제로는 이미 나았다는 것이다. 따라서 몸 안에서 그것이 현실로 이루어질 때까지 기다리는 것이 필요하다. 이것이 힌이 자신의 추종자들에게 "기적을 받아들인 후에는 기적을 반대하는 자들을 멀리하라. ……자신이 예수님의 이름으로 온전히 고침을 받았다고 생각하라"고 가르치는 이유다.[60] 성경의 치유 사역과 관련해 그런 황당한 말이 기록된 경우는 어디에도 없다. 성경의 치유 사역은 모든 사람의 눈 앞에서 항상 확실한 현실로 나타났다.

더욱이, 신약 성경의 치유 사역은 자연스럽게 이루어졌다. 아무런 사전 각본 없이 일상적인 삶 속에서 자연스레 일어났다. 마태복음 8장 14, 15절은 베드로의 집에 가셨던 예수님이 그의 장모가 병든 것을 보시고 그녀를 고쳐주셨다고 증언한다. 또한, 마태복음 9장 20절은 한 여인이 예수님이 지나가실 때 몰래 그분의 옷자락을 만지는 순간 병 고침을 받았다고 진술한다. 베드로와 요한도 성전에 가는 도중에 걷지 못하는 걸인을 보고 그를 고쳐주었다(행 3:6, 7).

신약 성경의 치유 사역이 대형 운동장이나 집회 장소에서 사전에 주의 깊게 계획되어 일어나는 사건들과는 전혀 다르다는 사실을 보여주는 증거는 이 밖에도 얼마든지 많다. 예수님의 치유 사역이 각본에 따라 이루어졌거나 볼거리를 만들어 기부자들을 현혹시키려는 의도로 이루어진 적은 단 한 번도 없었다.

그와는 대조적으로, 힌은 신유집회를 미리 계획하는 것을 결코 잊지 않는다. 미리 정해진 일정에 따라 예배가 이루어지고, 주의 깊게 연출된다. 리처드 피셔는 이렇게 말했다. "텔레비전 시청자들도 편집되고, 생방송에 나온 청중이 보는 광경도 주의 깊게 계획된다. 심각한 신체장애자들, 다운증후군을 앓는 어린아이들, 손이나 발이 절단된 사람들과 같은 병자들은 텔레비전 카메라에 찍히지 않도록 무대에 접근하지 못하게 한다."[61] 2004년에 "캐나다 방송협회"가 방영한 다큐멘터리에서는 몰래 카메라를 사용해 무대 경계를 서는 사람들이 사지마비환자와 정신박약자와 같이 명백하고 심각한 신체장애를 앓고 있는 환자들이 무대에 접근하는 것을 허용하지 않고 자리로 돌려보내는 광경을 촬영했다.[62] 힌이 진정으로 병 고치는 은사를 받았다면, 그런 식의 신중한 연출은 결코 필요하지 않을 것이다.

물론, 베니 힌이 스스로 주장하는 것을 실제로 행할 능력이 있다면, 제3세계 국가들에 가서 질병을 억제하고, 환자들을 고쳐 병원을 텅 비게 만들 수 있을 것이다. 예수님처럼 방문하는 곳마다 질병과 고통을 몰아낼 수 있을 것이다. 그러나 힌은 진정한 은사를 소유하지 못했기 때문에 사람들을 자기에게 찾아오라고, 곧 청중을 조종할 수 있고, 세부 사항을 통제할 수 있는 장소로 찾아오라고 요구한다. 그런 태도는 신약 성경의 치유 사역과 정면으로 충돌한다. 로버트 보우먼은 "성령께서 치유 사역을 위해 목욕일 저녁 7시에 누군가의 교회를 방문하시도록 계획하는 것은 전혀 성경적이지 못하다"라고 지적했다.[63]

신약 성경의 치유 사역은 참된 메시지를 보증했다

신약 성경의 치유 사역의 마지막 특징은 그리스도와 사도들이 전한 복음의 메시지를 보증하는 역할을 했다는 것이다. 베드로는 오순절에 "하나님께서 나사렛 예수로 큰 권능과 기사와 표적을 너희 가운데서 베푸사 너희 앞에서 그를 증언하셨느니라(행 2:22)"라고 말했다. 그리스도 자신도 의심하는 바리새인들에게 "내가 행하거든 나를 믿지 아니할지라도 그 일은 믿으라 그러면 너희가 아버지께서 내 안에 계시고 내가 아버지 안에 있음을 깨달아 알리라(요 10:38)"라고 말씀하셨다. 요한 사도는 복음의 목적을 이렇게 설명했다. "예수께서 제자들 앞에서 이 책에 기록되지 아니한 다른 표적도 많이 행하셨으나 오직 이것을 기록함은 너희로 예수께서 하나님의 아들 그리스도이심을 믿게 하려 함이요 또 너희로 믿고 그 이름을 힘입어 생명을 얻게 하려 함이니라(요 20:30, 31)."

그리스도의 사자인 사도들도 그들이 행한 기적과 표적을 통해 그 진실성을 입증받았다(롬 15:18, 19, 고후 12:12 참조). 히브리서 저자는 "우리가 이같이 큰 구원을 등한히 여기면 어찌 그 보응을 피하리요 이 구원은 처음에 주로 말씀하신 바요 들은 자들이 우리에게 확증한 바니 하나님도 표적들과 기사들과 여러 가지 능력과 및 자기의 뜻을 따라 성령이 나누어 주신 것으로써 그들과 함께 증언하셨느니라(히 2:3, 4)"라는 말로 사도적 증언의 진실성을 보증했다. 그런 표적들은 사도들이 그들의 주장대로 참 복음을 전하는 하나님의 권위 있는 대변자라는 사실을 입증했다.

그리스도와 사도들이 선포한 복음과 다른 복음을 전하는 사람들은 "거짓 사도요 속이는 일꾼(고후 11:13)"이라는 사실을 스스로 입증하는 셈이다. 바울은 이 점을 가능한 한 힘껏 강조하기 위해 그런 사람들을 거듭 두 차례나 저주했다. 그는 "그러나 우리나 혹은 하늘로부터 온 천사라도 우리가 너희에게 전한 복음 외에 다른 복음을 전하면 저주를 받을지어다 우리가 전에 말하였거니와 내가 지금 다시 말하노니 만일 누구든지 너희가 받은 것 외에 다른 복음을 전하면 저주를 받을지어다(갈 1:8, 9)"라고 말했다. 진리의 하나님은 오직 참된 복음만 보증하신다. 하나님은 거짓 신학을 보증하시거나 그런 신학을 가르치는 사람들에게 초자연적인 능력을 허락하지 않으신다. 거짓 복음을 가르치면서 기적을 행한다고 자랑하는 사람들은 기적을 행할 수도 없고, 설혹 기적을 행하더라도 하나님의 능력과는 아무 상관이 없다(살후 2:9 참조).

베니 힌은 "온 세계, 모든 가정에 복음을 전하기 원한다"고 주장하지만[64] 그의 복음은 신약 성경이 전하는 구원의 메시지가 아니다. 그는 건강과 부와 번영의 복음, 곧 기괴하고 가증스런 거짓 복음을 전할 뿐이다. 힌의 사역은 듣기 좋은 말로 재물을 갈취하는 데만 초점을 맞춘다. 그것은 거짓 교사의 표징이다(딤후 4:3, 딛 1:11). 성령의 능력을 빙자해 힌이 전하는 기괴한 가르침은 그의 참된 본성만을 드러낼 따름이다.

삼위일체 하나님은 아홉 인격으로 이루어졌다.[65] 성부 하나님은 손과 입과

머리털과 눈을 가지고 있는 "영적 육체로 활동하신다."⁶⁶ 주 예수님은 십자가에서 사탄의 본성을 취하셨다.⁶⁷ 신자들은 스스로를 작은 메시아로 생각해야 한다고⁶⁸ 주장하는 사람에 대해 과연 어떤 결론을 내려야 할까? 거룩하신 하나님이 베니 힌과 같은 거짓 교사에게 기적을 행하는 능력을 허락하시어 그런 기괴한 사상을 보증하신다고 생각하는 것은 터무니없다. 그런 생각은 하나님을 베니 힌의 동조자로 만드는 것과 같다. 그런 생각은 전혀 옳지 않다.

베니 힌은 나중에 그런 생각을 가진 사람들과 다소 거리를 두었지만, 단순히 공개적인 비난을 피할 의도로 성급하게 반응하는 것은 변화된 삶을 통해 입증되는 참된 회개와는 거리가 멀다. 지금까지도 힌은 참된 회개의 증거를 보여주지 못하고 있다. 그는 거짓 사역을 행하는 사기꾼으로 절박한 처지에 있는 수많은 사람들을 대동한 채 영원한 파멸을 향해 달려가고 있다.

그리스도와 사도들이 행한 기적은 독특했다. 이번 장에서 살펴본 대로, 그 기적들은 초자연적인 능력을 통해 이루어졌고, 실패한 적이 없으며, 즉각적이고 자연스러웠고, 부인할 수 없는 현실이었을 뿐 아니라 복음의 메시지를 보증하는 표적이라는 목적에 이바지했다. 그 기적들은 병자의 믿음에 의존하지 않았고, 돈벌이를 위해 사용되지 않았으며, 미리 계획된 각본에 따라 이루어지지 않았다. 그것은 모두 질병이 즉각 완치되는 참된 기적이었다. 맹인이 보고, 장애자가 걷고, 귀먹은 자가 듣고, 심지어는 죽은 자가 다시 살아났다.

그런 성경적인 치유의 기적은 오늘날에는 일어나지 않고 있다. 베니 힌은 사도적 치유 사역을 일으킬 수 있다고 주장하지만, 그는 그럴 능력이 없다. 복음서와 사도행전에 기록된 치유의 기적은 1세기 교회만이 경험했던 독특한 사건이다. 그런 치유의 기적은 사도 시대 이후에 종결되었고, 그때 이후로 지금까지 교회의 역사상 다시 나타나지 않았다.

   주님은 여전히 신자들의 기도를 들어주시고, 그 기쁘신 뜻대로 섭리를 베풀어 사람들을 고쳐주신다. 그러나 오늘날에 사도 시대와 같은 기적적인 치유가 일어나고 있다는 증거는 존재하지 않는다.[69] 사지마비환자, 중풍병자, 팔이나 다리가 절단된 자와 같이 심각한 신체장애를 앓고 있는 사람들이 신약 시대처럼 즉각 온전한 건강을 되찾는 일은 없다. 역사적으로, 그리스도와 사도들의 시대에 일어났던 독특한 치유의 기적이 되풀이된 적은 한 번도 없었다. 오늘날도 예외가 아니다. 사도적인 병 고침의 은사는 종결되었다.

   신약 성경은 위대한 의원이신 주님이 그 주권적인 뜻에 따라 은혜를 베푸실 줄 믿고 병으로 고통당하는 사람들을 위해 기도하라고 가르친다(약 5:14, 15 참조). 그러나 그런 치유의 역사는 성경에 기록된 초자연적인 치유 은사와 동일하지 않다. 그렇지 않다고 주장하는 사람은 스스로를 웃음거리로 만드는 것과 같다. 병 고침의 은사를 받았다고 주장하는 베니 힌과 같은 사람들이 바로 그런 경우에 해당한다. 그들은 사도들이 행한 것과 같은 기적을 행할 수 없다. 그들은 자신들의 사역이 참된 표적과 기사인 것처럼 재주를 부리고, 속임수를 일삼지만, 대다수 사람들에게 신망을 잃고, 성경의 권위를 훼손하고, 속기 잘하는 사람들을 오도하고, 하나님 앞에서 스스로를 거짓 선지자요 거짓말쟁이로 단죄한다. 한마디로, 그들의 사역은 영적으로 심각한 해악을 초래한다.

"아론의 아들 나답과 아비후가 각기 향로를 가져다가 여호와께서 명령하시지 아니하신 다른 불을 담아 여호와 앞에 분향하였더니 불이 여호와 앞에서 나와 그들을 삼키매 그들이 여호와 앞에서 죽은지라(레 10:1~2)."

STRANGE FIRE

3부 참된 성령의 사역을 회복하라

9장 우리를 구원에 이르게 하시는 성령의 사역
: 성령의 구원 사역

BC 600년경에 헬라 동전이 만들어진 때부터 13세기 중국에서 지폐가 발명되기까지 돈을 위조하는 행위는 항상 심각한 범죄로 간주되어왔다. 역사적으로, 화폐 위조죄는 사형으로 다스렸다. 예를 들어, 식민지 아메리카에서 벤저민 프랭클린이 인쇄했던 지폐에는 "위조는 곧 죽음이다"라는 경고의 말이 새겨져 있었다. 영국 역사를 살펴보면, 많은 화폐 위조범이 처형된 사례들을 발견할 수 있다. 그들 가운데 대다수는 교수형에 처해졌고, 더러는 산 채로 화형당했다. 현대인이 보기에는 처벌 수위가 너무 가혹하게 느껴질지 몰라도 화폐 위조죄를 그토록 엄히 다스렸던 이유는 두 가지였다.

첫째, 법률은 화폐 위조죄를 국가의 경제적 안정과 국민들의 안녕을 위협하는 죄로 간주했다. 둘째, 영국과 같은 나라에서 화폐 발행은 오직 왕에게만 속한 특권으로 간주되었다. 화폐 위조는 사람을 속여 가짜 돈을 받게 만드는 사소한 범죄가 아니라 그보다 훨씬 더 심각한 범죄, 곧 사회 전체를 위협하고, 왕의 권위를 대적하는 반란죄로 간주되었다.

그러나 하나님의 사역을 위조하는 자들은 어떤가? 화폐를 위조하는 범죄는 성령의 사역을 위조하는 반역죄에 비하면 그야말로 아무것도 아니다. 위조 화폐를 찍어내는 것은 사회를 위협하지만, 거짓된 종교적 체험을 조장하는 행위는 그보다 훨씬 더 큰 위험을 초래한다. 위조 동전을 만드는 것이 인간의 정부를 대항하는 반역죄라면, 거짓 복음을 전하는 것은 그보다 훨씬 더 큰 죄, 곧 왕 중 왕이신 주님을 거역하는 죄에 해당한다. 더욱이, 하나님의 말씀은 그런 범죄가 가져올 결과에 대해 침묵하지 않는다. 경제사범들이 역사적으로 가혹한 처벌을 받아왔다면, 거짓 종교를 전하는 사람들은 그보다 훨씬 더 큰 심판을 받게 될 것이다.

신자들은 그런 범죄의 심각성을 충분히 인지하고 거짓을 식별해 경고해야 할 의무가 있다. 그러나 거짓을 물리치려면 참된 것을 알고 있어야 한다. 위조된 것을 확실하게 식별할 수 있는 유일한 방법은 참된 것에 익숙해지는 것이다. 3장과 4장에서 성령의 참된 사역을 입증하는 다섯 가지 표징을 살펴본 바 있다. 여기에서도 그런 주제들을 다시 다루면서 성령의 참된 사역을 좀 더 깊이 있게 살펴볼 생각이다.

성령을 재발견하라

지금까지 말하고자 했던 요지는 오늘날의 교회가 성령의 참된 인격과 사역을 재발견해야 할 필요가 있다는 것이다. 거짓 영적 운동은 성삼위 하나님 가운데 삼위이신 성령 하나님의 이름을 빙자해 그분을 그릇 전하고, 크게 모욕했다. 은사주의는 거짓 예언을 내세우며 스스로를 그럴듯하게 위장해 기독교계를 신속하게 잠식해 들어갔고, 그 과정에서 수많은 교리상의 오류와 영적 해악을 저질렀다. 이제는 성령을 사랑하는 사람들이 과감하게 나서 그분을 공공연히 모독하는 오류를 바로 잡아야 할 때가 왔다.

삼위일체 하나님께 대한 올바른 관점을 가지는 것이 참된 예배의 필수 요소이기 때문에 성령을 정확하게 이해하는 것이 무엇보다 중요하다. 토저는

『하나님을 바로 알자』라는 책에서 이렇게 말했다.

> 우리에게 가장 중요한 문제는 하나님을 어떻게 생각하느냐 하는 것이다. ……예배의 순수함과 거짓됨은 예배자가 하나님을 높게 생각하고 있는지, 아니면 낮게 생각하고 있는지에 달려 있다. 교회가 가장 진지하게 생각해야 할 문제가 항상 하나님이어야 하는 이유가 여기에 있다. 사람에게 가장 엄숙한 현실은 그의 말이나 행위가 아니라 그의 마음 깊은 곳에서 하나님을 어떻게 생각하느냐 하는 것이다. 우리는 영혼의 은밀한 법칙에 따라 마음속으로 하나님의 모습을 형상화하는 경향이 있다. 이 점에 관해서는 개인 신자든 교회를 구성하는 신자들의 공동체든 아무 차이가 없다. 교회의 실체를 가장 잘 드러내는 것은 바로 하나님께 대한 생각이다.[1]

토저의 말은 강력하면서도 정확하다. 하나님께 대한 우리의 관점이 곧 사고의 근간을 형성한다. 물론, 그 안에는 우리가 성령에 관해 믿는 것도 아울러 포함된다. 성령과 그분의 사역을 올바로 파악하는 것이야말로 예배와 교리와 실천의 근본 토대에 해당한다.

앞서 설명한 대로, 성령의 가장 중요한 사역은 사람들을 그리스도께로 인도하는 것, 곧 복음을 통해 죄인들에게 구세주를 아는 참된 지식을 깨우쳐 주고(요 15:26, 16:14), 성경을 통해 하나님의 아들의 영광스러운 형상을 본받게 하는 것이다(고후 3:17, 18). 성령 사역의 초점은 주 예수님이시다. 성령의 인도하심과 충만함을 받은 사람들은 자연히 그리스도 중심적일 수밖에 없다. 그렇다고 해서 성령에 대한 성경의 가르침을 무시하거나 영적 사기꾼들이 그분의 거룩하신 이름을 더럽히고 있는데도 가만히 뒷짐을 지고 있어서는 곤란하다. 성령을 그릇 전하는 것은 곧 하나님을 모욕하는 것이다.

성령의 위엄과 권위는 본질상 성부와 성자와 동등하시다. 그러나 은사 운동은 마치 파렴치한 불경죄를 저질러도 아무 해가 없는 것처럼 그분의 참된 본성을 더럽히고 있다. 안타깝게도, 복음주의자들은 그런 신성모독이 자행되는 것을 빤히 지켜보면서도 입을 굳게 다물고 있다. 아마도 성부나 성자 하나님이 그런 식으로 모욕을 당하신다면, 복음주의자들은 크게 반발하고 나설 것이 분명하다. 성령의 영광과 명예에 대해서는 왜 그렇게 소극적인지 그 이유가 참으로 궁금하다.

문제의 원인은 주로 현대 교회가 성령의 신성한 권위를 옳게 이해하지 못하는 데 있다. 은사주의자들이 성령을 황홀경을 유발시키는 비인격적인 힘으로 생각한다면, 복음주의자들은 그분을 종종 성경책 겉표지나 범퍼 스티커에 종종 나타나는 대로 평화로운 비둘기 형상 정도로 축소해버린다. 그들은 전능하신 성령을 마치 부드러운 미풍 속에서 날개짓을 하는 무해한 흰 빛깔의 새처럼 생각하는 경향이 있다. 이제 성경을 진지하게 다시 읽어야 할 필요가 있다.

성령께서 예수님이 세례를 받으실 때 비둘기가 내려와 앉는 듯한 형상으로 강림하신 것은 사실이지만, 그분은 결코 비둘기가 아니시다. 성령께서는 전능하고, 영원하고, 거룩하고, 영광스러우신 하나님의 영이시다. 그분의 능력은 무한하고, 그분의 임재는 온 우주에 충만하며, 그분의 순결하심은 소멸하는 불과 같다. 성령을 시험하는 자는 노아 시대의 사람들이 경험한 것과 같이 엄중한 심판을 받게 될 것이다(창 6:3). 그분을 속이려는 사람은 아나니아와 삽비라처럼 즉각 생명을 잃을 수도 있다(행 5:3-5).

하나님의 영이 삼손에게 임하시자 그는 나귀 턱뼈 하나로 블레셋 족속 천 명을 쳐 죽였다(5:14, 15). 이사야 선지자는 성령을 근심하시게 하는 행위가 초래한 심각한 결과를 지적했다(사 63:10). 그는 이스라엘 백성을 향해 "그들이 반역하여 주의 성령을 근심하게 하였으므로 그가 돌이켜 그들의 대적이 되사 친히 그들을 치셨더니"라고 말했다. 불경한 태도로 성령을 대하는 것은 하나님을 원수로 만드는 결과를 낳는다. 성령을 무시하고서도 형벌을 피할 수 있다고 생각하면, 큰 오산이다.

성령께서는 창조에서부터 궁극적인 종말에 이르기까지 그 모든 과정에서 인격을 통해 역사하시는 하나님의 능력이시다(창 1:2, 계 22:17). 성령께서는 온전하신 하나님, 곧 신성에 속한 모든 속성을 충만하게 소유하고 계시는 하나님이시다. 그분은 축소된 하나님이 아니시다. 그분은 하나님의 모든 사역에 온전히 참여하신다. 그분은 성부만큼 강력하고 거룩하시며, 성자만큼 은혜와 사랑이 풍성하시다. 그분 안에는 완전한 신성이 충만히 거한다. 그분은 성부와 성자와 똑같이 우리의 예배를 받기에 지극히 합당하시다. 찰스 스펄전은 성령의 영광을 위한 열정을 드러내면서 신자들에게 이렇게 당부했다.

> 사랑하는 형제들이여, 하나님의 성령께서 임하신다면, 예수 그리스도를 높이듯 그분을 높이십시오. 예수 그리스도께서 형제들의 집에 거하신다면, 그분을 무시하거나 마치 그분이 집에 계시지 않으신 것처럼 자기 일로 바쁘게 돌아다니지 않을 것입니다. 형제들의 영혼에 거하시는 성령을 무시하지 마십시오. 간절히 권하건대, 성령께서 계신지 안 계신지 모르겠다는 식으로 살지 마시기 바랍니다. 항상 성령을 흠모하십시오. 형제들의 몸을 자신의 거룩한 거처로 삼기를 기뻐하시는 존엄하신 손님을 공경하십시오. 그분을 사랑하고, 그분께 복종하고, 그분을 경배하십시오.[2]

우리의 존엄하신 손님을 영화롭게 하고, 그분의 왕적 권위에 합당한 존경심과 공경심을 바치려면 그분의 참된 사역을 옳게 이해해 그분의 놀라운 사역에 우리의 마음과 생각과 뜻을 일치시켜야 한다.

오늘날, 성령께서는 세상에서 무슨 일을 행하고 계시는가? 태초에 우주의 창조 사역에 적극적으로 개입하셨던 성령께서는 지금은 영적 재창조의 사역에 초점을 맞추고 계신다(고후 4:6 참조). 그분은 영적 생명을 창조하신다. 예수 그리스도의 복음을 통해 죄인들을 거듭나게 하시고, 그들을 하나님의 자녀로 변화시키신다. 또한, 그들을 거룩하게 하시고, 봉사의 일을 할 수 있는 능력을 허락하시며, 그들의 삶에서 열매가 맺히게 하시고, 구원자이신 주님을 기쁘시게 하는 일을 행하게 하신다. 무에서 세상을 창조하실 때의 그 무한한 성령의 능력이 오늘날 구원받은 자들의 마음과 삶에서 역사하고 있다. 우주 창조가 놀라운 기적이었듯, 성령께서 영원한 심판을 받아야 할 사람들에게 구원을 베푸시는 순간에 이루어지는 새 창조의 역사도 그와 똑같이 기적에 해당한다. 오늘날 기적이 보고 싶으면, 거짓 신앙 치료사들을 좇는 일을 당장 중지하고, 성경적인 복음전도에 적극 참여해야 한다. 영적으로 죽은 죄인들이 성령의 능력으로 다시 살아나는 모습을 보는 것이 하나님의 참된 기적을 보는 것이다.

이번 장에서는 이 놀라운 기적의 현실에 초점을 맞추고자 한다. 죄인을 불러 죄를 깨닫게 하시어 그들을 구원으로 인도하시는 사역에서부터 영원한 영광을 보장하기 위한 인치심의 사역에 이르기까지 성령의 구원 사역을 모두 여섯 단계로 나눠 살펴볼 계획이다.[3]

성령께서는 불신자들에게 죄를 깨우쳐주신다

주 예수님은 십자가에 못 박히시기 바로 전 날에 한 다락방에서 자신이 승천하신 후에 성령을 보내시어 제자들 안에서, 또 그들을 통해 역사하시게 하겠다는 약속의 말씀으로 그들을 위로하셨다. 예수님은 슬퍼하는 제자들에게 "그러나 내가 너희에게 실상을 말하노니 내가 떠나가는 것이 너희에게 유익이라 내가 떠나가지 아니하면 보혜사가 너희에게로 오시지 아니할 것이요 가면 내가 그를 너희에게로 보내리니(요 16:7)"라고 말씀하셨다. 제자들은 "인간의 몸을 입으신 하나님의 아드님께서 우리 가운데 계시는 것보다 더 나은 것이 어떻게 있을 수 있단 말인가?"라고 의아해했을 것이 틀림없다. 그러나 예수님은 자신이 하늘에 올라가고 성령께서 오시는 것이 그들에게 더 유익하다고 강조하셨다.

예수님은 성령께서 행하실 중요한 사역을 설명하셨다. 사도들이 적대적인 세상에 나가 구원의 진리를 전파할 때 성령께서 그들의 복음 선포가 능력 있게 전달되도록 도와주실 것이고, 그들보다 한 발 앞서 그들의 설교를 듣고 믿게 될 사람들의 마음속에 진리를 깨우쳐주실 것이라는 가르침이었다. 주님은 그런 성령의 사역을 "그가 와서 죄에 대하여, 의에 대하여, 심판에 대하여 세상을 책망하시리라 죄에 대하여라 함은 그들이 나를 믿지 아니함이요 의에 대하여라 함은 내가 아버지께로 가니 너희가 다시 나를 보지 못함이요 심판에 대하여라 함은 이 세상 임금이 심판을 받았음이라(요 16:8-11)"라고 설명하셨다.

복음의 외적 소명이 구원의 메시지를 통해 전달될 때, 불신자들은 자신들의 죄와 불신앙의 결과를 깨닫게 된다. 성령의 책망은 복음을 거부하는 사람들에게는 죄인을 기소하는 검사와 같은 역할을 한다. 그분은 그들이 하나님 앞에서 죄인이며 영원한 심판을 받은 상태라는 사실을 깨우쳐주신다(요 3:18). 성령의 책망은 회개하지 않은 죄인들을 단지 기분 나쁘게 만드는 것이 아니라 그들에 대해 법적 판결을 선고하는 것을 의미한다. 성령께서는 논박할 수 없는 증거를 제시해 그들의 완고한 범죄 행위를 고발하고, 사형을 선고하신다.

그러나 성령께서 구원자에게 인도하시는 사람들의 경우에는 성령의 사역이 책망이 아닌 깨우침의 역할을 한다. 성령께서는 그들의 양심을 일깨우고, 깊은 슬픔을 느끼게 만드신다. 이렇듯, 성령의 책망은 선택받은 자들의 경우에는 구원을 가져다주는 유효 소명의 시작에 해당한다.

주님의 말씀은 성령의 책망이 세 가지 차원을 지닌다는 사실을 암시한다. 첫째, 성령께서는 구원받지 못한 사람들의 죄를 책망하시어 하나님 앞에서 그들의 비참한 상태를 깨우쳐주신다. 특히, 성령께서는 복음으로 죄인들의 불신앙을 깨우쳐주신다. 예수님은 "그들이 나를 믿지 아니함이요(요 16:9)"라는 말씀으로 이 사역을 설명하셨다. 주 예수 그리스도의 인격과 사역을 거부하는 것은 타락한 인간의 자연스런 반응이다. 그러나 성령께서는 죄인들의 완고한 불신앙을 깨우쳐주신다.

둘째, 성령께서는 하나님의 거룩한 기준과 예수 그리스도의 완전하신 의를 통해 불신자들에게 의를 깨우쳐주신다. 한 주석학자는 "세상은 겉으로만 의로운 척하면서 모든 의를 짓밟는다. 성령께서는 그런 행위가 의롭지 못하다는 것을 드러내신다"라고 말했다.[4] 성령께서는 그런 자기 의의 가면을 벗기시어 하나님의 온전하신 기준에 미치지 못하는 사람들의 참된 실상을 여실히 드러내신다. 그리고 그들의 눈을 돌려 흠 없는 하나님의 어린 양이신 예수 그리스도의 완전한 의를 바라보게 하신다.

셋째, 성령께서는 하나님의 심판이 필요할 뿐 아니라 정당하다는 사실을 죄인들에게 깨우쳐주신다. 죄인들은 언젠가 "세상 임금이 심판을 받듯(11절)" 심판을 받게 될 것이다. 십자가에서 패배한 사탄이 영원한 멸망을 당할 운명이듯, 사탄의 지배를 받는 사람들은 모두 하나님의 심판 아래 놓여 있다. 그들의 심판은 도덕적으로 정당하다. 의로우신 하나님은 죄를 징벌하지 않으실 수 없다. 히브리서 저자는 복음의 은혜로운 제안을 무시함으로써

"하나님의 아들을 짓밟는" 행위는 "은혜의 성령을 욕되게 하는" 것이기 때문에 엄중한 형벌을 받을 수밖에 없다고 말했다(히 10:29). 그는 "살아 계신 하나님의 손에 빠져 들어가는 것이 무서울진저(31절)"라고 선언했다. 불신자들에게 미래의 심판을 경고하는 것은 성령의 두려우면서도 은혜로운 사역이다. 성령께서는 회개하지 않는 사람들 앞에 무서운 심판이 기다리고 있다는 사실을 일깨워주신다.

예수님의 말씀은 제자들이 이러한 성령의 사역을 이해하는 것이 매우 중요하다고 강조한다. 그 이유는 무엇일까? 사도들은 세상이 격렬하게 거부하는 복음을 죄인들에게 전해야 할 사명을 부여받았다. 따라서 그들은 자신들의 설교에 성령의 능력이 함께 할 것이라는 사실을 알아야 할 필요가 있었다. 사도들이 죄인들의 불신앙에 맞서고, 그리스도의 의를 높이며, 하나님의 심판을 경고할 때, 성령께서는 말씀을 듣는 사람들의 양심을 자극하시고, 선택받은 사람들을 구원하는 역사를 행하실 예정이었다.

이런 성령의 사역은 오순절에 베드로가 강력한 복음의 메시지를 전하는 순간에 생생하게 이루어졌다. 누가는 군중의 반응을 이렇게 묘사했다. "그들이 이 말을 듣고 마음에 찔려 베드로와 다른 사도들에게 물어 이르되 형제들아 우리가 어찌할꼬 하거늘(행 2:37)." 그들은 진리를 듣고 마음이 찔렸다. 군중 가운데 3,000명에 이르는 사람들이 성령의 책망을 통해 영혼이 거듭나는 은혜를 받았다(31절).

그로부터 2,000년이 지난 오늘날에도 세상을 향한 우리의 메시지는 동일한 주제에 초점을 맞추어야 한다. 우리는 영적 사망과 참된 의와 하나님의 심판을 강조해야 한다. 요즘에는 인간의 타락과 하나님의 거룩하심과 영원한 심판을 전하는 설교가 인기를 누리지 못한다. 관용을 강조하는 포스트모던 사회에서는 특히 더 그렇다. 그러나 그것이 성령께서 인정하시는 유일한 사역이다. 그분은 복음이 선포될 때 능력으로 역사하신다(벧전 1:12). 그분은 말씀을 통해 죄인들을 구세주께 인도하시고, 그들을 거듭나게 하신다.

아서 핑크는 이렇게 말했다. "단순한 말씀 선포만으로는 아무도 그리스도께 인도해 구원에 이르게 할 수 없다. ······죄인의 마음을 열어 복음을 받아들이게 하는 성령의 초자연적인 역사가 먼저 이루어져야 한다."[5] 우리가 성경의 진리를 전할 때, 하나님의 성령께서 구원받지 못한 사람들의 마음을 찔러 진리를 깨우쳐주시고, 진노의 자녀인 그들을 하나님의 자녀로 변화시키신다(히 4:12, 요일 5:6).

성령께서는 부패한 마음을 거듭나게 하신다

선택받은 자들의 유효 소명은 성령의 책망에서부터 시작된다. 그분은 그들의 양심을 일깨워 죄와 의와 심판의 현실을 보게 하신다. 그러나 그분의 사역은 거기에서 멈추지 않는다. 불신앙의 마음이 새롭게 거듭나 깨끗해지고 변화되는 사역이 필요하다(엡 2:4). 성령께서는 죄인들을 거듭나게 하신다. 성령의 거듭남을 통해 전에 비참했던 죄인들이 그리스도 안에서 새로운 피조물로 다시 태어난다(고후 5:17).

바울은 디도서 3장 4-7절에서 이렇게 설명했다. "우리 구주 하나님의 자비와 사람 사랑하심이 나타날 때에 우리를 구원하시되 우리가 행한 바 의로운 행위로 말미암지 아니하고 오직 그의 긍휼하심을 따라 중생의 씻음과 성령의 새롭게 하심으로 하셨나니 우리 구주 예수 그리스도로 말미암아 우리에게 그 성령을 풍성히 부어 주사 우리로 그의 은혜를 힘입어 의롭다 하심을 얻어 영생의 소망을 따라 상속자가 되게 하려 하심이라."

주 예수님은 요한복음 3장에 기록된 니고데모와의 대화에서 죄인이 구원받으려면 거듭나야 한다고 가르치심으로써 이러한 성령의 사역을 설명하셨다. 니고데모는 그 가르침의 의미를 이해하지 못하고, "사람이 늙으면 어떻게 날 수 있사옵나이까 두 번째 모태에 들어갔다가 날 수 있사옵나이까(4절)"라고 물었다. 예수님은 그 물음에 이렇게 대답하셨다. "진실로 진실로 네게 이르노니 사람이 물과 성령으로 나지 아니하면 하나님의 나라에 들어갈 수 없느니라 육으로 난 것은 육이요 영으로 난 것은 영이니 내가 네게 거듭나야 하겠다 하는 말을 놀랍게 여기지 말라 바람이 임의로 불매 네가 그 소리는 들어도 어디서 와서 어디로 가는지 알지 못하나니 성령으로 난 사람도 다 그러하니라(5-8절)."

주님의 말씀이 밝힌 대로, 거듭남의 사역은 성령의 주권적인 권한에 속한다. 물리적인 세계에서 갓난아이는 스스로를 잉태할 수 없다. 그와 마찬가지로, 영적 세계에서도 죄인은 자신의 재탄생을 스스로의 힘으로 이룰 수 없다. 거듭남은 전적으로 성령의 사역에 해당한다.

"거듭난다"라는 말은 "위로부터 난다"라고 번역할 수 있다. 두 가지 표현 모두 예수님이 가르치신 진리를 적절하게 묘사한다. 죄인이 구원받으려면 하늘에서 기원한 새로운 탄생을 경험해야 한다. 죄인은 그런 경험을 통해 성령에 의해 전적으로 변화된다. 베드로는 "그의 많으신 긍휼대로 예수 그리스도를 죽은 자 가운데서 부활하게 하심으로 말미암아 우리를 거듭나게 하사 산 소망이 있게 하시며(벧전 1:3)"라고 말했다.

예수님이 니고데모에게 가르치신 대로, 구원은 인간의 노력이나 자기 의를 통해 얻을 수 없다. 오직 위에서 난 자들만이 구원받을 수 있다. 심지어 이스라엘 가운데 가장 널리 알려진 성경학자 가운데 하나였던 니고데모처럼 뭇 사람의 존경을 받으며 경건하게 사는 사람들조차도 자신의 힘으로 구원받을 수 없다. 하나님의 관점에서 보면, 죄인의 가장 훌륭한 노력도 더러운 누더기에 지나지 않는다(사 64:6).

죄인이 할 수 있는 일은 누가복음 18장 13, 14절에 나오는 세리처럼 하나님의 긍휼을 구하는 것뿐이다. 죄인은 스스로를 구원할 수 없기 때문에 구원자의 은혜와 긍휼에 전적으로 의존해야 한다. 성경은 참 믿음으로 그리스도께 나오는 모든 사람들, 곧 죄를 버리고 그분께 돌아오는 사람들이 구원받을 것이라고 약속한다(롬 10:9, 10). 주 예수님도 친히 요한복음 6장 37절에서 "아버지께서 내게 주시는 자는 다 내게로 올 것이요 내게 오는 자는 내가 결코 내쫓지 아니하리라"라고 약속하셨다.

거듭나게 하시는 성령의 사역은 죄인에게 새 마음을 준다(겔 36:26, 27). 새 마음을 얻는 죄인은 하나님을 진심으로 사랑하며 그리스도께 진정으로 복종한다(요 14:15 참조). 그런 변화의 열매는 변화된 삶을 통해 입증되고, 회개의 열매(마 3:8)와 성령의 열매("사랑과 희락과 화평과 오래 참음과 자비와 양선과 충성과 온유와 절제"-갈 5:22, 23)를 통해 나타난다. 성령께서는 이 기적적인 사역을 완성하시기 위해 말씀을 사용하신다. 야고보서 1장 18절은 "그가 그 피조물 중에 우리로 한 첫 열매가 되게 하시려고 자기의 뜻을 따라 진리의 말씀으로 우리를 낳으셨느니라"라고 말씀한다. 하나님은 구원의 순간에 말씀을 통해 우리의 마음을 깨우쳐주시고 우리를 생명으로 인도하시어 그리스도 안에서 새로운 피조물이 되게 하신다.

성령의 거듭나게 하심은 인간의 본성을 변화시킨다. 신자는 깨끗하게 되어 새 생명을 부여받고, 죄와 영원히 구별된다(살후 2:13 참조). 전에는 육신을 따라 살았지만 이제는 성령을 따라 산다(롬 8:5-11). 죄로 인해 죽었던 자들이 그리스도를 죽은 자 가운데서 살리신 성령의 내주하심을 통해 다시 살아난다(롬 8:10, 6:11 참조). 생명의 성령께서 그들에게 임해 유혹을 물리치고 의롭게 살아갈 수 있는 능력을 허락하신다. 이것이 "성령으로 난다(요 3:8)"는 말씀의 의미다.

성령께서는 죄인을 회개하게 하신다

마음이 새로워지지 않으면 믿거나 회개하는 일이 불가능하다. 성령께서는 죄인이 거듭나는 순간에 회개할 수 있는 믿음을 허락하시어 그리스도를 믿는 구원 신앙을 지니게 하시고, 죄에서 돌이킬 수 있게 하신다. 이것이 회심이다.

이 사실을 생생하게 보여주는 사례가 사도행전 11장 15-18절에 기록되어 나타난다. 베드로는 예루살렘에서 다른 사도들 앞에서 고넬료의 회심에 관해 증언했다.

> "내가 말을 시작할 때에 성령이 그들에게 임하시기를 처음 우리에게 하신 것과 같이 하는지라 내가 주의 말씀에 요한은 물로 세례를 베풀었으나 너희는 성령으로 세례를 받으리라 하신 것이 생각났노라 그런즉 하나님이 우리가 주 예수 그리스도를 믿을 때에 주신 것과 같은 선물을 그들에게도 주셨으니 내가 누구이기에 하나님을 능히 막겠느냐 하더라 그들이 이 말을 듣고 잠잠하여 하나님께 영광을 돌려 이르되 그러면 하나님께서 이방인에게도 생명 얻는 회개를 주셨도다 하니라."

베드로와 다른 사도들이 깨달은 대로, 고넬료와 그의 가족이 성령을 받은 사실은 그들이 진정으로 회심했다는 것을 입증하는 명백한 증거였다. 그들의 마음이 새로워졌고, 그들의 눈이 열려 베드로가 전하는 진리를 깨달았으며, 그들에게 회개하는 믿음의 은혜가 주어졌다(엡 2:8, 딤후 2:25 참조). 이 모든 것이 성령의 사역에 의한 결과였다.

로마서 8장은 성령의 사역이 신자의 삶 속에서 어떻게 이루어지는지를 확실하게 보여주는 성경의 계시 가운데 하나다. 이 놀라운 계시는 "그러므로 이제 그리스도 예수 안에 있는 자에게는 결코 정죄함이 없나니 이는 그리스도 예수 안에 있는 생명의 성령의 법이 죄와 사망의 법에서 너를 해방하였음이라(1, 2절)"는 심오한 구원의 진리를 전하는 말씀으로 시작된다. 많은 신자들이 이 말씀을 암기하고 있지만, 하나님의 구원 사역에서 성령께서 차지하시는 역할을 알고 있는 사람이 그 가운데 얼마나 될지 궁금하다. 구원받은 신자들을 죄와 사망의 법에서 해방하시고, 죄의 노예였던 그들을 의를 사랑하는 자들로 변화시키시는 분은 바로 성령이시다.

바울은 로마서 8장 3, 4절에서 성령께서 신자들을 죄의 권세로부터 해방하셨을 뿐 아니라 하나님을 기쁘시게 하는 삶을 살 수 있는 능력을 주신다고 증언했다. 그 덕분에 신자들은 회개의 열매(마 3:8)와 성령의 열매(갈 5:21, 22)를 맺을 수 있다. 다음 장에서는 우리를 거룩하게 하시는 성령의 사역에 관해 살펴볼 예정이다. 그러나 성령께서는 그 이전에 먼저 죄인들의 마음을 깨우쳐 회개하게 하시고, 생명을 허락하시어 복음을 믿을 수 있게 하신다.

성령께서는 하나님과 교제를 나누게 하신다

주 예수님은 요한복음 17장 3절에서 영생을 이렇게 정의하셨다. "영생은 곧 유일하신 참 하나님과 그가 보내신 자 예수 그리스도를 아는 것이니이다." 그리스도를 통해 하나님과 교통하는 것이 구원의 본질이다. 성령께서는 신자들이 하나님과 친밀한 교제를 나눌 수 있게 하신다.

바울은 골로새서 1장 13, 14절에서 성부 하나님이 "우리를 흑암의 권세에서 건져내사 그의 사랑의 아들의 나라로 옮기셨으니 그 아들 안에서 우리가 속량 곧 죄 사함을 얻었도다"라고 말했다. 로마서 8장 14-17절은 그런 변화의 본질을 좀 더 확실하게 이해할 수 있게 도와준다. 바울은 로마서에서는 왕국 대신 가족이라는 표현을 사용했다. 그는 "무릇 하나님의 영으로 인도함을 받는 사람은 곧 하나님의 아들이라 너희는 다시 무서워하는 종의 영을 받지 아니하고 양자의 영을 받았으므로 우리가 아빠 아버지라고 부르짖느니라 성령이 친히 우리의 영과 더불어 우리가 하나님의 자녀인 것을 증언하시나니 자녀이면 또한 상속자 곧 하나님의 상속자요 그리스도와 함께 한 상속자니 우리가 그와 함께 영광을 받기 위하여 고난도 함께 받아야 할 것이니라"라고 말했다.

이처럼 우리는 새로운 왕국의 시민일 뿐 아니라(빌 3:20) 새로운 가족의 일원이 되었다. 우리는 양자의 영을 통해 하나님의 가족이 되는 놀라운 특권을 부여받았다. 심지어는 전능하신 우주의 창조주를 부를 때 "아빠 아버지"라는 친밀하고 사랑스런 호칭을 사용할 수 있다. 성령께서는 죄인이 거룩하신 하나님을 대할 때 느끼는 두려움과 공포로부터 우리를 해방하셨다. 우리는 어린아이처럼 전능하신 하나님 앞에 달려가 아버지이신 그분과 친밀한 교제를 나눌 수 있다.

성령께서는 거듭난 사람의 마음속에 하나님을 깊이 사랑할 수 있는 성향을 허락하신다. 거듭난 신자는 하나님을 두려워하지 않고, 오히려 간절히 사모한다. 신자는 말씀을 묵상하고 기도를 드림으로써 하나님과 친밀한 교제를 나누고 싶어한다. 신자는 하나님께 자신의 근심걱정을 거리낌 없이 털어놓을 뿐 아니라 모든 죄가 그리스도의 희생을 통해 용서받았다는 것을 알기에 아무 두려움 없이 죄를 고백할 수 있다. 이처럼 성령께서는 신자가 더 이상 하나님의 심판이나 진노를 두려워하지 않고 그분과 친밀한 교제를 나눌 수 있도록 이끄신다(요일 4:18). 신자는 자신이 하늘에 계시는 아버지의 가족으로 입양되었다는 사실을 알기에 두려워 떨지 않고 그분의 거룩하심과 영광을 찬양할 수 있다.

아울러 성령께서는 다른 모든 신자들과도 친밀한 교제를 나눌 수 있게 하신다. 하나님의 자녀들은 구원받은 순간에 성령으로 세례를 받아 그리스도의 몸에 속한 지체가 된다(고전 12:13). 성령께서는 그리스도의 몸인 교회 안에서 모든 신자에게 그 기쁘신 뜻에 따라 서로를 섬기는 데 필요한 은사들을 나눠주신다(7절). 예언, 방언, 치유와 같은 은사들은 사도 시대에만 국한되지만, 교회를 세우는 데 필요한 가르침의 은사와 봉사의 은사들은 지금도 여전히 성령을 통해 교회에 주어진다(롬 12:3-8, 고전 12-14장 참조). 신자들이 교회 안에서 풍성한 인격적인 교제를 나눌 수 있는 이유는 그들이 주 예수 그리스도 안에서 한 가족이 되었기 때문이다. 신자들이 하나님과 교제를 나눌 수 있고, 또한 "성령의 하나 되게 하신 것"을 함께 누릴 수 있는 것은 모두 그분의 사역 덕분이다(엡 4:3).

성령께서는 신자들 안에 거하신다

구원이 이루어지는 순간, 성령께서는 죄인을 거듭나게 하시고 구원 신앙을 허락하실 뿐 아니라 그의 삶 속에 영원히 거하신다. 바울 사도는 로마서 8장 9절에서 이 사실을 다음과 같이 설명했다. "만일 너희 속에 하나님의 영이 거하시면 너희가 육신에 있지 아니하고 영에 있나니 누구든지 그리스도의 영이 없으면 그리스도의 사람이 아니라." 하나님의 성령께서는 놀랍고 기이한 방법으로 예수 그리스도를 믿는 모든 신자들의 삶 속에 거하신다.

예수 그리스도 안에서의 삶이 특별한 이유는 성령께서 내주하시기 때문이다. 그분은 신자 안에 거하시면서 사역을 행할 수 있는 능력과 준비를 갖추게 하시고, 우리에게 나눠주신 은사들을 통해 사역하게 하신다. 성령께서는 우리의 보혜사요 위로자이시다. 그분은 우리를 보호하시고, 권고하시며, 능력을 주신다. 참된 구원의 가장 확실한 증거는 바로 성령의 내주하심이다. 성령의 내주하심으로 인한 결과는 신자가 육신이 아닌 영을 따라 사는 삶을 통해 분명하게 확인된다(갈 5:19-22 참조).

　바울은 고린도 신자들에게 "너희는 너희가 하나님의 성전인 것과 하나님의 성령이 너희 안에 계시는 것을 알지 못하느냐(고전 3:16)"라고 말했다. 또한, 그는 그들에게 음행을 피하라고 권고하면서 "너희 몸은 너희가 하나님께로부터 받은 바 너희 가운데 계신 성령의 전인 줄을 알지 못하느냐 너희는 너희 자신의 것이 아니라 값으로 산 것이 되었으니 그런즉 너희 몸으로 하나님께 영광을 돌리라(고전 6:19, 20)"고 말했다. 이런 말씀은 성령의 내주하심이 삶을 변화시키는 능력을 지녔다는 것을 분명하게 보여준다(고전 12:13 참조).

　참 신자 안에 성령이 거하지 않으시는 법은 결코 없다. 구원은 받았지만 성령은 아직 받지 못한 경우가 있을 수 있다는 오순절주의자들의 주장은 크게 잘못되었다. 성령의 사역이 없으면, 비참한 죄인의 상태를 결코 벗어날 수 없다. 바울은 로마서 8장 9절에서 "누구든지 그리스도의 영이 없으면 그리스도의 사람이 아니라"라고 분명하게 말했다. 간단히 말해, 성령을 받지 못한 사람은 그리스도께 속하지 않는다. 참 신자, 곧 성령께서 내주하시는 신자는 다르게 생각하고, 말하고, 행동한다. 그들은 더 이상 세상을 사랑하지 않고, 하나님의 일을 사모한다. 이런 변화는 성령이 거하시는 사람들의 삶 속에서 그분의 역사가 이루어지고 있다는 증거다.

성령께서는 구원을 영원히 보장하신다

　성경은 일단 구원이 이루어지면 구원을 절대 상실하는 법이 없다고 가르친다. 로마서 8장 30절은 하나님이 의롭다 하신 자를 또한 영화롭게 하신다고 말씀한다. 주 예수님은 "내 양은 내 음성을 들으며 나는 그들을 알며 그들은 나를 따르느니라 내가 그들에게 영생을 주노니 영원히 멸망하지 아니할 것이요 또 그들을 내 손에서 빼앗을 자가 없느니라 그들을 주신 내 아버지는 만물보다 크시매 아무도 아버지 손에서 빼앗을 수 없느니라(요 10:27-29)"라고 말씀하셨다.

바울 사도도 로마서 8장 마지막에서 이 놀라운 현실을 이렇게 진술했다. "내가 확신하노니 사망이나 생명이나 천사들이나 권세자들이나 현재 일이나 장래 일이나 능력이나 높음이나 깊음이나 다른 어떤 피조물이라도 우리를 우리 주 그리스도 예수 안에 있는 하나님의 사랑에서 끊을 수 없으리라(38, 39절)." 하나님과 그분께 속한 사람들과의 관계를 끊을 수 있는 사람이나 힘은 어디에도 존재하지 않는다.

성령께서도 친히 이 현실을 보증하신다. 바울은 에베소 신자들에게 "그 안에서 너희도 진리의 말씀 곧 너희의 구원의 복음을 듣고 그 안에서 또한 믿어 약속의 성령으로 인치심을 받았으니 이는 우리 기업의 보증이 되사 그 얻으신 것을 속량하시고 그의 영광을 찬송하게 하려 하심이라(엡 1:13, 14)"라고 말했다. 신자들은 구원의 날까지 성령의 인치심을 받았다. 성령께서는 신자들이 영원한 영광을 누리도록 인도하신다.

바울이 사용한 "인치심"이라는 표현은 편지나 계약서와 같은 공식 문서에 날인하는 인장을 가리킨다. 당시에는 문서에 잘 녹은 밀랍을 붙여놓고, 그 위에 인장 반지를 눌러 새기는 방법을 사용했다. 인장은 인장 반지를 소유한 주인의 권위를 공식적으로 나타냈다.

로마의 인장은 진정성, 안전성, 소유권, 권위를 상징했다. 성령의 사역도 신자들의 삶 속에서 그런 기능을 발휘한다. 성령을 받은 사람들은 자신들이 진정으로 구원받았고(진정성), 구원을 잃거나 빼앗기지 않을 것이다(안전성). 성령께서 신자들 안에 내주하신다는 것은 하나님이 그들의 주인이요 주님이 되신다는 것을 의미한다(소유권). 성령으로 인도하심을 받는 사람들은 그리스도(권위)께 복종하는 삶을 산다. 이 모든 것이 성령의 인치심에 속한다.

성령께서는 신자가 하나님의 자녀라고 증언하실 뿐 아니라(롬 8:16), 그들이 그분의 가족에서 절대 이탈하는 법이 없을 것이라고 보증하신다. 그분은 신자들이 미래에 얻게 될 생명의 부활을 안전하게 지키신다. 로마서 8장 11절은 "예수를 죽은 자 가운데서 살리신 이의 영이 너희 안에 거하시면 그리스도 예수를 죽은 자 가운데서 살리신 이가 너희 안에 거하시는 그의 영으로 말미암아 너희 죽을 몸도 살리시리라"라고 말씀한다.

안타깝게도, 많은 은사주의자들이 이러한 성령의 참된 사역을 간과한다. 그들은 성령의 보증 안에서 안심하기보다 구원을 도중에 상실할 수 있다고 가르친다. 결국, 은사주의자들은 불확실한 미래를 항상 두려워하며 신자들을 안전하게 지키시는 성령께 영광을 돌리기를 거부한다.

인치심을 통해 그리스도께 속한 자들을 안전하게 지키시는 성령의 참된 사역을 의지하면 큰 자유와 기쁨을 누릴 수 있다. 언젠가는 타락한 세상에서의 삶이 끝나고, 우리 모두는 죽어 사라지게 될 것이다. 그러나 우리가 죽은 그 날이 우리가 태어난 날보다 더 낫다. 왜냐하면 태어날 때는 죄 가운데 태어나지만 죽을 때는 영광스러운 주님과 함께 있을 것이기 때문이다(고후 5:8 참조). 성령께서는 부활의 날에 신자들을 죽은 자 가운데서 다시 살리시고, 새롭고 영광스러운 육체를 허락하시어 새 땅에서 영원히 살게 하실 것이다(벧후 3:13, 계 21:1, 22-27).

성령의 구원 사역 안에서 기뻐하라

성령께서는 칭의(고전 6:11)에서부터 성화(갈 5:18-23)와 영화(롬 8:11)에 이르는 구원의 모든 과정에 참여하신다. 특히 성경은 성령의 책망, 중생, 회심, 양자, 내주, 인치심의 사역을 강조한다.[6]

구원받은 자들이 구원의 기적을 경험할 때 내보이는 반응 가운데 하나는 경외심에서 우러나오는 예배다. 신자는 제각기 영광스런 구원 사역에 참여하신 성삼위 하나님을 찬양한다. 우리를 사랑으로 선택하시어 창세 전에 구원을 주시기로 작정하신 성부 하나님과 온전한 희생을 드려 타락한 죄인이 하나님과 화목할 수 있는 길을 열어놓으신 성자 하나님은 물론, 죄인의 구원에 적극적으로 개입해 죽은 마음을 되살리고, 영적으로 어두워진 눈을 다시 뜨게 만드시는 성령 하나님을 예배해야 한다.

청교도 토머스 굿윈은 이렇게 말했다.

> 우리는 때로는 성부와 대화와 교제를 나누고, 때로는 성자나 성령과 대화와 교제를 나눈다. 우리의 마음은 때로는 우리를 선택하신 성부의 사랑을 생각하기도 하고, 때로는 우리를 구속하신 그리스도의 사랑이나 하나님의 깊은 것까지 통찰해 우리에게 나타내실 뿐 아니라 우리와 모든 고통을 함께 짊어지시는 성령의 사랑을 생각하기도 한다. 우리는 성삼위 하나님 한 분, 한 분에게로 나아간다. 확신은 "한 분이 나를 사랑하신다니 다른 분도 사랑하시겠지"라는 식의 논증이나 추론을 통해 얻어지는 지식과는 거리가 멀다. 그것은 우리가 사랑을 표현할 때 직관적으로 주어진다. 우리는 성삼위 하나님 모두가 우리에게 사랑을 나타내시고, 우리 안에서 모두 똑같이 되시며, 우리 안에 거처를 마련하심으로 우리가 그분들에게 둘러싸여 있는 것처럼 앉아 있을 때까지 결코 만족해서는 안 된다.[7]

굿윈은 17세기의 인물이지만, 그의 관점은 오늘날의 교회에도 여전히 중요하다. 하나님을 더욱 온전하게 예배하려면, 성삼위 하나님 각자가 행하시는 사역을 옳게 이해해야 할 필요가 있다. 굿윈의 표현을 빌려 말하면, "성삼위 하나님이 우리 안에서 똑같게 되셔야 한다." 귀한 진리를 참으로 아름답게 묘사한 표현이 아닐 수 없다. 우리는 "성삼위 하나님께 둘러싸여 있는 것처럼 앉아" 성부와 성자와 성령께서 우리에게 보여주신 말로 다할 수 없는 사랑을 묵상하며 경이로워 해야 한다. 그런 영광스런 성찰이 참 예배의 본질이다.

그런 성찰은 그 어떤 비이성적인 황홀경이나 무분별한 은사 체험보다 훨씬 더 고귀하다. 둘 다 감정을 자극하지만, 오직 전자만이 진리에 근거한다. 참 예배는 영과 진리를 모두 요구한다(요 4:23). 이에 미치지 못하는 것은 무엇이든 불경스런 거짓이다.

10장 우리를 거룩하게 하시는 성령의 사역
: 성령의 성화 사역

성령 충만은 무엇을 의미할까? 성령 충만한 신자의 삶에서는 어떤 현상이 나타날까? 이번 장에서는 성경을 토대로 이 문제를 살펴볼 생각이다. 먼저 은사주의의 대답부터 생각해보자.

"성령 충만한 기독교인"이라는 표현을 사용할 권리가 은사주의자들에게만 있는 것은 아니다. 그러나 그들은 이 표현을 누구보다 많이 사용할 뿐 아니라 그것을 황홀한 경험의 관점에서 생각하는 경향이 있다. 특히 고전적 오순절주의자들은 성령 충만을 방언과 직결시킨다. 한 오순절주의 저자는 "성령 충만을 받았을 때 드러나는 외적 증거는 방언을 말하는 것이다"라고 말했다.[1] 그러나 7장에서 살펴본 대로, 현대의 방언은 아무 의미도 없는 거짓에 지나지 않는다. 현대의 방언은 신약 성경에 기록된 방언의 은사와는 전혀 상관이 없다. 따라서 성령 충만을 방언과 결부시키는 은사주의자들의 생각은 잘못되었다.

물론, 방언은 은사주의자들이 말하는 성령 충만의 유일한 증표도 아니고, 그들이 주장하는 현상 가운데 가장 극적인 현상도 아니다. "성령 안에서 안식하기", "성령의 능력으로 넘어지기"와 같은 현상은 그보다 훨씬 더 굉장해 보인다. 이 현상을 가리키는 표현으로는 "성령으로 (죽어) 쓰러지기"라는 말이 가장 널리 사용된다. 성령으로 쓰러진 사람들은 몽환의 상태에 빠진 듯한 행동을 연출하며, 대개는 죽은 사람처럼 뒤로 쿵하고 넘어진다. 또한, "성령의 능력에 압도된" 사람들은 주체할 수 없는 웃음을 터뜨리거나 개처럼 짖거나 불규칙적인 경련을 일으키거나 뭔가에 중독된 듯한 이상한 징후를 나타내기도 한다.² 은사주의자들은 그런 행위들이 너무나도 신기하기 때문에 성령의 "쓰러지게 만드는" 능력이 아니면 절대 일어날 수 없는 현상이라고 믿는다.

은사주의자들은 그런 현상이 성령 충만의 결과라고 믿기 때문에 "성령으로 쓰러지기"와 같은 행위를 적극적으로 지지한다. 은사주의 도서를 보면, 그런 현상을 소개한 사례가 풍부하게 나타난다. 모두 다 그것을 긍정적으로 생각한다. 그 가운데 대표적인 사례 몇 가지를 예로 들면 다음과 같다.

> 우리는 성령께서 그에게 다시 충만히 임하시기를 간구했다. 그러던 중, 갑자기 놀라운 일이 일어났다. 제임스가 뒤로 바닥에 넘어져 데굴데굴 구르면서 손으로 자기 얼굴을 때리며 울부짖었다. 성령의 강력한 능력이 상처 입은 부위로 물밀듯 밀려들었고, 그분의 영광이 그에게 충만히 임했다. 제임스는 웃었고, 또 울었다. ……그의 얼굴은 영광으로 빛났고, 그의 몸은 하나님의 능력에 의해 마구 떨렸다. 마침내 그가 바닥에서 일어났을 때 그는 오순절처럼 성령에 흠뻑 취해 있었다.³

다른 이야기들도 모두 비슷하다. 한 오순절주의 평신도는 성령의 역사로 인해 바닥에 누운 채로 방언을 말하면서 예배당 의자 밑으로 미끄러져 움직이다가 예배당 입구에까지 이르렀다면서 흥분을 감추지 못했다.⁴ 가톨릭 은사주의 신앙 치료사 한 사람은 자신의 집회에서 한 눈먼 여성이 그녀의 맹인 견과 함께 성령으로 쓰러졌다고 주장했고,⁵ 은사주의 여선지자 한 사람은 한 집회에서 성령의 강한 능력에 압도되어 주체할 수 없는 웃음을 터뜨린 것이 당혹스러워 바닥에 누워 있었던 일이 기억난다고 말했다.⁶ "제3의 물결" 목회자 한 사람도 예배 도중에 뜻밖에 100명이 넘는 사람들이 쓰러지는 역사가 일어났다고 주장했다. 그는 이렇게 말했다. "2부 예배를 드리러 온 사람들은 자신들의 눈을 믿을 수가 없었다. 하나님의 능력에 압도되어 많은 사람들이 바닥에 줄지어 누워 있었다. 웃는 사람들도 있었고, 몸을 떠는 사람들도 있었다."⁷

자신의 신유집회에 "성령으로 쓰러지는 현상"을 도입한 베니 힌도 비슷한 이야기들을 전한다. 그는 남아메리카에서 사흘 동안 개최된 신유집회를 회상하며 이렇게 말했다. "설교를 전하는 도중에 성령의 능력이 집회에 임하는 것이 느껴졌다. 성령의 임재를 느낀 나는 설교를 멈추고 사람들에게 '성령께서 임하셨습니다'라고 말했다. 연단에 있는 목회자들과 청중도 같은 느낌을 받았다. 마치 집회 장소에 강한 바람이 불어와 소용돌이치는 듯했다. 사람들은 모두 일어나 즉석에서 소리 높여 찬양했다. 그러나 그들은 그 상태로 오래 서 있지 못했다. 그들은 성령의 능력 아래 곳곳에서 바닥에 쓰러지기 시작했다."⁸ 힌은 또 다른 집회에서 일어난 일도 이렇게 진술했다. "그 날 저녁, 수백 명의 사람들이 중앙에 빽빽이 몰려있었다. 간단히 말씀을 전하고 나자 사람들을 앞으로 나오게 하라는 성령의 감동이 느껴졌다. 체구가 크고 건장한 네덜란드 사람 여섯 명이 가장 먼저 내 말을 듣고 앞으로 걸어나왔다. 그들은 나보다 훨씬 더 컸다. 나는 기도했고, 그들은 모두 쿵하고 쓰러졌다."⁹

바닥에 뒤로 넘어지고, 주체할 수 없는 웃음을 터뜨리고, 뜻 모를 말을 중얼거리고, 술에 취한 듯 행동하는 것이 과연 성령 충만한 신자의 모습일까?

성령의 능력 아래 며칠 동안 동상처럼 꿈쩍도 않고 서 있는 사람들이나 교회에서 공중 부양을 했다는 사람들의 이야기는 또 어떻게 받아들여야 할까?[10] 은사주의자들은 그런 식으로 최면에 걸린 듯한 행위를 성령의 역사와 결부시키지만, 그런 행위는 그분과 아무 상관이 없다. 성경은 많은 말씀으로 거짓 표적과 기사를 경고한다.

예수님은 "거짓 그리스도들과 거짓 선지자들이 일어나 큰 표적과 기사를 보여 할 수만 있으면 택하신 자들도 미혹하리라(마 24:24)"라고 말씀하셨다 (마 7:22, 막 13:22, 살후 2:7-9, 계 13:13, 14 참조). 예수님은 우리가 그런 경고의 말씀을 진지하게 받아들여 베니 힌을 비롯한 은사주의자들이 고의로 지어낸 거짓에 속지 않기를 바라실 것이 분명하다.

지금까지 살펴본 대로, 은사주의가 주장하는 예언과 방언과 치유는 성경의 참된 은사들을 흉내낸 거짓에 지나지 않는다. 그러나 "성령으로 쓰러지는" 현상은 현대 은사주의가 새로 개발한 것이다. 그런 현상은 성경에 언급된 적이 없다. 한마디로, 성경적인 증거가 단 한 가지도 없다. 그런데도 그런 현상은 은사주의자들 사이에서 매우 흔하고 인기 있는 현상으로 자리 잡았다. 그들은 마치 성경적이거나 역사적인 전례가 있기라도 한 듯 그런 현상을 당연시한다. 그러나 초대 교회의 상황을 묘사한 성경의 기록 가운데는 그런 현상이 전혀 나타나지 않는다. 그것은 성령의 역사와는 아무 상관이 없다.

은사주의자들은 주님 앞에서 사람들이 땅에 엎드러진 경우를 언급한 성경 구절을 그런 현상을 입증하는 증거로 내세운다(예를 들면, 요한복음 18장에서 예수님을 체포하러 온 군중이나 사도행전 9장 4절에서 다메섹으로 가던 바울이나 요한계시록 1장 17절에서 부활하신 그리스도를 목격한 요한의 경우). 그러나 그런 사례들은 "성령으로 쓰러지는" 현상과는 아무 상관이 없다.[11] 심지어는 은사주의를 지지하는 『오순절주의와 은사주의 운동에 관한 사전』도 "성경이 그런 현상을 일반적인 신앙생활 속에서 기대될 수 있는 일로 인정하고 있지 않지만, 그 합법성을 주장하기 위해 많은 성경 구절이 증거로 제시되고 있다"라고 진술했다.[12]

은사주의자들이 증거로 내세우는 성경 구절(개인이나 집단이 하나님의 영광스런 임재 앞에서 땅에 엎드러진 경우를 언급하는 대목들)을 살펴보면, 그런 성경적인 현상과 현대적인 현상이 세 가지 뚜렷한 차이를 드러내고 있는 것을 알 수 있다.

첫째, 성경에서 사람들이 하나님의 영광스런 임재 앞에서 엎드러진 경우에는 오늘날의 은사주의 집회에서와는 다르게 중간에서 그 현상을 일으키는 데 기여한 중재인이 존재하지 않았다. 하나님(창 17:3, 왕상 8:10, 11)이나 주 예수 그리스도(마 17:6, 행 26:14), 또는 천사(단 8:17, 10:8-11)가 직접 하늘의 영광으로 사람들을 압도해 땅에 엎드러지게 만들었다. 아울러 사람들이 넘어진 방향을 언급하는 성경 구절을 살펴보면, 하나님의 영광 앞에서 얼굴을 땅에 대고 앞으로 엎드러진 것을 알 수 있다.[13] 그들은 뒤로 넘어지지 않았기 때문에 넘어질 때 뒤에서 받아줄 사람이 필요없었다. 한 가지 예외가 있다면, 예수님을 체포하러 온 병사들일 것이다(요 18:6). 그들은 끔찍한 범죄를 저지르려고 했던 불신자들이었다. 따라서 그들이 뒤로 물러가 땅에 엎드러진 것을 기독교인이 모방해야 할 본보기로 삼는 것은 문제가 있다.

둘째, 그런 현상은 매우 드물었다. 신약 성경을 보면, 몇몇 사도들을 제외하면(그들은 얼굴을 땅에 대고 엎드려 주님을 공경하는 예배의 자세를 취했다. 마 17:6, 계 1:17 참조), 그리스도의 영광을 보고 땅에 엎드러진 사람들은 불신자들뿐이었다(요 18:1-11, 행 9:4). 성경은 그런 현상을 신자의 일반적인 경험으로 제시하지 않는다. 또한 성경적인 현상은 현대 은사주의자들이 말하는 "성령으로 쓰러지는" 현상과 조금도 닮지 않았다.

셋째, 신약 성경은 성령 충만한 행동은 자제력을 발휘하고(갈 5:22, 23, 고전 14:32), 맑게 깨어 있는 정신을 유지하며(벧전 1:13, 5:8), 교회 안에서 질서를 추구한다(고전 14:40)고 말한다. 아마도 이것이 가장 중요한 차이일 것으로 생각된다. 마치 몸이 경직된 듯 바닥에 누워 있는 상태는 하나님을 영화롭게 하는 행위와는 전혀 무관하다. 그런 행위는 오히려 그분의 영광을 가린다.

현대적인 현상은 발작, 최면, 히스테리와 같이 이성과 합리를 무시하는 행위를 영성의 증거로 받아들인다. 은사주의자들은 그 모든 것을 성령의 참된 사역으로 떠받든다. 그러나 "성령으로 쓰러지는" 현상을 지지하는 성경적인 선례는 어디에도 존재하지 않는다. 한 가지 예외가 있다면 아나니아와 삽비라의 경우일 것이다. 그러나 그들은 고의로 성령을 속인 죄 때문에 땅에 엎드러져 절명했을 뿐이다(행 5:5, 10).

사실, 몽환의 상태에서 이루어지는 현대의 은사주의 현상은 기독교의 관습이라기보다는 이교도의 관습에 해당한다.[14] 현대의 현상과 유사한 관습은 거짓 종교와 사이비 종파에서 쉽게 발견할 수 있다. 행크 해네그라프는 이렇게 말했다.

> "성령으로 쓰러지는" 현상은 성경적인 세계관보다는 신비주의와 공통점이 훨씬 더 많다. "성령으로 쓰러지는" 행위를 즐겨 행하는 것으로 유명한 프랜시스 맥너트는 『성령으로 압도되다』라는 책에서 그 현상이 "부두교를 비롯한 다른 주술적인 의식에서 나타나는 현상"과 외적으로 매우 흡사하며, "아프리카와 라틴아메리카의 원시 부족은 물론 동방 세계의 다양한 종파 사이에서 발견된다"고 솔직하게 고백했다.[15]

리처드 게먼 선교사는 아프리카 원시부족의 접신 현상에 관해 이렇게 말했다. "접신이 된 사람은 인격이 변하고, 이상한 능력을 발휘한다. 그런 사람은 귀신이나 귀신들에 의해 완전히 지배된다. 그런 현상은 은사주의자들이 경험하곤 하는 '성령으로 쓰러지는' 현상을 생각나게 한다. 그들은 최면을 일으키는 힘을 통해 몽환의 상태에 빠져들어 말로 다할 수 없는 희열을 느낀다."[16]

모르몬교와 같은 사이비 종교에도 그와 유사한 현상들이 존재한다. 모르몬교 설립자 요셉 스미스가 그런 현상을 경험했다. 롭과 캐시 다츠코는 이렇게 설명했다. "요셉 스미스는 '성령으로 쓰러지는' 현상을 경험했다. 그의 경험이 '요셉 스미스의 역사' 1장 2절에 기록되어 있다. '다시 정신을 차리고 보니 등을 대고 바닥에 누워 있었다. 빛이 사라지자 온 몸이 무기력했지만, 차츰 회복되어 집으로 돌아왔다.'"[17] 이들은 계속해서 다음과 같이 설명했다. "모르몬경에 보면, 성령으로 쓰러진 사람들이 많다. ……따라서 성령으로 쓰러지는 경험은 은사주의 기독교에만 국한된 것이 아니라 말일성도 예수 그리스도의 교회의 경전과 역사에도 기록되어 있다."[18] 이러한 성경 외적인 사례들은 은사주의자들의 경험 속에 심각한 영적 위험이 내재되어 있다는 것을 여실히 보여준다.

이 모든 사실은 "성령께서 '성령으로 쓰러지는' 현상의 배후에 계시지 않는다면, 과연 무엇이 존재한단 말인가?"라는 의문을 제기한다. 대개의 경우, 그런 현상은 감정적인 기대감, 집단 압력, 집단 역학 및 신앙 치료사와 은사주의 지도자들이 사용하는 조종 기법에 의해 심리적으로 영향을 받는 데서 비롯하는 결과다. 그러나 이 현상의 배후에는 그런 것들보다 더 심각한 세력이 존재한다. 기독교 변증학자 론 로드스는 "이런 경험에는 어둠의 세력이 개입할 수 있다(살후 2:9). 동방 종교와 관련된 일부 사람들은 단지 손으로 사람들을 만져 무의식 상태에 빠뜨릴 수 있다고 주장한다"라고 옳게 지적했다.[19]

"성령으로 쓰러지는" 현상은 일부 생각이 있는 은사주의자들 사이에서도 비판을 받아왔다. 신앙 치료사 마이클 브라운은 그런 현상을 독려하는 행위에 대해 심각한 우려를 표명했다. 그는 "무엇인가가 잘못되었다. 많은 사람이 쓰러질 때도 아픈 상태 그대로이고……일어날 때도 그 상태 그대로이다. 아픈 사람들이 쓰러져 몸을 떨지만, 하나님의 생명이 역사하는 것처럼 보이지 않는다. 기름부음, 즉 최소한 우리가 일컫는 기름부음은 사람들을 넘어뜨릴 수 있을 만큼 강했는지는 몰라도, 그들을 회복시킬 만큼 강하지는 못했다. 사람들을 흥분하게 만들었을 뿐, 그들을 건강하게 만들지는 못했다. 이것이 과연 하나님의 능력일까?"라고 말했다.[20] 이 수사학적 질문에 대한 대답은 자명하다.

『카리스마』 편집장 리 그래디의 비판은 그보다 훨씬 더 강력하다. 그는 다음과 같이 말했다.

이런 현상은 날조될 수 있고, 또 종종 날조된다. 우리는 그런 거짓을 유감스럽게 생각해야 한다. ……우리는 기름부음을 군중을 통제하는 수단으로 사용해서는 안 된다. 다른 사람들이 우리가 기름부음을 받았다는 것을 믿게 하려고 하나님의 능력을 위조해서는 곤란하다. 그런 일은 거룩한 것을 취해 속되고 하찮은 것으로 만드는 것이다. 그것은 거룩한 불이 다른 것, 곧 거룩하게 하는 능력이 없는 "다른 불"로 전락하는 결과를 낳는다.

이런 식의 "다른 불"이 오늘날 널리 확산되고 있다. 일부 은사주의 교회에서는 사람들이 연단에 올라가 상상력을 동원해 서로를 향해 "기름부음의 불덩이를" 던지곤 한다. 그러고는 성령의 능력에 의해 쓰러지는 척하고 넘어진다. 한 젊은 순회 설교자는 "예수님께 몰입하는 상태"가 될 수 있도록 제단 앞에 나올 때 서로에게 가상의 주사바늘을 꽂으라고 독려한다. 그는 성령 충만을 마약을 주입하는 것에 빗댈 뿐 아니라 말구유를 형상화한 장소에서 가져온 플라스틱으로 만든 작은 예수님의 형상을 입에 물고, 사람들에게 "아기 예수를 흡입해" 마리화나처럼 "여호와-화나"를 경험해야 한다고 역설한다. 이런 행위는 하나님의 일을 하찮게 여기는 것보다 훨씬 더 심각하다. 이것은 주님의 이름을 망령되이 일컫는 것이다.

다른 집회에서는 여자들이 양다리를 쩍 벌린 채 바닥에 누워 있는 모습을 목격했다. 그들은 큰 소리로 신음하면서 기도를 드리면서 "성령으로 아이를 낳고" 있다고 주장했다. 마치 하나님이 공중 장소에서 외설적인 행위를 독려하는 듯한 광경이었다.

하나님, 도우소서! 우리는 하나님의 거룩한 불을 서커스의 막간극에 나오는 광대짓으로 변질시켰다. 순진한 기독교인들이 그런 사기 행각은 하나님을 모독하는 행위라는 사실을 깨닫지 못한 채 속고 있다.[21]

그런 식의 기괴한 행위가 성령의 충만함과 참된 능력을 조롱하는 것이라면, 성령 충만의 참된 의미는 과연 무엇일까? 지금부터 성화를 통해 그리스도의 형상을 닮게 하시는 성령의 사역을 중심으로 이 질문에 대한 대답을 찾아보자.

성령 충만

성령 충만과 관련된 대표적인 신약 성경 구절은 에베소서 5장 18절이다. 바울은 그곳에서 "술 취하지 말라 이는 방탕한 것이니 오직 성령으로 충만함을 받으라"고 말했다. 성령으로 충만한 사람들은 술에 취해 비이성적이고 무절제한 행동을 일삼는 사람들과는 달리 성령의 거룩한 사역에 의식적으로 복종한다.

"성령으로 충만함을 받으라"는 말이 현재시제로 사용된 것은 매우 의미심장하다. 이는 성령 충만이 모든 신자의 삶 속에서 지속적으로 이루어지는 경험이라는 것을 암시한다. 앞서 말한 대로, 모든 신자는 구원받은 순간에 성령의 세례와 인치심을 받고(고전 12:13, 갈 3:27, 엡 1:13), 성령의 내주하심을 경험한다(롬 8:9).[22] 성령 세례는 단 한 번 일어난다. 그러나 신자들은 그리스도의 형상을 닮아가는 동안, 성령으로 계속 충만해야 한다. 성령의 능력이 그들의 삶을 지배해 생각과 말과 행위로 그분의 거룩한 임재를 나타내야 한다.

사도행전에는 성령 충만이 반복적인 경험이라는 사실을 보여주는 여러 가지 사례가 기록되어 있다.[23] 베드로는 오순절에 성령 충만을 받았지만, 산헤드린 앞에서 담대하게 복음을 전할 때 다시 성령 충만을 받았다(행 4:8). 사도행전 2장에서 성령 충만을 받은 사람들도 다시 성령 충만을 받고(행 4:31), "담대히 하나님의 말씀을 전했다." 스데반은 사도행전 6장 5절에서 "성령이 충만한 사람"으로 소개되었고, 7장 55절에서 다시 "성령이 충만했다"고 묘사되었다. 그는 당시 분노한 종교 지도자들 앞에서 자신의 정당함을 강력히 주장했다.

바울 사도는 회심한 직후에 성령 충만을 받았고(행 9:17), 마술사 엘루마를 꾸짖을 때도 다시 성령 충만을 받았다(행 13:9). 사도들과 그들의 일행은 성령 충만을 받고 교회의 신자들을 굳건히 세웠으며(행 11:22-24), 혹독한 박해 앞에서도 두려워하지 않고 복음을 선포했다(행 13:52).

신자들에게 교회 생활을 위한 규범적인 가르침을 베풀고 있는 신약 성경의 서신서들을 살펴보면, 성령 충만이 황홀한 경험이 아니라 영적 열매로 묘사되어 있는 것을 발견할 수 있다. 성령 충만한 신자는 "사랑과 희락과 화평과 오래 참음과 자비와 양선과 충성과 온유와 절제(갈 5:22, 23)"와 같은 성령의 열매를 맺는다. 그들은 "성령으로 인도함을 받는다(롬 8:14)." 이 말은 육신의 정욕이 아니라 성령의 거룩하게 하시는 능력을 좇아 살아가는 것을 의미한다. 바울은 로마서 8장 5-9절에서 이렇게 말했다.

"육신을 따르는 자는 육신의 일을, 영을 따르는 자는 영의 일을 생각하나니 육신의 생각은 사망이요 영의 생각은 생명과 평안이니라 육신의 생각은 하나님과 원수가 되나니 이는 하나님의 법에 굴복하지 아니할 뿐 아니라 할 수도 없음이라 육신에 있는 자들은 하나님을 기쁘시게 할 수 없느니라 만일 너희 속에 하나님의 영이 거하시면 너희가 육신에 있지 아니하고 영에 있나니 누구든지 그리스도의 영이 없으면 그리스도의 사람이 아니라."

바울 사도의 요지는 성령 충만한 사람은 행실을 거룩하게 함으로써 하나님을 기쁘시게 한다는 것이다(고후 3:18, 벧후 3:18 참조).

"성령 충만"을 강조하는 운동을 이끄는 유력한 지도자들이 성적 부도덕, 경제적인 부정, 사치와 방탕을 일삼는 것은 큰 모순이 아닐 수 없다. 4장에서 살펴본 대로, 은사 운동은 온갖 추문으로 얼룩져 있다. 사람들이 "성령으로 쓰러지거나" "방언을 말하는" 현상이 얼마나 자주 일어나느냐에 상관없이 그 마음의 참된 본질을 나타내는 것은 바로 삶의 열매다. 육신을 좇아 사는 사람(갈 5:19-21)은 아무리 황홀한 경험을 많이 했다고 주장해도 성령 충만한 사람과는 거리가 멀다.

바울은 에베소서 5장 18절에서 신자들에게 성령 충만을 받으라고 권고하고 나서 성령 충만한 삶을 구체적으로 설명했다. 성령 충만한 사람은 예배를 드리면서 기쁘게 찬송하고(5:19), 감사하는 마음이 충만하며(5:20), 다른 사람들을 사심 없이 대한다(5:21). 결혼한 신자는 결혼생활을 통해 하나님을 영화롭게 하고(5:22, 23), 자녀를 둔 부모는 인내하며 복음으로 자녀들을 양육하며(6:1-4), 고용되어 일하는 사람은 주님의 영광을 위해 열심히 일하고(6:5-8), 일꾼을 고용하는 사람은 관대하고 공정하게 처신해야 한다(6:9). 이것이 성령 충만한 신자의 모습이다. 성령께서는 신자의 삶에 영향을 미쳐 하나님과 다른 사람들과 올바른 관계를 맺게 하신다.

바울은 에베소서(5:18-6:9) 외에 골로새서(3:16-4:1)에서도 "그리스도의 말씀이 풍성히 거하는" 신자는 시편과 찬송과 신령한 노래를 부르고, 주 예수님의 이름으로 모든 일을 행해 "하나님 아버지께 감사하며", 아내들은 남편에게 복종하고, 남편은 아내를 사랑하며, 자녀들은 부모에게 복종하고, 부모들은 자녀를 노엽게 하지 않으며, 종들은 주인을 위해 부지런히 일하고, 주인은 종들을 공정하게 대우한다고 가르쳤다.

골로새서 3장 16절과 에베소서 5장 18절을 비교하면, 이 두 구절이 서로 밀접한 관계를 맺고 있는 것을 알 수 있다. 왜냐하면 두 곳 모두 똑같은 삶의 열매를 언급하고 있기 때문이다. 성령으로 충만하라는 명령에 복종하는 것은 감정의 흥분이나 신비로운 체험을 의미하지 않는다. 그것은 그리스도의 말씀을 읽고, 묵상하고, 복종하는 삶을 통해 성경이 우리의 마음과 생각을 지배하게 하는 것을 의미한다. 즉, 성령으로 충만하다는 것은 곧 성령의 영감과 능력으로 기록된 말씀으로 충만하다는 것을 뜻한다. 우리의 생각을 성경의 가르침에 일치시키고, 그 진리를 일상생활에 적용할 때 우리는 성령 충만한 삶을 살아갈 수 있다.

성령 충만한 사람은 그리스도의 권위에 복종하고, 그분의 말씀이 자신의 행위와 태도를 지배하도록 허용한다. 그런 사람은 주님의 생각을 묵상하고, 그분의 기준을 열심히 추구하며, 그분의 뜻을 정성껏 받든다. 하나님의 진리에 복종할 때, 성령께서 주님을 영화롭게 하는 삶을 살도록 도와주신다.

성령께서는 말씀의 능력으로 신자들을 거룩하게 하신다. 그분은 그들을 독려해 그리스도의 몸 안에서 서로를 사랑하게 하신다(벧전 1:22, 23). 신약 성경의 서신서들은 성령의 은사들을 통해 교회 안에서 동료 신자들의 덕을 세우라고 가르친다(벧전 4:10, 11). 성령의 은사 자체가 성령 충만의 증거는 아니다. 성령 충만의 증거는 성화다. 성령의 능력을 통해 거룩해져야만 영적 은사들을 다른 사람들을 섬기는 일에 효과적으로 사용할 수 있다.

신약 성경의 서신서들은 영적 은사들을 논할 때 자기만족이나 자기과시를 추구하지 말고, 서로에게 사랑을 베풀라고 강조한다(롬 12장, 고전 13장). 바울은 고린도 신자들에게 "각 사람에게 성령을 나타내심은 유익하게 하려 하심이라(고전 12:7)"라고 말했다. 기적과 표적을 행하는 은사는 교회의 토대를 놓은 시대에만 국한되지만(이 점에 대해서는 5-8장에서 충분히 설명했다), 오늘날의 신자들은 여전히 가르치고, 다스리고, 인도하는 것과 같은 성령의 은사를 통해 그리스도의 몸을 세우는 데 이바지한다. 신자들이 서로를 섬기고, 각자의 은사를 사용해 성령의 능력으로 교회의 덕을 세울 때, 서로의 삶에 거룩한 영향을 미칠 수 있다(엡 4:11-13, 히 10:24, 25).

성령으로 행하라

신약 성경은 성령으로 행한다는 비유를 사용해 성령 충만한 상태를 묘사한다. 바울은 갈라디아서 5장 25절에서 "만일 우리가 성령으로 살면 또한 성령으로 행할지니"라고 말했다. 행하는 것, 곧 걷는 것이 한 번에 한 걸음씩 이루어지듯, 성령 충만한 상태는 생각이나 결정이 하나씩 이루어질 때마다 성령의 뜻을 좇아 살아가는 것을 의미한다. 진정으로 성령 충만한 사람은 매사에 그분께 복종한다.

신약 성경은 신자들에게 새 생명 가운데서 행하고, 순결하게 살며, 자신의 분수대로 살고, 믿음으로 행하며, 선한 일을 행하고, 복음에 합당하게 살며, 사랑을 베풀고, 빛의 열매를 맺으며, 지혜롭게 행하고, 그리스도를 본받으며, 진리 안에서 행하라고 가르친다.[24] 그런 삶을 살아가려면 성령으로 행해야 한다. 성령께서는 우리 안에서, 우리를 통해 의의 열매를 맺으신다.

바울은 "내가 이르노니 너희는 성령을 따라 행하라 그리하면 육체의 욕심을 이루지 아니하리라 육체의 소욕은 성령을 거스르고 성령은 육체를 거스르나니 이 둘이 서로 대적함으로 너희가 원하는 것을 하지 못하게 하려 함이니라(갈 5:16, 17)"라고 말했다. "행한다"는 말은 일상적인 삶의 태도를 가리킨다. 육신으로 행하는 사람은 스스로가 구원받지 못했다는 사실을 드러내고, 성령으로 행하는 사람은 자신이 그리스도께 속해 있다는 증거를 보여준다.

바울은 로마서 8장 2-4절에서 이 주제를 좀 더 자세히 설명했다. 그는 그곳에서 "이는 그리스도 예수 안에 있는 생명의 성령의 법이 죄와 사망의 법에서 너를 해방하였음이라 율법이 육신으로 말미암아 연약하여 할 수 없는 그것을 하나님은 하시나니 곧 죄로 말미암아 자기 아들을 죄 있는 육신의 모양으로 보내어 육신에 죄를 정하사 육신을 따르지 않고 그 영을 따라 행하는 우리에게 율법의 요구가 이루어지게 하려 하심이니라"라고 말했다.

신자의 경우에는 죄의 권세가 깨진 상태이기 때문에 성령의 능력으로 하나님의 율법을 이룰 수 있는 능력을 지닌다. 성령을 따라 행하면, 하나님을 기쁘시게 하는 일을 할 수 있다. 그러나 구원받지 못한 사람들은 하나님을 적대시하고, 육신의 생각에 지배된다(5-9절).

주님은 자기에게 속한 신자들이 도덕적으로나 영적으로 탁월하게 살아가는 것을 기뻐하신다(딛 2:14 참조). 바울은 에베소 신자들에게 "우리는 그가 만드신 바라 그리스도 예수 안에서 선한 일을 위하여 지으심을 받은 자니 이 일은 하나님이 전에 예비하사 우리로 그 가운데서 행하게 하려 하심이니라(엡 2:10)"라고 말했다. 베드로도 "오직 너희를 부르신 거룩한 이처럼 너희도 모든 행실에 거룩한 자가 되라 기록되었으되 내가 거룩하니 너희도 거룩할지어다 하셨느니라(벧전 1:15, 16)"라는 말로 동일한 진리를 가르쳤다(히 12:14 참조). 신자들은 행위가 아닌 은혜로 거듭났기 때문에 그리스도를 따르려는 열정을 지니고 있고(살전 1:6), 성령께서는 그들에게 그렇게 할 수 있는 능력을 허락하신다. 신자들은 성령의 능력으로 "경건하지 않은 것과 이 세상 정욕을 다 버리고 신중함과 의로움과 경건함으로 이 세상에 사는(딛 2:12)" 것을 가장 큰 기쁨으로 여긴다.

물론, 신자들이 죄와 유혹으로부터 온전히 자유롭다는 뜻은 아니다. 신자는 그리스도 안에서 새로운 피조물이 되었지만(고후 5:17), 여전히 부패한 육신과 싸우는 중이다. 신자에게는 아직 죄를 짓도록 유혹하는 부패한 요소가 남아 있다. 육신은 신자의 내면에 도사리고 있는 원수다. 옛 사람의 욕망이 아직 남아 거룩한 열정과 의로운 삶을 거스른다(롬 7:23). 육신에 굴복하는 것은 성령을 근심하시게 만든다(엡 4:28-31).

육신의 정욕을 물리치고 날로 거룩해지려면, 성령으로 행해야 한다. 마귀의 불 같은 공격을 막고 육신을 죽이려면, 반드시 "하나님의 전신 갑주를 입고", "성령의 검 곧 하나님의 검"으로 무장해야 한다(엡 6:11, 17). 바울은 로마서 8장 13, 14절에서 "영으로써 몸의 행실을 죽이면 살리니 무릇 하나님의 영으로 인도함을 받는 사람은 곧 하나님의 아들이라"라고 말했다.

신자가 계속되는 죄의 공격으로부터 자신을 방어할 수 있는 유일한 방책은 성령께서 제공하시는 보호막이다. 성령께서는 신자들을 성경의 진리로 무장시키신다. 신자를 영적으로 성장하게 하는 유일한 원동력은 성령의 거룩하게 하시는 사역이다. 그분은 말씀의 순전한 젖으로 자기 백성에게 힘을 주어 성장하게 하신다(벧전 2:1-3, 엡 3:16). 신앙생활은 개인적인 영적 훈련을 요구하지만(딤전 4:7), 우리 자신의 노력만으로는 거룩해질 수 없다는 사실을 잊어서는 안 된다(갈 3:3, 빌 2:12, 13). 성령께서는 우리가 구원받는 순간에 우리를 죄에서 해방하셨다(살후 2:13). 우리가 날마다 성령의 능력에 복종할 때, 그분은 우리에게 육신을 이길 수 있는 능력을 허락하신다.

이처럼 말씀에 복종하며 성령으로 행하면, 이 세상에서 하나님의 자녀로서의 잠재력과 능력을 극대화할 수 있다.

그리스도의 형상을 본받으라

성령 충만한 상태가 무엇인지 알고 싶으면, 주 예수 그리스도를 바라보면 된다. 예수님은 성령의 능력 안에서 가장 온전하고 완벽하게 사셨던 탁월한 본보기이시다.[25] 예수님의 공생애 기간 동안, 성령께서는 늘 그분과 함께 하셨다. 하나님의 아들이신 예수님은 신성의 권위를 주장하지 않으시고 자신을 비워 인간이 되셨다(빌 2:7, 8). 그분은 인간의 육신을 취하시고, 성부의 뜻과 성령의 능력에 온전히 복종하셨다(요 4:34 참조). 예수님은 마태복음 12장 28절에서 종교 지도자들에게 "내가 하나님의 성령을 힘입어 귀신을 쫓아내는 것이면"이라고 말씀하셨다. 그러나 그들은 예수님이 지니신 능력의 참된 원천을 부인하고, 그분을 통해 사탄이 역사하고 있다고 주장했다. 예수님은 "그러므로 내가 너희에게 이르노니 사람에 대한 모든 죄와 모독은 사하심을 얻되 성령을 모독하는 것은 사하심을 얻지 못하겠고(31절)"라는 말씀으로 그런 신성모독적인 죄는 영원한 형벌을 피하지 못할 것이라고 경고하셨다. 성령의 능력은 예수님의 사역 전반에 걸쳐 확실하게 나타났다. 따라서 그리스도의 능력이 성령께로부터 비롯한 것이라는 사실을 부인하는 것은 뻔뻔하고 강퍅한 불신앙에서 비롯하는 용서받지 못할 죄에 해당한다.

성령께서는 예수님의 동정녀 탄생에 적극 개입하셨다. 가브리엘 천사는 마리아에게 "성령이 네게 임하시고 지극히 높으신 이의 능력이 너를 덮으시리니 이러므로 나실 바 거룩한 이는 하나님의 아들이라 일컬어지리라(눅 1:35)"라고 설명했다. 또한, 성령께서는 예수님이 유혹을 받으실 때도 적극 개입하시어 그분을 광야로 인도하셨다(막 1:12). 그분은 예수님이 성령의 검으로 마귀의 공격을 물리치게 하셨고(마 4:4, 7, 10), 공생애가 시작되었을 때도 적극 개입하시어(눅 4:14), 귀신들을 쫓아내고 치유의 기적을 행하실 수 있는 능력을 베푸셨다(행 10:38). 성령께서는 예수님의 사역 말기에도 역사를 멈추지 않으시고, 하나님의 어린 양이신 주님이 십자가의 고난을 견딜 수 있게 도우셨다(히 9:14). 심지어 그리스도께서 죽으신 뒤에도 성령께서는 그분의 부활에 직접 개입하셨다(롬 8:11).

주님은 모든 점에서 성령의 능력을 좇아 행하는 삶을 사셨다. 예수 그리스도께서는 성령으로 온전히 충만하셨고, 항상 그분의 인도를 따라 행하셨다. 예수님이 성부의 뜻에 온전히 복종하셨다는 사실은 그분이 성령으로 행하지 않으신 적이 단 한 순간도 없었다는 것을 보여준다. 이처럼, 주 예수님은 성령 충만한 삶이 무엇을 의미하는지를 보여주는 완벽한 본보기이시다. 성령 충만한 삶이란 하나님의 뜻에 온전히 복종하는 삶을 의미한다.[26]

성령께서 신자들 안에서 적극적으로 역사하시어 예수 그리스도의 형상을 닮게 하시는 것이 당연하지 않겠는가? 하나님의 아들을 증언하시는 것이 성령의 가장 큰 기쁨이었다(요 15:26). 성령께서는 사람들을 그리스도께로 인도하시고(요 16:14), 그분의 주권에 기쁘게 복종하게 하심으로써(고전 12:3) 그분을 영화롭게 하신다. 성령의 관심은 바로 이것에 있다. 사람들을 넘어지게 만들고, 바닥에 쓰러뜨리고, 뜻 모를 말을 중얼거리게 하고, 감정적인 흥분을 자극하는 것은 그분의 관심사가 아니다. 무질서한 은사주의는 성부의 형상을 온전히 드러내는 그리스도의 형상을 본받도록 이끌지 않는다(골 1:15). 은사주의는 성화와는 아무 관계가 없다.

바울은 고린도후서 3장 18절에서 성령의 사역이 지니는 그리스도 중심적인 성격을 언급했다. 그는 "우리가 다 수건을 벗은 얼굴로 거울을 보는 것같이 주의 영광을 보매 그와 같은 형상으로 변화하여 영광에서 영광에 이르니 곧 주의 영으로 말미암음이니라"라고 말했다. 신자들이 말씀에 계시된 대로 그리스도의 영광을 바라보며, 온전한 복종을 실천하신 그분을 본받고, 온전한 속죄를 이루신 그분을 의지하면, 성령께서는 그들을 차츰 그리스도의 형상으로 변화시키신다.

성화는 성령의 사역이다. 성령께서는 성화의 사역을 통해 말씀으로 그리스도를 보여주시고, 그분의 형상을 닮도록 우리를 변화시키신다. 구세주의 영광을 바라볼 때, 우리는 성령의 능력을 통해 더욱더 그분을 닮게 된다. 성령께서는 구원의 순간에 신자들을 그리스도께 인도해 복음을 믿게 하실 뿐 아니라 말씀의 빛을 마음에 비춰 그리스도의 영광을 계속 바라보게 하신다. 그분은 그런 식으로 신자들이 일평생 동안 그리스도의 형상을 이루어나가게 하신다.

바울은 로마서 8장 28, 29절에서 성령의 사역에 관한 심오한 가르침을 베풀었다. 그는 그곳에서 "하나님을 사랑하는 자 곧 그의 뜻대로 부르심을 입은 자들에게는 모든 것이 합력하여 선을 이루느니라 하나님이 미리 아신 자들을 또한 그 아들의 형상을 본받게 하기 위하여 미리 정하셨으니 이는 그로 많은 형제 중에서 맏아들이 되게 하려 하심이니라"라고 말했다. 우리에게 익숙한 이 말씀은 구원의 위대한 목적을 강조한다. 구원의 목적은 예수 그리스도의 형상을 본받게 만들어 그분이 자신의 형상을 본받은 자들 가운데서 가장 뛰어나신 분으로서 영원히 영광을 받으시게 하는 데 있다.

방금 인용한 본문에 앞서 기록된 말씀들은 성령께서 신자들을 율법의 권세에서 해방하시고(2, 3절), 그들 안에 거하시며(9절), 그들을 거룩하게 하시고(12, 13절), 그들을 하나님의 자녀로 입양하시며(14-16절), 그들의 연약함을 도우시고(26절), 그들을 대신해 기도하신다(27절)고 증언한다. 이 모든 사역의 목적은 예수 그리스도의 형상을 본받게 하는 데 있다. 물론, 그리스도의 형상을 온전히 본받는 일은 내세에서 완전하게 이루어진다(빌 3:21, 요일 3:2). 그러나 이 세상에서도 성령께서는 그리스도의 형상을 본받아 우리가 사랑하는 주님을 더욱 닮아가도록 독려하신다(갈 4:19 참조). 따라서 스스로가 성령으로 충만한지 궁금하다면, "내가 황홀경에 빠진 적이 있는가?"가 아니라 "내가 그리스도를 더욱더 닮아가고 있는가?"라고 물어야 한다.

신자들을 성자의 형상을 닮게 만들어 구원받아 영화롭게 된 새 인류를 창조하심으로써 주 예수 그리스도께서 그들을 영원히 다스리시게 하는 것이 성부 하나님의 목적이다. 구원받은 자들은 자신이 본받은 구세주를 영원히 영화롭게 할 것이다. 그들은 하늘나라에서 천사들과 더불어 이렇게 찬양할 것이다.

> "죽임을 당하신 어린 양은 능력과 부와 지혜와 힘과 존귀와 영광과 찬송을 받으시기에 합당하도다……하늘 위에와 땅 위에와 땅 아래와 바다 위에와 또 그 가운데 모든 피조물이 이르되 보좌에 앉으신 이와 어린 양에게 찬송과 존귀와 영광과 권능을 세세토록 돌릴지어다(계 5:12, 13)."

성령의 거룩하게 하시는 사역

신약 성경이 분명하게 가르치는 대로, 성령 충만한 신자는 뜻 모를 소리를 중얼거리거나 최면에 걸린 듯 몽환의 상태에 빠져들어 바닥에 넘어지거나 황홀경 속에서 기괴한 경험을 하는 것과는 아무 상관이 없다. 성령 충만한 신자는 그리스도의 말씀에 마음과 생각을 복종시키고, 육신이 아닌 성령으로 행하며, 날마다 주 예수님을 사랑하고 사모하며, 그분의 몸인 교회를 섬기는 삶을 살아간다.

온전한 신앙생활이란 성령의 능력 안에서 사는 삶을 의미한다. 성령의 능력이 우리의 마음과 삶을 지배해야 한다. 오직 성령께서만이 죄를 이기고 성령의 열매를 맺어 하늘에 계시는 하나님을 기쁘시게 하는 삶을 살아가게 하실 수 있다. 성령께서는 하나님과 더욱 친밀한 관계를 맺게 하시고, 성경을 깨우쳐주시며, 우리 안에서 그리스도를 영화롭게 하시고, 하나님의 뜻을 행하게 도와주시며, 우리에게 힘을 주시고, 서로를 섬기게 하신다. 성령께서는 하나님 앞에서 항상 쉬지 않고 우리를 위해 간구하신다. 그분의 기도는 항상 하나님의 온전하신 뜻에 일치한다. 성령께서 이 모든 사역을 행하시는 목적은 주 예수 그리스도의 형상을 닮게 하시기 위해서다. 성령께서는 장차 그리스도와 얼굴을 마주하게 되는 날에 우리가 온전해질 것을 보증하신다.

신자들은 은사주의의 거짓에 속수무책으로 속아 넘어가기보다 성령의 참된 사역을 옳게 이해해야 할 필요가 있다. 그래야만 말씀을 통해 성령의 능력이 우리 안에서 역사하게 함으로써 진정으로 죄를 정복해 그리스도의 영광을 드높이고, 교회를 복되게 하며, 잃어버린 자들을 유익하게 할 수 있다.

11장 성경의 권위를 회복하라
: 성령의 영감과 조명

종교개혁은 지난 1,000년의 교회 역사 가운데 가장 위대한 부흥 운동에 해당한다. 이 운동은 서구 문명의 방향을 완전히 바꾸어놓은 엄청난 사건이었다. 마르틴 루터, 존 칼빈, 존 녹스와 같은 사람들의 이름은 이미 500년이 지났는데도 여전히 널리 알려져 있다. 이 용기 있는 개혁자들과 그들과 같은 길을 걸었던 사람들은 많은 글과 설교를 통해 그들의 뒤를 따르는 신자들에게 결코 없어지지 않을 유산을 남겼다.

그러나 종교개혁을 이끈 참된 능력은 개인이나 집단에서 비롯하지 않았다. 물론, 개혁자들이 담대하게 나서 복음의 대의를 위해 스스로를 기꺼이 희생했지만, 16세기 종교개혁이 그처럼 놀라운 승리를 거둔 것은 그들의 뛰어난 용기나 학문적인 탁월함 때문이 아니었다. 종교개혁은 그보다 훨씬 더 심원한 것, 곧 유한한 인간이 스스로 만들어낼 수 있는 것보다 무한히 더 뛰어난 힘에 의해서만 옳게 설명될 수 있다.

다른 참된 영적 부흥과 마찬가지로, 종교개혁도 하나님의 말씀이 강력한 파도처럼 인간이 만든 전통과 위선적인 종교라는 무기력한 울타리를 휩쓴 데서 비롯한 폭발적이면서도 필연적인 결과였다. 유럽의 보통 사람들이 자국어로 성경을 읽을 수 있게 되자 성령께서는 그 초월적인 진리를 통해 그들의 마음을 깨우쳐주시고, 그들의 영혼을 회심으로 이끄셨다. 그 결과, 신자들의 삶뿐 아니라 그들이 살고 있던 유럽 대륙 전체에 놀라운 변화가 일어났다.

종교개혁자들은 "오직 성경으로!"라는 원리로 종교개혁의 폭발적인 파급력을 발생시킨 불가항력적인 힘이 성령의 감동으로 기록된 하나님의 말씀에서 비롯했다는 사실을 인정했다. 한 역사가는 종교개혁에 관해 이렇게 말했다.

> 그런 변화의 이야기는 거기에 참여했던 사람들의 삶을 통해 알 수 있고, 그 중심에는 성경이 있었다. 제네바의 성 베드로 교회에 있는 명판에는 개혁자 존 칼빈을 "하나님의 말씀의 종"으로 간단히 묘사하는 글귀가 적혀 있다. 마르틴 루터는 "내가 행한 것은 하나님의 말씀을 제시하고, 전하고, 글로 쓴 것밖에 없다. 그 외에는 아무것도 한 것이 없다. ……위대한 변화를 일으킨 것은 바로 말씀이다. ……나는 아무것도 한 것이 없다. 말씀이 모든 것을 행했고, 모든 것을 이루었다"라고 말했다.¹

종교개혁자들의 "오직 성경으로!"라는 원리는 성경이 하나님의 유일한 계시이자 건전한 교리와 의로운 삶을 위한 참된 규칙이라는 것을 의미한다. "교훈과 책망과 바르게 함과 의로 교육하기에 유익하니 이는 하나님의 사람으로 온전하게 하며 모든 선한 일을 행할 능력을 갖추게 하려 함이라(딤후 3:16, 17)"는 말씀대로, 그들은 성경이 삶을 변화시키는 강력하고 충족한 능력을 지녔다고 확신했다. 그들보다 앞서 살아갔던 교부들도 성경을 기독교 신앙의 권위 있는 토대로 옳게 받아들였다.² 그들은 성경의 무오성(inerrancy)과 불오성(infallibility)과 역사적 정확성을 의심 없이 받아들였고, 그 거룩한 진리에 기쁘게 복종했다.

종교개혁자들은 엄청난 사회적 변혁을 주도했지만, 진정한 싸움의 목표가 정치나 재물이나 영토가 아니라 성경의 진리라는 것을 분명히 이해했다. 성령의 능력으로 복음의 진리가 밝히 드러나자, 영적 부흥의 불길이 활활 타올랐다.

개혁의 열기가 식다

종교개혁을 통해 드러난 진리의 빛은 한밤중에 타오르는 횃불처럼 칠흑같이 어두운 로마 가톨릭 교회의 부패상을 여실히 드러냈다. 그러나 여러 세기가 지나면서 종교개혁의 불길은 서서히 식기 시작했고, 역사상 가장 위대한 영적 부흥의 탄생지였던 유럽은 자유주의 신학이라는 거짓 복음으로 기울어졌다. 마르틴 루터가 사망한 지 222년 뒤에 프리드리히 슐라이어마허라는 또 다른 영향력 있는 독일 신학자가 태어났다. 슐라이어마허는 루터와는 달리 자신의 영혼 안에 의심이 싹트도록 허용했고, 루터교 신자였던 부모에게서 배운 복음의 진리를 거부했다. 그는 신앙의 위기를 겪으며 깊은 불신앙의 늪 속으로 가라앉았다. 그는 물귀신처럼 다른 사람들까지 붙잡아 가라앉히며 성경적 기독교의 근간을 뒤흔드는 불신앙의 역조 현상을 일으켰다. 그의 사상은 온 세상의 신학 교육에 영향을 미쳤고, 성경에 관한 거짓말로 많은 교파를 침몰시켰다.

슐라이어마허는 할레대학교에 다닐 무렵, 성경을 공격하는 계몽주의 사상가들의 영향을 받았다. 계몽주의 사상가들은 성경의 역사적 정확성을 부인하는 회의론자들이자 인간의 이성을 하나님의 계시보다 우위에 올려놓았던 세속주의 철학자들이었다. 그들의 사상은 감수성이 예민한 젊은 슐라이어마허가 저항하기에는 너무나도 강했다. 그의 의심은 곧 노골적인 부정으로 발전했다. 그의 전기 작가는 그 불행한 이야기를 아래와 같이 진술했다.

슐라이어마허는 아버지에게 보내는 편지에서 완곡한 어투로 자신의 교사들이 당시의 많은 젊은이들을 당황하게 만들었던 의심을 적절히 제거해주지 못했다고 암시했다. 그의 아버지는 그의 암시를 즉각 눈치 채지 못하고, 자신도 회의적인 책들을 더러 읽어보았다고 말하면서 슐라이어마허에게 쓸데없는 일에 시간을 더 이상 낭비할 필요는 없다고 조언했다. 그로부터 6개월 동안 그의 아들로부터 아무 소식이 없다가 청천벽력 같은 소식이 날아들었다. 슐라이어마허는 1787년 1월 27일에 보낸 편지에서 앞서 암시했던 의심은 바로 자신의 경우임을 털어놓았다. 그의 아버지는 믿음은 "하나님의 왕적 권위", 즉 왕이신 하나님의 합당한 권리라고 말했다.

슐라이어마허는 이렇게 고백했다. "아버지는 믿음이 하나님의 왕적 권위라고 말씀했습니다. 아아! 사랑하는 아버지, 그런 믿음이 없는 사람은 그 누구도 다음 세상에서 구원을 받거나 이 세상에서 평안을 누릴 수 없다면(아버지는 그렇게 믿고 있는 줄 압니다), 제가 그런 믿음을 갖게 해달라고 부디 하나님께 기도해주십시오. 왜냐하면 저는 이미 그런 믿음을 잃어버렸기 때문입니다. 저는 스스로를 인자라고 부른 분이 참되고 영원하신 하나님이라는 것을 믿을 수 없습니다. 저는 그분의 죽음이 대리속죄를 이루었다고 믿지 않습니다."[3]

슐라이어마허의 말에는 짙은 슬픔이 배여 있다. 그러나 그것은 회개의 슬픔이 아니라 그동안의 믿음을 잃어버린 아쉬움이었다. 그는 자신이 물려받은 믿음을 저버린 18세기의 가룟 유다였다. 그는 성경의 진리 주장을 포기했고, 복음을 거부했다. 그는 그리스도의 신성과 그분이 십자가에서 이루신 대리속죄를 부인했다.

놀랍게도, 슐라이어마허는 성경적 복음은 부인했지만 종교를 완전히 포기하지는 않았다. 그는 자신의 "기독교"를 지탱해줄 새로운 권위를 찾았다. 성경은 더 이상 그의 토대가 아니었기 때문에 새로운 토대를 발견하는 것이 필요했다. 그는 낭만주의 안에서 그 토대를 발견했다.

아름다움과 감정과 경험을 중시하는 낭만주의는 경험적인 과학과 인간의 이성을 강조하는 합리적 계몽주의에 대한 철학적 반발이었다. 슐라이어마허가 기독교 신앙을 의심하게 만든 것은 초자연주의를 거부했던 합리적 계몽주의였다. 그는 기독교의 종교적 외관을 유지할 요량으로 낭만주의의 철학 사상에 의지했다. 그의 처녀작인 『종교론』이 1799년에 출판되었다. 이 책은 1821-1822년에 출간되었다가 1830-1831년에 개정된 그의 『기독교 신앙』의 토대가 되었다.

슐라이어마허는 그런 저서들을 통해 하나님을 믿는 믿음의 근간은 성경의 객관적인 진리(합리주의자들이 겨냥했던 비판의 표적)가 아니라 종교적 의식에서 비롯하는 개인적인 감정(합리주의의 영역을 초월하는 영역)에서 찾을 수 있다고 주장함으로써 계몽주의의 비판으로부터 종교를 옹호하려고 노력했다.[4] 아이러니컬하게도, 슐라이어마허는 감정적인 확신을 통해 자신의 믿음을 옹호하려다가 오히려 스스로가 보호하려고 했던 것을 파괴하고 말았다.

슐라이어마허는 어리석게도 성경의 객관적인 진리를 주관적인 영적 경험으로 대체함으로써 기독교 신앙의 토대를 바꾸려고 노력했다. 그런 식의 신학적 작업은 파괴적인 결과를 낳을 수밖에 없다(시 11:3). 슐라이어마허의 경우에는 유해한 사상을 심은 탓에 결국 신학적 자유주의라는 독버섯을 길러냈다. 신학적 자유주의는 "기독교"를 자처하면서도 성경의 정확성과 권위와 초자연적인 속성을 부인하는 종교 사상을 가리킨다.

슐라이어마허 이후로 그의 선구적인 사상을 모방한 사례들이 여럿 있었다. 그런 사례들은 계시된 하나님의 말씀이 아닌 다른 것을 기독교의 토대로 삼으려고 시도했다. 예를 들어, 알브레히트 리츨이라는 독일 신학자는 기독교는 사회 속에서 이루어지는 윤리적 행위의 관점에서 정의되어야 한다고 주장했다. 리츨의 사상은 유럽과 아메리카의 주류 개신교 교회들 가운데서 성경적 복음을 밀어내고, 그 대신 사회 복음을 탄생시켰다. 사회 복음은 개인적인 죄와 영원한 심판으로부터의 구원을 강조하는 대신 성경의 참된 메시지를 도외시하고 사회를 문화적 병리 현상으로부터 구원하는 데 초점을 맞춘 무기력한 도덕주의를 설파했다.

사회 복음은 인간을 하나님의 진노로부터 구원하지 못했지만, 20세기에 자유주의 기독교라는 형태로 막강한 영향력을 발휘했다. 그로 인해 대다수 주류 교단들이 불신앙의 암초에 부딪혀 파선하고 말았다. 인기 있는 저술가들과 유력한 목회자들이 리츨의 사상을 대중에게 전달했다. 자유주의 신학은 슐라이어마허와 성경의 진리 외에 다른 곳에서 기독교의 토대를 찾을 수 있다고 주장했던 그의 그릇된 사상에서 기원했다.

신학적 자유주의는 어떤 종교적 형태를 지니든 상관없이 성경의 권위를 부인하는 데서부터 출발했다. 중세 로마 가톨릭 교회도 그와 비슷한 이탈의 과정을 겪었다(물론, 이 경우는 시간이 좀 더 소요되었다). 그들은 성경의 권위를 밀어내고 교회의 전통과 교황의 칙령을 새로운 권위로 받아들였다. 이것이 종교개혁이 일어났던 이유였다. 로마 가톨릭 교회나 신학적 자유주의나 성경을 유일한 권위로 인정하지 않은 탓에 참된 기독교의 원수가 되었고, 스스로가 옹호한다고 주장하는 것을 거짓으로 만드는 결과를 낳았다.

현대의 은사주의도 그와 똑같이 위험한 길을 걷고 있다. 은사주의는 성경의 권위가 아닌 다른 것을 믿음의 토대로 삼아 그릇된 신앙관으로 교회에 해를 끼치고 있다. 은사주의는 중세 로마 가톨릭 교회처럼 성경의 분명한 가르침을 혼잡하게 만들고, 참된 복음을 훼손하고 있으며, 슐라이어마허처럼 주관적인 감정과 사사로운 경험을 가장 중요한 위치에 올려놓았다. 그런 거짓 신앙 체계들이 수많은 사람들의 삶을 파괴한 것처럼, 은사주의의 오류와 혼란에서 비롯하는 교리적인 해악도 엄청난 파장을 일으키고 있다.

은사주의자들은 입으로는 성경의 최고 권위를 인정하지만, 실제로는 그 권위와 충족성을 부인한다. 그들은 신비적인 경험과 감정적인 황홀경에 집착한 나머지 지금도 여전히 하나님의 계시를 구하고 있다. 그런 태도는 성경만으로는 충분하지 않다는 그들의 신념을 드러낸다. 은사주의는 개인에게 주어지는 "하나님의 말씀"과 성령이 허락하시는 내면의 느낌을 비롯해 다른 주관적인 종교 경험으로 성경의 계시를 보완해야 한다고 주장한다. 이것은 성경의 권위와 충족성을 노골적으로 부인하는 것이다(딤후 3:16, 17). 이런 사상은 광범위한 신학적 재앙을 초래할 것이 분명하다.

성경의 권위를 존중하라

성경을 존귀하게 여기지 않는 신앙 운동은 하나님을 존귀하게 여긴다고 말할 수 없다. 전능하신 우주의 주권자를 공경한다면, 그분이 하신 말씀에 온전히 복종해야 마땅하다(히 1:1, 2). 그렇지 않는 것은 그분을 모욕하고, 그분의 주권에 반기를 드는 것이다. 성경의 저자이신 하나님이 계시하신 진리를 무시하고, 부인하고, 왜곡하는 것보다 그분을 더 모욕하는 행위는 없다(계 22:18, 19). 성경을 잘못 다루는 것은 곧 그것을 기록하신 하나님을 잘못 나타내는 것이고, 성경의 진리 주장을 부인하는 것은 하나님을 거짓말쟁이로 일컫는 것이며, 성경의 메시지를 무시하는 것은 성령의 영감으로 기록된 말씀을 멸시하는 것이다.

성경은 하나님의 완전한 계시로서 저자이신 그분의 영광스러운 속성을 반영한다. 하나님은 진리의 하나님이시기 때문에 그분의 말씀은 완전무결하다. 하나님은 거짓말을 하실 수 없기 때문에 그분의 말씀은 무오하다. 하나님은 왕 중의 왕이시기 때문에 그분의 말씀은 절대적인 최고의 권위를 가진다. 하나님을 기쁘시게 하기를 원하는 사람은 그분의 말씀에 복종해야 한다. 성경을 다른 모든 진리 주장보다 더 존중하지 않는 것은 곧 하나님을 존중하지 않는 것과 같다.

어떤 사람들은 성경을 그렇게 높이 존중하는 것은 성경 자체를 예배의 대상으로 삼는 것이나 다름없다고 주장한다. 성경이 은사주의자들의 꿈과 환상보다 무한히 월등하다고(그런 것들과는 비교조차 할 수 없을 정도로 무한한 권위를 갖는다고) 말하면, 곧바로 성경숭배자로 낙인찍히기 십상이다.

그러나 그런 비판은 하나님의 말씀을 존귀하게 여긴다는 것이 무슨 의미인지를 잘못 이해한 데서 비롯한다. 우리가 공경하는 대상은 물리적인 책이 아니라 그 안에 무오한 말씀을 계시하신 하나님이다. 디모데후서 3장 16절은 성경이 하나님의 감동으로 기록되었다고 말씀한다. 이는 성경이 하나님의 권위로 말씀한다는 뜻이다. 성경보다 더 신뢰할 만한 진리의 원천은 없다. 성경을 조금이라도 폄하하거나 그 절대적인 진실성을 믿는 믿음을 우상숭배로 간주하는 것은 하나님을 심각하게 모욕하는 것이다. 하나님은 자신의 말씀을 지극히 존중하신다. 다윗은 시편 138편 2절에서 그 사실을 분명하게 언급했다. 그는 하나님을 향해 "주께서 주의 말씀을 주의 모든 이름보다 높게 하셨음이라"라고 말했다.[5]

종교개혁자들은 예수 그리스도만을 교회의 머리로 인정했기 때문에 그분의 말씀을 교회의 유일한 권위로 받아들여 기꺼이 복종했다. 그들은 참 신자들이 역사적으로 인정해온 진리, 곧 오직 하나님의 말씀만이 삶과 교리의 유일한 규칙이라는 진리를 받아들였다. 따라서 그들은 성경의 정당한 권리를 빼앗으려는 거짓된 권위들을 단호히 배격했고, 그러는 과정에서 로마 가톨릭 교회라는 종교 체제의 부패한 실상을 여실히 드러냈다.

오늘날의 신자들도 성경의 권위를 훼손하려고 애쓰는 모든 세력에 맞서 진리를 굳게 사수해야 할 의무가 있다. 바울은 "모든 이론을 무너뜨리며 하나님 아는 것을 대적하여 높아진 것을 다 무너뜨리고 모든 생각을 사로잡아 그리스도에게 복종하게 하니(고후 10:4, 5)"라고 말했다. 유다도 편지의 수신자들에게 "성도에게 단번에 주신 믿음의 도를 위하여 힘써 싸우라(1:3)"고 당부했다. 그가 언급한 "믿음의 도"는 아무런 형태 없는 종교적 신념이 아니라 기독교 신앙을 가르치는 성경의 객관적인 진리를 가리킨다(행 2:42, 딤후 1:13, 14 참조). 그의 말은 다음과 같은 의미를 지녔다.

유다는 "믿음의 도"를 "성도에게 단번에 주신" 것이라고 분명하면서도 구체적으로 정의했다. "단번에"라는 말은 한순간에 이루어진 것이나 완성된 것으로 더 이상 반복할 필요없이 지속적으로 결과를 미치는 것을 의미한다. 하나님은 1세기에 성령을 통해 사도들과 그들의 동료들에게 기독교 신앙을 계시하셨다(롬 16:26, 딤후 3:16 참조). 그들의 가르침은 구약 성경과 더불어 예수 그리스도에 관한 "참된 지식"을 형성했고, 신자들의 삶과 경건에 필요한 모든 것이 되었다(벧후 1:3, 딤후 3:16, 17).

신약 성경의 저자들은 기독교 신앙의 진리를 신비로운 종교적 경험을 통해 발견하지 않았다. 하나님은 성경을 통해 완전한 형태의 계시를 최종적으로, 확실하게 전달하셨다. 따라서 새로운 계시나 교리를 주장하는 신앙 체계는 거짓으로 간주해야 한다(계 22:18, 19). 하나님의 말씀은 온전히 충족하다. 성경은 신자들이 믿음을 위해 싸우고, 교회 안에 있는 배교를 물리치는 데 필요한 모든 진리를 제공한다.[6]

선과 악의 싸움은 처음부터 진리를 위한 싸움이었다. 뱀은 에덴동산에서 하나님이 사전에 지시하신 말씀의 진실성을 의심하게 함으로써 유혹을 시작했다. "그런데 뱀은 여호와 하나님이 지으신 들짐승 중에 가장 간교하니라 뱀이 여자에게 물어 이르되 하나님이 참으로 너희에게 동산 모든 나무의 열매를 먹지 말라 하시더냐……뱀이 여자에게 이르되 너희가 결코 죽지 아니하리라 너희가 그것을 먹는 날에는 너희 눈이 밝아져 하나님과 같이 되어 선악을 알 줄 하나님이 아심이니라(창 3:1, 4, 5)."

그때 이후로 사탄은 하나님의 확실한 계시를 의심하게 만드는 전술을 계속 시도해왔다(요 8:44, 고후 11:44 참조).

이것은 영원한 운명이 걸린 사안이기 때문에 성경은 하나님의 이름을 빌려 거짓을 말하거나 하찮기 짝이 없는 위험한 경험을 내세워 그분의 말씀을 어지럽히는 행위를 가장 엄격하게 단죄한다. 뱀은 에덴동산에서 저주를 받았고(창 3:14), 사탄도 궁극적인 멸망을 선고받았다(15절). 구약 시대의 이스라엘 사회에서 거짓 예언은 사형에 해당하는 죄였다(신 13:5, 10). 엘리야가 갈멜산에서 기적을 일으킨 뒤에 바알 선지자 450명을 처단한 사건이 이 사실을 분명하게 보여준다(왕상 18:19, 40). 그러나 이스라엘 백성은 거짓 선지자들을 처단하는 일을 소홀히 할 때가 많았다. 그들은 거짓을 받아들여 하나님의 심판을 자초했다(렘 5:29-31). 아래의 성경 본문들은 하나님이 자신의 참된 말씀을 거짓으로 대체한 자들을 어떻게 생각하시는지를 분명하게 보여준다.

"대저 이는 패역한 백성이요 거짓말하는 자식들이요 여호와의 법을 듣기 싫어하는 자식들이라 그들이 선견자들에게 이르기를 선견하지 말라 선지자들에게 이르기를 우리에게 바른 것을 보이지 말라 우리에게 부드러운 말을 하라 거짓된 것을 보이라……이러므로 이스라엘의 거룩하신 이가 이같이 말씀하시되 너희가 이 말을 업신여기고 압박과 허망을 믿어 그것을 의지하니 이 죄악이 너희에게 마치 무너지려고 터진 담이 불쑥 나와 순식간에 무너짐 같게 되리라 하셨은즉(사 30:9-13)."

"내가 이 일들에 대하여 벌하지 아니하겠으며 내 마음이 이 같은 나라에 보복하지 아니하겠느냐 여호와의 말씀이니라 이 땅에 무섭고 놀라운 일이 있도다 선지자들은 거짓을 예언하며 제사장들은 자기 권력으로 다스리며 내 백성은 그것을 좋게 여기니 마지막에는 너희가 어찌하려느냐(렘 5:29-31)."

"여호와께서 내게 이르시되 선지자들이 내 이름으로 거짓 예언을 하도다 나는 그들을 보내지 아니하였고 그들에게 명령하거나 이르지 아니하였거늘 그들이 거짓 계시와 점술과 헛된 것과 자기 마음의 거짓으로 너희에게 예언하는도다 그러므로 내가 보내지 아니하였어도 내 이름으로 예언하여 이르기를 칼과 기근이 이 땅에 이르지 아니하리라 하는 선지자들에 대하여 여호와께서 이와 같이 말씀하셨노라 그 선지자들은 칼과 기근에 멸망할 것이요(렘 14:14, 15)."

"주 여호와의 말씀에 본 것이 없이 자기 심령을 따라 예언하는 어리석은 선지자에게 화가 있을진저……여호와께서 말씀하셨다고 하는 자들이 허탄한 것과 거짓된 점괘를 보며 사람들에게 그 말이 확실히 이루어지기를 바라게 하거니와 그들은 여호와가 보낸 자가 아니라 너희가 말하기는 여호와의 말씀이라 하여도 내가 말한 것이 아닌즉 어찌 허탄한 묵시를 보며 거짓된 점괘를 말한 것이 아니냐 그러므로 주 여호와께서 이같이 말씀하셨느니라 너희가 허탄한 것을 말하며 거짓된 것을 보았은즉 내가 너희를 치리라 주 여호와의 말씀이니라 그 선지자들이 허탄한 묵시를 보며 거짓 것을 점쳤으니 내 손이 그들을 쳐서 내 백성의 공회에 들어오지 못하게 하며 이스라엘 족속의 호적에도 기록되지 못하게 하며 이스라엘 땅에도 들어가지 못하게 하리니 너희가 나를 여호와인 줄 알리라(겔 13:3-9)."

이 말씀들의 요지는 분명하다. 하나님은 자신의 말씀을 잘못 전하거나 자신의 이름으로 거짓을 말하는 이들을 증오하신다. 신약 성경도 거짓 선지자들을 똑같이 엄격하게 단죄한다(딤전 6:3-5, 딤후 3:1-9, 요일 4:1-3, 요이 7-11절). 하나님은 거룩한 계시를 왜곡하거나 날조하는 사람들을 용납하지 않으신다. 그분은 그런 죄를 친히 다스리신다. 그분의 보응은 신속하고도 치명적이다. 성경의 진리를 가감하거나 왜곡하는 죄는 하나님의 진노를 불러일으킨다(갈 1:9, 요이 9-11절). 말씀을 왜곡하는 것은 성삼위 하나님을 모욕하는 죄, 특히 성령 하나님을 모욕하는 죄에 해당한다. 왜냐하면 성경은 성령의 감동으로 기록되었기 때문이다.

마르틴 루터는 "누군가가 성령의 영감을 받았다고 주장하면서 하나님의 말씀에 근거가 없는 것을 자랑한다면, 주저하지 말고 '그것은 마귀의 사역이다'라고 말해주라"라고 조언했다.[7] 그는 다른 곳에서도 "성경에서 기원하지 않은 것은 무엇이든 마귀에게서 비롯된 것이 확실하다"라고 말했다.[8]

지금부터는 성령의 참된 사역을 살펴보면서 성경이 가르치는 성령 사역의 세 가지 측면(영감, 조명, 능력 부여)을 논의하는 데 남은 지면을 할애할 생각이다.

성령께서 영감을 주어 성경을 기록하게 하셨다

성령께서는 삼위일체 안에서 의사전달과 의사소통의 대리자로서 활동하신다. 그분은 성경의 저자이시다. 성부 하나님은 성령을 통해 자신의 진리를 계시하셨다(고전 2:10). 성령께서는 여러 명의 인간 저자를 도구로 사용하셨지만, 그들이 기록한 말씀은 모두 그분의 것이다. 성경은 완전하고 순수한 하나님의 말씀이다.

성령께서 거룩한 진리를 인간 저자들을 통해 전달하신 과정을 "영감"이라 일컫는다. 베드로 사도는 베드로후서 1장 20, 21절에서 이 과정을 언급했다. 그는 "성경의 모든 예언은 사사로이 풀 것이 아니니 예언은 언제든지 사람의 뜻으로 낸 것이 아니요 오직 성령의 감동하심을 받은 사람들이 하나님께 받아 말한 것임이라"라고 말했다. 베드로의 요지는 성경이 인간의 통찰력을 모은 오류 있는 책이 아니라는 것이다. 성경은 하나님의 온전한 계시를 전달한다. 그 이유는 성령께서 경건한 사람들을 통해 거룩한 진리를 친히 전달하셨기 때문이다. "풀 것"으로 번역된 헬라어 "에필루시스"는 무엇을 발표하거나 공표한다는 뜻을 지닌다.⁹ 베드로의 말은 성경의 예언이 인간의 사사로운 생각에서 기원한 것이 아니라는 것을 의미한다. 성경은 인간의 독창성이나 의지에서 비롯하지 않았다. 성경은 경건한 하나님의 사람들을 통해 이루어진 성령의 초자연적 역사의 결과물이다.

성령께서는 경건한 사람들을 감동시켜 그들의 말을 감독하시고, 그들을 도구로 사용해 성경을 기록하게 하셨다. 범선이 바람에 이끌려 최종 목적지에 도착하듯, 성경의 저자들은 성령의 감동을 받아 그분이 원하시는 말씀을 정확히 전달했다. 성령께서는 그런 과정에서 그들의 생각과 영혼과 마음에 거룩한 진리를 가득 채우셨고, 그들의 독특한 문체와 표현과 경험을 초자연적으로 간섭하시어 완벽하고 무오한 진리를 기록하도록 인도하셨다.

히브리서 1장 1, 2절은 하나님이 신구약 성경에 자신의 진리를 계시하신 방법을 좀 더 자세히 설명한다. 히브리서 저자는 "옛적에 선지자들을 통하여 여러 부분과 여러 모양으로 우리 조상들에게 말씀하신 하나님이 이 모든 날 마지막에는 아들을 통하여 우리에게 말씀하셨으니 이 아들을 만유의 상속자로 세우시고 또 그로 말미암아 모든 세계를 지으셨느니라"라고 말했다.

1절에서 알 수 있는 대로, 구약 성경의 계시는 선지자들을 통해 전달되었다. 그들은 하나님이 명령하신 말씀을 전했다. 2절은 그와 비슷하게 신약 성경의 계시가 주 예수님을 통해 전달되었다고 설명한다(요 1:1, 18 참조). 신약 성경의 계시는 예수님이 권위를 부여해 교회에 거룩한 진리를 전하게 하신 사도들을 통해 더욱 확장되었다(요 14-16장 참조). 신구약 성경 모두 하나님의 무오한 계시로 이루어져 있다. 하나님이 선택하신 대변자들을 통해 온전한 계시가 주어졌고, 그들은 그것을 그분이 원하시는 대로 정확하게 기록했다.

하나님의 성령께서 이 모든 일에 깊이 관여하셨다. 베드로전서 1장 10, 11절은 성령께서 구약 시대의 선지자들을 통해 역사하셨다고 증언한다(삼상 19:20, 삼하 23:2, 사 59:21, 겔 11:5, 24, 막 12:36). 성령께서는 구약 성경의 저자들을 감동하시어 말씀을 기록하게 하셨다(행 1:16, 벧후 1:21 참조). 주 예수님은 다락방에서 제자들에게 성령을 보내시어 자신이 가르치신 것을 생각나게 하실 것이라고 말씀하셨다(요 14:17, 26). 이 약속은 복음서의 기록으로 온전히 성취되었다. 또한 예수님은 성령께서 그들에게 새로운 계시를 허락하실 것이라고 말씀하셨다(요 16:13-15, 15:26 참조). 성령께서 사도들에게 허락하신 계시는 신약 성경의 서신서들에 기록되었다. 이처럼 구약 성경과 신약 성경은 성령의 영감으로 기록된 하나님의 말씀이다.

바울은 디모데후서 3장 16, 17절에서 "모든 성경은 하나님의 감동으로 된 것으로 교훈과 책망과 바르게 함과 의로 교육하기에 유익하니 이는 하나님의 사람으로 온전하게 하며 모든 선한 일을 행할 능력을 갖추게 하려 함이라"라고 말했다. "하나님의 감동"이라는 표현을 문자대로 옮기면 "하나님이 내쉬는 숨"을 의미한다. 이 말은 "전능자의 기운(욥 33:4, 요 3:8, 20:22)"이신 성령을 가리키는 것이 분명하다. 바울은 신자들이 하나님의 감동으로 기록된 성경을 통해 온전한 유익을 얻는다고 강조한다. 삶과 경건을 위해 필요한 모든 것이 성경을 통해 우리에게 계시되었다. 신자들은 성경으로 범사에 주님을 영화롭게 할 능력을 갖추게 된다.

성경은 초자연적인 유익을 제공하는 초자연적인 책이다. 성경은 성령께서 우리에게 주신 선물이다. 성령께서는 성경의 진리를 경건한 자들에게 계시하셨고, 그들에게 영감을 주어 모순이나 오류 없이 하나님의 말씀을 전하고 기록하게 하셨다. 물론, 성령께서는 단지 우리에게 성경을 허락하는 것에 그치지 않으셨다. 그분은 성경의 진리를 이해하고 적용할 수 있도록 돕겠다고 약속하셨다. 이것이 성령께서 성경을 통해 행하시는 두 번째 사역이다.

성령께서는 성경을 조명하신다

우리가 이해할 수 없다면, 하나님의 계시를 통해 아무 유익도 얻지 못할 것이다. 이것이 성령께서 신자들의 생각을 밝혀 성경의 진리를 이해하고 그 가르침에 복종하게 하시는 이유다. 바울 사도는 고린도전서 2장 14-16절에서 성령의 조명을 이렇게 설명했다. "육에 속한 사람은 하나님의 성령의 일들을 받지 아니하나니 이는 그것들이 그에게는 어리석게 보임이요, 또 그는 그것들을 알 수도 없나니 그러한 일은 영적으로 분별되기 때문이라 신령한 자는 모든 것을 판단하나 자기는 아무에게도 판단을 받지 아니하느니라 누가 주의 마음을 알아서 주를 가르치겠느냐 그러나 우리가 그리스도의 마음을 가졌느니라." 성령께서는 말씀을 조명하심으로 신자들에게 거룩한 진리를 분별하게 하신다(시 119:18). 회개하지 않은 사람들은 영적 현실을 참되게 이해할 수 없다.

성경에 익숙하면서도 성경을 이해하지 못하는 경우가 얼마든지 있을 수 있다. 예수님 당시의 종교 지도자들은 구약 성경에 정통한 학자들이었지만, 성경의 핵심 진리를 이해하지 못했다(요 5:37-39). 그리스도께서는 "너는 이스라엘의 선생으로서 이러한 것들을 알지 못하느냐(요 3:10)"라고 말씀하심으로써 복음의 핵심 진리를 이해하지 못하는 니고데모의 무지를 드러내셨다. 불신자들에게는 성령께서 거하지 않으시기 때문에 자연인이 알 수 있는 것만 알 수 있다. 그들에게 하나님의 진리는 어리석어 보인다. 심지어는 예수님이 죽은 자들 가운데서 살아나신 후에도 바리새인과 사두개인들은 여전히 믿기를 거부했다(마 28:12-15). 스데반은 "목이 곧고 마음과 귀에 할례를 받지 못한 사람들아 너희도 너희 조상과 같이 항상 성령을 거스르는도다(행 7:51)"라고 그들을 꾸짖었다(히 10:29 참조).

성령의 거룩한 도우심이 없으면, 어떤 죄인도 성경을 믿거나 받아들일 수 없다. 마르틴 루터는 "인간은 영혼의 구원에 속하는 거룩한 영적 현실에 관해서는 롯의 아내와 같은 소금 기둥이거나 통나무나 돌, 또는 눈과 귀와 감각과 마음과 생명이 없는 조각상과 다름없다. ……성령에 의한 깨우침과 회개와 중생이 이루어지지 않는 한, 인간은 설교나 가르침을 전혀 이해할 수 없다"라고 말했다.[10]

성령께서 불신자의 마음에 역사하시기 전까지는 불신자는 계속 복음을 거부한다. 사실을 암기하고, 설교를 듣고, 머리로는 성경적인 교리의 기본 원리를 조금 이해할 수 있을지는 몰라도, 성령의 능력이 없으면 하나님의 말씀이 죄인의 부패한 영혼에 침투할 수 없다.[11]

신자들은 자기 안에 거하시는 하나님의 성령을 통해 생명을 얻는다. 진리의 교사이신 성령께서 신자들 안에 거하시면서 말씀을 깨우쳐주시고, 성경의 진리를 깨달아 복종하도록 도와주신다(요일 2:27). 성령의 영감은 성경 저자들에게만 주어졌지만, 성령의 조명은 모든 신자에게 주어진다. 영감은 성경에 기록된 메시지를 우리에게 전하고, 조명은 그 메시지를 우리의 마음에 새겨준다. 우리는 성령의 조명을 통해 메시지의 의미를 이해한다. 따라서 우리는 하나님의 성령께서 진리의 빛으로 우리의 생각을 밝혀주시도록 그분을 온전히 의지해야 한다(고후 4:6).

찰스 스펄전은 이렇게 설명했다. "고인이 된 저자가 쓴 책을 이해할 수 없을 때 그에게 그 뜻을 물을 수 없지만, 영감을 통해 성경을 기록하게 하신 성령께서는 영원히 살아 계실 뿐 아니라 가르침을 구하는 이들에게 말씀을 깨우쳐주시기를 기뻐하신다."[12] 말씀을 알고 복종할 수 있도록 성도의 생각을 깨우쳐 이해하게 하는 것이 성령의 영광스러운 사역이다(눅 24:45 참조).

물론, 조명의 교리는 신자들이 모든 신학적 진리를 다 이해할 수 있다거나(신 29:29) 경건한 교사들이 필요하지 않다는(엡 4:11, 12) 의미는 아니다. 또한, 경건에 이르는 연습을 하지 않아도 괜찮다거나(딤전 4:8), 성경을 열심히 공부하는 일을 무시해도 좋다는(딤후 2:15) 뜻도 아니다.[13] 우리는 하나님의 말씀을 기쁨으로 열심히 연구해야 한다. 기도하며 부지런히 성경을 연구할 때 성령께서 우리의 마음을 밝혀 우리가 연구하는 진리를 이해하고, 받아들여, 적용할 수 있게 도와주신다.

이처럼 성령께서는 영감의 사역을 통해 우리에게 성경을 주셨고, 조명의 사역을 통해 우리의 눈을 열어 성경의 진리를 깨달아 복종하게 하신다. 그러나 성령의 사역은 이것이 전부가 아니다.

성령께서는 성경에 능력을 부여하신다

성령께서는 조명의 사역과 더불어 말씀에 능력을 부여하신다. 그분은 말씀이 전파될 때 불신자들의 마음을 책망하시고, 구원받은 신자들의 마음을 거룩하게 하신다. 앞에서 구원과 성화와 관련된 성령의 사역을 살펴보았다. 성경은 성령께서 그 두 가지 사역을 강력하게 이루어나가시는 도구다.

복음이 전파될 때, 성령께서는 성경적인 복음이 능력 있게 전파될 수 있도록 도와주신다(벧전 1:21). 그분은 전파되는 말씀을 통해 죄인의 마음을 책망하고, 죄를 깨닫게 하신다(롬 10:14 참조). 바울은 데살로니가 신자들에게 "이는 우리 복음이 너희에게 말로만 이른 것이 아니라 또한 능력과 성령과 큰 확신으로 된 것임이라(살전 1:5)"라고 말했다. 또한 그는 고린도 신자들에게 "내 말과 내 전도함이 설득력 있는 지혜의 말로 하지 아니하고 다만 성령의 나타나심과 능력으로 하여 너희 믿음이 사람의 지혜에 있지 아니하고 다만 하나님의 능력에 있게 하려 하였노라(고전 2:4, 5)"라고 말했다. 말씀 선포에 성령의 능력이 뒤따르지 않으면, 누구도 구원 신앙을 가질 수 없다. 스펄전은 이 사실을 구체적으로 설명했다.

> 성령께서 말씀을 축복하지 않으시면, 복음을 전하는 우리야말로 모든 사람 가운데 가장 비참한 사람일 것이다. 왜냐하면 불가능한 일을 시도하는 것이 되기 때문이다. 우리는 오직 초자연적인 의지만이 효과를 일으킬 수 있는 영역에서 일하고 있다. 성령께서 듣는 자의 마음을 새롭게 하지 않으시면, 우리는 그런 일을 할 수 없다. 성령께서 사람들을 거듭나게 하지 않으시면, 우리의 힘으로는 불가능하다. 성령께서 진리를 영혼들에게 깨우쳐주지 않으시면, 차라리 시체의 귀에 대고 말씀을 전하는 것이 낫다.[14]

성령께서는 전능하신 능력으로 "내 입에서 나가는 말도 이와 같이 헛되이 내게로 되돌아오지 아니하고 나의 기뻐하는 뜻을 이루며 내가 보낸 일에 형통함이니라(사 55:11)"는 하나님의 약속을 이루신다. 성령께서 능력을 허락하지 않으시면, 복음 선포는 죽은 심령들에게 죽은 문자를 전하는 것에 지나지 않는다. 그러나 성령의 능력이 함께 하면, "하나님의 말씀은 살아 있고 활력이 있어 좌우에 날 선 어떤 검보다도 예리하여 혼과 영과 및 관절과 골수를 찔러 쪼개기까지 하며 또 마음의 생각과 뜻을 판단하는(히 4:12)" 역사가 일어난다.

성령께서 함께 하지 않으시면, 아무리 유창한 설교도 무의미한 소음이요 허풍이자 생명 없는 말에 그치고 만다. 그러나 전능하신 성령께서 함께 하시면, 아무리 단순한 메시지라도 강퍅한 불신앙의 마음을 쪼개 삶을 변화시키는 역사가 일어난다.

바울 사도는 에베소서 6장 17절에서 하나님의 말씀을 "성령의 검"으로 묘사했다. 성경은 성령의 능력으로 움직이는 무기와 같다. 신자들은 그것으로 죄와 유혹에 맞서 싸워야 한다(마 4:4, 7, 10 참조). 성령의 능력이 함께 할 때 하나님의 말씀은 죄인들을 거듭나게 만드는 수단이 될 뿐 아니라(엡 5:26, 딛 3:5, 약 1:18 참조) 신자들이 죄를 물리쳐 더욱 거룩해지는 수단이 된다. 예수님은 요한복음 17장 17절에서 자기를 믿는 자들을 위해 "그들을 진리로 거룩하게 하옵소서 아버지의 말씀은 진리니이다"라고 하나님께 기도하셨다. 앞서 살펴본 대로, 디모데전서 3장 16, 17절은 하나님의 영감으로 기록된 말씀이 신자를 거룩하게 만드는 효력을 발휘한다고 증언한다. 바울은 하나님의 영감으로 기록된 성경이 신자들을 온전하게 해 영적으로 성장하게 만들기에 충분하다고 말했다.

베드로도 베드로전서 2장 1-3절에서 비슷한 말을 전했다. 그는 "그러므로 모든 악독과 모든 기만과 외식과 시기와 모든 비방하는 말을 버리고 갓난아기들같이 순전하고 신령한 젖을 사모하라 이는 그로 말미암아 너희로 구원에 이르도록 자라게 하려 함이라 너희가 주의 인자하심을 맛보았으면 그리하라"라고 말했다. 구원을 통해 하나님의 은혜를 맛본 사람들은 말씀을 내면화시켜 날로 거룩해져야 한다. 참 신자는 성경을 사모하고, 갓난아이가 젖을 탐하듯 간절한 마음으로 말씀 안에서 기뻐한다(욥 23:12, 시 119편 참조). 우리는 그런 과정을 거치면서 서서히 그리스도의 형상으로 변화된다. 성령께서는 우리의 마음에 구세주에 관한 성경 말씀을 깨우쳐주어 그분의 형상을 닮게 하신다(고후 3:18). 성령의 사역을 통해 "그리스도의 말씀이 풍성히 거하는(골 3:16)" 역사가 일어날 때, 하나님과 다른 사람들에게 사랑을 표현하는 방식을 통해 변화된 삶의 열매가 나타난다(엡 5:19-6:9, 골 3:17-4:1 참조). 이것이 "성령으로 충만함을 받으라(엡 5:18)"는 바울의 명령에 담겨 있는 의미다.

성령의 능력이 나타나는 곳에서는 분별없이 바닥에 쓰러지거나 뜻 모를 말을 중얼거리거나 황홀경에 빠져 들거나 격한 감정을 쏟아내는 일이 일어나지 않는다. 그런 현상은 성령의 참된 사역과는 아무 상관이 없다. 사실, 그런 현상은 성령의 참된 사역을 조롱하는 것이다. 성령께서 역사하시면, 죄인이 말씀의 능력을 통해 거룩해져 그리스도 안에서 새로운 피조물이 된다. 구원받은 신자는 거룩함을 추구하고, 예배의 열정이 뜨겁고, 능력 있게 섬기고, 성경을 열심히 배우려고 노력한다. 구원받은 신자는 성령의 참된 사역을 사랑하기 때문에 그분이 교회에게 주신 성경을 사랑한다. 그는 하나님의 말씀과 말씀의 하나님을 성심성의껏 공경하며 사랑한다.

성경을 존중함으로써 성령을 존중하라

은사주의자들은 자신들이 성령을 대변한다고 주장하지만, 그들의 운동은 성령과 성경이 서로 원수가 되게 만드는 경향이 있다. 그들은 성경의 진리에 충실한 태도를 성령을 근심하시게 하고, 그분의 사역을 소멸하고, 금지하는 것처럼 생각한다.[15] 그러나 그런 생각은 전혀 사실이 아니다. 성경은 성령의 책이다. 성경은 성령께서 불신자들에게 죄와 의와 심판을 깨우쳐줄 때 사용하시는 도구다. 성경은 성령께서 복음 선포를 능력 있게 만드는 검이다. 그분은 그것으로 영적으로 죽은 자들의 마음을 찔러 영적 생명을 얻게 하신다. 성경은 신자들의 삶 속에서 성령의 거룩하게 하시는 능력이 역사하게 하는 수단이다. 신자들은 순수한 젖과 같은 성경의 가르침을 통해 은혜 안에서 성장한다.

이처럼 성경을 거부하는 것은 성령을 거부하는 것이다. 하나님의 말씀을 무시하고, 경멸하고, 왜곡하거나 말씀에 복종하지 않는 것은 곧 영감을 주어 성경을 기록하게 하고, 말씀을 조명하고, 말씀을 능력 있게 만드시는 성령을 욕되게 하는 것이다. 그와는 대조적으로, 성경을 전심으로 받아들여 복종하는 것은 성령의 사역을 충만하게 누리는 것이다. 그래야만 성령의 거룩하게 하시는 능력으로 충만하고, 그분을 통해 의로운 삶을 살아가며, 그분의 갑주로 무장해 죄와 오류에 맞서 싸울 수 있다. 찰스 스펄전은 이 진리를 교인들에게 이렇게 설명했다.

> 우리에게는 더욱 확실한 증언의 말씀, 곧 우리가 의지해야 할 진리의 반석이 있습니다. "기록되었으되"라는 말씀 안에 우리의 무오한 기준이 있습니다. 성경, 모든 성경, 오직 성경만이 우리의 종교입니다. ……성경을 이해하기가 어렵다고 말합니다. 그러나 성령의 인도하심을 구하는 자들은 그렇지 않습니다. ……어린아이라도 은혜 안에 있으면서 하나님의 성령을 통해 가르침을 받는다면 구원에 관한 주님의 뜻을 알 수 있고, 말씀의 인도만을 따른다면 천국에 가는 길을 발견할 수 있습니다. 그 일이 어려운지 단순한지는 문제가 되지 않습니다. 하나님의 말씀은 순전하고, 무오한 진리입니다. 무오한 것은 오직 성경뿐입니다. ……이 위대하고 무오한 책이……우리의 유

일한 권위입니다. ……성경은 우리 앞에 있는 영적 갈등을 해결해줄 성령의 검입니다……성령께서 말씀 안에 계십니다. 따라서 성경은 살아 있는 진리입니다. 신자들이여, 이 사실을 확신하십시오. 이것이 우리가 말씀을 우리가 선택한 전쟁의 무기로 삼아야 하는 이유입니다.[16]

성경이 살아 있는 책인 이유는 살아 계시는 성령께서 능력을 부여하시기 때문이다. 말씀이 우리를 책망하고, 가르치고, 준비시키고, 능력 있게 하고, 보호하고, 성장하게 도와준다. 좀 더 정확하게 말하면, 성령께서 우리의 마음속에 성경의 진리가 역사하게 하심으로 그 모든 일을 행하신다.

신자인 우리는 성경을 존중함으로써 성령을 존중해야 한다. 성경을 부지런히 연구하고, 주의 깊게 적용하고, 말씀으로 우리의 생각을 무장하고, 그 가르침을 전심으로 받아들여야 한다. 성령께서는 우리에게 말씀을 주셨다. 그분은 우리의 눈을 열어 풍성한 진리를 이해하게 하신다. 그분은 진리가 우리의 삶 속에서 능력 있게 역사하게 하시어 구원자이신 주님의 형상을 닮게 하신다.

말씀을 소중히 여기는 자에게 약속된 축복을 생각하면, 성경을 무시하거나 모욕해야 할 이유를 찾기가 불가능하다. 시편 저자는 이렇게 선언했다.

"복 있는 사람은 악인들의 꾀를 따르지 아니하며 죄인들의 길에 서지 아니하며 오만한 자들의 자리에 앉지 아니하고 오직 여호와의 율법을 즐거워하여 그의 율법을 주야로 묵상하는도다 그는 시냇가에 심은 나무가 철을 따라 열매를 맺으며 그 잎사귀가 마르지 아니함 같으니 그가 하는 모든 일이 다 형통하리로다(시 1:1-3)."

12장 복음적인 은사지속론을 주장하는 나의 친구들에게 띄우는 서신

이 마지막 장은 보수적인 복음주의 운동을 이끄는 동료 지도자들 가운데 참 복음을 선포하면서도 오늘날에도 계시와 기적의 은사가 지속될 가능성을 인정해야 한다고 주장하는 이들에게 개인적으로 띄우는 서신이다.

나는 "복음적인 은사지속론을 주장하는 친구들에게 띄우는 공개 서신"을 이번 장의 제목으로 삼았다. 그 이유는 비록 은사주의 체험을 어느 정도 인정하지만, 말씀과 복음에 충실한 나의 친구들이 있기 때문이다. 그들은 그리스도 안에서 한 형제요 사역의 동지라는 사실을 서두에서 미리 밝혀두고 싶었기 때문이다. 내게는 스스로를 "개혁주의 은사주의자"나 "복음적인 은사지속론자"로 일컫는 좋은 친구들이 많다.

무분별한 은사주의자 중에는 최악의 영적 사기꾼들과 거짓 교사들이 너무나도 많다. "트리니티 방송사"는 물론, 그보다 규모가 작은 은사주의 텔레비전 방송사들의 채널을 돌리기만 하면 그런 사례들을 너무도 쉽게 발견할 수 있다.

나는 복음적인 은사지속론을 주장하는 친구들을 그런 영적 사기꾼이나 뻔뻔한 협잡꾼과 동일하게 여기지 않는다. 나는 이번 장에서 오랫동안 그리스도와 그분의 말씀에 헌신해온 기독교 지도자들에게 편지를 쓰고 있다. 성경의 권위와 복음의 근본 진리에 대한 그들의 충성심은 늘 한결같을 뿐 아니라 좋은 영향을 미치고 있다. 그런 점에서 우리는 서로 진리 안에서 풍성한 교제를 나눌 수 있다.

그들이 진리와 교회의 삶에 많이 기여해온 것에 대해 심심한 사의를 표하고 싶다. 나도 우리 교인들과 함께 복음적인 은사지속론을 주장하는 저자들이 쓴 책들(대리 속죄, 성경의 무오성, 하나님이 부여하신 남자와 여자의 역할과 같은 근본 교리를 옹호하는 글들을 비롯해 조직 신학, 성경 주석, 역사 전기, 경건 서적 등)을 통해 많은 유익을 누려왔다.

그동안 복음적인 은사지속론을 주장하는 많은 복음주의자들은 은사주의의 문제를 다루면서 번영 신학을 공공연히 주장하는 행위나 하나님의 말씀과 정면으로 충돌하는 행위들을 용기 있게 비판해왔다. 그들은 은사 운동에서 흔히 발견되는 과도한 현상을 용납하지 않는다. 심지어는 "은사지속론자"라는 용어조차도 은사주의의 가르침 안에 만연해 있는 부패한 행위를 암묵적으로 비판하는 의미를 담고 있다.

복음적인 은사지속론을 주장하는 한 저자는 이렇게 말했다. "'은사주의'라는 용어는 때로 교리상의 오류, 거짓된 치유 사역, 경제적인 부정행위, 성취되지 않는 이상한 예언, 방언 은사를 지나치게 강조하는 행위, 유감스런 헤어스타일과 관련된다. ……그것이 내가 스스로를 은사주의자가 아니라 은사지속론자라고 밝히기 시작했던 이유였다."[1]

그런 식으로 거리를 유지하는 것은 매우 중요하다. 왜냐하면 일반적인 은사주의자들과 은사가 지속된다고 믿는 보수적인 복음주의자들을 구분하는 것이 필요하기 때문이다. 그러나 나는 그런 노력이 아직은 조금 미흡하다고 생각한다. 우리가 서로 동의하는 교리들이 동의하지 않는 교리들보다 더 중요한 비중을 차지하는 것은 감사한 일이지만, 그렇다고 해서 그런 사실이 동의하지 않는 교리들의 문제를 쉽게 극복할 수 있다는 것을 의미하지는 않는다.

복음을 위해 함께 노력하는 것은 참으로 감사한 일이다. 그러나 복음의 핵심 진리에 대해 의견의 일치를 보았다고 해서 복음과 관련된 그 밖의 문제들을 극복하려는 노력을 중단해도 좋다는 뜻은 결코 아니라고 생각한다. 오히려 우리는 그런 차이를 성경의 정확성을 위해 서로의 생각을 더욱 철저하게 가다듬는 계기로 삼아야 한다. 나도 서로를 너그럽게 대하면서 진리를 추구하는 것이 옳다고 생각했기에 이런 책을 써 복음적인 은사지속론의 입장이 복음주의 교회를 기형적인 은사주의가 야기하는 위험에 끊임없이 노출시키는 폐단이 있다고 솔직하게 지적할 수 있었다.

보수적인 은사지속론의 모순

보수적인 은사주의(은사지속론)의 폐단을 논의하기에 앞서 먼저 그런 입장이 지니는 큰 모순점 한 가지를 지적하는 것이 필요한 듯하다. 엄밀히 말해, 복음적인 은사지속론자들은 초기 형태의 은사종결론을 주장하고 있는 셈이다. 이 말의 의미를 설명하면 다음과 같다.

보수적인 은사지속론은 현대의 예언이 틀릴 수 있고, 또 권위가 없다고 주장한다. 또한, 보수적인 은사지속론은 오늘날에 널리 유행하고 있는 방언이 실제적인 외국어가 아니라는 사실을 인정하고, 복음서와 사도행전에 기록된 치유의 기적이 오늘날에 다시 재현되고 있다는 것을 부인한다. 더욱이 그들은 사도의 독특한 직임이 1세기 이후로 중단되었다는 것을 인정하고, 지난 1,900년 동안 사도가 존재한 적이 없으며, 신약 성경 시대에 있었던 무오한 예언은 더 이상 지속되지 않는다고 동의한다(그들은 무오한 계시는 오직 성경 안에서만 발견된다고 말한다).

　복음적인 은사지속론자들은 대부분 사도행전 2장에서처럼 실제적인 외국어를 유창하게 말하는 기적이 사도 시대 이후로는 더 이상 나타나지 않았다고 인정한다. 그들은 그리스도와 사도들이 행했던 완전하고, 즉각적인 치유의 기적, 곧 공개적으로 이루어진 부인할 수 없는 치유의 기적이 1세기 이후로 다시 재현되지 않았다고 믿는다.

　한 저명한 보수적인 은사지속론자는 최근에 인터뷰를 하면서 이렇게 말했다. "성경적으로나 경험적으로 볼 때, 성육신을 둘러싸고 일어났던 초자연적인 축복의 기적이 역사적으로 되풀이된 적은 한 번도 없었던 것으로 보입니다. 지금까지 예수님과 같은 치유의 기적을 베푼 사람은 아무도 없었습니다. 그분은 한 번도 실패하신 적이 없고, 완벽하게 치유를 베푸셨으며, 죽은 자들을 살려내셨고, 손을 대실 때마다 모든 질병이 고침을 받았습니다. 그분의 사역은 결코 실패한 적이 없었습니다."[2]

　한 치도 틀리지 않는 말이다. 그리스도와 사도들의 기적은 반복될 수 없는 독특한 성격을 지녔다. 그런 명백한 사실을 인정하는 것은 곧 은사종결론의 근본 전제를 인정하는 것과 다름없다.

　은사주의 내에서 일어나는 오늘날의 현상과 그리스도와 사도들의 기적을 솔직하고 공정한 눈으로 비교하면, 누구라도 절대적인 은사지속론을 주장하는 것이 불가능하다는 사실을 쉽게 알 수 있을 것이다. 현대 은사주의가 주장하는 사도직, 방언, 예언, 치유가 성경적인 전례들과 전혀 닮은 점이 없다는 것은 너무나도 분명한 사실이다. 조금이라도 솔직한 사람이라면 그렇다고 인정하지 않을 수 없을 것이다. 이런 사실은 어떤 식의 항의를 제기하든 상관없이 은사종결론의 입장이 옳다는 것을 확증해준다.

　그럼에도 불구하고, 보수적인 은사지속론자들은 성경적인 전례들과 전혀 닮은 점이 없는 현대 은사주의의 행위들을 당연히 성경의 용어로 설명해야 할 것처럼 말한다. 구체적으로 말하면, 사사로운 느낌이나 언뜻 떠오르는 공상은 "예언의 은사"로, 뜻 모를 말을 중얼거리는 것은 "방언의 은사"로, 경이로운 듯한 섭리는 무조건 "기적"으로, 치유를 구하는 기도가 응답되면 모두 누군가가 "치유의 은사"를 받았다는 증거로 간주해야 한다는 식이다. 이런 상황은 한 가지 중요한 문제를 제기한다. 왜냐하면 신약 성경은 은사들을 그런 식으로 묘사하지 않기 때문이다. 성경적인 전례들과 전혀 닮은 점이 없는 현상을 성경의 용어로 나타내고자 하는 복음주의 목회자나 교회 지도자는 단지 사실을 혼동하는 데 그치는 것이 아니라 위험한 가르침을 전하고 있는 셈이다.

복음적인 은사지속론에 내포된 위험

일부 보수적인 은사지속론자들은 이 문제를 부차적인 문제, 곧 비교적 사소한 문제로 치부한다. 그들은 이 문제가 교회에 미치는 영향이 미미하다고 생각한다. 또 개중에는 이 문제를 거의 생각하지 않고, 아예 무관심한 태도를 보이는 이들도 있다. 그러나 그 위험성은 참으로 크고, 그로 인해 심각한 결과가 초래될 가능성이 매우 높다. 그 이유를 여덟 가지로 나눠 설명하면 다음과 같다.

1. 복음적인 은사지속론은 무분별한 은사 운동이 정당하다는 환상을 부추긴다

은사주의 진영 안에 신학적으로 존경할 만한 보수적인 은사지속론자들의 숫자는 매우 적지만, 그들은 그 운동에 신학적인 신뢰성과 존경심의 후광을 제공하고 있다.

내가 20년 전에 『무질서한 은사주의』를 집필했을 때, 사람들은 은사 운동의 변두리에서 일어나는 기괴한 현상만을 다루었다고 비판했다. 지금도 어떤 사람들은 이 책에 대해 그와 똑같은 비판을 제기할지도 모른다. 그러나 이 책은 은사 운동의 주류 세력을 다루고 있다. 실제로 변두리에 속하는 세력은 개혁주의 은사지속론자들이다. 왜냐하면 그들은 다수의 은사주의자들을 대표하는 세력이 아니기 때문이다. 저명한 복음적인 은사지속론자들이 은사주의자들의 해석에 무게를 실어주거나 그들의 행위를 비판하지 않는 것은 옹호하기보다 그 위험성을 밝히 드러내야 마땅한 사이비 운동을 위해 신학적인 면죄부를 제공하는 것이나 다름없다.

복음주의 진영 안에서 가장 존경받는 신약 성경 학자 가운데 한 사람이 그 대표적인 사례다. 신약 성경에 충실하기를 원하는 이 주의 깊은 주석 학자는 방언의 은사가 실제 언어를 말하는 것이라고 정확하게 이해했다. 그러나 그는 은사가 지속된다는 전제에서 벗어나지 못한 탓에 방언의 은사가 중단되었다고 결론지을 수가 없었다. 그 결과, 그는 현대의 방언이 뜻 모를 말처럼 들릴 수도 있지만, 그와 동시에 합리적인 언어를 구성할 수도 있다는 이상한 가설을 만들어내고 말았다. 그는 이 문제를 길게 논의하면서 다음과 같은 예를 들어 자신의 입장을 구체화했다.

"여호와께 감사하라 그 인자하심이 영원함이로다(Praise the Lord for his mercy endures forever)"라는 메시지가 주어졌다고 가정해보자.

이 문장에서 모음을 제거하면 "PRS TH LRD FR HS MRC NDRS FRVR"이 된다.

조금 이상하게 보일지 몰라도 현대 히브리어가 대부분 모음 없이 쓰이는 사실을 기억한다면, 어느 정도 연습만 하면 자연스럽게 읽을 수 있을 것이라고 쉽게 추정할 수 있다. 이번에는 띄어쓰기 공간을 모두 제거하고, 첫 번째 문자에서부터 시작해 그 다음에서부터 각각 세 번째에 오는 문자들을 연결해 모든 문자를 다 사용할 때까지 이어붙이면 아래와 같은 결과를 얻게 될 것이다.

"PTRRMNSVRHDHRDFRSLFSCRR."

이번에는 "각각의 자음 뒤에 모음"을 더한 뒤 임의로 말의 단위를 나눠 보자.

"PATARA RAMA NA SAVARAHA DAHARA DAFARASALA FASA CARARA."

나는 현대의 방언들을 녹음한 소리와 이것을 구별하기가 어렵다고 생각한다. 사실, 이것은 내가 들은 방언과 매우 흡사하다. 중요한 사실은 그 규칙만 파악한다면 그런 말이 모종의 메시지를 전하고 있다는 것을 알 수 있다는 것이다. 내가 지금까지 설명한 단계를 이해하는 사람은 그것을 다시 거꾸로 뒤집어 본래의 메시지를 찾아낼 수 있을 것이다……

이처럼 방언은 알려진 인간의 언어는 아닐지라도 인식 가능한 정보를 전달하고 있는 것처럼 보인다. 이는 컴퓨터 프로그램이 실제로 말로 나타낼 수 있는 언어는 아니지만, 많은 양의 정보를 전달하는 "언어"인 것과 비슷하다.[3]

이런 견해는 혁신적일지는 몰라도 주석학적 근거가 전혀 없을 뿐 아니라 문제를 불필요하게 복잡하게 만드는 결과를 낳는다. 방언의 은사에 관한 신약 성경의 진술은 이런 설명을 지지하지 않는다. 참으로 기발한 생각이고 또 의도도 좋지만, 결국에는 불가능한 것을 시도하는 셈이다. 외국어를 말하는 성경적인 기적과 뜻 모를 말을 중얼거리는 현대의 방언을 조화시키려는 노력은 무엇이든 실패할 수밖에 없다.

이런 해석이 오늘날 가장 존경받는 학자 가운데 한 사람에게서 비롯하지 않았다면, 아마도 진지한 논의의 대상이 되지 못했을 것이다. 그러나 그가 저명한 복음주의 학자라는 평판을 듣고 있기 때문에 많은 은사주의자들이 그의 주장을 자신들의 입장에 신뢰성을 실어주는 설명으로 받아들이고 있다. 그러나 사실은 그렇지 않다. 그것은 옹호할 수 없는 것을 옹호하려는 무익한 시도에 지나지 않는다. 존경받는 학자가 제시한 그런 터무니없는 이론은 근거 없는 주장과 주석학적인 오류를 일삼는 영적 운동을 정당화하는 결과를 낳을 뿐이다.

복음적인 은사지속론을 지지하는 또 다른 목회자 한 사람은 온라인상의 인터뷰에서 황홀경 속에서 말하는 뜻 모를 말이 은사주의 진영 내에서 날조되는 경우가 종종 있다고 인정하면서도 그것이 방언의 은사를 합법적으로 표현한 것이라고 주장했다. 그는 자신도 방언으로 말하기를 원한다면서 이렇게 말했다.

> 오늘 아침 거실을 거닐면서……방언을 생각했습니다. "오랫동안 방언을 구하지 못했구나" 하는 생각이 들었습니다. 그래서 가만히 멈추고, "주님, 지금도 여전히 방언을 말하고 싶습니다. 제게 그 은사를 허락해주지 않으시겠습니까?"라고 말했습니다.
>
> 그런 순간에 원한다면, "바나나"라는 말을 거꾸로 말할 수도 있습니다. 전에 교회 밖에서 차 안에 앉아 몇 번이나 방언으로 찬송을 부르려고 시도했지만, 실제로 방언을 말하지는 못했습니다. 단지 그렇게 해보려는 시늉을 한 것뿐이지요. 나는 "이것은 방언이 아니야"라고 말했습니다. 나는 그런 것이 방언이 아니라는 것을 알고 있습니다. 그러나 어떤 곳에 가면 그런 식으로 해보라고 시킵니다. 나는 그렇게 해보려고 모든 노력을 다 기울였지만, 주님은 항상 "아니다"라고 거절하셨습니다.

물론, 나는 그 말씀이 주님의 마지막 말씀이라고 생각하지 않습니다. 이따금 나는 어린아이처럼 하나님 앞에 나가 "제 형제와 자매들 가운데 많은 사람이 이 장난감, 곧 이 선물을 가지고 있습니다. 제게도 주시면 안 될까요?"라고 기도합니다.[4]

위의 증언은 은사들을 잘못 이해한 데서 비롯하는 불안감을 고스란히 드러내고 있다. 그의 바람은 하나님이 오래 전에 교회 안에서 중단하신 것을 허락해달라는 요구에 불과하다. 이 목회자가 현대의 방언을 경험한 적이 없다고 솔직히 인정하고, 현대의 방언이 날조된 경험이라는 사실을 정직하게 시인한 것은 참으로 감사한 일이지만, 그처럼 존경받는 사람이 뜻 모를 말을 영적 은사의 참된 표현이라고 주장하는 것은 의미 없는 허튼소리를 하나님의 성령과 결부시키는 사람들에게 정당성을 부여한다. 이 목회자는 많은 점에서 건전한 교리의 수호자로 정평이 나 있지만, 방언에 대한 그의 입장은 그보다 책임의식이 훨씬 덜한 수많은 은사주의자들에게 그럴듯한 명분을 제공한다.

2. 복음적인 은사지속론은 하나님이 1세기 교회에 허락하신 참된 은사들의 기적적인 본질을 왜곡시킨다

복음서는 사도행전과 더불어 인류 역사 가운데서 일어난 가장 극적인 기적들을 광범위하게 기록하고 있다. 하나님은 사도들과 선지자들을 통해 교회에 새로운 계시를 허락하셨고, 그 결과 신약 성경이 기록되었다. 성령께서는 신자들에게 방언의 은사를 허락하시어 그들이 배운 적이 없는 외국어를 말하게 하셨다. 그분은 또한 선택하신 사람들에게 치유의 은사를 허락하시어 맹인, 신체장애인, 나병환자, 귀먹은 사람들을 고쳐주게 하심으로 복음의 진실성을 증언하셨다. 복음의 진리가 처음 전파되기 시작했을 때에 그런 기적들이 담당했던 역할과 목적이 히브리서 2장 3, 4절에 분명하게 기록되어 있다. "이 구원은 처음에 주로 말씀하신 바요 들은 자들이 우리에게 확증한 바니 하나님도 표적들과 기사들과 여러 가지 능력과 및 자기의 뜻을 따라 성령이 나누어 주신 것으로써 그들과 함께 증언하셨느니라." 기사와 표적과 기적과 방언과 예언과 치유를 모든 신자가 일상적으로 경험할 수 있다는 은사주의의 주장은 이 본문을 무의미하게 만든다.

더욱이 복음적인 은사지속론자들은 신약 성경의 은사들을 지칭하는 용어들을 사용해 그것들을 은사주의자들의 행위를 지지하는 의미로 곡해함으로써 은사의 참된 본질을 훼손한다. 그들은 성령께서 교회의 터를 닦는 시기에 베푸셨던 영광스러운 사역을 욕되게 만든다. 만일 오늘날 은사주의 교회 안에 존재하는 은사들이 신약 성경에 언급된 은사들이라면, 본래의 은사들은 전혀 기적적이지 못한 은사들이 되고 만다. 오류로 가득한 말을 하는 것은 성경적인 예언의 은사와는 아무 상관이 없고, 응답받지 못하는 치유의 기도는 사도적인 치유의 은사와는 거리가 멀다.

우리는 복음주의 신자들로서 성삼위 하나님이 영광을 받으시고, 그분의 말씀이 존중되기를 바란다. 은사주의자들은 신약 성경의 용어를 제멋대로 곡해해 성경의 은사들을 재정의함으로써 1세기의 교회 안에서 기적적으로 이루어진 하나님의 사역을 욕되게 한다. 보수주의 은사지속론자들도 이런 잘못된 행위에 힘을 보태고 있다.

3. 복음적인 은사지속론자들은 잘못된 은사주의에 치우친 사람들을 올바로 비판하기가 매우 어렵다

보수적인 은사지속론자들은 그릇된 운동의 기본 전제에 신뢰성을 부여함으로써 기괴한 은사 행위를 일삼거나 하나님의 계시를 받았다면서 이상한 주장을 제기하는 다른 영적 지도자들을 비판할 수 있는 능력을 스스로 포기하는 결과를 자초한다.

몇 년 전에 이 사실을 생생하게 보여주는 사건이 있었다. 당시 도발적이면서도 인기가 많았던 한 젊은 목회자가 하나님이 자신에게 특정한 사람들이 강간, 음행, 아동 성추행과 같은 성적 행위를 저지르는 모습을 환상으로 생생하게 보여주셨다고 주장했다.[5] 그는 허장성세를 늘어놓으면서 낯 뜨거운 표현을 사용해 자신이 보았다는 환상을 청중에게 자세히 전달했다. 포르노그래피에서나 볼 수 있는 장면을 묘사한 그의 말은 에베소서 5장 12절과 디모데전서 4장 12절을 비롯한 많은 성경 구절의 가르침을 명백히 어긴 것이었다. 그는 그런 메시지를 자신의 웹사이트에 공개했다.

단언하건대, 그런 식의 환상은 하나님에게서 비롯한 것이 아니다. 그것은 세상의 영향에 지나치게 노출된 상상력에서 비롯된 허구일 뿐이다. 은사종결론자들은 그 목회자가 포르노그래피에 영향을 받았다는 것을 금방 알아차렸지만, 일부 은사지속론자들은 이러지도 저러지도 못하는 상황에 처했다. 그들은 한편으로는 그 젊은 목회자가 주장하는 외설적인 환상이 하나님에게서 비롯했다고 속 편하게 인정할 수도 없었고, 다른 한편으로는 성령께서 그런 계시를 허락하셨다는 그의 주장을 단호하게 거부할 수도 없었다. 결국, 그들은 어정쩡한 태도로 침묵을 지켰고, 그들의 침묵은 곧 그의 주장을 인정한다는 의미로 받아들여졌다.

개혁주의 은사지속론자들이 은사 운동의 주류 세력과 거리를 두기를 원하면서도 그 잘못을 효과적으로 비판할 수 없게 만드는 상황을 자초하는 것을 보여주는 사례는 이 밖에도 많다. 한 영향력 있는 복음주의 지도자는 자신이 1990년대 초에 제3의 물결 운동에 강한 흥미를 느꼈고, 존 윔버의 빈야드 운동을 참된 영적 부흥 운동으로 생각했다는 사실을 최근에 다시 언급했다.[6] 저명한 조직 신학자 한 사람도 성령으로 쓰러지는 현상이 사람들의 삶에 긍정적인 영향을 미치는 한 바람직할 수 있다고 말했다.[7] 또한, 많은 독자를 거느리고 있는 또 다른 복음주의 저자도 1993년에 목사직을 사임하고 캔자스시티 선지자 운동[8]의 신학적인 조언자가 되었다. 그 운동이 와해되자 조언자였던 그는 캔자스시티를 떠나 그보다는 훨씬 나은 은사주의 사역 단체를 설립했다. 그러나 그는 여전히 오류 가능한 예언도 참된 은사에 해당한다고 주장한다.[9]

복음적인 은사지속론자들은 은사 운동의 오류가 매우 심각하고, 지도자들의 부패가 만연한데도 그 잘못을 정면으로 비판하기보다 오히려 적당히 덮어주는 경향이 있다. 그들은 현대 은사 운동이 은사들의 의미를 제멋대로 정의하도록 허용하기 때문에 그 오류를 권위 있게 비판하는 능력이 크게 약화될 수밖에 없다. 그러나 정확한 성경 해석에 근거한 비판을 포기해야 할 이유는 없다.

4. 복음적인 은사지속론은 하나님이 오늘날에도 신자들에게 새로운 계시를 허락하신다고 주장함으로써 혼란과 오류로 치우칠 가능성을 열어 놓는다

보수적인 은사지속론자들은 오류 가능한 예언을 용납함으로써 복음주의 운동이 그런 예언에서 비롯하는 온갖 그릇된 교리에 치우칠 가능성을 열어 놓았다.

수많은 거짓 예언을 남발했던 잭 디어, 폴 케인, 밥 존스, 캔자스시티 선지자들의 경우가 이를 뒷받침한다. 나는 1992년에 내 사무실에서 댈러스신학교 교수인 잭 디어와 선지자를 자처하는 폴 케인을 개인적으로 만난 적이 있다. 디어는 자신이 교리적으로 건전한 은사 운동을 대표하고 있다면서 나를 설득하려고 했다. 그는 나와 우리 교회 장로 두 사람에게 예언의 은사가 여전히 교회 안에 존재한다는 것을 입증해보일 생각으로 케인을 데려왔다. 모임을 갖는 동안, 케인은 마치 술에 취한 사람처럼 행동하며 횡설수설했다. 디어는 케인의 기괴한 행동에 대해 사과를 하면서도 그것이 성령의 기름부음을 받은 결과라고 믿어주기를 바랐다.

대화가 계속되면서 두 사람은 자신들의 예언이 종종 틀린다는 사실을 인정했다. 우리는 성경이 모든 형태의 거짓 예언을 단호하게 단죄한다는 사실을 지적하면서 성경의 예언은 100퍼센트의 정확성을 지녔다고 강조했다. 디어는 예언의 은사가 지속된다고 주장했던 한 저명한 복음주의자의 책을 언급하면서 자신의 입장을 방어했다.[10] 이 저명한 복음주의 신학자는 오류 가능한 예언의 가능성을 인정함으로써 디어와 케인이 신명기 13장과 18장에서 발견되는 성경적인 예언의 기준을 명백히 어기고 있는데도 불구하고 그들에게 합법성을 부여했다. 신약 성경에 나오는 예언의 은사가 종종 오류를 일으킬 수 있다는 복음적인 은사지속론자들의 주장은 거짓 선지자들이 교회에 침투할 빌미를 제공할 뿐 아니라(마 7:15 참조), 교회 안에 쉽게 속아 넘어갈 수 있는 분위기를 조장해 심지어는 경건한 신자들마저도 하나님이 실제로 아무 말씀도 하지 않으시는데 마치 말씀을 하고 계시는 것처럼 믿게 만드는 결과를 낳는다.

그로부터 몇 년 뒤, 폴 케인은 자신의 사역이 불신을 당하자 오랫동안 술과 동성애에 빠져 지냈다는 사실을 인정했다. 아이러니컬하게도, 선지자를 자처하며 함께 예언 운동에 참여했던 사람들 가운데 그의 몰락을 예견한 사람은 아무도 없었다. 오히려 그들은 그를 가장 큰 은사를 받은 뛰어난 선지자로 떠받들었다. 이 정도면 그들이 지닌 예언의 능력에 관해서는 더 길게 언급할 필요가 없을 듯하다. 예언의 은사를 받았다는 선지자들이 자신의 동료들에 관한 진실을 알지 못한다면, 그들의 영향을 받는 사람들이 그 진실을 알 가능성은 전혀 없다.

폴 케인이 부도덕한 사기꾼으로 드러났는데도 불구하고 보수적인 은사지속론을 주장하는 일부 지도자들은 여전히 그가 실제로 예언을 했다고 주장한다. 한 복음주의 지도자는 이렇게 말했다.

> 그때 당시 폴 케인은 선지자였습니다. 그런데 지금은 온전히 불신을 당하고 있지요. 폴 케인의 집회에 참석한 적이 있었습니다. 그는 내게 대해 예언했습니다. 그의 예언은 빗나갔습니다. 나는 그가 설교하는 모습을 두 번 지켜보았습니다. 그가 성경을 사용하는 방식은 마치 펌프 가동장치를 사용해 무엇인가 중요한 것을 끌어내려는 것처럼 느껴졌습니다. 그 중요한 것이란 "내 뒤에 빨간색 티셔츠를 입고 있는 남자는 3주 후에 오스트레일리아에 갈 것입니다. 그는 불안해하고 있지만, 무사히 비자를 받게 될 것입니다"라는 예언이었습니다. 예언대로 이루어졌습니다. 나는 그 예언이 실제로 이루어졌다고 믿습니다. 성령께서 그런 일을 하실 수 있다는 것이 나의 신학적 입장입니다. 폴 케인은 사기꾼일 수 있습니다. 나는 그는 사기꾼이었다고 생각합니다. 그러나 그가 예언을 한 것은 사실입니다.[11]

때로는 거짓 선지자들도 정확하게 예언할 수 있지만(발람과 가야바의 경우를 참조하라. 민 23:6-12, 요 11:49-51), 위의 일화는 보수적인 은사지속론에 내재된 혼란 상태를 구체적으로 보여준다. 폴 케인이 거짓 예언을 했다면 부도덕한 그를 거짓 선지자라고 부르지 않아야 할 이유가 대체 무엇인가? 귀신이 거짓 선지자의 입을 통해 하는 말을 성령의 말씀으로 간주하는 것은 심각한 판단 착오다. 그런데도 복음적인 은사지속론자들은 그런 위험한 놀이를 즐기고 있다.

보수적인 은사지속론은 신자들의 사사로운 느낌이나 주관적인 감정을 하나님이 주시는 계시로 해석하도록 부추긴다. 더욱이 은사지속론은 하나님의 계시를 받았다는 주장의 진위를 판단해줄 권위 있고, 객관적인 기준을 제거한다. 복음적인 은사지속론의 입장에 따르면, 느낌의 출처가 하나님인지 아니면 다른 무엇인지를 확실하게 알 수 없는 것이 마치 정상인 양 간주된다. 그러나 그것은 영적 분별력을 도외시하고 사람들을 진리로부터 멀어지게 만드는 그릇된 은사주의 신학의 부산물에 불과하다.

이런 사실은 보수적인 은사지속론을 지지하는 한 저명한 목회자의 경험을 통해 생생하게 입증되었다. 그는 하나님으로부터 계시를 받았다고 주장하는 한 여자 교인의 말 때문에 한동안 큰 고민에 휩싸인 적이 있었다. 그는 그 이야기를 이렇게 전했다.

> 아내가 네 번째 아이를 임신했을 때 한 여성이 나를 찾아왔습니다. 그녀는 "목사님에게 말하기 참으로 힘든 예언의 말씀을 받았습니다"라고 말했습니다. 나는 "괜찮습니다. 말해보세요"라고 대답했습니다. 그러자 "사모님이 아이를 낳다가 죽게 될 것이고, 목사님은 따님을 얻게 될 것입니다"라고 말하더군요. 사실, 그녀는 그 말을 글로 적어 내게 주었습니다. 나는 "알려주어 고맙습니다"라고 그녀에게 감사를 표하고 나서 서재로 돌아왔습니다. 지금은 그 일을 잊었지만, 당시만 해도 그렇지가 못했습니다. 정말 듣고 싶지 않은 말이었습니다. 나는 서재에 돌아와 자리에 앉아 눈물만 흘렸습니다. …… 아내가 딸이 아니라 네 번째 아들을 출산하자 내 입에서 "와우!"라는 탄성이 튀어나왔습니다. 나는 놀라움을 표시할 때는 항상 그런 표현을 사용합니다. 그러나 그때 말한 놀람의 표현은 약간 특별했습니다. 왜냐하면 사내아이가

태어나는 순간, 그것이 참된 예언이 아니라는 사실을 알았기 때문입니다.[12]

거짓 예언이 이 복음주의 지도자에게 그 정도의 영향을 미쳤다면, 그보다 성경적인 분별력이 뒤떨어지는 평신도들에게는 얼마나 큰 영향을 미칠는지 상상해보라.

이런 문제는 신학적인 보수주의를 표방하는 은사지속론자들의 경우보다 은사 운동의 진영 안에서 훨씬 더 심각한 양상을 띤다. 왜냐하면 개혁주의 신학에 근거한 건전한 교리의 견제를 전혀 받지 못하고 있는 상태이기 때문이다. 은사주의 진영 안에 거짓 교사들과 영적 사기꾼들이 차고 넘치는 것은 결코 우연한 현상이 아니다. 상상으로 빚어낸 경험과 주관적인 인상을 강조하는 행위는 온갖 종류의 속임수가 싹틀 환경을 조성한다. 신자들이 신비로운 경험을 통해 하나님으로부터 성경 이외의 계시를 받을 수 있고, 심지어는 오류가 있는 계시도 참된 예언의 은사에서 비롯한다는 생각이 은사 운동이라는 기괴한 현상을 만들어냈다. 안타깝게도, 일부 보수주의 은사지속론자들은 그런 현상을 중단시킬 능력이 없다.

5. 복음적인 은사지속론은 하나님이 오늘날의 신자들에게 새로운 계시를 허락하신다고 주장함으로써 "오직 성경으로!"라는 교리를 암묵적으로 부인한다

은사 운동을 가장 간단하게 정의한다면, 바로 이것이다. 은사 운동의 핵심은 성경의 유일한 권위를 저버린 데 있다.

물론, 보수주의 은사지속론자들 가운데 정경 종결교리를 공공연히 부인하는 사람은 아무도 없다. 사실, 은사지속론을 주장하는 친구들은 누구보다 열심히 성경 무오설을 주장한다. 나는 오직 성경만이 교리와 실천을 위한 유일한 최고 권위라는 사실을 굳건하게 수호하는 그들에게 심심한 사의를 표한다.

그러나 엄밀히 말하면, 보수적인 은사지속론자들의 견해는 실천적인 영역에서 성경의 유일한 충족성을 인정하지 않는다. 그 이유는 신자들에게 성경 이외의 부가적인 계시를 하나님께 구하라고 가르치기 때문이다. 그 결과, 사람들이 성경에 기록된 말씀 외에 다른 말씀이나 느낌을 하나님으로부터 기대하는 경향이 생겨났다. 복음적인 은사지속론의 입장은 "예언, 계시, 주님이 주신 말씀"과 같은 표현들을 사용하는 탓에 사람들의 양심을 그릇된 메시지와 결부시키거나 (하나님의 인도하심이 있었다는 이유를 내세워) 현명하지 못한 결정을 내리도록 유도함으로써 그들에게 해를 입힐 가능성이 매우 높다. 은사지속론자들은 (최소한 공적인 차원에서) 신자들의 예언이 권위적이지 못하다고 주장하지만, 무절제한 교회 지도자들이 그런 예언을 제멋대로 남용할 소지가 매우 다분하다.

복음적인 은사지속론자들은 현대의 예언이 하나님이 허락하신 계시라고 주장하면서도 예언이 종종 잘못되거나 틀릴 수 있다는 사실을 인정한다. 이것이 그들이 사람들에게 예언의 말씀에 근거해 미래의 일을 결정하지 말라고 경고하는 이유다. 그러나 그런 이중적인 태도는 은사지속론에 내재된 신학적 혼란을 더욱 가중시킬 뿐이다.

간단히 말해, 보수적인 은사지속론은 사람들이 "주님이 이렇게 말씀하셨다"라거나 "주님이 내게 말씀을 주셨다"라고 주장하며 오류로 가득한 메시지, 곧 하나님이 허락하지 않으신 말씀을 전하도록 유도한다. 결국, 사실이 아닌 메시지를 진리의 성령께서 허락하신 것으로 치부하는 셈이다. 그런 태도는 불경스런 교만에 가깝다. 그런 주장을 펼치는 사람은 영적으로 매우 위험한 상태에 처할 수밖에 없다. 성경은 그런 식의 오류를 절대 인정하지 않기 때문에 현대의 예언을 인정하는 사람들은 개인의 경험을 토대로 자신들의 견해를 옹호할 수밖에 없다. 그들은 성경의 명백한 가르침이 아니라 스스로의 경험을 권위로 내세워 "오직 성경으로!"라는 종교개혁의 원리를 훼손한다.

6. 복음적인 은사지속론은 의미 없는 방언(대개는 개인적으로 드리는 방언 기도)을 인정함으로써 은사주의 예배가 무분별한 황홀경을 부추기는 상태로 기울도록 유도한다

보수적인 은사지속론자들은 방언의 은사를 모든 신자가 누릴 수 있는 개인적인 기도의 은사로 간주한다. 현대의 방언은 사도행전 2장에 기록된 사도적 은사와는 달리 실제 외국어가 아니다. 현대의 방언은 일관성 없는 음절을 되뇌이는 것에 지나지 않는다. 은사주의자들은 이런 방언을 "천사의 말"이나 "하늘의 언어"라고 일컫는다. 보수적인 은사지속론자들은 교회에서 방언을 말하는 행위를 통제하는 일과 관련해 일반적인 은사주의자들에 비해서는 좀 더 신중한 편이지만, 여전히 개인 기도를 드릴 때 방언을 사용하라고 독려하고 있다.

비록 골방에서 홀로 기도할 때만 방언을 사용하라고 가르친다고 해도, 현대의 방언을 인정하는 것은 아무 생각 없이 지껄이는 혼란스런 경험을 통해 하나님과 영적으로 더 깊은 관계를 맺으라고 신자들을 독려하는 것밖에 되지 않는다. 지성적인 능력을 무시하거나 여과되지 않은 감정에 이성을 종속시키기보다 마음을 새롭게 해야 할 의무가 있는 신자들에게 그런 행위는 매우 위험하다.

방언을 강조하는 행위는 (고린도 신자들의 경우처럼) 교회 안에서 영적 교만을 부추길 소지가 높다. "방언의 은사"를 경험한 사람들은 그렇지 못한 사람들에 대해 우월감을 느끼기 쉽다. 더욱이 방언에 관한 보수적인 은사지속론자들의 견해는 은사들을 이기적인 목적으로 사용하는 태도를 부추긴다. 고린도전서 12장은 모든 은사를 자기를 과시하거나 다른 사람들의 감정을 조종하기 위해서가 아니라 그리스도의 몸 안에서 다른 사람들의 덕을 세우는 데 사용해야 한다고 분명하게 가르친다.

뜻 모를 말을 인정하는 것은 오순절주의의 확장을 부추길 뿐이다. 그 이유는 "방언을 말하는 것"이 오순절 운동의 특징이기 때문이다. (로마 가톨릭 교회는 물론, 심지어는 기독교 이외의 종교에 이르기까지) 교리적으로 차이가 있는 다양한 그룹 안에서 방언의 현상이 나타나고 있기 때문에 방언을 인정하는 것은 곧 무분별한 종교 일치를 독려할 가능성이 높다. 보수적인 은사지속론자들은 여기에서도 교리상의 딜레마를 벗어나기 어렵다. 현대의 방언이 성령의 은사라면, 로마 가톨릭 교회나 기독교 이외의 종교를 믿는 사람들 사이에서 그런 경험이 나타나는 이유는 대체 무엇이란 말인가?

예수님은 참된 기도는 중언부언하지 않는다고 가르치셨고, 바울 사도는 참된 하나님은 무질서의 하나님이 아니라고 강조했다. 뜻 모를 소리를 생각 없이 무질서하게 반복하는 행위는 그런 성경의 가르침과 정면으로 충돌한다. 방언이 실제 언어와는 다를 수 있다는 보수적인 은사지속론의 견해는 성경의 명백한 가르침은 물론 교회 역사에서 발견되는 보편적인 증언과도 모순된다. 현대 은사 운동이 시작되기 전만 해도 교회 역사상 "방언의 은사"를 뜻 모를 허튼소리와 동일시했던 사람은 아무도 없었다. 그런 현상이 나타났던 경우는 이단이나 사이비 종파나 거짓 종교뿐이다. 이들은 모두 보수적인 복음주의자들이 경계해야 할 대상이다.

7. 복음적인 은사지속론은 치유의 은사가 오늘날까지 계속된다고 주장함으로써 은사주의 신앙 치료사들의 사기 행각을 부추기는 기본 전제를 확증한다

보수적인 은사지속론자들은 치유의 은사를 (하나님의 지시에 따라) 기도를 통해 병을 고치는 특별한 능력으로 정의한다. 이들은 그런 치유가 항상 효력이 있거나 가시적으로 즉각 의도된 결과를 나타내는 것은 아니지만, 치유의 은사나 믿음의 은사를 받은 사람은 일반인들보다 더 자주, 또 더 신속하게 병자들을 위한 기도가 응답되었다는 것을 알 수 있다고 말한다.

복음적인 은사지속론자들은 이런 현대의 은사와 그리스도와 (사도행전에 기록된) 사도들의 치유 사역을 구별한다. 그런 치유 사역은 많은 사람이 보는 앞에서 기적적으로 즉각 이루어졌기 때문에 아무도 부인할 수 없었지만, 보수적인 은사지속론자들은 치유의 은사를 병자의 회복을 위한 기도로 축소시켜 응답이 주어지기까지 오랜 시간이 걸릴 수도 있다고 주장한다. 나는 진심으로 기도의 능력을 믿는다. 이 점은 은사지속론자들도 마찬가지다. 그러나 하나님의 특별한 섭리를 통해 기도 응답이 이루어지는 것을 신약 성경에 기록된 기적적인 치유의 은사와 동일시하는 것은 옳지 않다. 그런 식으로 치유 은사를 축소하는 것은 1세기에 일어난 치유의 기적을 경시하는 결과를 낳을 뿐이다.

복음적인 은사지속론자들은 은사 운동의 주류 세력에 해당하는 신앙 치료사들과 거리를 유지하려고 애쓰지만, 성경적인 치유의 은사가 계속된다고 주장함으로써 신앙 치료를 앞세우는 사기꾼들에게 불필요한 정당성을 부여한다. 거짓 희망을 팔아 절박한 상황에 놓인 사람들을 갈취하는 사기꾼들에게 신뢰성을 부여하는 것은 참으로 잔인한 일이 아닐 수 없다. 복음주의 은사지속론자들은 건강과 부를 외치는 번영 신학에 대해서는 그 오류를 정확하게 비판하고 있다. 그들이 그런 거짓 복음을 단호하게 배격하는 것은 진정 고마운 일이다. 나는 그들이 그 문제를 더욱 강력하게 비판해주기를 바란다. 그러나 현대의 "치유의 은사"는 대체 왜 옹호하는 것일까? 그런 그들의 입장은 사기꾼들과 협잡꾼들이 기승을 부릴 발판을 제공한다. 치유의 은사의 참된 본질을 정확하게 파악해야 한다. 치유의 은사는 그리스도와 사도들처럼 병자를 즉각 치유할 수 있는 기적적인 능력을 가리킨다. 오늘날, 그런 은사를 소유한 사람은 아무도 없다. (이것이 신앙 치료사를 자처하는 사람들 가운데 병원의 환자들이나 전쟁에서 부상당한 사람들에게 치유를 베푸는 사람이 아무도 없는 이유다.)

보수적인 은사지속론자들은 예언의 은사를 다룰 때와 마찬가지로(그들은 예언의 정확성이 예언자의 믿음에 달려 있다고 생각한다), 치유의 성공 여부가 신앙 치료사의 믿음에 달려 있다고 생각한다. 그런 입장은 (베니 힌을 비롯한 은사주의 신앙 치료사들의 경우처럼) 치유의 성공 여부가 병자의 믿음에 달려 있다고 주장하는 것보다는 조금 낫지만, 병자가 치유되지 않는 경우에 편리한 변명거리로 사용될 수 있다는 점에서는 아무런 차이가 없다. 병자들이 치유를 받아 건강을 되찾기보다 거의 대부분 병이 낫지 않은 연약한 상태로 그대로 머물게 만드는 "치유의 은사"는 성경적인 은사와는 거리가 멀다. 이 사실을 왜 인정하지 않는 것인가?

8. 복음적인 은사지속론은 사람들을 거짓으로 유혹해 성령의 참된 사역에서 멀어지게 만듦으로써 성령을 욕되게 한다

참 신자들은 성부 하나님과 주 예수 그리스도와 성령을 사랑하기 마련이다. 그들은 중생, 내주하심, 확신, 조명, 책망, 위로, 충만, 성화의 사역을 행하시는 성령께 깊이 감사한다. 그들은 성령의 명예를 더럽히는 행위를 저지르거나 다른 사람들을 그분의 참된 사역으로부터 멀어지게 만드는 일을 행하려고 하지 않는다. 그러나 은사지속론자들은 자신들의 의도와는 달리 바로 그런 일을 행하고 있다.

성령께서 신자들을 거룩하게 하실 때 사용하시는 가장 중요한 수단은 그분의 영감으로 기록된 말씀이다. 은사지속론자들은 하나님이 직관적인 계시, 신비적 경험, 거짓 은사들을 통해 직접 말씀하신다고 주장함으로써 하나님이 사용하시는 참된 성화의 수단을 약화시킨다. 그 결과, 말씀을 멀리함으로써 참된 영성을 상실한 채 주관적인 느낌, 감정적인 경험, 상상에 의한 허상이라는 무익한 일을 추구하려는 유혹을 느끼도록 유도한다. 진정한 성령 충만은 말씀이 풍성이 거함으로써 이루어진다(엡 5:18, 골 3:16, 17). 성령으로 행하는 것은 변화된 삶의 열매다(갈 5:22, 23 참조). 성령 사역의 증거는 감정적인 열정이나 황홀한 경험이 아니라 성화와 그리스도의 형상을 닮는 것으로 확인될 수 있다.

은사지속론은 성화와 영적 성장에 이르는 길을 방해하는 걸림돌이다. 왜냐하면 그리스도의 형상을 본받아 더욱 거룩해지도록 독려하는 실천 행위를 지지하지 않기 때문이다. 오히려 은사지속론은 신자의 삶 속에서 이루어지는 참된 성령의 사역을 방해하고, 그것에서 멀어지게 만든다.

마지막 당부

나는 은사지속론에 내재된 위험성을 확실하게 경고해야 할 필요가 있다고 믿는다. 개혁주의와 복음주의를 표방하며 은사지속론을 주장하는 친구들이 스스로의 견해가 일으킬 파장을 무시하는 것은 참으로 위험한 일이 아닐 수 없다. 그들은 복음주의 지도자로서 막대한 영향력을 행사하고 있다. 그들이 그린 궤적이 다음 세대 젊은 목회자들의 진로와 복음주의의 미래를 결정하게 될 것이다. 이것이 경계선을 분명하게 그어야 할 이유다. 담대하게 나서서 성령의 참된 사역을 옹호하기를 원한다면, 반드시 그렇게 해야 한다.

신약 성경은 우리에게 위탁된 것을 신중하게 지키라고 명령한다(딤후 1:14). 우리는 복음의 진리, 곧 "성도에게 단번에 주신 믿음의 도(유 3절)"를 굳게 사수해야 한다. 은사주의 신학의 오류 및 주관주의와 타협하는 것은 우리의 진영 안으로 원수를 끌어들이는 결과를 낳는다. 나는 은사 운동이 (자유주의, 심리학, 무분별한 교회 통합 운동을 비롯해) 20세기의 그 어떤 교리적인 오류보다 더 많은 신학적 오류를 부추길 가능성이 높다고 확신한다. 지나친 말처럼 들릴지 몰라도 그런 증거가 도처에서 발견된다. 주관적 경험주의가 발판을 마련하도록 허용하면, 온갖 형태의 이단과 사악한 행위가 교회 안에 침투할 것이 불을 보듯 뻔하다.

은사주의 신학은 우리 시대의 "다른 불"이다. 복음주의 신자는 그런 불을 다루어서는 안 된다. 나는 사람들이 성경의 전례가 없는 행위를 정당화하기를 원하는 이유를 이해할 수가 없다.

특히 현대의 행위가 온갖 종류의 신학적 오류를 양산할 가능성이 높은데도 왜 그러는지 도통 이해하기 어렵다. 복음적인 은사지속론자들은 이런 위험성을 의식하지 못한 채 무사태평하기만 하다. 자신들의 가르침이 성경의 권위와 충족성과 독특성을 훼손하고 있다는 사실을 의식하지 못하는 것은 직무유기에 해당한다.

이제는 참 교회가 나서야 할 때가 되었다. 성경적인 복음을 회복하고, 종교개혁이 주창한 "오직!"의 원리들에 대한 관심을 새롭게 고조시켜야 할 이때, 안일한 태도를 취하는 것은 용납될 수 없다. 성경에 충실한 사람들이 일어나 하나님의 영광을 더럽히는 모든 것을 단호히 배격해야 한다. 진리를 외쳐 성령의 거룩한 이름을 담대히 옹호하는 것이 우리의 의무다. 우리가 종교개혁자들의 후예라면, 그들과 같은 용기와 확신을 가지고 "믿음의 도"를 위해 열심히 싸워야 한다. 하나님의 성령을 남용하는 일들이 만연한 이때, 모두 힘을 합쳐 힘차게 싸워야 한다. 이 책은 성령의 명예를 지키는 일에 동참하라는 요청이다.

이 일을 위해 기꺼이 헌신할 사람들과 보수적인 은사지속론을 주장하는 친구들 모두가 무분별한 은사주의 신학의 위험성을 직시하고, 성경이 오류로 단죄하는 것을 과감하게 배격함으로써 유다서 23절의 명령을 좇아 거짓 영성이라는 "다른 불"로부터 영혼들을 끌어내 구원할 수 있기를 간절히 기도한다.

부록 교회사의 증언들

　전통적으로, 은사주의자들은 초대 교회의 기적의 은사들이 1세기를 지나면서 모두 중단되었다고 인정했다. 그들은 그런 은사들이 그 후로 계속되었다고 주장하지 않는다. 오히려 그들은 1901년에 아그네스 오즈먼이 방언을 말하면서 다시 나타나기 시작했다고 주장한다. 이런 주장을 펼치는 사람들은 요엘서 2장 23절의 "이른 비와 늦은 비"를 근거로 이른 비는 오순절에 이루어진 성령의 강림을, 늦은 비는 20세기에 이루어진 성령의 강림을 각각 가리킨다고 주장한다. 그들은 요엘서 2장의 문맥 안에서 23절이 천년왕국 시대에 내리게 될 비를 약속한다는 것을 이해하지 못한다. 이른 비는 가을에 내리는 비를 말하고, 늦은 비는 봄에 내리는 소낙비를 말한다. 요엘은 천년왕국 시대에는 이 두 종류의 비가 "첫 달에(『한글 개역개정 성경』은 "예전과 같을 것이라"라고 번역했다 - 역자 주)" 모두 내릴 것이라고 말했다. 그의 말에는 천년왕국 시대에는 하나님의 축복으로 곡물과 채소가 풍성하게 자랄 것이라는 의미가 담겨 있다. 그 다음 구절(24-26절)을 보면, 그 점을 더 분명하게 알 수 있다. 이처럼, "이른 비와 늦은 비"는 오순절이나 현대의 오순절 운동과는 아무 상관이 없다. 성경 본문을 의도적으로 왜곡시켜 운동의 명분으로 제시하는 것은 큰 잘못이 아닐 수 없다.

일부 은사주의자들은 그런 전통적인 입장이 잘못되었다는 사실을 의식하고, 기적의 은사들이 역사적으로 계속되어 왔다는 것을 입증하려고 노력해 왔다. 그들은 은사들을 재정립해 (현대의 경험에 맞추듯) 역사적인 사건들과 일치하게 만들려고 시도하거나 비주류 종파, 곧 몬타누스파, 종교개혁 시대의 급진파, 퀘이커 교도, 셰이커 교도, 얀센파, 어빙파는 물론, 심지어는 모르몬교와 같은 사이비 종파에서조차 은사의 증거를 찾으려고 애썼다. 아울러, 일부 은사지속론자들은 은사주의의 입장이 교회 역사를 관통하는 하나의 규범이었고, 오히려 은사종결론자들이 새로운 형태의 신앙생활을 창안하고 있다고 주장한다. 개중에는 은사종결론 자체가 계몽주의가 제창한 자연주의적 합리론의 산물이라고까지 주장하는 이들도 있다.

따라서 이 부록의 목적은 왜곡된 역사 인식을 바로잡는 데 있다. 이 부록은 은사종결론이 계몽주의의 산물이 아니라는 사실을 입증하는 한편, 역사상 가장 뛰어난 교회 지도자들이 이 중요한 문제에 관한 성경의 가르침을 어떻게 이해했는지를 보여줄 것이다. 과연 그들은 사도 시대에 있었던 계시와 기적의 은사들이 계속된다는 주장을 어떻게 생각했을까? 아래의 글을 읽고 직접 판단해보기 바란다.

요한 크리소스토무스(344-407년경)

그는 고린도전서 12장을 주석하면서 이렇게 말했다. "이 모든 내용은 매우 불분명하다. 그러나 그런 불분명함은 우리가 언급된 사실들을 확인하기가 어렵고, 또한 그것들이 중단된 데에 그 이유가 있다. 그런 은사들은 과거에 나타났고, 지금은 더 이상 존재하지 않는다."[1]

아우구스티누스(354-430년)

"초창기에 성령께서 믿는 자들에게 임하셨고, 그들은 그분이 말하게 하심에 따라 배우지 않은 언어를 말했다. 이것은 그 시대에 적합한 표적이었다. 왜냐하면 성령께서 모든 나라의 언어로 말하게 하신 것은 하나님의 복음이 모든 언어로 온 세상에 전파될 것을 보여주기 위해서였기 때문이다. 그 일은 하나의 표적으로 나타났다가 사라졌다."[2]

*

"오늘날, 과연 누가 성령을 받으려고 안수를 받은 사람들이 즉각 방언으로 말해야 한다고 기대하는 것인가? 오히려 평안의 매는 줄 덕분에 거룩한 사랑이 은밀하게 그들의 마음속에 들어와 '우리에게 주어진 성령을 통해 하나님의 사랑이 우리의 마음에 부은 바 되었나이다'라고 말할 수 있게 되기를 바라는 것이 옳다."[3]

데오도레트(393-466년경)

"이전에는 거룩한 복음을 받아들여 세례를 받고 구원에 이른 사람들에게 그들 안에서 역사하시는 성령의 은사가 가시적인 형태로 주어졌다. 더러는 스스로 알지 못하고, 아무에게서도 배운 적이 없는 언어를 말했고, 더러는 기적을 행하거나 예언을 했다. 고린도 신자들도 그런 일을 행했지만, 그 은사들을 올바르게 사용하지 못했다. 그들은 은사들을 교회의 덕을 세우는 데 사용하기보다 남들에게 자랑하는 데 더 많은 관심을 기울였다. ……우리 시대에도 거룩한 세례를 받기에 합당한 사람들에게 은사가 주어지지만, 그것이 이전과 동일한 형태를 취하는 것은 아니다."[4]

마르틴 루터(1483-1546년)

"초대 교회 당시에는 성령께서 보이는 형태로 임하셨다. 그분은 비둘기의 형상으로 그리스도께 임하셨고(마 3:16), 사도들과 다른 신자들에게는 불의 형상으로 임하셨다(행 2:3). 이런 가시적인 성령의 임재는 성령의 은사를 통해 이루어진 기적들의 경우처럼 초대 교회를 처음 설립하는 데 필요했다. 바울은 '방언은 믿는 자들을 위하지 아니하고 믿지 아니하는 자들을 위하는 표적이나'(고전 14:22)라는 말씀으로 기적을 행하는 은사들의 목적을 설명했다. 이런 기적들을 통해 교회가 설립되어 적절히 알려지고 나자 가시적인 성령의 나타남은 중단되었다."[5]

*

"누군가가 성령의 영감을 받았다고 주장하면서 하나님의 말씀에 근거가 없는 것을 자랑한다면, 주저하지 말고 '그것은 마귀의 사역이다'라고 말해주라"라고 조언했다.[6]

*

"성경에서 기원하지 않는 것은 무엇이나 마귀에서 비롯한 것이 틀림없다."[7]

존 칼빈(1509-1564년)

"그리스도께서 기적을 행하는 것이 일시적인 은사인지, 아니면 교회 안에서 영원히 지속되는 은사인지 분명하게 가르치지 않으셨지만, 기적은 새로운 복음이 아직 널리 알려지지 않았을 때 그것을 밝히 드러낼 목적으로 그 당시에만 약속된 것일 가능성이 매우 높다. ……그런 은사의 사용은 사도 시대가 지난 직후에 중단되었거나 아니면 그 발생 빈도가 극히 드물어 모든 시대에 동일하게 적용되지 않는 것이 분명한 듯하다. 스스로 기적을 행할 수 있다면서 공허한 이야기를 날조한 것은 교회 역사상 나중에 나타난 사람들이 터무니없는 탐욕에 사로잡혀 자신의 이익을 구하려고 했기 때문이다. 그 결과, 사탄의 거짓말이 통용될 수 있는 길이 넓게 열렸고, 믿음이 망상으로 대체되었을 뿐 아니라 순진한 사람들이 거짓 표적에 속아 올바른 길에서 벗어나는 사태가 발생했다."[8]

*

"치유의 기적도 주님이 한동안 행하셨던 다른 기적들과 마찬가지로 새로운 복음의 전파를 영원히 영광스럽게 하기 위해 모두 사라졌다."[9]

존 오웬(1616-1683년)

"은사들은 본질상 인간의 기능이 지닌 모든 능력을 뛰어넘는다. 성령의 시대는 오래 전에 중단되었다. 만일 누군가가 지금도 그런 일이 가능한 척 가장한다면, 광신적인 망상으로 의심해야 마땅하다."[10]

토머스 왓슨(1620-1686년)

"계명은 그리스도와 사도들의 시대와 마찬가지로 지금도 똑같이 필요하지만 교회 안에 존재했던 기적의 은사들은 지금은 모두 중단되었다."[11]

매튜 헨리(1662-1714년)

"이 은사들의 본질은 고린도전서 12장 전체에 걸쳐 다루어지고 있다. 불신자들을 깨우치고 복음을 전하기 위해 비범한 직임과 능력들이 초기 사역자들과 신자들에게 주어졌다."[12]

*

"방언의 은사는 성령께서 허락하신 예언의 새로운 형태였고, 한 가지 특별한 목적을 위해, 곧 유대인의 장벽이 무너지고 모든 민족을 교회로 이끌어 들이기 위해 주어졌다. 이런 예언의 은사들은 하나의 표적으로 오래 전에 중단되었다. 그런 은사들의 재현을 기대하라고 독려하는 말씀은 어디에도 없다. 오히려 우리에게는 성경을 하늘에서 오는 음성보다 더욱 확실한 예언으로 받아들여 성경에 관심을 집중해 말씀을 깊이 파헤치고, 굳게 붙잡으라는 명령이 주어졌다(벧후 1:19)."[13]

존 길(1697-1771년)

"기적을 행하는 은사가 주어졌던 초창기에도 모두가 아닌 일부만 그런 은사를 받았다. 오늘날에는 그런 은사를 받은 사람이 아무도 없다."[14]

조나단 에드워즈(1703-1758년)

"예수님이 세상에 계실 당시에도 제자들은 기적을 행하는 성령의 은사를 받아 복음을 전하고 기적을 행했다. 그러나 기적을 행하는 은사들이 성령을 통해 가장 놀랍고 온전하게 주어진 때는 부활과 승천 이후, 곧 그리스도께서 다시 살아나 하늘에 오르신 이후인 오순절에 시작되었다. 그 결과, 여기저기에서 그런 비범한 은사들을 받은 뛰어난 사람들이 나타났다. 그런 은사들은 당시 교회 안에서 흔하게 존재했고, 사도들이 살아 있는 동안, 즉 마지막 사도였던 요한이 죽을 때까지 계속되었다. 간단히 말해, 그리스도의 탄생 이후 백 년 동안 지속되었던 셈이다. 기독교 시대의 처음 백 년은 기적의 시대였다.

"그러나 그 후 요한 사도가 세상을 떠나기 직전에 요한계시록을 기록해 정경이 완성되자 기적을 행하는 은사들은 교회 안에서 사라졌다. 하나님의 생각과 뜻을 알려주는 계시가 기록된 형태로 완성되었고, 하나님은 그 안에 모든 시대의 교회를 위한 충분하고 지속적인 규칙을 기록해두셨다. 유대의 종교와 민족이 멸망하고, 기독교 교회가 설립되어 마지막 교회의 시대가 열렸기 때문에 기적을 행하는 성령의 은사들은 더 이상 필요하지 않게 되었고, 결국 모두 중단되었다. 그런 은사들은 한동안 교회 안에서 지속되다가 모두 사라졌다. 하나님이 그런 은사들을 폐하신 이유는 그것들이 더 이상 필요하지 않았기 때문이다. 그로써 '예언도 폐하고 방언도 폐하고 지식도 그치리라'는 본문의 말씀이 성취되었다. 지금은 그런 성령의 은사들이 모두 종결된 것으로 보인다. 따라서 그런 은사를 더 이상 기대할 이유는 없다."[15]

*

"방언과 기적 행함과 예언과 같은 성령의 비범한 은사들이 비범하다고 불리는 이유는 하나님의 일상적인 섭리를 통해 주어지는 것이 아니기 때문이다. 그런 은사들은 하나님이 일상적인 섭리로 자기 자녀들을 대하실 때가 아니라 특별한 시기에만 주어진다. 다시 말해, 정경이 완성되기 전, 곧 하나님의 생각과 뜻을 계시해 세상에 교회를 건설하고 확립해야 했던 초대 교회 시대에 선지자들과 사도들에게 주어졌다. 정경이 완성되고 기독교 교회가 확고하게 건설된 후에는 그런 비범한 은사들은 모두 중단되었다."[16]

제임스 부캐넌(1804-1870년)

"기적을 행하는 성령의 은사들은 오래 전에 중단되었다. 그 은사들은 일시적인 목적을 위해 주어졌다. 그것들은 하나님이 영적 성전을 건축하실 때 비계(飛階)와 같은 역할을 했다. 그 비계는 더 이상 필요하지 않자 철거되었고, '너희는 너희가 하나님의 성전인 것과 하나님의 성령이 너희 안에 계시는 것을 알지 못하느냐'(고전 3:16)라는 말씀대로 영적 성전은 그대로 남아 내주하시는 성령에 의해 점유되었다."[17]

로버트 대브니(1820-1898년)

"초대 교회가 설립된 이후 초자연적인 표적의 필요성이 사라졌다. 하나님은 자신의 수단을 결코 낭비하는 법이 없으시기 때문에 그것을 즉시 철회하셨다. ……기적이 일상화된다면, 그것은 더 이상 기적이 아닌 흔한 일로 간주될 것이다."[18]

찰스 스펄전(1834-1892년)

"사랑하는 형제들이여, 하나님의 성령께서 임하신다면, 예수 그리스도를 높이듯 그분을 높이십시오. 예수 그리스도께서 형제들의 집에 거하신다면, 그분을 무시하거나 마치 그분이 집에 계시지 않으신 것처럼 자기 일로 바쁘게 돌아다니지 않을 것입니다. 형제들의 영혼에 거하시는 성령을 무시하지 마십시오. 간절히 권하건대, 성령께서 계신지 안 계신지 모르겠다는 식으로 살지 마시기 바랍니다. 항상 성령을 흠모하십시오. 형제들의 몸을 자신의 거룩한 거처로 삼기를 기뻐하시는 존엄하신 손님을 공경하십시오. 그분을 사랑하고, 그분께 복종하고, 그분을 경배하십시오.

"스스로의 공상에서 나온 헛된 상상을 그분(성령)께 전가하지 않도록 주의해야 합니다. 그동안 성령께서 사람들에게 수치와 모욕을 당하시는 것을 종종 보았습니다. 나는 이런저런 계시를 받았다고 말하는 사람들이 제정신이 아니라고 생각합니다. 지금까지 수년 동안 위선자들이나 광신자들이 계시를 받았다며 나를 괴롭히지 않은 적이 단 한 주도 없었습니다. 정신이 반쯤 나간 사람들은 주님으로부터 메시지를 받았다며 내게 찾아오기를 매우 좋아합니다. 그들이 정신을 차리게 하려면 그들의 어리석은 메시지를 용납할 수 없노라고 단호히 말해주어야 합니다. …… 하늘로부터 자신에게 계시가 주어졌다고 절대 생각하지 마십시오. 그렇지 않으면 자기 자신의 주제넘은 어리석음을 성령께 전가하는 바보들처럼 될 것입니다. 허튼소리를 하려고 입이 근질거린다면, 그것이 성령이 아닌 마귀의 지시라는 것을 명심하십시오. 성령께서 우리에게 계시하기를 원하시는 것은 이미 모두 하나님의 말씀 안에 있습니다. 그분은 성경에 아무것도 더하지 않으시고, 앞으로도 그러실 것입니다. 이런저런 계시를 받았다고 주장하는 사람들은 한잠 푹 자고 나면 정신이 올바로 돌아올 것입니다. 나는 그들이 이와 같은 조언을 받아들여 허튼소리를 성령의 뜻으로 돌려 그분을 더 이상 모욕하지 않았으면 좋겠습니다."[19]

*

"그들은 경건의 극치에 도달했습니다. 그들은 '내세의 능력'을 받았습니다. 그들은 오늘날 우리에게 주어지지 않는 기적의 은사들이 아니라 성령께서 신자들에게 허락하시는 모든 능력을 받았습니다."[20]

*

"오늘날 하나님의 교회에게 허용되는 성령의 사역은 모든 점에서 우리에게서 사라진 기적의 은사들만큼이나 보배롭습니다. 죄 가운데 죽은 사람들을 다시 살리는 성령의 사역은 방언을 말하게 하는 은사에 비해 조금도 뒤지지 않습니다."[21]

*

"그리스도께서 하늘에 오르신 결과로 교회에는 사도들이 주어졌습니다. 그들이 증인으로 선택된 이유는 주님을 직접 보았기 때문입니다. 이 직임이 사라진 것은 필요하고도 적절한 일이었습니다. 왜냐하면 기적을 행하는 능력이 아울러 중단되었기 때문입니다. 사도직은 일시적으로 필요했습니다. 그것은 승천하신 주님이 허락하신 뛰어난 유산이었습니다. 초대 교회에는 선지자들도 있었습니다."[22]

"우리는 이교도들을 회개시켜야 합니다. 그들 가운데는 하나님이 선택하신 백성이 많습니다. 우리는 어떻게 해서든 그들을 찾아내야 합니다. 지금은 많은 어려움이 제거된 상태입니다. 어느 나라든 갈 수 있습니다. 거리도 크게 문제가 되지 않습니다. 물론, 우리에게는 오순절의 방언이 없습니다. 그러나 인쇄 기술이 사라진 은사를 충분히 보완하기 때문에 언어들을 쉽게 습득할 수 있습니다."[23]

조지 스미튼(1814-1889년)
"초자연적이거나 비범한 은사는 일시적이었다. 그런 은사들은 교회가 설립되고, 성령의 영감으로 기록된 정경이 완성되면 사라질 예정이었다. 그 이유는 그것들이 내적 영감의 외적 증거였기 때문이다."[24]

아브라함 카이퍼(1837-1920년)
"은사는 경제적인 관점에서 생각해야 한다. 교회는 많은 필요를 지닌 대가족과 같다. 즉, 여러 가지 수단을 통해 효율성을 발휘하는 제도다. 은사가 교회와 맺는 관계는 빛과 연료가 가정과 맺는 관계와 같다. 빛과 연료는 그 자체가 아니라 가족을 위해 존재한다. 따라서 낮이 길고 따뜻할 때는 별로 필요하지 않다. 은사의 경우도 마찬가지다. 사도 시대의 교회에 주어졌던 은사 가운데 오늘날의 교회를 위해서는 더 이상 소용이 되지 못하는 것이 많다."[25]

윌리엄 셰드(1820-1894년)
"사도들이 소유했던 영감과 기적의 초자연적 은사들은 그들의 후계자들에게 계속 이어지지 않았다. 왜냐하면 더 이상 필요가 없었기 때문이다. 기독교의 모든 교리가 사도들에게 계시되어 기록된 형태로 교회에게 전달되었다. 무오한 영감이 더 이상 필요하지 않았다. 최초의 기독교 설교자들에게 기적적으로 주어진 신임장과 권위가 대대로 계속 되풀이될 필요가 없었다. 복음의 신적 기원을 확립하는 데는 참된 기적들이 이루어졌던 한 시대만으로 충분했다. 인간의 법정에서도 무한정한 증인들을 요구하지 않는다. '두세 사람의 증인'이면 사실들이 명료하게 확립된다. 한 번 결정된 판결은 다시 재개되지 않는다."[26]

벤저민 워필드(1887-1921년)

"이 은사들은……하나님의 권위 있는 대리자로서 교회를 설립했던 사도들에게 주어진 신임장과 같은 것이었다. 은사들은 그 기능을 고려할 때 특별히 사도적 교회에게만 해당한다. 그것들이 기능이 다한 뒤에 중단된 것은 지극히 당연했다."[27]

아서 핑크(1886-1952년)

"신약 시대의 초창기에는 비범한 직임(사도들과 선지자들)은 물론, 비범한 은사들이 존재했다. 그 직임의 후임자가 임명되지 않은 것처럼 그 은사들도 계속되지 않는다. 그런 직임자들만이 그런 은사들을 베풀었다(행 8:14-21, 10:44-46, 19:6, 롬 1:11, 갈 3:5, 딤후 1:6 참조). 우리에게는 더 이상 사도들이 존재하지 않기 때문에 초자연적인 은사들도 더 이상 존재하지 않는다(그런 은사를 베푸는 것은 '사도의 표'에 해당한다. 고후 12:12)."[28]

마틴 로이드존스(1899-1981년)

"신약 성경이 모두 기록된 이상, 선지자의 직임은 더 이상 필요하지 않았다. 따라서 교회 역사의 나중 단계, 곧 상황이 전보다 더 안정적으로 고정된 시기에 적용되는 목회서신에는 선지자들에 대한 언급이 없다. 심지어는 그때에도 선지자의 직임이 더 이상 필요하지 않았던 것이 분명하다. 그 대신 교사나 목사와 같은 사람들에게 성경을 해설해 진리의 지식을 전하라는 명령이 주어졌다.

"교회의 역사를 돌아보면, 사람들이 신약 시대와 같은 선지자를 자처하며 특별한 진리의 계시를 받았다고 주장했던 탓에 많은 문제가 발생했던 것을 알 수 있다. 신약 성경이 있는 한, 더 이상의 진리는 필요하지 않다. 이것은 절대적인 명제다. 모든 진리는 신약 성경에 들어 있고, 더 이상 다른 계시는 필요하지 않다. 모든 진리가 주어졌다. 우리에게 필요한 진리가 언제라도 이용가능하다. 따라서 새로운 진리의 계시를 받았다고 주장하는 사람이 있다면, 즉시 경계하며 의심해야 한다.

"신약 성경이라는 정경이 완성된 이상, 선지자의 필요성은 모두 사라졌다. 직접적인 진리의 계시는 더 이상 필요없다. 성령과 말씀을 분리해서는 안 된다. 성령께서는 성경 말씀을 통해 우리에게 말씀하신다. 따라서 하나님의 말씀에 일치하지 않는 계시는 항상 의심해야 한다. '계시'라는 용어를 사용하지 않고 오직 '조명'이라고 말하는 것이 현명하다. 계시는 모두 완성되었다. 우리가 필요로 하는 것과 하나님의 은혜로 우리가 누릴 수 있고, 또 누리는 것은 말씀을 이해하도록 돕는 성령의 조명이다."[29]

주

주

서론

1. 라일은 백 년 전에 이렇게 말했다. "성령을 욕되게 하는 것은 그리스도를 욕되게 하는 것만큼이나 위험하다." J. C. Ryle, "Have You the Spirit?" *Home Truths* (London: Werthem & MacIntosh, 1854), 142.
2. 이 책은 오순절 운동과 은사주의의 세 가지 유형을 다룬다. 이 책에 사용된 은사주의, 또는 "은사 운동"이란 용어는 고전적인 오순절 운동과 은사 갱신 운동과 제3의 물결 운동을 모두 아우른다.
3. "은사 운동은 선교에 관한 성경적 이해를 위험에 빠뜨린다. 왜냐하면 선포의 초점이 십자가에 못 박히신 그리스도로부터(고전 1:22, 23, 2:2) 성령의 은사와 나타나심으로 옮겨졌기 때문이다. 이것은 영적 균형과 현실을 왜곡시키는 결과를 가져온다." The Statement of the European Convention of Confessing Fellowships at its meeting in Frankfurt, March 1990, "World Missions Following San Antonio and Manila," *Foundations: A Journal of Evangelical Theology*, no. 26 (British Evangelical Council, Spring 1991):16-17.
4. 예를 들어, 댈러스신학교의 초창기 지도자들 가운데 몇 사람은 "오순절 운동을 사이비 종파이자 마귀의 대리자로 부르기를 주저하지 않았다. 1920년대에도 복음주의자들 사이에는 그런 견해가 흔했다." John Hannah, *An Uncommon Union* (Grand Rapids: Zondervan, 2009), 327n61.
5. John Dart, "Charismatic and Mainline," *Christian Century*, March 7, 2006, 22-27.
6. 다음 자료를 참조하면 풀러신학교가 성경 무오설을 어떻게 포기했는지 상세히 알 수 있다. George M. Marsden, *Reforming Fundamentalism* (Grand Rapids: Eerdmans, 1987). 마스덴은 이 책의 말미에서 피터 와그너가 1980년대에 가르쳤던 강좌를 다루었다(Ibid., 292-95). 마스덴은 "표적과 기사와 교회 성장"이라는 제목의 강좌를 "진보적 교리"를 지향하는 그 신학교의 성향에 비춰 볼 때 "이례적인 것"이었다고 평가했다. 그는 이렇게 말했다. "그 강좌의 독특한 특징은 오늘날의 교회 안에 나타난 '기사와 표적'을 분석하는 데 그치지 않고, 강의실에서 실습 시간을 마련해 병 고침을 비롯한 기사와 표적들을 행했다는 데 있다"(Ibid., 292).
7. 이 점을 좀 더 상세히 알고 싶으면 다음 자료를 참조하라. Conrad Mbewe, "Why Is the Charismatic Movement Thriving in Africa?" *Grace to You blog* (July 24, 2013), http://www.gty.org/Blog/B130724.

1부

1장

1. Apostle Kwamena Ahinful, "Modern-Day Pentecostalism: Some Funny Oddities Which Must Be Stopped," *Modern Ghana*, September 3, 2011, http://www.modernghana.com/

newsthread1/348777111/153509.
2. William M. Alnor, "News Watch," *CRI Journal*, May 10, 1994; (cf. Lyneka Little, "Evangelical Churches Catch Suits from 'Spirit' Falls," ABC News, January 27, 2012, http://abcnews.go.com/blogs/headlines/2012/01/evangelical-churches-catch-suits-from-spirit-falls/).
3. 다음 책에서 인용했다. James A. Beverley, "Suzanne Hinn Files for Divorce," *Christianity Today* blog, February 19, 2010, accessed August 2012, http://blog.christianitytoday.com/ctliveblog/archives/2010/02/suzanne_hinn_fi.html.
4. "List of Scandals Involving American Evangelical Christians", *Wikipedia*, May 2013. http://en.wikipedia.org/wiki/List_of_scandals_involving_evangelical_Christians. 이 자료에 공개된 35명의 은사주의 지도자들을 열거하면 다음과 같다. 1. Aimee Semple McPherson, 2. Lonnie Frisbee, 3. Marjoe Gortner, 4. Neville Johnson, 5. Jimmy Swaggart, 6. Marvin Gorman, 7. Jim and Tammy Bakker, 8. Peter Popoff, 9. Morris Cerullo, 10. Mike Warnke, 11. Robert Tilton, 12. Melissa Scott, 13. Jim Williams, 14. W. V. Grant, 15. Ian Bilby, 16. Frank Houston, 17. Roberts Liardon, 18. Pat Mesiti, 19. Paul Crouch, 20. Douglas Goodman, 21. Paul Cain, 22. Wayne Hughes, 23. Ted Haggard, 24. Gilbert Deya, 25. Earl Paulk, 26. Thomas Wesley Weeks, III, 27. Ira Parmenter, 28. Michael Reid, 29. Todd Bentley, 30. Michael Guglielmucci, 31. Eddie Long, 32. Marcus Lamb, 33. Stephen Green, 34. Albert Odulele, 35. Kong Hee. 아울러 이 자료는 경제적 부정 사례에 관한 2007년 의회의 조사 대상에 해당했던 5명을 추가로 제시했다(Kenneth Copeland, Benny Hinn, Joyce Meyer, Creflo Dollar, and Paula White).
5. 이런 "유튜브" 동영상은 널리 알려져 있다. 그런 자료를 원한다면 유튜브 검색 엔진에서 쉽게 찾을 수 있다.
6. Benny Hinn, *Good Morning Holy Spirit* (Nashville: Thomas Nelson, 2004), 12.
7. Ché Ahn, *Spirit-Led Evangelism* (Grand Rapids: Chosen, 2006), 135.
8. Kenneth Hagin, *Understanding the Anointing* (Tulsa: Faith Library, 1983), 114-17. Rodney Howard Browne, *Flowing in the Holy Ghost*, rev. ed. (Shippensburg, PA: Destiny Image, 2000), 64. 베니 힌이 연루된 사건에 관해 좀 더 알고 싶으면 다음 자료를 참고하라. "Elderly Woman 'Killed' by Person 'Slain in the Spirit' Falling on Her," *National & International Religion Report*, September 21, 1987, 4.
9. "Todd Bentley's Violent 'Minisry,'" April 2013, http://www.youtube.com/watch?v=yN9Ay4QAtW8.
10. Thomas Lake, "Todd Bentley's Revival in Lakeland Draws 400,000 and Counting," *The Tampa Bay Times*, June 30, 2008, http://www.tampabay.com/news/religion/article651191.ece. 와그너는 벤틀리에게 "당신의 능력이 증가하고, 권위가 높아지고, 은혜가 더욱 많아질 것이오"라고 말했다. 그러나 얼마 지나지 않아 벤틀리가 한 여성 직원과 부적절한 관계를 맺은 사실이 드러나자 와그너는 그를 멀리했다.
11. Benny Hinn, *Praise-a-Thon*, TBN, April 1990.
12. Suzanne Hinn at the World Outreach Center, July 1997. 그녀의 말은 다음 방송 매체를 통해 방송되었다. Comedy Central, *The Daily Show*, "God Stuff," June 21, 1999.
13. Kenneth D. Johns, "Televangelism: A Powerful Addiction" (Bloomington, IN:Xlibris, 2006), 12.
14. Rhonda Byrne, *The Secret* (New York: Atria Books, 2006), 46. "아이러니컬하게도 그런 주장은 번영 신학을 외치는 오늘날의 설교자들을 통해 전파되는 이단 사상과 조금도 다르지 않다." *Oprah*

Theology (Bloomington, IN: Crossbooks, 2011), 74.
15. Kenneth Copeland, *Our Covenant with God* (Fort Worth, TX: KCP, 1987), 32.
16. *Ever Increasing Faith*, TBN broadcast, November 16, 1990.
17. Allan Anderson, *An Introduction to Pentecostalism* (Cambridge: Cambridge University Press, 2004), 221.
18. S. Michael Houdmann, ed., *God Questions?* (Enumclaw, WA: Pleasant Word, 2009), 547. 팀 스태포드는 『기적들(Grand Rapids: Baker, 2012)』에서 "번영 신학에서는 부가 목적이고, 하나님은 그 목적을 이루는 수단에 지나지 않는다"라고 말했다(p. 162).
19. 번영 신학을 외치는 설교자들은 마술사 시몬처럼 성령의 능력과 축복을 돈으로 살 수 있다고 주장한다(행 8:18-24).
20. Paul Crouch, "We Gave It All!" TBN newsletter, October 2011, http://www.tbn.org/about-us/newsletter?articleid=1440.
21. Paul Crouch, "Did Jesus Have Praise-a-Thons?" TBN newsletter, October 2008, http://www.tbn.org/abot-us/newsletter?articleid+1218.
22. William Lobdell, "TBN's Promise: Send Money and See Riches," Part 2, *Los Angeles Times*, September 20, 2004, http://articles.latimes.com/2004/sep/20/local/me-tbn 20.
23. 크라우치의 트리니티 방송사의 가치는 십억 달러를 훨씬 상회한다. Mark I. Pinsky, "Teflon Televangelists," *Harvard Divinity Bulletin* 36, no. 1 (Winter 2008).
24. 다음 자료에서 인용했다. William Lobdell, "The Price of Healing," *The Los Angeles Times*, July 27, 2003, http://www.trinityfi.org/press/latimes02.html.
25. Hagin, *How to Keep Your Healing* (Tulsa: Rhema, 1989), 20, 21.
26. 폴 알렉산더는 번영 신학이 필요 욕구와 탐욕을 이용한다는 사실을 의식하고 이렇게 말했다. "세상은 고통으로 가득하다. 이것은 사실이다. 하나님이 보살피셔야 한다. 이것도 또한 사실이다. 번영 신학은 이 두 가지 사실을 결합해 경제적인 희망을 담은 메시지를 전함으로써 힘들게 살아가는 과부의 마지막 남은 동전 한 푼까지 우려내려고 시도한다. 또한, 번영 신학은 풍족하게 살아가는 사람들을 꼬드겨 그 정도로 만족하지 말라고 가르친다. 이미 충분히 가지고 있는 사람들은 그 말에 현혹되어 더 많은 것을 원하게 된다. 번영 신학은 탐욕과 하나님의 축복을 연계해 과대한 욕망을 부추김으로써 이런 문제를 더욱 악화시킨다." Paul Alexander, *Signs and Wonders* (San Francisco: Jossey-Bass, 2009), 69.
27. Michael Horton, *Christless Christianity* (Grand Rapids: Baker, 2008), 68.
28. 믿음의 말씀을 가르치는 사람들이 인간을 신격화하는 말을 하는 것에 대해 좀 더 자세히 알고 싶으면 다음 자료를 참조하라. Hank Hanegraaff, *Christianity in Crisis: The 21st Century* (Nashville: Thomas Nelson, 2009), 129-66.
29. Paul Crouch, *Praise the Lord*, TBN, July, 1986. "늦은 비 운동"의 사도 얼 폴크도 "개가 강아지를 낳고, 고양이가 새끼 고양이를 낳듯, 하나님은 작은 신들을 만드신다. ……우리가 작은 신이라는 것을 이해하고 작은 신처럼 행동하기 시작할 때 비로소 하나님의 나라를 나타낼 수 있다"라고 말했다. Earl Paulk, *Unmasking Satan* (Atlanta: K Dimension, 1984), 96-97.
30. Kenneth Copeland, "The Force of Love" (Fort Worth: Kenneth Copeland Ministries, 1987), Tape #02-0028.
31. Creflo Dollar, "Changing Your World," LeSea Broadcasting, April 17, 2002). 달러는 또 다른 곳에서 이렇게 말했다. "나는 지금 처음부터 이 점을 강하게 강조하고 싶습니다. 왜냐하면 구구절절 말

할 시간이 없기 때문입니다. 내가 지금 이 자리에서 여러분에게 말하고 싶은 것은 여러분이 신, 작은 신이라는 것입니다. 여러분이 신인 이유는 여러분이 하나님에게서 나왔기 때문입니다. 여러분은 신입니다" (Creflo Dollar, "Made After His Kind," September 15, 22, 2002).
32. 앨런 앤더스는 이렇게 설명했다. "이런 가르침은 자본주의라는 '아메리카 드림'을 부추기고 성공 윤리를 조장하는 것 외에도 특히나 의심스런 특성을 많이 지니고 있는데 그 가운데 하나는 인간의 믿음을 하나님의 주권과 은혜보다 우위에 두려는 경향이다"(Anderson, *An Introduction to Pentecostalism*, 221).
33. Myles Munroe, *Praise the Lord*, Trinity Broadcasting Network, February 23, 2000.
34. Andrew Wommack: "The Believer's Authority," *The Gospel Truth*, April 27, 2009, http://www.awmi.net/tv/2009/week17. 다음 자료를 아울러 참조하라. Andrew Wommack, *The Believer's Authority* (Tulsa, OK: Harrison House, 2009), 58–59.
35. Peter Masters, *The Healing Epidemic* (London: Wakeman Trust, 1992), 11–12.
36. John MacArthur, *Charismatic Chaos* (Grand Rapids: Zondervan, 1993).
37. 잰 크라우치는 1991년 소식지에서 "하나님이 열두 살 된 두 어린 소녀의 기도에 응답해 애완용 병아리를 다시 살려주셨습니다"라고 말했다. "Costa Ricans Say 'Thank You for Sending Christian Television'" *Praise the Lord* newsletter (September 1989), 14–15. 그러나 2009년 소식지에 실린 그녀의 병아리 이야기는 이전과 달라졌다. 그녀는 "열두 살 때 저는 애완용 병아리의 눈알이 빠져 나와 줄에 걸려 있는 것을 하나님이 다시 고쳐주시는 광경을 목격했습니다. 병아리는 예수님의 이름으로 고침을 받았습니다"라고 말했다. "Jan Crouch's Miraculous Story," TBN newsletter, June 2009, http://www.tbn.org/about/newsletter/index.php/1280.html.
38. Benny Hinn, *Praise the Lord*, TBN, October 19, 1999.
39. Thabiti Anyabwile, *The Decline of African American Theology* (Downers Grove, IL: InterVarsity, 2007), 96.
40. Benny Hinn, *This Is Your Day*, TBN October 3, 1990.
41. "About" on Trinity Broadcasting Network's official Facebook page, April 2013, https://www.facebook.com/trinitybroadcastingnetwork/info.
42. "TBN Is Reaching a Troubled World with the Hope of the Gospel," TBN announcement, April 12, 2012, http://www.tbn.org/announcements/tbn-is-reaching-a-troubled-world-with-the-hope-of-the-gospel.
43. 캔디 건더 브라운은 "비(非)오순절 계통의 비평가들과 미국의 자기중심적인 소비주의를 비판하는 일반 비평가들이 보기에 가장 혐오스럽고 샤머니즘적인 것은 병 고침이나 물질 축복과 같은 '저급하고,' '이기적이고,' '세속적인' 축복에 관심을 두는 오순절주의일 것이다. 어이없게도 미국의 탐욕스런 '신앙 치료사'들은 현대의 대중전달 매체를 성공적으로 운영해 종종 '번영 신학,' 또는 '건강과 부의 신학'으로 풍자되는 것을 전 세계에 수출하고 있다"고 지적했다. Candy Gunther Brown, Introduction to *Global Pentecostal and Charismatic Healing* (Oxford University Press, 2011), 11.
44. Alexander, *Signs and Wonders*, 63–64.
45. John T. Allen, *The Future Church* (New York: Doubleday, 2009), 382–83. 앨런은 다음 자료를 참조했다. "Health and Wealth," *Spirit and Power: A 10-Country Survey of Pentecostals*, Pew Forum on Religion and Public Life, October 2006, 30, http://www.pewforum.org/uploadedfiles/Orphan_Migrated_Content/pentecostals-08.pdf.
46. 앨런 앤더슨은 이렇게 말했다. "현대의 오순절주의는 대중이 듣기 원하는 것만 전하고 복음의 근

본 진리는 도외시한다는 점에서 과연 어느 정도까지 '대중적인 종교'가 되어버린 것일까? 많은 군중이 오순절주의 교회에 모여드는 이유는 단지 성령의 능력 때문만이 아닌 것은 분명하다. ……더 낫고 유복한 삶을 제시하는 것은 가난과 절망 속에서 고통스러워하는 사람들에게 종종 희망을 준다." Anderson, *An Introduction to Pentelcostalism*, 280.

47. Harvey Cox, foreword to *Global Pentecostal and Charismatic Healing* (Oxford: Oxford University Press, 2011), xviii.
48. 두 사람의 학자는 이렇게 지적했다. "오순절주의 가운데 가장 성장이 빠른 운동은 번영 신학, 또는 건강과 부를 강조하는 교회들이다. (밖에서 보면, 이들 교회는 종종 불가사의한 생각을 부추기고, 심리적인 조종을 일삼는 것처럼 보일 때가 많다)." Donald E. Miller and Tetsunao Yamamori, *Global Pentecostalism* (Berkeley, CA: University of California Press, 2007), 29.
49. Vinson Synan, *An Eyewitness Remembers the Century of the Holy Spirit* (Grand Rapids: Chosen, 2010), 114-15.
50. Martin Lindhardt, *Practicing the Faith* (New York: Berghahn, 2011), 25-26.
51. "믿음의 말씀"은 미국 오순절주의 가운데 가장 인기 있는 운동의 하나가 되었다. "믿음의 말씀"은 은사주의 진영에서만 전파되지 않고, 고전적 오순절주의자들에게까지 영향을 미치고 있다. Anderson, *An Introduction to Pentecostalism*, 221.
52. David Jones and Russell Woodbridge, *Health, Wealth, and Happiness* (Grand Rapids: Kregel, 2011), 16.
53. "1980년대에는 이런 식의 결합은 야바위꾼과 사기꾼에게서나 볼 수 있었다. 당시 일부 설교자들은 신자들을 갈취해 창녀들과 잠을 자고, 카메라 앞에서 잘못을 뉘우치는 척 흐느끼곤 했다. 그러나 21세기의 미국에서는 부의 복음이 완전한 형태를 갖추었다. 번영 신학은 복음 전파를 기업가적인 자본주의의 관습과 가치관과 연결시키고, 세속적인 이득을 추구하는 일을 신앙으로 치부함으로써 수많은 신자들에게 종교적인 믿음과 비성경적인 부와 비기독교적인 소비문화를 조화시킬 수 있는 빌미를 제공했다." Ross Douthat, *Bad Religion* (New York: Simon & Schuster, 2012), 183.
54. 심지어 고전적 오순절주의자들 가운데서도 번영 신학은 방언을 말하는 것보다 더 많은 인기를 누리고 있다. 『크리스차니티 투데이』의 테드 올슨이 2006년에 지적한 대로, 미국의 오순절주의자들 가운데 방언을 말한다고 하는 사람은 절반에 지나지 않은 데 비해 '하나님이 신자들에게 부를 허락하신다'는 주장에 동의하는 사람은 전체의 66퍼센트에 이르렀다. Douthat, *Bad Religion*, 194.
55. Allan Anderson, introduction to *Asian and Pentecostal*, edited by Allan Anderson and Edmond Tang (Costa Mesa, CA: Rengum Books, 2005), 2. 다음 자료들이 밝힌 통계 자료는 이보다 수치가 크게 적다. David B. Barrett, George T. Kurian, and Todd M. Johnson, *World Christian Encyclopedia*, 2nd ed., vol. 1. (New York: Oxford University Press, 2001), Patrick Johnstone and Jason Mandryk, *Operation World* (Carlisle, UK: Paternoster, 2011), 21, 32, 34, 41, 52. 이 자료에서 밝힌 오순절주의자와 은사주의자들의 숫자는 아시아 8천 7백만 명, 북아메리카 7천 2백만 명, 라틴아메리카 8천 5백만 명, 아프리카 8천 4백만 명, 유럽 1천 4백만 명이다.
56. Todd M. Johnson, "'It Can Be Done': The Impact of Modernity and Postmodernity on the Global Mission Plans of Churches and Agencies," *Between Past and Future*, Jonathan J. Bonk, ed. (Pasadena, CA: Evangelical Missiological Society, 2003), 10. 42. 존슨은 이렇게 말했다. "1900년에는 단지 한 무리의 기독교인들이 영적 부흥 운동에 참여했지만, 2000년에 이르러서는 전체 기독교인의 25퍼센트에 달하는 5억 명의 신자들이 오순절주의와 은사주의 부흥 운동에 참여했다."
57. 마이클 호튼은 "(최근에 필립 젠킨스의 『다음 세대의 기독교(*The Next Christendom*)』에서 가장 두드

러지게 나타난 대로) 기독교가 세계의 3분의 2를 장악했다는 축하 선전은 이런 현상의 배후에서 번영 신학이 가장 큰 역할을 했다는 사실로 인해 그 빛이 바랜다"라고 옳게 지적했다. Horton, *Christless Christianity*, 67.
58. Ted Olsen, "What Really Unites Pentecostals?" *Christianity Today*, December 5, 2006. 온라인 주소: http://www.christianitytoday.com/ct/2006/december/16.18html. 올슨은 몇 가지 구체적인 사례를 덧붙였다. "나이지리아의 오순절주의자들 가운데 95퍼센트가 이런 주장에 동의했고, 97퍼센트가 하나님이 충분한 믿음을 지닌 신자들에게 건강과 병 고침을 허락하신다고 믿고 있다. 필리핀에서도 이런 믿음을 지닌 오순절주의자들이 99퍼센트에 달한다."
59. Jones and Woodbridge, *Health, Wealth, and Happiness*, 14-15.
60. 존 앵커버그와 존 웰던은 이미 20년 전에 은사주의 신학의 이런 맹점을 경고했다. "은사 운동은 전체적으로 아직 성경의 위대한 교리들을 교인들의 삶 속에 접목시키지 못했다. 그들은 성령 체험만을 강조할 뿐, 신학을 부지런히 연구하는 일은 소홀히 할 때가 많다." John Ankerberg and John Weldon, *Cult Watch* (Eugene, OR: Harvest House, 1991), viii.
61. René Pache, *The Inspiration and Authority of Scripture* (Chicago: Moody, 1969), 319.
62. Anderson, An *Introduction to Pentecostalism*, 280.
63. 이 밖에도 로스 도댓은 "교회의 효과적인 출범을 가능하게 하는 오순절주의의 기업적인 구조는 자기 확대의식에 사로잡힌 목회자들의 관심을 항상 사로잡았다. 자기 확대의식은 정통 기독교 신앙보다는 번영 신학에 의해 더욱 쉽게 정당화된다"라고 말했다. Douthat, *Bad Religion*, 194.
64. 대다수의 은사주의 교회들은 여성 목회자를 금지하고 있는 신약 성경의 가장 명확하고 기본적인 가르침조차도(딤전 2:12-14) 완전히 무시하고 있다. 가장 널리 알려져 있는 은사주의 텔레비전 전도자들 가운데도 조이스 마이어와 폴라 화이트와 같은 여성들이 더러 포함되어 있다.
65. Christopher J. H. Wright, *Knowing the Holy Spirit Through the Old Testament* (Downers Grove, IL: InterVarsity, 2006), 73.

2장

1. 벧엘이라는 이름의 성경학교는 성경을 주제별로 연구하는 방식을 취했다. 역사가 빈슨 사이넌은 그 학교는 당시에 유행했던 "관주(貫珠)"를 이용한 성경 공부를 강조했다고 설명한다. 그것은 관련 성구를 연속적으로 읽어나가면서 주요 주제들을 성경에 나타난 대로 연구하는 방식을 가리킨다. Vinson Synan, "The Touch Felt Around the World," *Charisma and Christian Life*, January 1991, 84. 이런 연구 방식으로는 성경의 어떤 책도 온전히 연구할 수 없고, 성경 구절을 전체 문맥에 비춰 연구하는 일을 소홀히 하는 폐단을 낳는다.
2. 랠프 후드 주니어와 폴 윌리엄슨은 이렇게 설명했다. "파햄의 성경학교에서 철야예배를 드리는 도중에 아그네스 오즈먼이라는 한 학생이 자정이 막 지난 1901년 1월 1일에 성령 세례를 받고 방언을 말했다. 그 학생은 이 새로운 신학에 따르는 체험을 한 최초의 인물이 되었다." Ralph Hood Jr. and W. Paul Williamson, *Them That Believe* (Berkeley, CA: University of California Press, 2008), 18-19.
3. 다음 책에서 인용했다. Vinson Synan, *The Holiness-Pentecostal Tradition* (Grand Rapids: Eerdmans, 1997), 44.
4. Synan, "The Touch Felt Around the World," 84.
5. 빈슨 사이넌은 이렇게 설명했다. "오순절 운동은 성결 운동에서 비롯했다. 그것은 미국의 개신교, 특히 감리교회를 50년 동안이나 애타게 만들었던 성결 운동의 논리적인 결과였다. 성결 운동의 지도자들은 1894년부터 '새로운 오순절'을 이루자고 거듭 외쳤고, 그것이 그런 오순절을 위한 지적 토대와 사고 구

조를 만들어냈다." Vinson Synan, *The Holiness-Pentecostal Tradition*, 105-6.
6. 제임스 고프는 이렇게 말했다. "어떤 식으로 오순절 운동의 기원을 설명하든 파햄을 빼놓아서는 안 된다. 그는 성령 세례와 방언의 관계를 공식화했고, 초창기의 성장과 조직을 공장했으며, 방언 선교라는 낭만적인 비전을 처음 제시했다. 그의 생애와 사역에 관한 이야기는 오순절주의의 사회학적이고 이데올로기적인 근원을 보여준다." James R. Goff, *Fields White unto Harvest* (Fayetteville, AR: University of Arkansas Press, 1988), 16.
7. 아그네스 오즈먼은 이렇게 말했다. "2월 2일, 우리 가운데 몇 사람이 복음을 전하려고 토피카로 내려갔다. 나는 주님을 예배하면서 영어로 기도하고 나서 다른 방언으로 기도했다."『사도적 신앙(*Apostolic Faith*, 1951)』에 실린 내용이다. 다음 자료에서 인용했다. http://apostolicarchives.com/Research_Center.html. 아울러 다음 책을 참조하라. Nils Bloch-Hoell, *The Pentecostal Movement* (Oslo, Norway: Universitetforlarget, 1964), 24.
8. 다음 자료를 참조하라. Jack W. Hayford and S. David Moore, *The Charismatic Century* (New York: Hachette, 2006), 38.
9. Ibid.
10. Martin E. Marty, *Modern American Religion, Volume 1: The Irony of It All: 1893-1919* (Chicago: University of Chicago Press, 1987), 240-41.
11. Joe Newman, *Race and the Assemblies of God Church* (Youngstown, NY: Cambria, 2007), 50.
12. 다음 자료를 참조하라. Michael Bergunder, "Constructing Indian Pentecostalism," *Asian and Pentecostal*, Allan Anderson and Edmond Tang, eds. (Costa Mesa, CA: Regnum Books, 2005), 181. 버건더는 이렇게 말했다. "오순절주의자들은 초창기에는 자신들의 방언이 선교의 목적으로 주어진 외국어라고 생각했다. 이런 사실은 지금까지 너그럽게 넘어갔다. 왜냐하면 오순절 운동이 나중에 이언(異言) 능력의 개념을 완전히 포기했기 때문이다."
13. Goff, *Fields White unto Harvest*, 76.; 다음 자료를 참조하라. G. F. Taylor, *The Spirit and the Bride* (Falcon, NC: n.p., 1907), 52.
14. 다음 자료를 참조하라. Synan, *The Holiness-Pentecostal Tradition*, 92. 사이넌은 이렇게 말했다. "파햄은 선교사들이 선교 현장에 가서 복음을 전하기 위해 더 이상 외국어를 배울 필요가 없게 되었다고 가르치기 시작했다. 그는 단지 성령 세례만 받으면 세상의 가장 먼 곳에까지 가서 화자(話者)에게는 알려지지 않은 언어로 그곳 주민들에게 복음을 전할 수 있다고 가르쳤다."
15. 다음 자료에서 인용했다. *Topeka State Journal*, January 7, 1901.
16. 다음 자료에서 인용했다. *Kansas City Times*, January 27, 1901.
17. "New Kind of Missionaries: Envoys to the Heathen Should Have Gift of Tongues," *Hawaiian Gazette*, May 31, 1901, 10. 온라인 주소: http://chroniclingamerica.loc.gov/lccn/sn83025121/1901-05-31/ed-1/seq-8/.
18. Hayford and Moore, *The Charismatic Century*, 42. 르네 로렌틴은 파햄의 견해에 대해 이렇게 말했다. "언어들을 입증하는 일이 번번이 실패에 그치자 방언을 기능적으로 해석하는 입장은 큰 불신을 초래했다." René Laurentin, *Catholic Pentecostalism* (New York: Doubleday, 1977), 68.
19. Robert Mapes Anderson, *Vision of the Disinherited: The Making of American Pentecostalism* (New York: Oxford University Press, 1979), 90-91.
20. 진 겔바트는 이렇게 말했다. "1월 6일자『토피카 데일리 캐피탈』은 아그네스 오즈먼이 영감을 받아 적은 '중국어'의 사진과 함께 장문의 기사를 게재했다. 한 중국인에게 번역을 해달라고 요청했지만, 그는 '무슨 말인지 모르겠으니 일본 사람에게 가보시오'라고 말했다." Jean Gelbart, "The Pentecostal

Movement-A Kansas Original," *Religious Kansas: Chapters in a History*, Tim Miller, ed. (Lawrence. KS: University of Kansas n.d), http://web.ku.edu/~ksreligion/docs/history/pentecostal_movement.pdf.

21. 『로스앤젤레스 데일리 타임즈』에 현상을 설명하는 장문의 글과 함께 게재된 "방언 글자"에 관해 좀 더 자세히 알고 싶으면 다음 자료를 참조하라. Cecil M. Robeck, *The Azusa Street Mission and Revival* (Nashville: Thomas Nelson, 2006), 111-14.
22. "More Trouble," *The Times-Democrat*, (Lima, OH), September 26, 1906, 2.
23. Goff, *Fields White unto Harvest*, 5.
24. "Fanatics Admit Zion Murder," *Oakland Tribune*, September 22, 1907, 21-23. 온라인 주소: http://www.newspaperarchive.com/oakland-tribune/.1907-09-22/page-17.
25. Ibid.
26. Newman, *Race and the Assemblies of God Church*, 51. 뉴먼은 이렇게 말했다. "아홉 살 된 네티 스미스의 죽음으로 파햄에 대한 강렬한 항의가 제기되어 그는 텍사스로 다시 돌아가지 않을 수 없었다(네티의 부모는 병원 치료를 거부하고 파햄의 사도적 신앙의 가르침을 통해 딸을 치유하고자 했다)."
27. Ann Taves, *Fits, Trances, and Visions* (Princeton, NJ: Princeton University Press, 1999), 330.
28. Newman, *Race and the Assemblies of God church*, 53.
29. R. G. Robbins, *Pentecostalism in America* (Santa Barbara, CA: ABC-CLIO, 2010), 36.
30. Craig Borlase, *William Seymour-A Biography* (Lake Mary, FL: Charisma House, 2006), 180. ; Newman, *Race and the Assemblies of God Church*, 51-52.
31. Goff, *Fields White unto Harvest*, 146.
32. "영원한 생명에 관한 그의 견해도 다른 교리들에 관한 견해와 마찬가지로 여러 해를 거치면서 발전했다. 1902년, 그는 인류의 대다수가 '영원한 인간의 생명'을 받게 될 것이라는 터무니없는 주장을 제기했다. 그는 '인류를 위해 약속된 구원자를 통해 인류 가운데 많은 사람이 아담의 타락으로 인해 잃어버렸던 것, 곧 영원한 인간의 생명을 회복하는 것이 하나님의 계획이었다(거룩하게 되지 않은 자들과 많은 이방인이 그 생명을 받게 될 것이다). 정통 교리는 이 모든 사람이 영원히 타오르는 지옥에 가게 될 것이라고 가르치지만, 우리의 하나님은 사랑과 정의의 하나님이시다. 지옥의 불길은 단지 온전히 유기된 자들에게만 미칠 것이다'라고 가르쳤다." Edith Waldvogel Blumhofer, Restoring the Faith: *The Assemblies of God, Pentecostalism, and American Culture* (Champaign, IL: University of Illinois, 1998), 45.
33. Ibid., 46.
34. Ibid., 47.
35. 오늘날에도 "앵글로 선민사상"은 소위 "기독교 정체성" 운동(종교적 성향을 띤 백인 지상주의 사상에 근거한 운동)을 통해 여전히 기치를 휘날리고 있다.
36. *Houston Daily Post*, August 13, 1905. 다음 자료에서 인용했다. Borlase, *William Seymour-A Biography*, 74-75.
37. Grant Wacker, *Heaven Below* (Cambridge, MA: Harvard University Press, 2003), 232.
38. Frederick Harris, *The Price of the Ticket* (New York: Oxford University Press, 2012), 89. 그랜트 왜커는 조금 완곡한 표현을 사용해 이렇게 말했다. "결국, 파햄은 아프리카계 미국인들이 그에 대해 확신이 없는 것처럼 그도 그들에 대해 확신이 없는 것처럼 보였다." Wacker, *Heaven Below*, 232.
39. Hayford and Moore, *Charismatic Century*, 46.
40. Ibid. 저자는 이렇게 말했다. "모든 오순절주의자들이 다 인정하는 것은 아니지만, 초창기 현상이 20세

기 초에 나타나기 시작한 새 운동의 가장 뚜렷한 특징이 되었다. 그 운동의 설립자는 파햄이었다."
41. Anthony C. Thiselton, *The Hermeneutics of Docrine* (Grand Rapids: Eerdmans, 2007), 438. 일부 오순절주의자들은 파햄이 운동의 "신학적 설립자"였다면, 세이무어는 그 운동을 널리 퍼뜨렸다는 점에서 그와 동등한 평가를 받아야 할 자격이 있다고 주장한다. 다음 자료를 참조하라. Hayford and Moore, *Charismatic Century*, chap. 3. 그러나 파햄이 세이무어에게 성령론을 가르친 스승이었다는 사실을 간과해서는 안 된다. 아주사 스트리트의 부흥 운동의 교리와 토대를 마련해준 사람은 바로 파햄이었다. 마이클 버건더는 이렇게 말했다. "찰스 파햄은 아주사 스트리트에서 사용되었던 세 가지 신학적 공식을 창안했다. 그 세 가지 공식은 1) 방언이 성령 세례의 초기 증거라는 것, 2) 성령 충만한 신자는 '인치심'을 받은 그리스도의 신부라는 것, 3) 외국어를 말하는 방언이 말세의 극적인 영적 부흥을 일으키는 수단이라는 것이다." Bergunder, "Constructing Indian Pentecostalism," 181.
42. 19세기 성결 운동과 오순절주의의 관계를 좀 더 자세히 알고 싶으면 다음 자료를 참조하라. Donald W. Dayton, "Methodism and Pentecostalism," *The Oxford Handbook of Methodist Studies* (New York: Oxford University Press, 2009), 184-86.
43. 로저 올슨은 이렇게 말했다. "성결 운동을 지지하는 신자들은, 예수 그리스도를 믿는 참 신자는 원죄와 성령을 거스르는 '육신의 본성(타락하고 부패한 인간의 본성)'으로부터 완전히 벗어나는 경험을 할 수 있다고 믿는다. 이런 경험은 '완전한 성화,' 곧 '부패한 본성을 제거하고, 기독교적인 완전함을 이루는 단계'로 불린다." Roger E. Olson, *The Westminster Handbook to Evangelical Theology* (Louisville, KY: Westminster John Knox, 2004), 79.
44. 빈슨 사이넌은 이렇게 설명했다. "호너는 1891년에 펴낸 『오순절』이라는 책에서 '성령 세례는 사실상 구원과 성화 이후에 일어나는 은혜의 '세 번째 사역'으로 신자에게 봉사의 일을 하게 하는 능력을 준다고 가르쳤다. 이 견해는 1909년에 펴낸 그의 두 번째 책인 『성경 교리』에서 더욱 정교하게 다듬어졌다. 또한, 호너의 집회에서는 '쓰러짐,' '황홀경,' '웃음을 터뜨림'과 같은 '물리적인 현상들'이 나타났고, 그 결과 그는 감리교회로부터 분리되었다. 호너의 가르침 가운데 가장 광범위한 영향을 미친 것은 두 번째 축복인 성화와 '세 번째 축복'인 '성령 세례'를 순서는 물론, 그 목적까지 서로 분리해 구별한 것이었다. 이러한 신학적 구분은 오순절주의의 발전에 매우 중요한 영향을 미쳤다." Synan, *The Holiness-Pentecostal Tradition*, 50.
45. 다음 자료에서 인용했다. Simon Coleman, *The Globalisation of Charismatic Christianity* (Cambridge: Cambridge University Press, 2000), 45.
46. 데이비드 존스와 러셀 우드브리지는 그 학교가 케넌의 사상에 미친 영향을 이렇게 설명했다. "그 학교의 교장이었던 찰스 에머슨은 뉴잉글랜드에서 일신론과 보편구원론을 가르치던 교회를 이끌던 사역자였는데 나중에 '크리스천 사이언스'에 가담했다. …… 신사상의 전도자 랠프 월도 트린은 케넌과 함께 에머슨대학에 다녔던 급우였다. 케넌이 에머슨대학에서 무엇을 배웠는지 정확하게 알 수는 없지만, 나중에 그의 사상을 통해 알 수 있는 대로 그는 신사상의 핵심 원리에 정통했던 것이 분명하다." Jones and Woodbridge, *Health, Wealth, and Happiness*, 51.
47. 다음 자료를 참조하라. Dennis Hollinger, "Enjoying God Forever," *The Gospel and Contemporary Perspectives*, vol. 2, ed. Douglas J. Moo (Grand Rapids: Kregel, 1997), 22.
48. Ibid.
49. Coleman, *The Globalisation of Charismatic Christianity*, 45.
50. Allan Anderson, "Pentecostalism," *Global Dictionary of Theology*, eds. William A. Dyrness and Veil-Matti Karkkainen (Downers Grove, IL: InterVarsity, 2008), 645.
51. E. W. Kenyon, *Jesus the Healer* (Seattle: Kenyon's Gospel Publishing Society, 1943), 26. 다음

자료에서 인용했다. Jones and Woodbridge, *Health, Wealth, and Happiness*, 52.
52. 다음 자료에서 인용했다. Dale H. Simmons, *E. W. Kenyon and the Postbellum Pursuit of Peace, Power, and Plenty* (Lanham, MD: Scarecrow, 1997), 172.
53. 다음 자료에서 인용했다, Hollinger, "Enjoying God Forever," 23.
54. 다음 자료에서 인용했다. Simmons, *E. W. Kenyon*, 235.
55. Ibid., 246.
56. Hollinger, "Enjoying God Forever," 23.
57. Anderson, "Pentecostalism," 645. 앤더슨은 이렇게 말했다. "윌리엄 브랜햄과 오럴 로버츠와 같은 치유 사역자들과 현대의 인기 있는 텔레비전 전도자들 및 은사 운동이 믿음의 말씀 운동을 촉진하는 자극제가 되었다."
58. D. R. McConnell, *A Different Gospel* (Peabody, MA: Hendrickson, 1988), 8-12.
59. 하비 콕스의 말이다. 다음 책에서 인용했다. Candy Gunther Brown, *Global Pentecostal and Charismatic Healing* (Oxford: Oxford University Press, 2011), xviii.
60. Timothy C. Tennent, *Theology in the Context of World Christianity* (Grand Rapids: Zondervan, 2007), 2. 앤더슨은 아프리카의 은사 운동에 관해 이렇게 말했다. "아프리카 기독교의 '오순절화'는 과거의 '선교' 교회들의 성격은 물론, 아프리카 기독교 전체의 성격을 근본적으로 변화시킨 20세기 "아프리카 종교개혁'으로 일컬어질 수 있다." Anderson, *An Introduction to Pentecostalism* (Cambridge: Cambridge University Press, 2004), 104.
61. Vinson Synan, *An Eyewitness Remembers the Century of the Holy Spirit* (Grand Rapids: Chosen, 2010), 157.
62. 로빈 레브런은 이렇게 말했다. "오순절 운동의 선구자들은 참된 기독교를 갈망했다. 그들은 1차 대각성운동(1730년대-1740년대), 2차 대각성운동(1800년대-1830년대)과 같은 이전의 영적 부흥 운동에서 영감과 교훈을 얻고자 했다." Robyn E. Lebron, *Searching for Spiritual Unity* (Bloomington, IN: Crossbooks, 2012), 27.
63. 러셀 샤록은 이렇게 말했다. "신학적으로는 감리교 사상이 오순절 운동에 주로 영향을 미쳤지만, 방법론적으로는 부흥 운동(특히 미국의 부흥 운동)이 가장 결정적인 영향을 미쳤다. 미국의 감리교 및 대각성 운동과 거기에서 비롯한 개척기 부흥 운동의 선구자들과 동시대인들이 기독교 신앙에 관한 미국인들의 이해와 관습과 적용 방법을 철저하게 변화시켰다. 부흥 운동이 미국의 종교와 오순절주의에 특별히 기여한 것은 기독교 신앙을 정서화하고 개인화한 것이다." Russel Sharrock, *Spiritual Warfare* (Morrisville, NC: Lulu Enterprises, 2007), 115.
64. Justo L. Gonzalez, *The Story of Christianity*, vol. 2 (Grand Rapids: Zondervan, 2010), 289.
65. Douglas Gordon Jacobsen, *A Reader in Pentecostal Theology* (Bloomington, IN: Indiana University Press), 6.
66. 다음 자료에서 인용했다. Michael J. McClymond, "Theology of Revival," *The Encyclopedia of Christianity*, vol. 5, ed. Erwin Fahlbusch (Grand Rapids: Eerdmans, 2008), 437.
67. George Marsden, *A Short Life of Jonathan Edwards* (Grand Rapids: Eerdmans, 2008), 68.
68. Ibid., 65-66.
69. 다음 자료를 참조하라. Philip F. Gura, *Jonathan Edwards: America's Evangelical* (New York: Hill and Wang, 2005), 119-20.
70. Marsden, *A Short Life of Jonathan Edwards*, 70-71.
71. 예를 들어, 바울 사도는 고린도후서 7장 10절에서 근심의 감정은 하나님으로부터도 올 수 있고, 세상

으로부터도 올 수 있다고 말했다(전자는 회개를 이루고, 후자는 사망을 이룬다).
72. Marsden, *A Short Life of Jonathan Edwards*, 71.
73. Douglas Sweeney, *Jonathan Edwards* (Downers Grove, IL: InterVarsity, 2009), 120-21. 스위니는 "에드워즈가 부흥 운동을 다룬 책들을 여러 권 펴내 이 주제를 계속 다루었다고 지적했다. 그 책들은 다음과 같다. *Distinguishing Marks of a Work of the Spirit of God*(1741), *Some thoughts Concerning the Present Revival of Religion in New England*(1743), *Religious Affections*(1746), *True Grace, Distinguished from the Experience of Devils*(1753). 이 책들은 기독교 역사상 매우 중요한 문헌으로 성령의 참된 사역을 분별하는 데 많은 도움을 준다."
74. Jonathan Edwards, *Religious Affections* (New Haven: Yale, 1959), 444.
75. 더글러스 스위니는 이렇게 말했다. "에드워즈는 계속해서 부흥 사역을 감당하면서 다른 사람들을 도와 그들의 삶 속에서 성령의 임재를 분별할 수 있게 하려고, 즉 '영들을 시험해' 하나님의 성령과 거짓 영을 구별하게 하려고 노력했다." Sweeney, *Jonathan Edwards*, 120.
76. R. C. Sproul and Archie Parrish, *The Spirit of Revival: Discovering the Wisdom of Jonathan Edwards* (Wheaton, IL: Crossway, 2008).
77. Jonathan Edwards, "The Distinguishing Marks of a Work of the Spirit of God." 인용한 대목은 다음 책 부록 2에서 현대 독자들을 위해 새롭게 번안해 축약한 것이다. John MacArthur, *Reckless Faith* (Wheaton, IL: Crossway, 1994), 219.

3장

1. 히 2:17, 18 참조.
2. Jonathan Edwards, "The Distinguishing Marks of a Work of the Spirit of God," *The Great Awakening* (New Haven: Yale, 1972), 249.
3. Ibid., 250.
4. Jack W. Hayford and S. David Moore, *The Charismatic Century* (New York: Warner Faith, 2006), chap. 1.
5. Steven J. Lawson, *Men Who Win* (Colorado Springs: NavPress, 1992), 173.
6. 다음 자료를 참조하라. Lee E. Snook, *What in the World Is God Doing?* (Minneapolis: Augsburg Fortress, 1999), 28. 스눅은 이렇게 말했다. "이 교회들은 하나님의 아들, 곧 인간이 되신 하나님의 말씀을 성령께 예속시킨다. 이 교회들이 성령을 이해하는 바에 따르면, 성령을 받지 못하면 비록 그리스도를 믿는 믿음이 있더라도 진지하지 못한 형식주의이자 구원을 받을 만한 충분한 자격을 갖추지 못한 것처럼 의심받는다."
7. Kenneth D. Johns, *The Pentecostal Paradigm* (Bloomington, IN: Xlibris, 2007), 23. 토머스 에드거는 이 점에 대해 도널드 데이튼의 견해를 소개한다. "데이튼은 이것이 간단한 용어상의 변화 이상의 의미를 지닌다고 말한다. 왜냐하면 '기독교적 완전함'이 '성령 세례'와 동일시되는 순간, 중요한 신학적 변화가 일어나기 때문이다. 그가 언급하는 변화를 몇 가지 언급하면, '그리스도 중심주의에서 급진적인 성격을 띠는 성령 중심주의로의 변화,' '능력에 대한 새로운 강조,' '거룩한 삶의 목적과 본질이 아니라 그것을 일으키는 사건을 강조하는 태도' 등이다." Thomas R. Edgar, *Satisfied by the Promise of the Spirit* (Grand Rapids: Kregel, 1996), 218. 데이튼에 따르면, 그 변화는 "그리스도 중심적인 사고방식에서 벗어나 성령 중심적인 사고방식으로 전환할 때" 일어나기 시작한다. 이런 변화는 존 웨슬리를 계승한 감리교 목사인 존 플레처로부터 시작되었다. Donald W. Dayton, *Theological Roots of Pentecostalism* (Peagbody, MA: Hendrickson, 1987), 52. 데이튼과 포펄은 "오순절 운동을 통

해 기독론으로부터 그리스도보다 성령을 더 강조하는 성령론으로 변화가 이루어졌다"라고 덧붙였다. Peter Alfhouse, *Spirit of the Last Days* (London: T&T Clark, 2003), 63. 다음 자료를 아울러 참조하라. Karla O. Poewe, "Rethinking the Relationship of Anthropology to Science and Religion, *Charismatic Christianity at a Global Culture* (Columbia, SC: University of South Carolina Press, 1994. 파워는 은사주의 교회들이 "(그리스도보다) '성령'을 강조한다"고 말했다.

8. Johns, *The Pentecostal Paradigm*, 23.
9. Frank Viola, *From Eternity to Here* (Colorado Springs: David C. Cook, 2009), 295.
10. Ronald E. Baxter, *Charismatic Gift of Tongues* (Grand Rapids: Kregel, 1981), 125-26.
11. 은사주의 저자 티모시 심스는 "만일 우리가 은사주의 기독교 공동체의 일원으로서 교회 내에서 균형과 신뢰성을 회복하려고 한다면, 한 가지를 기억해야 한다. 우리는 '지나친 강조는 오류를 만들어낼 수밖에 없다'는 점을 깨달아야 한다. 우리는 처음부터 다시 시작해 그리스도의 구원 사역과 그분의 죽으심과 장사됨과 부활을 통해 주어지는 참된 축복을 강조해야 한다. 그래야만 우리가 잃었던 신뢰성을 조금이라도 다시 회복할 수 있고, 잘못된 메시지에 영향을 받는 사람들을 치유할 수 있다"라고 말했다. Timothy Sims, *In Defense of the Word of Faith* (Bloomington, IN: AuthorHouse, 2008), 131. 『카리스마』의 편집장 리 그래디도 그와 똑같은 문제의식을 느꼈다. 그는 "성령께서는 자신을 높이기 위해 오지 않으셨다. 그분은 그리스도를 영화롭게 하기 위해 보냄을 받으셨다. 우리 모두 성령의 사역과 은사와 능력을 강조할 때는 각별히 주의를 기울여 그분이 영화롭게 하기 위해 오신 분을 영화롭게 하자"라고 말했다. J. Lee Grady, *What Happened to the Fire?* (Grand Rapids: Chosen, 1994), 172.
12. Rick M. Nanez, *Full Gospel, Fractured Minds?* (Grand Rapids: Zondervan, 2005), 76. 나네즈에 따르면, 지는 또한 오순절 운동의 다른 측면들도 아울러 비판했다고 한다. "그는 자기 시대의 순복음 교파를 향해 문맥과 동떨어진 성경구절들을 토대로 만들어낸 교리, 인간의 견해에 근거한 성경 해석, 감정을 믿음으로 착각하는 행위, 성령의 인도를 내세워 책임을 회피하는 태도와 같은 비판을 제기했다."
13. J. Hampton Keathley, *ABCs for Christian Growth* (Richardson, TX: Biblical Studies Foundation, 2002), 204. 키슬리는 이렇게 말했다. "성령께서는 자기 자신이나 사람이 아니라 주 예수 그리스도와 하나님이 자기 아들 안에서, 그분을 통해 이루신 일에 모든 관심을 기울이게 만드신다. 그분이 자신의 사역을 통해 이루시려는 목적은 그리스도께 대한 믿음과 소망과 사랑과 경배와 복종과 교제와 헌신이다. 우리는 이 진리와 이 목적을 영적 운동과 그 성경적 진정성을 판단하는 기준으로 삼아야 한다."
14. 플로이드 배럭맨은 이렇게 말했다. "우리는 그리스도보다 성령을 높이는 사역이나 운동을 의심해야 한다. 왜냐하면 예수님을 증언하고, 그분을 높이는 것이 성령의 뜻이기 때문이다." Floyd H. Barackman, *Practical Christian Theology* (Grand Rapids: Kregel, 2001), 212.
15. 은사주의자들은 성령을 강조하면서 주로 그분의 은사와 능력만을 중시한다. 그들은 중생, 성화, 조명, 인치심과 같은 성령의 사역은 물론, 성령의 열매조차 무시한다. 마이클 캣은 은사주의자들에 대해 "20세기 초 이후로 신자들은 성령의 열매보다 성령의 은사에 집착하게 되었다"라고 말했다. Michael Catt, *The Power of Surrender* (Nashville: B&H, 2005), 188.
16. Matthew Henry, *Matthew Henry's Commentary on the New Testament*, comment on John 16:16-22.
17. Kevin DeYoung, *The Holy Spirit* (Wheaton, IL: Crossway, 2011), 17. 패커의 말은 다음 책에서 인용한 것이다. J. I. Packer, *Keep in Step with the Spirit* (Grand Rapids: Baker, 2005), 57.
18. 셀윈 휴스는 이렇게 설명했다. "성령께서 강림하신 목적은 스스로나 자신을 받아들이는 사람을 영화롭게 하시기 위해서가 아니라 예수님을 영화롭게 하시기 위해서였다. ……성령께서 스스로를 영화

롭게 하셨다면, 기독교는 그리스도 중심이 아닌 성령 중심의 종교가 되었을 것이다. 성육신과 관련이 없는 기독교는 하나님의 참 모습을 알 수 없다. 성령 중심의 기독교는 온갖 종류의 기괴한 주관주의로 기울어지게 만든다." Selwyn Hughes, *Every Day with Jesus Bible* (Nashville: Holman Bible, 2003), 745.
19. Bruce Ware, *Father, Son, and Holy Spirit* (Wheaton, IL: Crossway, 2005), 123.
20. D. Martyn Lloyd-Jones, *Great Doctrines of the Bible: God the Holy Spirit* (Wheaton, IL: Crossway, 2003), 2:20.
21. James Montgomery Boice, *Foundations of the Christian Faith* (Downers Grove, IL: InterVarsity, 1986), 381.
22. Charles R. Swindoll, *Growing Deep in the Christian Life* (Portland, OR: Multnomah, 1986), 188.
23. Dan Phillips, *The World-Tilting Gospel* (Grand Rapids: Kregel, 2011), 272-73.
24. 알렉산더 맥클레런도 이렇게 말했다. "영들을 시험하라. 기독교의 가르침을 전한다고 하면서 그리스도를 영화롭게 하지 않는다면, 그것은 스스로를 단죄하는 것이다. 아무리 힘을 다해 그리스도를 높인다고 해도 충분하지 않고, 오직 그분만이 온 세상의 구원과 생명을 위한 길이라는 사실을 배타적인 태도로 아무리 긴급하게 외치더라도 지나치지 않다. 본문이 우리에게 가르치는 대로, 위대한 교사이신 성령께서 오셔서 '우리를 모든 진리 가운데로 인도하시고,' 그로써 그리스도를 영화롭게 하시고, 우리에게 그분께 속한 것을 보여주신다면, '너희가 하나님의 영을 알지니 곧 예수 그리스도께서 육체로 오신 것을 시인하는 영마다 하나님께 속한 것이요 예수를 시인하지 아니하는 영마다 하나님께 속한 것이 아니니 이것이 곧 적그리스도의 영이니라'라는 말씀은 참으로 진리가 아닐 수 없다." Alexander MacLaren, *Expositions of St. John, Chapters 15-21* (repr. Kessinger, n. d.), 81.
25. 대한민국의 데이비드(폴) 조용기 목사는 "폐결핵으로 죽어갈 무렵 기독교를 믿게 되었다. 그는 병에서 회복한 뒤에 의사가 되기를 바랐지만, 나중에 예수님이 한밤중에 소방관처럼 옷을 차려 입으시고 나타나셔서 말씀을 전하라고 명령하셨고, 성령으로 충만하게 하셨다"고 한다. D. J. Wilson, "Cho, David Yonggi," *The New International Dictionary of Pentecostal and Charismatic Movements*, ed. Stanley M. Burgess (Grand Rapids: Zondervan, 2002), 521.
26. "Oral Roberts tells of talking to 900-foot Jesus," *Tulsa World*, October 16, 1980, http://www.tulsaworld.com/news/article.aspx?articleid+20080326_222_67873.
27. Linda Cannon, *Rapture* (Bloomington, IN: AuthorHouse, 2011), 61, 63, 107-8.
28. Heidi and Rolland Baker, *Always Enough* (Grand Rapids: Chosen, 2003), chap. 4.
29. 톰 브라운 감독은 예수님이 "무릎 위에 담요를 덮으신 모습으로 휠체어에 앉아 계시는 모습"을 보았다고 말했다. Tom Brown, "What Does Jesus Really Look Like?" (El Paso, TX: Tom Brown Ministries, n.d.), September 2012, http://www.tbm.org/whatdoes.htm.
30. Choo Thomas, *Heaven Is So Real!* (Lake Mary, FL: Charisma, 2006), 23.
31. 제프 팍스의 말이다. 다음 자료에서 인용했다. Brenda Savoca, *The Water Walkers* (Maitland, FL: Xulon, 2010), 163.
32. 크레플로 달러는 이렇게 말했다. "예수님이 하나님으로서 세상에 오셨다면, 하나님이 그분에게 기름부음을 베푸실 이유가 무엇인가? 예수님은 인간으로서 세상에 오셨다. 그것이 그분이 기름부음을 받으신 이유다. 하나님은 기름부음을 받으실 필요가 없으시다. 그분은 기름부음을 베푸신다. 예수님은 인간으로서 세상에 오셨고, 하나님은 그분이 서른이 되셨을 때 그분을 우리에게 나타내시고, 우리에게 인간이 기름부음을 받으면 어떤 일을 행할 수 있는지를 보여주셨다." Creflo Dollar, "Jesus' Growth into Sonship," audio. December 8, 2002.

33. 예를 들어, 케니스 코플랜드는 "예수님이 33년 동안 세상에 계시면서 스스로를 하나님이라고 공식적으로 선언하지 않으신 이유는 무엇인가? 그 이유는 오직 하나, 곧 그분이 하나님으로서가 아니라 인간으로서 세상에 오셨기 때문이다"라고 말했다. 다음 자료에서 인용했다. Jones and Woodbridge, *Health, Wealth, and Happiness*, 70.
34. 베니 힌은 이렇게 말했다. "의로우신 예수님은 자진해서 '죄를 막는 유일한 길은 내가 죄가 되는 것이다. 내가 죄에 오염되지 않으면 죄를 막을 수 없다. 나는 죄인이 되어야 한다'라고 말씀하셨다. 명심하라! 하나님의 본성을 지니신 분이 사탄의 본성을 취해 죄가 되셨다." Benny Hinn, *This Is Your Day*, TBN, December 1, 1990. 케니스 코플랜드도 그와 비슷하게 말했다. "하나님의 의가 죄가 되었다. 그분은 사탄의 부패한 본성을 자신의 영혼 안에 받아들이셨다. 그렇게 하시는 순간, 그분은 '하나님이여, 하나님이여 어찌 나를 버리시나이까?'라고 부르짖으셨다. 아마도 십자가에서 어떤 일이 일어났는지 모를 것이다. 모세가 하나님의 명령을 받고 양이 아닌 뱀을 장대에 매단 이유가 무엇이라고 생각하는가? 나는 전에 이 문제로 종종 고민했다. 나는 '대체 왜 사탄의 상징인 뱀을 매달라고 명령하셨을까? 왜 양을 장대에 매달지 않은 것일까?'라고 의아해했다. 그러자 주님은 '그 이유는 십자가에 매달린 것이 사탄의 상징이기 때문이다. 나는 내 영혼으로 영적 죽음을 받아들였다. 그리고 그 순간 빛이 사라졌다'라고 말씀하셨다." Kenneth Copeland, "What Happened from the Cross to the Throne," 1990, audiotape #02-0017, side 2.
35. 케니스 해긴은 이렇게 말했다. "예수님은 모든 사람을 위해 영적 죽음을 맛보셨다. 그분의 영혼과 속사람은 우리를 대신해 지옥에 갔다. 그 사실을 이해하지 못하겠는가? 육체의 죽음은 우리의 죄를 없앨 수 없다. 그분은 모든 사람을 위해 죽음을 맛보셨다. 그분은 영적 죽음을 맛보셨다고 말씀하신다." 다음 자료에서 인용했다. Jones and Woodbridge, *Health, Wealth, and Happiness*, 70. "믿음의 말씀" 설교자들이 가르치는 이 주제를 학술적 차원에서 상세히 다룬 내용을 알고 싶으면 다음 자료를 참조하라. William P. Atkinson, *The 'Spiritual Death' of Jesus* (Leiden, Netherlands: Brill, 2009).
36. Kenneth Copeland, *Believer's Voice of Victory*, TBN, April 21, 1991.
37. Dollar, "Jesus' Growth into Sonship."
38. 1장을 참조하라.
39. Kenneth Copeland, "Take Time to Pray," *Believer's Voice of Victory* 15, no. 2 (February 1987), 9.
40. Jeremy Morris, *The Church in the Modern Age* (New York: I. B. Tauris, 2007), 197.
41. Anderson, *An Introduction to Pentecostalism*, 152.
42. "치유, 예언, 방언은 가톨릭교회의 은사집회에서 흔히 볼 수 있는 현상이다. 가톨릭 은사주의자들은 다른 가톨릭 신자들과 마찬가지로 교회의 권위에 복종한다. 그들은 모두 이탈리아의 바티칸시티와 로마 가톨릭교회의 수장인 교황을 바라본다. Katie Meier, "Charismatic Catholics," *Same God, Different Churches* (Nashville: Thomas Nelson, 2005), n.p. Google Books edition. 웹사이트 주소: books.google.com/books?isbn+1418577685.
43. "사효적"을 뜻하는 라틴어 *ex opere operato*는 "집행된 사역에 의해"를 의미한다. 『가톨릭교회 교리문답』은 이를 "행위가 이루어진 사실에 의해"라고 설명한다. 로마 가톨릭교회의 체계 안에서 성례는 단순한 상징이나 표징, 또는 신자를 향한 하나님의 은혜를 나타내는 증표가 아니라 은혜를 전달하는 본질적인 수단에 해당한다. 가톨릭교회는 성례를 구원에 필요한 공로를 쌓는 사역으로 간주한다. 일곱 성례는 세례, 견진, 성체, 고해, 병자, 서품, 혼인으로 이루어져 있다. 일곱 성례 가운데 교회에 주어진 참된 성례는 세례와 성찬(성체) 두 가지뿐이다. 그러나 로마 가톨릭교회는 구원을 받으려면 새 언약의 일곱 성례가 모두 필요하다고 주장한다. U.S. Catholic Church, *Catechism of the Catholic Church*, 2nd ed. (New York: Doubleday Religion, 2006), 319.

44. Emilio Antonio Nunez, *Crisis and Hope in Latin America* (Pasadena, CA: William Carey Library, 1996), 306. 누네즈는 이렇게 말했다. "대다수 가톨릭 은사주의자들은 마리아 숭배 사상을 포기하지 않은 듯하다. 그들은 여전히 마리아를 사랑한다고 믿고 있고, 전보다 더 극진히 그녀를 숭배하고 있다."
45. T. P. Thigpen, "Catholic Charismatic Renewal," *The New International Dictionary of Pentecostal and Charismatic Movements* (Grand Rapids: Zondervan, 2002), 465.
46. National and International Religion Report, *Signswatch*, Winter 1996. 다음 자료에서 인용했다. Walter J. Veith, *Truth Matters* (Delta, BC: Amazing Discoveries, 2007), 298.
47. 앤드류 체스넛은 "가톨릭 은사주의와 오순절주의는 성령중심주의라는 요소를 공유한다. 성령의 가장 우선적인 역할 가운데 하나는 세상의 고초를 당하는 개개인의 신자들을 치유하는 것이다"라고 말했다, R. Andrew Chesnut, "Brazilian Charism," *Introducing World Christianity*, ed. Charles E. Farhadian (Oxford: Wiley-Blackwell, 2012), 198.
48. David K. Bernard, "The Future of Oneness Petecostalism," *The Future of Pentecostalism in the United States*, eds. Eric Patterson and Edmund Rybarczyk (Lanham, MD: Lexington, 2007), 124.
49. 피터 호켄은 이렇게 말했다. "사도적 오순절파 교회(백인 오순절주의 미국 교회, 흑인 세계 오순절 총회)들은 삼위일체를 믿는 오순절주의자들, 즉 그들의 교리가 잘못되었다고 생각하는 오순절주의자들과 적극적으로 교제를 나누지 않는 것이 일반적인 경향이지만, 그럼에도 불구하고 항상 오순절 운동의 참여자들로 간주되어 왔다." Peter Hocken, *The Challenges of the Pentecostal, Charismatic, and Messianic Jewish Movements* (Burlington, VT: Ashgate, 2009), 23.
50. William K. Kay, *Pentecostalsm* (London: SCM, 2009), 14. 존 앵커버그와 존 웰던도 이와 비슷한 설명을 덧붙였다. "이 나라의 오순절주의자들, 은사주의자들, 긍정적인 고백 운동을 펼치는 자들의 영적 상태는 스스로가 생각하는 것보다 훨씬 심각할지도 모른다. 이 운동에 참여하는 신자들은 자신들의 지도자들이 가르치는 것을 신중하게 평가해야 할 필요가 있다. 예를 들어, 오순절주의자들 가운데 최소한 25퍼센트가 '연합 오순절파' 교회에 속해 있다. 교회로 치면 5,000개가 넘고, 신자들로 치면 수백만 명이 여기에 해당한다. 이 교파는 삼위일체를 완강히 거부할 뿐 아니라 그 외에도 여러 가지 그릇된 사상을 가르치고 있다." John Ankerberg and John Weldon, *Cult Watch* (Eugene, OR: Harvest House, 1991), viii.
51. Gregg Allison, *Historical Theology* (Grand Rapids: Zondervan), 235-36.
52. Interview with Joel Osteen, *Larry King Live*, CNN, June 20, 2005. 다음 웹사이트를 참조하라. http://transcripts.cnn.com/TRANSCRIPTS/0506/20/lkl.01.html.
53. Interview with Joel Osteen, *Fox News Sunday with Chris Wallace*, FOX News, December 23, 2007. 다음 웹사이트를 참조하라. http://www.foxnews.com/story/0,2933,318054,00.html.
54. Joseph Smith, *History of The Church of Jesus Christ of Latter-day Saints*, 7 vols., introduction and notes by B. H. Roberts (Salt Lake City: The Church of Jesus Christ of Latter-day Saints, 1932-1951), 2:428. 스미스는 "거세고 강한 바람이 요란한 소리를 내며 성전을 가득 채우는 순간, 형제 조지 스미스가 일어나 예언을 하기 시작했고, 그와 동시에 온 회중이 보이지 않는 능력에 감동되어 모두 자리에서 일어났다. 많은 사람이 방언과 예언을 했고, 나머지 사람들은 영광스런 환상을 보았다. 나는 성전에 천사들이 가득한 광경을 보았고, 그 사실을 회중에게 알렸다"라고 말했다.
55. 조지 스미스의 말이다. 다음 자료에서 인용했다. *Journal of Discourses*, 26 vols. (London: Latter-day Saints' Book Depot, 1854-1886), 11:10.

56. Benjamin Brown, "Testimony for the Truth," *Gems for the Young Folks* (Salt Lake City: Juvenile Instructor Office, 1881), 65.
57. 앤더슨은 "모르몬교 신자들은 초창기에는 방언을 말했지만, 나중에는 그런 행위를 자제했다"고 설명했다(*An Introduction to Pentecostalism*, 24). 다음 자료를 참조하라. Donald G. Bloesch, *The Holy Spirit* (Downers Grove, IL: InterVarsity, 2000), 180-81.
58. 다음 자료를 참조하라. Edgar, *Satisfied by the Promise of the Spirit*, 218, 108.
59. Rob and Kathy Datsko, *Building Bridges Between Spirit-Filled Christians and Latter-Day Saints (Mormons)* (eBookIt, 2011), 16.
60. 다음 자료를 참조하라. Grant Wacker, *Heaven Below* (Cambridge, MA: Harvard University Press, 2003), 180.
61. 다음 자료를 참조하라. Richard Mouw(풀러신학교 학장), *Talking with Mormons: An Invitation to Evangelicals* (Grand Rapids: Eerdmans, 2012). 책 제목이 암시하는 대로, 이 책은 복음주의 신자들에게 모르몬교 신자들과의 대화에 참여하라고 촉구하고 있다.
62. John T. Allen, *The Future Church* (New York: Doubleday, 2009), 382-83. 앨런은 "아마도 오순절주의 사상 가운데 가장 논란이 많은 것은 소위 '번영의 복음'일 것이다. 이 말은 하나님이 충분한 믿음을 지닌 자들에게 물질의 번영과 육체의 건강을 허락하신다는 신념을 가리킨다. 어떤 분석가들은 번영의 복음에 초점을 맞추는 '신오순절주의'와 병 고침과 방언 같은 성령의 은사에 초점을 맞추는 '고전적 오순절주의'를 구분한다. 그러나 '퓨 포럼(the Pew Forum)'의 자료는 번영의 복음이 모든 오순절주의의 근본 특성이라는 것을 보여준다. 대다수 나라의 오순절주의자들 가운데 90퍼센트가 넘는 사람들이 그런 믿음을 지니고 있다"라고 설명했다.
63. Anderson, *An Introduction to Pentecostalism*, 221. 앤더슨은 이렇게 말했다. "이 가르침은 자본주의라는 '아메리칸 드림'을 부추기고, 성공 윤리를 독려하는 것 외에도 그보다 훨씬 더 의심스런 여러 가지 문제를 노출하고 있다. 그 가운데 하나는 인간의 믿음을 하나님의 주권과 은혜 위에 올려놓을 가능성이 매우 높다는 것이다. 믿음이 하나님의 사역을 위한 조건이 되고, 그로 인한 결과에 의해 믿음의 능력이 측정된다. 물질과 경제의 번영과 건강이 영성의 증거로 간주되고, 박해와 고난의 필요하면서도 긍정적인 역할은 종종 무시될 때가 많다."
64. Daniel J. Bennett, *A Passion for the Fatherless* (Grand Rapids: Kregel, 2011), 86.
65. Bruce Bickel and Stan Jantz, *I'm Fine with God······It's Christian I Can't Stand* (Eugene, OR: Harvest House, 2008), 94.
66. 다음 자료를 참조하라. John Phillips, *Exploring the Pastoral Epistles* (Grand Rapids: Kregel, 2004), 349-50.

4장

1. Jonathan Edwards, "Distinguishing Marks," 250-51. 그는 『영적 감정을 분별하라』는 책에서도 거룩한 삶이 개인의 영적 부흥을 입증하는 확실하고 유일한 증거라고 강조했다.
2. 마크 카틀리지는 오순절주의에 대해 이렇게 말했다. "오순절주의는 대체로 가난한 자들의 종교다. 그들 가운데 약 87퍼센트가 최저 한도의 생활조차 유지하지 못하고 있다(Barrett and Johnson 2002, 284). 그러나 오순절주의는 특히 개발도상에 있는 국가들과 지역에서 건강과 부의 복음을 퍼뜨리며 하나의 전통이 되어 가고 있다." Mark J. Cartledge, "Pentecostalism" in *The Wiley-Blackwell Companion to Practical Theology* (Chichester, West Sussex, UK: Blackwell, 2012), 587.
3. Paul Alexander, *Signs and Wonders* (San Francisco: Jossey-Bass, 2009), 63-64.

4. Steve Bruce, *God Is Dead* (Malden, MA: Blackwell, 2002), 182.
5. Philip Jenkins, *The New Faces of Christianity* (New York: Oxford University Press, 2006), 93.
6. Kevin Starr, *Material Dreams* (New York: Oxford University Press, 1991), 142-43.
7. Ibid.
8. "Frisbee: The life ane Death of a Hippie Preacher"라는 다큐멘터리 참조.
9. Ibid., 41분 19초.
10. Matt Coker, "The First Jesus Freak," *OC Weekly*, March 3, 2005, http://www.ocweekly.com/2005-03-03/features/the-first-jesus-freak/.
11. 다음 자료를 참조하라. Ian G. Clark, *Pentecost at the Ends of the Earth: The History of the Assemblies of God in New Zealand* (1927-2003) (Blenheim, NZ: Christian Road Ministries, 2007), 186.
12. Jonathan C. Smith, *Pseudoscience and Extraordinary Claims for the Paranormal* (Malden, MA: John Wiley & Sons, 2010), 290.
13. Hanna Rosin, "White Preachers Born Again on Black Network; TV Evangelists Seek to Resurrect Ministries," *Washington Post*, September 3, 1998.
14. "Testimonials," Peter Popoff ministries website, October 2012, http://peterpopoff.org/tesitmonials.
15. Smith, *Pseudoscience and Extraordinary Claims of the Paranormal*, 290.
16. Susan Wise Bauer, *The Art of the Public Grovel: Sexual Sin and Public Confession in America* (Princeton, NJ: Princeton University, 2008), 238.
17. Mark Silk, *Unsecular Media* (Champaign, IL: University of Illinois, 1998), 83.
18. David Cloud, "Recent Pentecostal Scandals," Fundamental Baptist Information Service, Way of Life Literature, December 29, 2008, http://www.wayoflife.org/database/pentecostalscandals.html. 아울러 다음 자료를 참조하라. Pam Sollner, "Minister Removed After Confession of Sexual Misconduct," Olathe News, November 30, 1991, http://www.religionnewblog.com/16929/minister-removed-after-confession-of-sexual-misconduct.
19. ABC News, *Primetime Live*, November 21, 1991.
20. "Clarence McClendon Cuts Ties with Foursquare after Divorce News," *Charisma*, July 31, 2000, http://www.charismamag.com/component/content/article/134-j15/peopleevents/people-events/92-clarence-mcclendon-cuts-ties-with-foursquare-after-divorce-news. 아울러 다음 자료를 참조하라. Lee Grady, "Sin in the Camp," *Charisma*, February 2002, http://www.charismamag.com/site-archives/130-departments/first-word/560-sin-in-the-camp.
21. Steven Lawson, "Most Students, Church Members Defend Liardon After Confession," *Charisma*, February 28, 2002, http://www.charismamag.com/site-archives/134-peopleevents/people-events/568-most-students-church-members-defend-liardon-after-confession.
22. William Lobdell, "Televangelist Paul Crouch Attempts to Keep Accuser Quiet," *Los Angeles Times*, September 12, 2004, http://articles.latimes.com/2004/sep/12/local/me-lonnie12.
23. Paul Cain, "A Letter of Confession," February 2005, October 2012, http://web.archive.org/web/20050225053035/http:www.paulcain.org/news.html.
24. CNN, *Paula Zahn Now*, January 19, 2006.
25. Kevin Roose, "The Last Temptation of Ted," *GQ*, February 2011, http://www.gq.com/news-

politics/newsmakers/201102/pastor-ted-haggard.
26. Lillian Kwon, "Ted Haggard Aims for Simplicity with New Church," *Christian Post*, July 26, 2010, http://www.christianpost.com/news/ted-haggard-aims-for-simplicity-with-new-church-46055/.
27. Audrey Barrick, "Evangelist's Husband Apologizes, Pleads Guilty to Assault," *Christian Post*, March 12, 2008, http://www.christianpost.com/news/evangelist-s-husband-apologizes-pleads-guilty-to-assault-31498/.
28. Tracy Scott, "Juanita Bynum shares 'lesbian' testimony," *S2S Magazine*, July 17, 2012, http://s2smagazine.com/18050/juanita-bynum-shares-lesbian-testimony/.
29. David Roach, "Faith Healer Todd Bentley Separates from Wife, Draws Criticism from Charismatics," Baptist Press News, August 19, 2008, http://www.sbcbaptistpress.net/BPnews.asp?ID=28727.
30. Elissa Lawrence, "Disgraced Pastor Michael Guglielmucci a Porn Addict," *The Australian*, August 24, 2008, http://www.theaustralian.com.au/news/fraud-pastor-a-porn-addict-says-shocked-dad/story-e6frg6n6-1111117284239.
31. 다음 자료를 참조하라. Laura Strickler, "Senate Panel Probes 6 Top Televangelists," CBS News, February 11, 2009, http://www.cbsnews.com/8301-500690_162-3456977.html/.
32. Naimah Jabali-Nash," Bishop Eddie Long Hit with Third Sex Lawsuit, Ga. Church Has Not Made Statement," CBS News, September 22, 2010, http://www.cbsnews.com/8301-504083_162-20017328-504083.html.
33. Jim Gold, "Televangelist Creflo Dollar Arrested in Alleged Choking Attack on Daughter" NBC News, June 8, 2012, http://usnews.nbcnews.com/_news/2012/06/08/12126777-televangelist-creflo-dollar-arrested-in-alleged-choking-attack-on-daughter.
34. "Evangelist Hinn, White Deny Affair Allegations," CBN News, July 26, 2010, http://www.cbn.com/cbnnews/us/2010/July/Evangelists-Hinn-White-Deny-Affair-Alllegations/.
35. Adrienne S. Gaines, "Benny Hinn Admits 'Friendship' with Paula White but Tells TV Audience It's Over," *Charisma*, August 10, 2010, http://www.charismamag.com/site-archives/570-news/featured-news/11683-benny-hinn-admits-friendship-with-paula-white-but-tells-tv-audience-its-over.
36. Stoyan Zaimov, "Benny Hinn Says Wife's Drug Problems Led to Divorce, Praises God's Reconciling Power," *Christian Post*, June 13, 2012, http://global.christianpost.com/news/benny-hinn-says-wifes-drug-ploblems-led-to-divorce-praises-gods-reconciling-power-76585/.
37. 이 외에도 다른 여러 가지 사례가 있다. 예를 들어, 2010년에 텔레비전 전도자이자 "데이스타 텔레비전 방송사"의 설립자인 마커스 램은 몇 년 전에 혼외 관계를 맺은 사실이 있다고 인정했다. 2011년에는 런던에서 활동하던 오순절주의 목회자 앨버트 오둘리가 열네 살 된 소년과 스물한 살 된 청년을 성폭행했다고 고백했다. 2012년에도 콜우드 오순절 교회의 청소년 목회자 아이러 파멘터가 장기간 동안 열여섯 살 된 소녀와 성관계를 맺어온 혐의로 체포되어 세간의 화제에 올랐다. Sam Hodges, "Former Employee Sues Daystar Founder Marcus Lamb over His Extramarital Affair with Another Employee," *Dallas Morning News*, December 3, 2010, http://www.dallasnews.com/incoming/20101203-exclusive-former-employee-sues-daystar-founder-marcus-lamb-over-his-extramarital-affair-with-another-employee.ece. Janet Shan, "London-Based Pastor Albert

Odulele Pleads Guilty to Sexual Assault of 14 Year Old Boy, Says He 'Battled' Sexuality for Years," *Hinterland Gazette*, March 11, 2011, http://hinterlandgazette.com/2011/03/london-based-pastor-albert-odulele.html. Markham Hislop, "Former BC Youth Pastor Ira Parmenter Arrested for Sexual Exploitation of Young Girl," *Calgary Beacon*, May 15, 2012, http://beaconnews.ca/calgary/2012/05/former-bc-youth-pastor-ira-parmenter-arrested-for-sexual-exploitation-of-young-girl/.

38. David Van Biema, "Are Mega-Preachers Scandal-Prone?" *Time*, September 28, 2007, http://www.time.com/time/nation/article/0,8599,1666552,00.html.
39. J. Lee Grady, *The Holy Spirit Is Not for Sale* (Grand Rapids: Baker, 2010), 87.
40. 다음 자료에서 인용했다. Roach, "Faith Healer Todd Bentley Separates from Wife."
41. Ibid.
42. Jonathan Edwards, "The Distinguishing Marks of a Work of the Spirit of God," *The Great Awakening* (New Haven: Yale, 1972), 253.
43. Earl Radmacher, *Salvation* (Nashville: Thomas Nelson, 2000), 150.
44. 마틴 퍼시는 "복음주의자들을 종종 비웃는 말 가운데 그들이 다른 기독교인들과는 다른 삼위일체(곧 성부와 성자와 성경)를 믿는다는 말이 있다"라고 말했다. Martyn Percy, "Whose Time Is It Anyway," *Christian Millennarianism*, ed. Stephen Hunt (Bloomington, IN: Indiana University Press, 2001), 33.
45. C. Peter Wagner, "The New Apostolic Reformation Is Not a Cult," *Charisma News*, August 24, 2011, http://www.charismanews.com/opinion/31851-the-new-apostolic-reformation-is-not-a-cult.
46. 피터 와그너의 사역에 관해 좀 더 자세히 알고 싶으면 5장을 참조하라.
47. 다음 책에서 인용했다. Mark Thompson, "Spiritual Warfare: What Happens When I Contradict Myself," *The Briefing* no. 45/46 (April 24, 1990): 11. 인용문은 1990년에 열린 한 집회에서 잭 디어가 했던 말에서 발췌한 것이다.
48. Jack Deere, *The Gift of Prophecy* (Ventura, CA: Gospel Light, 2008), 141.
49. Donald G. Bloesch, *The Holy Spirit* (Downers Grove, IL: InterVarsity, 2000), 187-88.
50. 조나단 에드워즈는 이렇게 설명했다. "영들을 분별하는 또 하나의 규칙은……그 영이 사람들 사이에서 어떻게 역사하는지 관찰하는 것이다. ……만일 그 영이 진리의 영으로 역사하며 사람들을 진리로 인도하고, 그들에게 참된 것을 가르친다면, 그것이 참되고 바른 영이라고 안전하게 결론지을 수 있다." *The Works of President Edwards in Four Volumes* (New York: Robert Carter & Brothers, 1879), 1:542.
51. Frederick Dale Bruner, *A Theology of the Holy Spirit: The Pentecostal Experience and the New Testament Witness* (Grand Rapids: Eerdmans, 1970), 21.
52. 잭 코트럴은 "오류를 지적하는 모든 비판에도 불구하고, '은사지속주의자들'은 이론상으로는 아니더라도 실제상으로 경험을 믿음과 실천의 궁극적인 규범인 하나님의 말씀보다 더 우위에 두고 있다"라고 말했다. Jack Cottrell, *The Holy Spirit* (Joplin, MO: College Press, 2007), 445.
53. 다음 자료를 참조하라. "Hi, I'm Kathy, I'm a born again, Spirit-filled, Charismatic Mormon," Mormon.org, March 2013, http://mormon.org/me/6kpv.
54. John Ankerberg and John Weldon, *Cult Watch* (Eugene, OR: Harvest House, 1991), viii.
55. 윌리엄 멘지스의 말이다. 다음 자료에서 인용했다. Stephen Eugene Parker, *Led by the Spirit*

(Sheffield, UK: Sheffield Academic, 1996), 21.
56. John Arnott, *The Father's Blessing* (Lake Mary, FL: Charisma House, 1995), 127. 그는 119쪽에서도 비슷하게 말했다. "몸을 떨거나 웃음을 터뜨리거나 바닥에 쓰러지는 것이 두렵다면, 하나님께 기도하라. ……회개하고, 모든 것을 그냥 맡겨라. ……경험은 나중에 분석하고, 시험하면 된다."
57. William E. Brown, *Making Sense of Your faith* (Wheaton, IL: Victor, 1989), 55.
58. Edwards, "The Distinguishing Marks of a Work of the Spirit of God", 256.
59. Telford C. Work, "Theological FAQ: You Describe Yourself as Pentecostal. What Is Pentecostalism About?" March 7, 2003. http://www.westmont.edu/~work/faq/pentecostal.html.
60. 은사주의 주석학자 고든 피는 "바울은 때로 생각을 무시하고 오직 성령과 영으로만 하나님과 직접 교통을 나눌 수 있다고 믿었다고 주장했다." Gordon Fee, *God's Empowering Presence* (Peabody, MA: Hendrickson, 2009), 219.
61. 다음 자료를 참조하라. C. J. Knieper, *I Am……in Charge!* (Summersville, SC: Holy Fire, 2008), 8. 토니 캠폴로와 메리 앨버트 달링도 그와 비슷하게 자신들의 책에서 마음을 비우는 기도의 방법을 제안했다. Tony Campolo and Mary Albert Darling, *Connecting Like Jesus* (San Francisco: Wiley, 2010), 59.
62. Annette Ware_Malone, *Life's Achievements After a Death of a Child* (Bloomington, IN: AuthorHouse, 2007), 5-6.
63. Margaret M. Poloma, *Main Street Mystics* (Oxford: AltaMira, 2003), 5.
64. 한 저술가는 "『로스앤젤레스 타임즈』에는 '왁자지껄한 이상한 말소리, 신흥 광신도들이 출현하다, 지난 밤 아주사 스트리트에서 있었던 광란의 장면'과 같은 흥미로운 기사 제목이 실렸다"고 증언했다. 이는 외부인들이 아주사 스트리트의 부흥 집회를 어떻게 생각했는지를 잘 보여준다. Mary Ling Tan-Chow, *Pentecostal Theology for the Twenty-First Century* (Burlington, VT: Ashgate, 2007), 43.
65. 다음 자료에서 인용했다. Grant Wacker, *Heaven Below*, 125.
66. Peter Masters, "The Law of a Sound Mind," *Trinity Review* no. 272 (Nov/Dec 2007), http://www.trinityfoundation.org/PDF/The%20Trinity%20Review%2000246%20Review272masters.pdf.
67. 조나단 에드워즈는 "생각(The Mind)"이라는 논문에서 하나님은 생각을 무시한 채 마음에 진리를 전하지 않으신다는 것을 분명하게 보여주셨다. Jonathan Edwards, "The Mind," *The Philosophy of Jonathan Edwards from His Private Notebooks*, ed. Harvey G. Townsend (Eugene: University of Oregon, 1955), 21ff.
68. Mark E. Moore, "Eyeing the Tongue," *Fanning the Flame* (Joplin, MO: College Press, 2003), 218.
69. Raymond C. Ortlund Jr., *Proverbs* (Wheaton, IL: Crossway, 2012), 60.
70. John MacArthur, *Charismatic Chaos* (Grand Rapids: Zondervan, 1992), 279. 방언의 은사에 대해서는 7장에서 좀 더 자세히 살펴볼 예정이다.
71. William J. McRae, *The Dynamics of Spiritual Gifts* (Grand Rapids: Zondervan, 1976), 33.
72. 다음 자료를 참조하라. Harry Loewen, *Luther and the Radicals* (Waterloo, ON: Wilfrid Laurier University Press, 1974), 32.
73. Edwards, "The Distinguishing Marks of a Work of the Spirit of God," 256-57.
74. John White, *When the Spirit Comes with Power* (Downers Grove, IL: InterVarsity, 1988), 159.

75. 고린도전서 2장 12절, 3장 16절, 6장 11, 19절과 같은 구절들은 영적 은사들에 대한 잘못된 이해에도 불구하고 성령께서 고린도 교회 안에서 계속 사역을 행하셨다는 사실을 증언한다.

2부

5장

1. C. Peter Wagner, *The Changing Church* (Ventura, CA: Gospel Light, 2004), 9.
2. Ibid., 10.
3. 오순절주의 역사가 빈슨 사이넌은 이렇게 말했다. "2004년, 와그너는 『또 다른 충격! 교회를 변화시키고 있는 두 번째 사도 시대』라는 책에서 이 새로운 운동에 대해 엄청난 주장을 제시했다. 그는 은사 운동이 '이루어지지 않은 비전'이었다고 주장하며, '신(新)사도 갱신 운동'이 미래의 물결로서 새롭게 등장했다고 말했다." Vinson Synan, *An Eyewitness Remembers the Century of the Spirit, repr.* (Grand Rapids: Chosen Books, 2011), 185.
4. C. Peter Wagner, *The Changing Church*, 12.
5. Ibid., 10.
6. Ibid., 12.
7. 다음 자료에서 인용했다. David Cannistraci, *Apostles and the Emerging Apostolic Movement* (Ventura, CA: Renew, 1996), 12.
8. C. Peter Wagner, *Wrestling with Alligators, Prophets and Theologians* (Ventura, CA: Gospel Light, 2010), 207.
9. Ibid., 208.
10. Ibid., 243.
11. "Europe Nearly Free of Mad Cow Disease," *EUbusiness*, July 16, 2010, http://www.eubusiness.com/news-eu/madcow-food-safety.517.
12. "History of ICA," International Coalition of Apostles website, November 2012, http://www.coalitionofapostles.com/about-ica/history-of-ica/.
13. Synan, *An Eyewitness Remembers the Century of the Holy Spirit*, 183.
14. Ibid., 184.
15. "Rates," International Coalition of Apostles website, November 2012, http://www.coalitionofapostles.com/membership/rates/.
16. C. Peter Wagner, *Apostles Today* (Ventura, CA: Gospel Light, 2007), 79.
17. 다음 자료를 참조하라. Synan, *An Eyewitness Remembers the Century of the Holy Spirit*, 183.
18. Peter Hocken, *The Challenges of the Pentecostal, Charismatic, and Messianic Jewish Movements* (Cornwall, UK: MPG, 2009), 43.
19. C. Peter Wagner, *The Changing Church*, 15.
20. Ibid.
21. Ibid., 17.
22. Ibid., 18.
23. Ibid.
24. Ibid., 9.

25. Synan, *An Eyewitness Remembers the Century of the Holy Spirit*, 183.
26. Peter Hocken, *The Challenges of the Pentecostal, Charismatic, and Messianic Jewish Movements*, 43–44.
27. 프레데릭 데일 브루너는 이렇게 설명했다. "오순절주의자들은 이 운동을 16세기 종교개혁과 18세기 영국의 부흥운동을 가장 잘 계승했을 뿐 아니라 1세기의 사도적 운동을 가장 충실하게 복원해낸 운동으로 종종 간주한다." Frederick Dale Bruner, *A Theology of the Holy Spirit* (Grand Rapids: Eerdmans, 1970), 27.
28. 마르틴 루터는 『탁상 담화』에서 "내가 교황과 결별한 가장 큰 이유는 그가 교회의 수장을 자처하며 자신의 권위와 권력 아래 있지 않은 모든 것을 단죄했기 때문이다. ……더욱이 그는 자신의 권력과 통치권과 권위를 교회는 물론, 하나님의 말씀인 성경보다 더 위에 두기까지 했다"라고 말했다. 그는 오직 자신 외에는 아무도 성경을 해석할 수 없다는 어리석은 자만심에 사로잡혀 스스로를 교회의 주인으로 만들었다"라고 말했다. Martin Luther, *The Table Talk of Martin Luther*, trans. and ed. by William Hazlitt (London: Bell & Daldy, 1872), 203–4.
29. C. Peter Wagner, *The Changing Church*, 21.
30. David du Plessis, "Pentecost Outside Pentecost," pamphlet, 1960, 6.
31. Samuel Waldron, *To Be Continued?* (Amityville, NY: Calvary, 2007), 27.
32. Wayne Grudem, *Systematic Theology* (Grand Rapids: Zondervan, 1994), 911.
33. 다음 자료에서 인용했다. Ernest L. Vermont, *Tactics of Truth* (Maitland, FL: Xulon, 2006), 94n19.
34. 초기 교회의 역사를 돌아보면, 신자들이 "사도들의 교리"를 주의를 기울여 힘써 지켜야 하는 것으로 이해했다는 것을 알 수 있다. 다음 자료를 참조하라 Ignatius, *Epistle to the Magnesians*, 13; *Epistle to the Antiochians*, 1. "사도들의 언행록"은 초기 교회 안에서 권위 있는 정경으로 인정되었다. Irenaeus, *Against Heresies*, 2.2.5. Justin, *First Apology*, 67, Victorinus, *Commentary on the Apocalypse*, 10.9.
35. Grudem, *Systematic Theology*, 905–6.
36. 다음 자료를 참조하라. Nathan Busenitz, "Are There Still Apostles Today," *The Cripplegate*, July 21, 2011, http://thecripplegate.com/are-there-still-apostles-today/.
37. Ignatius, *Epistle to the Magnesians*.
38. Irenaeus, *Against Heresies*, 4.21.3.
39. Tertullian, *Against Marcion*, 21.
40. Lactantius, *The Divine Institute*, 4.21.
41. *The Epistle to Diognetus*, 11, *Fragments of Papias*, 5, *Epistle to the Philippians*, 6, Ignatius, *Against Heresies*, 1.10.
42. Clement, *First Epistle of Clement to the Corinthians*, 42.
43. Ignatius, *Epistle to the Antiochians*, 11.
44. Augustine, *On Christian Doctrine*, 3.36.54. *Reply to Faustus*, 32.13, *On Baptism*, 14.16. John Chrysostom, *Homily on 1 Thess. 1:8-10*, *Homily on Heb. 1:6-8*.
45. Eusebius, *Ecclesiastical History*, bk. 8, intro.
46. Basil, *On the Spirit*, 29.72.
47. Tertullian, *Against Marcion*, 21.
48. Grudem, *Systematic Theology*, 911.
49. "Finding Your Place in the Apostolic Vision," February 1999. 다음 자료에서 인용했다. "A

'Christian Seer' Speaks Out," *Delusion and Apostasy Watch News*, April 2013, http://www.cephas-library.com/apostasy/facilitators_of_change_1.html.
50. Edgar, *Satisfied by the Promise of the Spirit*, 232.

6장

1. Bill Hamon, *Prophets and Personal Prophecy* (Shippensburg, PA: Destiny Image, 1987), 176.
2. Jack Deere, *The Beginner's Guide to the Gift of Prophecy* (Ventura, CA: Regal, 2008), 131-32.
3. Mike Bickle and Bob Jones, "Visions and Revelations," audiotape #5. MP3 title: "4-Vision and Revelations-1988," timestamp: 10:32-15:58, http://archive.org/details/VisionsAndRevelations-MikeBickleWithBobJones1988.
4. Pam Soller, "Minister Removed After Confession of Sexual Misconduct," *Olathe News* (Kansas), November 30, 1991, http://www.religionnewsblog.com/16929/minister-removed-after-confession-of-sexual-misconduct.
5. 존스는 지난 25여 년 동안, 스스로 "목자의 지팡이"라고 일컫는 연례 예언을 전해왔다. 그 가운데 대부분은 무슨 말인지 통 알아듣기 어렵고, 개중에 좀 의미 있게 들리는 말조차도 거의 다 잘못되었다. 명백히 틀렸다고 말할 수 없는 유일한 말이 있다면, 누구라도 말할 수 있는 일반적인 예언이거나 다양한 해석이 가능한 모호한 예언들(즉 점성술에 관한 글을 쓰는 사람들이 흔히 말하는 운세와 같은 것)뿐이다. 존스의 예언이 앞뒤가 맞지 않는 터무니없는 소리라는 사실을 보여주는 예를 하나 들면 다음과 같다. 아래에 인용한 말은 존스가 2012년에 말한 "목자의 지팡이"에서 발췌한 것이다. 그는 하나님이 계시하신 진리를 이해하는 데는 지성이 그다지 큰 역할을 하지 못한다고 말하고 나서 이렇게 덧붙였다. "성령께서는 바야흐로 다음과 같은 일을 행하실 계획이다. 여러분은 실제로 사랑의 노예가 될 것이다. 즉, 여러분의 마음이 사랑의 노예가 되어 여러분 안에 있는 하나님의 성령을 사모할 것이다. 여러분 각자가 태어날 때마다, 곧 여러분이 태중에 잉태될 때마다 성부 하나님의 일부가 떨어져 나온다. 여러분은 영원히 살기 위해 잉태되었다. 여러분은 어딘가에서 영원히 살게 될 것이다. 여러분 각자가 살게 될 곳을 결정하는 것은 여러분의 몫이다. 여러분 안에 있는 씨가 싹트는 순간, 여러분은 그리스도를 보기 시작할 것이다. 여러분은 기록된 말씀 안에서 먼저 그분을 본다. 그러나 지금은 그 말씀을 계속 보면서 하나님의 성령께서 우리 안에 오시어 우리의 영혼 안에 미래를 계시하실 수 있게 해야 할 때다. 이것, 즉 머리가 사랑의 노예가 될 때 여러분은 비로소 여기, 즉 복부로 말씀을 듣게 될 것이다." Bob Jones's 2012 "Shepherd's Rod" predictions, delivered at Morningstar Ministries on October 2, 2011, Video online at: http://www.youtube.com/watch?v=CYJmgmbSHPO.
6. "Bob Jones," Morningstar Ministries website, Harvest Festival 2012.
7. Benny Hinn, *This Is Your Day*, TBN, April 2, 2000.
8. Video of Rick Joyner. 다음 자료를 참조하라. Kyle Mantyla, "Joyner: Japan Earthquake Will Unleash Demonic Nazism on America," Right Wing Watch, March 16, 2011, http://www.rightwingwatch.org/content/joyner-japan-earthquake-will-unleah-demonic-nazism-america.
9. Wayne Grudem, "Prophecy," *The Kingdom and Power*, ed. Gary Greig (Ventura, CA: Gospel light, 1993), 84.
10. Wayne Grudem, *The Gift of Prophecy in the New Testament and Today*, rev. ed. (Wheaton, IL: Crossway, 2000), 90.
11. Ibid., 100.
12. Wayne Grudem, "A Debate on the Continuation of Prophecy," with Ian Hamilton, 2010

Evangelical Ministry Assembly, December 2012, http://thegospelcoalition.org/blogs/justintaylor/2012/02/23/a-dabate-on-the-continuation-of-prophecy/.
13. Henry Blackaby, *Experiencing God* (Nashville:LifeWay, 1990), 168.
14. John MacArthur, *Charismatic Chaos* (Grand Rapids: Zondervan, 1992), 67.
15. Sarah Young, *Jesus Calling-Women's Edition* (Nashvill: Thomas Nelson, 2011), xii.
16. *Westminster Confession of Faith*, 1. 6.
17. D. Martyn Lloyd-Jones, *Christian Unity* (Grand Rapids: Baker, 1987), 189-91.
18. Waldron, *To Be Continued?* 65.
19. 이 점에 대해 좀 더 자세히 알고 싶으면 다음 자료를 참조하라(이 자료는 은사주의의 입장이 틀렸다는 사실을 여실히 보여준다). David F. Farnell, "Is the Gift of Prophecy for Today?" *Bibliotheca Sacra*, 1992-93. 파넬은 선지자 아가보에 대해 이렇게 말했다. "신구약 성경의 예언이 영속성을 지닌다는 사실이 아가보를 통해 입증되었다. 아가보의 예언은 구약 성경의 선지자들이 했던 예언과 그 형식이 똑같았다. ……그런 사실이 몇 가지 점에서 분명하게 드러난다. 먼저, 그는 "성령이 말씀하시되"라는 말로 예언의 서두를 시작했다(행 21:11). 이 말은 "여호와께서 이같이 말씀하시기를"이라고 말했던 구약 성경의 예언을 꼭 닮았다. 구약 시대의 선지자들은 종종 그렇게 선언했다(사 7:7, 겔 5:5, 암 1:3, 6, 11, 13, 옵 1절, 미 2:3, 나 1:12, 슥 1:3, 4). 요한계시록에서 주 예수님이 일곱 교회를 향해 말씀하실 때도 이와 동일한 표현이 사용되었다(계 2:1, 8, 12, 18, 3:1, 7, 14 참조). 아울러, 아가보 역시 구약 성경의 선지자들처럼 상징적인 행위로 예언의 말씀을 전달했다(행 21:11, 왕상 11:29-40, 22:11, 사 20:1-6, 렘 13:1-11, 겔 4:1-17, 5:1-17). 그도 구약 성경의 선지자들처럼 성령의 감동을 받아 예언했다(행 11:28, 민 11:25-29, 삼상 10:6,10, 삼하 23:2, 사 42:1, 59:21, 슥 7:12, 느 9:30). 그의 예언도 구약 성경의 선지자들처럼 정확하게 이루어졌다(행 11:27, 28, 21:10, 11, 28:17)."
20. Farnell, "Is the Gift of Prophecy for Today?" *Bibliotheca Sacra*, 1992-93. 파넬은 교회 안에서 신약 성경의 선지자들이 행했던 기능을 이렇게 설명했다. "구약 성경의 선지자들은 신정국가였던 이스라엘 안에서 하나님의 목소리를 대변했다. 그들은 하나님으로부터 직접 계시를 받아 이스라엘 민족에게 선포했다(사 6:8-13, 렘 1:5-10, 겔 2:1-10). 구약 성경의 선지자들은 하나님으로부터 받은 명령을 전함으로써 예언적 의사 전달의 기능을 수행했다. 신약 성경의 선지자들도 그와 동일한 기능을 수행했다. 에베소서 2장 20절은 신약 성경의 선지자들이 예언의 말씀을 신앙 공동체에 전달하는 기능을 수행했다고 밝힌다. ……에베소서 2장 20절은 신약 성경의 선지자들이 교회가 형성되는 시기에 전략적이고, 기초적인 역할을 담당했다고 진술한다. 선지자들은 사도들과 더불어 교회의 초석을 놓는 중요한 기능을 수행했다. 이것은 신약 성경의 선지자들이 기독교 공동체 안에서 큰 권위를 지녔다는 사실을 보여준다. 그들은 고린도전서 12장 28절에 열거된 은사와 직임 가운데서 사도들 바로 다음에 위치해 그리스도의 몸을 유익하게 하는 도구로 사용되었다. 더욱이, 바울은 신자들에게 다른 은사들보다 예언의 은사를 더 많이 사모하라고 말했다(고전 14:1)."
21. Ibid.
22. Wayne Grudem, *Bible Doctrine*, ed. Jeff Purswell (Grand Rapids: Zondervan, 1999), 411.
23. Grudem, *The Gift of Prophecy in the New Testament and Today*, 80.
24. 아가보에 관해 좀 더 자세히 알고 싶으면, 다음 자료를 참조하라. Nathan Busenitz, "Throwing Prophecy Under the Agabus," *The Cripplegate* (blog), March 15, 2012, December 2012, http://thecripplegate.com/throwing-prophecy-under-the-agabus/. 로버트 소시는 아가보에 관해 이렇게 설명했다. "그의 예언은 아무 오류가 없는 것으로 쉽게 설명될 수 있기 때문에 은사주의자들이 제

기하는 오류 가능한 예언의 개념을 입증하는 예언의 사례와는 전혀 무관하다."
25. Robert Saucy, "An Open but Cautious Response," *Are Miraculous Gifts for Today? Four Views*, ed. Wayne Grudem (Grand Rapids: Zondervan, 1996), 231.
26. 다음 책에서 인용했다. John MacArthur, *1 Thessalonians: MacArthur New Testament Commentary* (Chicago: Moody, 2002), 196. "사도들과 그들의 동료들은 신약 성경의 말씀을 받아서 말로 전하거나 기록으로 남겼다. 또한, 어떤 사람들은 일시적인 문제를 해결하는 데 필요한 실천적인 말씀을 초자연적인 계시를 통해 전달하기도 했다(행 11:27-30). 그러나 이미 계시된 하나님의 말씀을 선언하는 것도 예언에 포함되었다. '예언이면 믿음의 분수대로(롬 12:6)'라는 말씀이 이런 주장을 뒷받침한다. 헬라어 원문에 따르면, '믿음의 분수대로'는 '그 믿음과 조화를 이루어'를 의미한다. 이 말은 예언의 은사를 받은 사람이 계시된 기독교 교리와 일치하는 말을 전해야 한다는 것을 암시한다. 신약 성경은 항상 '그 믿음'을 이미 계시된 진리와 동일한 의미로 취급했다(행 6:7, 유 3, 20절). 이처럼 바울은 로마의 신자들에게 예언의 말은 '그 믿음'과 온전히 일치해야 한다고 말했다. 요한계시록 19장 10절도 '예수의 증언은 예수의 영이니라'라고 결론짓는다. 참된 예언은 그리스도에 대한 하나님의 계시를 그대로 전달하며 성경의 진리에서 벗어나지 않는다." 이런 사실을 이해하는 것은 매우 중요하다.
27. Fred L. Volz, *Strange Fire: Confessions of a False Prophet* (Aloha, OR: TRION, 2003), 41.
28. Ibid., 43.
29. Charles Spurgeon, "The Paraclets," October 6, 1872, *The Metropolitan Tabernacle Pulpit: Sermons Preached and Revised*, vol. 18 (Pasadena, TX: Pilgrim Publications, 1984), 563.

7장

1. Nicola Menzie, "Televangelist Juanita Bynum Raises Brows with 'Tongues' Prayer on Facebook," *Christian Post*, August 31, 2011, http://www.christianpost.com/news/televangelist-juanita-bynum-raise-brows-with-tongues-prayer-on-facebook-54779/.
2. J. Lee Grady, *The Holy Spirit Is Not For Sale* (Grand Rapids: Chosen Books, 2010), 184.
3. Dennis Bennett, *How to Pray for the Release of the Holy Spirit* (Alachua, FL: Bridge-Logos, 2008), 106.
4. Joyce Meyer, *Knowing God Intimately* (New York: Warner Faith, 2003), 147.
5. William Samarin, *Tongues of Men and Angels* (New York: Macmillian, 1972), 227-28. 아울러 다음 자료를 참조하라. Felicitas D. Goodman, "Glossolalia," *The Encyclopedia of Religion*, ed. Mircea Eliade (New York: Macmillan, 1987), 5:564. 담보리에나는 "내가 들은 언어는 온통 뜻 모를 소리와 말로 이루어져 있어 심지어는 내 주위에 있는 오순절주의자들(그들 가운데도 방언의 은사를 받은 사람들이 더러 있었다)조차도 그 뜻을 이해하지 못했다"라고 동의했다. Prudencio Damboriena, *Tongues as of Fire: Pentecostalism in Contemporary Christianity* (n.p.: Corpus Books, 1969), 105.
6. Samarin, *Tongues of Men and Angels*, 127-28.
7. Kenneth L. Nolen, "Glossolalia," *Encyclopedia of Psychology and Religion*, eds. David A. Leeming, Kathryn Madden, and Stanton Marlan (New York, Springer: 2010), 2:349.
8. Fraser Watts, "Psychology and Theology," *The Cambridge Companion to Science and Religion*, ed. Peter Harrison (Cambridge University Press, 2010), 201.
9. Bill Hamon, *70 Reasons for Speaking in Tongues: Your Own Built-In Spiritual Dynamo* (Tabor, SD: Parsons, 2010), books-google.com/books?isbn=160273013X.
10. John Bevere, *Drawing Near* (Nashville: Nelson, 2004), 243.

11. Larry Christenson, "Bypassing the Mind," *The Holy Spirit in Today's Church*, ed. Erling Jornstad (Nashville: Abingdon, 1973), 87.
12. Robert Carroll, *The Skeptic's Dictionary* (Hoboken, NJ: John Wiley & Son's, 2003), 155.
13. Salvatore Cucchiari, "Between Shame and Sanctification," *American Ethnologist* 17, no. 4 (1990): 691.
14. 케니스 놀런은 "대다수의 은사주의자들은 하나님이 선교 사역을 위해 방언을 허락하신 것이 아니라는 사실을 깨닫고, 방언에 대한 성경적인 이해를 재평가해야 했다"고 설명했다. Nolen, "Glossolalia," *Encyclopedia of Psychology and Religion*, 349.
15. Vicki Mabrey and Roxanna Sherwood, "Speaking in Tongues: AlternativeVoices in Faith," *Nightline*, ABC, March 20, 2007, http://abcnews.go.com/Nightline/story?id=2935819&page=1.
16. Ibid.
17. Nolen, "Glossolalia," *Encyclopedia of Psychology and Religion*, 349.; Robert Gromacki, *The Modern Tongues Movements* (Grand Rapids: Baker Books, 1976), 5-10.; Gerhard F. Hasel, *Speaking in Tongues* (Berrien Springs, MI: Adventist Theological Society, 1991), 14, 18.
18. W. A. Criswell, "Facts Concerning Modern Glossolalia," *The Holy Spirit in Today's Church*, ed. Erling Jornstad (Nashville: Abingdon, 1973), 90-91.
19. Norman Geisler, *Signs and Wonders* (Wheaton, IL: Tyndale, 1998), 167.
20. "글로사"는 이따금 "혀"를 가리키기도 하지만, 성경에서는 대개 인간의 언어를 가리킨다. 예를 들어 구약 성경을 헬라어로 번역한 『70인경』은 "글로사"를 약 30회 사용했고, 그때마다 모두 인간의 언어를 의미했다.
21. Gregory of Nazianzus, *The Oration on Pentecost*, 15-17. 다음 자료에서 인용했다. Philip Schaff, *The Nicene and Post-Nicene Fathers* (*NPNF*), 2nd ser., Vol. 7(Christian Classics Ethereal Library, 2009), 384-85.
22. John Chrysostom, *Homilies on First Corinthians*, 35.1. 다음 자료에서 인용했다. Philip Schaff, *The Nicene and Post-Nicene Fathers* (*NPNF*), First Series, 12:209.
23. Augustine, *Homilies on the First Epistle of John*, 6. 10. 다음 자료에서 인용했다. Augustine, *Homilies on the Gospel John*, trans. Boniface Ramsey (Hyde Park, NY: New City, 2008), 97.
24. Geisler, *Signs and Wonders*, 167.; 다음 자료를 참조하라. John P. Kildahl, "Six Behavioral Observations About Speaking in Tongues," *Gift of the Spirit and the Body of Christ*, ed. Elmo J. Agrimoson (Minneapolis: Augsburg, 1974), 77.
25. Thomas Edgar, *Satisfied by the Promise of the Spirit* (Grand Rapids: Kregel, 1996), 147.
26. Gromacki, *The Modern Tongues Movement*, 5-10.
27. 물론 마가복음의 마지막 대목을 다룰 때는 신중해야 한다. 왜냐하면 마가복음 16장 9-21절은 원문의 일부가 아니기 때문이다. 그러나 마가복음 원문에 속하지 않는다고 해도 이 대목은 초기 교회의 관점을 드러내고 있기 때문에 이런 논의에 적지 않은 도움을 준다.
28. 은사주의 주석학자 고든 피는 직설법의 타당성을 인정했다. Gordon D. Fee, *The First Epistle to the Corinthians* (Grand Rapids: Eerdmans, 1987), 624. 피는 같은 견해를 취하는 여러 학자들을 언급했다.
29. 다음 자료에서 인용했다. Albert Barnes, *Notes on the New Testament: 1 Corinthians*, repr. (Grand Rapids: Baker, 1975), 240.

30. 바울이 2, 3절에서 언급한 다른 가정적 상황들을 고려하면, 그가 문학적인 표현법을 사용해 상상할 수 있는 다른 모든 형태의 영적 은사보다 사랑이 더 우월하다는 것을 강조하고 있다는 것을 분명히 알 수 있다. 따라서 "천사의 말"도 과장법으로 해석하는 것이 가장 바람직하다.
31. 앤소니 티슬턴은 이 구절을 주석하면서 이렇게 말했다. "여기에서 말할 수 있는 한 가지 중요한 요점은 '은사종결론자'들의 논증이 고린도전서 13장 8-11절의 특정한 주석에 의존하지 않는다는 것이다. ……양측 모두 은사에 관한 논쟁을 벌일 때 이 구절들을 논쟁점으로 삼아서는 안 된다." Anthony Thiselton, *New International Greek New Testament Commentary*, 1063-64.
32. 나는 다른 곳에서 이 구절을 이렇게 설명했다. "기독교인들은 죽어 주님과 함께 거하게 될 때나 주님이 휴거를 통해 자기 백성을 하늘로 불러올리실 때 영원한 상태에 들어간다. ……현세에서는 완성된 하나님의 말씀과 성령의 조명이 있더라도 거울로 보는 것처럼 희미하게 볼 수밖에 없다. 현재 상태에서는 그 이상은 더 볼 수가 없다. 그러나 주님이 계시는 곳에 들어가면, 그분과 얼굴을 마주하게 될 것이다. 지금은 단지 부분적으로 알 수 있지만, 그때에는 주님이 우리를 온전히 아시는 것처럼 우리도 온전히 알게 될 것이다." John MacArthur, *First Corinthians* (Chicago: Moody, 1984), 366.
33. Edgar, *Satisfied by the Promise of the Spirit*, 246.
34. Severian of Gabala, *Pauline Commentary from the Greek Church*. 다음 자료에서 인용했다. *1-2 Corinthians*, Ancient Christian Commentary Series, 144.
35. 일부 은사주의자들은 로마서 8장 26절과 고린도후서 5장 13절을 억지로 방언과 결부시키려고 애쓰지만, 문맥으로 볼 때 그 구절들은 방언의 은사와 아무 상관이 없다.

8장

1. Cathy Lynn Grossman, "Oral Roberts Brought Health-and-Wealth Gospel Mainstream," *USA Today*, December 15, 2009, http://content.usatoday.com/communities/Religion/post/2009/12/oral-roberts-health-wealth-prosperity-gospel/1.
2. John MacArthur, "Measuring Oral Roberts's Influence," *Grace to You* (bolg), December 18, 2009, http://www.gty.org/Blog/B091218.
3. 케니스 해긴도 어느 정도는 이런 비판을 받아야 마땅하다. 해긴과 로버츠는 종종 함께 사역했고, 서로의 사역을 인정했다. 더욱이 믿음의 말씀 설교자들의 수장격인 해긴의 후계자는 케니스 코플랜드였다. 그는 오럴 로버츠의 운전기사이자 비행기 조종사였다가 나중에 텔레비전 사역에 뛰어든 인물이다. 따라서 오럴 로버츠를 믿음의 말씀 운동의 적극적인 주창자로 간주하는 것이 아주 정확하지는 않더라도, 그가 그 운동의 적대자가 아닌 동조자로서의 역할을 더 많이 수행한 것은 틀림없다. 그 운동과 그의 관계는 망나니 같은 손자를 옳게 교육시키기를 거부하는 너그러운 할아버지를 연상시킨다.
4. David E. Harrell Jr., *Oral Roberts: An American Life* (Bloomington, IN: Indiana University, 1985), 66.
5. Ibid.
6. 다음 자료에서 인용했다. William Lobdell, "Oral Roberts Dies at 91," *Los Angeles Times*, December 16, 2009, articles.latimes.com/2009/dec/16/local/la-me-oral-roberts16-2009dec16.
7. 베니 힌은 오럴 로버츠에게 영향을 받았을 뿐 아니라 캐서린 쿨만(오럴 로버츠의 친구이자 신앙 치료사 가운데 한 사람)이 자신의 삶에 영향을 미쳤다고 시인했다.
8. Benny Hinn, "Pastor Benny Hinn Joins Believers Worldwide in Tribute to a Great Leader and Friend," Benny Hinn Ministries website, January 2013, http://www.bennyhinn.org/articles/articledesc.cfm?id=6858.

9. "NBC 데이트라인"의 프로그램은 2009년 12월 27일에 방송되었고, 힌은 2009년 12월 29일에 그것을 반박하는 프로그램을 방송했다. 그 프로그램에서 오럴 로버츠가 "내가 보기에 베니의 사역은 성령의 기름부음을 통해 이루어지고 있는 것이 확실하다"고 주장하는 영상이 방영되었다.
10. 힌은 2008년에 학장직을 사임했다. 다음 자료를 참조하라. Laura Strickler, "Major Shakeup at Oral Roberts University," CBS news, January 15, 2008, http://www.cbsnews.com/8301-501263-162-3716774-501263.html.
11. "Television," Benny Hinn Ministries homepage, January 2013, http://www.bennyhinn.org/television/weeklyguide.
12. Benny Hinn, *He Touched Me* (Nashville: Thomas Nelson, 1999), back cover.
13. "About," Benny Hinn Ministries homepage, January 2013, http://www.bennyhinn.org/about-us.
14. Benny Hinn, *The Anointing*, 86-87.
15. Rafael D. Martinez, "Miracles Today? A Benny Hinn Layover in Cleveland, Tennessee Remembered," Spirit Watch Ministries, January 2013, www.spiritwatch.org/firehinncrusade.htm. 마르티네스가 말하는 신유집회는 2007년 10월에 개최되었다.
16. Ibid.
17. William Lobdell, *Losing My Religion* (New York: HarperCollins, 2009), 183. 다음 자료를 아울러 참조하라. William Lobdell, "The Price of Healing," *Los Angeles Times*, July 27, 2003, http://www.trinityfi.org/press/latimes02.html.
18. Ibid., 181.
19. Benny Hinn, *This Is Your Day for a Miracle* (Lake Mary, FL: Creation House, 1996), 21.
20. Benny Hinn, *The Anointing* (Nashville: Thomas Nelson, 1997), 49.
21. Hinn, *This Is Your Day*, 29.
22. Benny Hinn, *The Miracle of Healing* (Nashville: J. Countryman, 1998), 91.
23. Lobdell, *Losing My Religion*, 183-84.
24. Hinn, *The Miracle of Healing*, 89.
25. Benny Hinn, *Praise the Lord*, TBN, December 6, 1994.
26. Benny Hinn, *Miracle Crusade*, Birmingham, AL, March 28, 2002.
27. Hinn, *The Miracle of Healing*, 79.
28. Benny Hinn, *Rise and Be Healed* (Orlando: Celebration, 1991), 47.
29. Justin Peters, *An Examination and Critique of the Life, Ministry and Theology of Healing Evangelist Benny Hinn*, ThM thesis (Ft. Worth: Southwestern Baptist Seminary, 2002), 68. 인용문 안에 언급된 힌의 말은 다음 자료에서 발췌된 것이다. Stephen Strang, "Benny Hinn Speaks Out," *Charisma*, August 1993, 29.
30. Rafael Martinez, "Miracles Today?" http://www.spiritwatch.org/firehinncrusade.htm.
31. Hinn, *He Touched Me*, 177.
32. Hinn, *The Anointing*, 181.
33. Strang, "Benny Hinn Speak Out," 29.
34. Benny Hinn, *Praise-a-thon*, TBN, April 2, 2000.
35. Richard Fisher, *The Confusing World of Benny Hinn* (St. Louis: Personal Freedom Outreach, 1999), 146.

36. Benny Hinn, *This Is Your Day*, TBN, August 15, 1996.
37. 힌은 2009년에 "ABC 나이트라인"에서 "돈 때문에 사역을 행하는 것은 아닙니다. 지금 내가 속임수를 사용하고 있다고, 곧 돈을 벌기 위해 치유의 역사를 일으킨다고 묻는 것인가요? 절대 그렇지 않습니다"라고 말했다. Dan Harris, "Benny Hinn: 'I Would Not Do This for Money,'" *Nightline*, ABC, October 19, 2009, http://abcnews.go.com/Nightline/benny-hinn-evangelical-leader-senate-investigation-speaks/story?id=8862027.
38. William Lobdell, "Onward Christian Soldier," *Los Angeles Times*, December 8, 2002, http://articles.latimes.com/2002/dec/08/magazine/tm-lobdell49/2.
39. Lobdell, *Losing My Religion*, 182.
40. Mike Thomas, "The Power and the Glory," *Orlando Sentinel*, November 24, 1991. http://articles.orlandosentinel.com/1991-11-24/news/9111221108_1_benny-hinn-holy-spirit-slain. 댄 해리스는 힌에 대해 이렇게 말했다. "그는 개인용 비행기로 여행하고, 최고급 호텔에 머무르며, 멋진 옷과 귀금속으로 치장하고 다닌다." Harris, "Benny Hinn: 'I Would Not Do This for Money.'"
41. Lobdell, *Losing My Religion*, 182.
42. Thomas Edgar, *Miraculous Gifts* (Neptune, NJ: Loizeaux Brothers, 1983), 99.
43. Harris, "Benny Hinn: 'I Would Not Do This for Money.'"
44. Ibid.
45. Hinn, *The Anointing*, 179.
46. Ibid., 81.
47. 다음 자료를 참조하라. Greg Locke, *Blinded by Benny* (Murfreesboro, TN: Sword of the Lord, 2005), 41. 로크에 따르면, 이 사건은 2000년 4월 30일에 일어났고, 『케냐 타임즈』에 보도되었다고 한다.
48. Hinn, *Rise and Be Healed*, 32.
49. William Lobdell, "The Price of Healing," Los Angeles Times, July 27, 2003, http://www.trinityfi.org/press/latimes02.html.
50. Harris, "Benny Hinn: 'I Would Not Do This for Money.'"
51. Benny Hinn, *Praise the Lord*, TBN, December 29, 2002.
52. Lobdell, *Losing My Religion*, 185-86.
53. Hinn, *The Anointing*, 95.
54. Mike Thomas, "The Power and the Glory," 12.
55. Hank Hanegraaff, *Christianity in Crisis* (Eugene, OR: Harvest House, 1993), 341.
56. 다음 자료에서 인용했다. "Do Miracles Actually Occur?" *Sunday Morning*, CNN, April 15, 2001, http://transcripts.cnn.com/TRANSCRIPTS/0104/15/sm.13.html.
57. Robin Finn, "Want Pathos, Pain and Courage? Get Real," *New York Times*, April 15, 2001, http://www.nytimes.com/2001/04/15/tv/cover-story-want-pathos-pain-and-courage-get-real.html.
58. Hinn, *The Miracle of Healing*, 53.
59. D. R. McConnell, *A Different Gospel* (Peabody, MA: Hendrickson, 1995), 151.
60. Hinn, *The Miracle of Healing*, 69.
61. Fisher, *The Confusing World of Benny Hinn*, 222.
62. Bob McKeown, "Do You Believe in Miracles?" *The Fifth Estate* (Canadian Broadcasting

Corporation), http://www.cbc.ca/fifth/main_miracles_multimedia.html.
63. Fisher, *The Confusing World of Benny Hinn*, 224.
64. Hinn, *He Touched Me*, 184.
65. Benny Hinn, Orlando Christian Center broadcast, TBN, December 9, 1990.
66. Ibid.
67. 다음 자료를 참조하라. Fisher, *The Confusing World of Benny Hinn*, 7.
68. Benny Hinn, *Praise the Lord*, TBN, December 6, 1990.
69. 물론, 중생과 구원이라는 기적은 하나님이 오늘날에도 여전히 행하고 계시는 초자연적인 기적에 해당한다.

3부

9장

1. A. W. Tozer, *The Knowledge of the Holy* (New York: HarperCollins, 1978), 1.
2. Charles Spurgeon, "The Paraclete," *The Metropolitan Tabernacle Pulpit*, vol. 18 (London: Passmore & Alabaster, 1872), 563.
3. 웨인 그루뎀은 자신의 『조직 신학(Grand Rapids: Zondervan, 2000)』에서 "구원의 서정"을 이렇게 설명했다. 1) 선택(구원하기로 작정한 사람들을 선택하시는 하나님의 사역), 2) 복음의 소명(복음의 메시지를 선포하는 사역), 3) 중생(거듭나게 하시는 성령의 사역), 4) 회심(믿음과 회개), 5) 칭의(올바른 법적 지위를 부여하는 사역), 6) 양자(하나님의 가족으로 입양하는 사역), 7) 성화(올바른 삶의 행위를 이끄는 사역), 8) 견인(끝까지 믿음을 지키게 하는 사역), 9) 죽음(천국에 가서 주님과 함께 거하는 과정), 10) 영화(부활의 몸을 얻는 축복). 보다시피 그루뎀의 구원의 서정은 선택이 영원 전에 이루어졌다는 사실을 보여준다. 또한, 복음의 소명은 이 세상에서 죄인들이 말씀을 통해 죄를 깨달을 때 일어나며, 중생과 회심과 칭의와 양자는 구원의 순간에 이루어진다. 점진적인 성화는 구원받는 순간에 시작되어 일평생 지속된다. 신자들은 죽는 순간에 죄와의 싸움을 모두 마치고 즉시 천국에 들어간다. 마지막으로, 신자는 휴거가 이루어질 때 부활의 몸을 얻게 된다. 이런 모든 구원의 과정에 성령께서 역사하신다. 이번 장의 목적은 신학자들이 "구원의 서정(ordo salutis)"으로 일컫는 교리를 상세히 분석하는 데 있는 것이 아니라 성도들의 구원과 관련되는 성령의 사역 방식 몇 가지를 다루는 데 있다.
4. Andreas J. Kostenberger, *John in Baker Exegetical Commentary on the New Testament* (Grand Rapids: Baker, 2004), 471.
5. Arthur W. Pink, *The Holy Spirit* (Grand Rapids: Baker, 1970), chap. 15. http://www.pbministries.org/books/pink/Holy_Spirit/spirit_15.html.
6. 어떤 주석 학자는 구원의 과정에 참여하시는 성삼위 하나님의 사역을 이렇게 설명했다. "성삼위 하나님이 모두 우리의 구원에 참여하신다(엡 1:3-14, 벧전 1:2). 성부께서 베푸신 선택의 은혜, 성자께서 감당하신 희생의 사랑, 성령께서 행하신 책망과 중생의 사역이 없으면 구원받을 수 없다." Warren Wiersbe, *The Wiersbe Bible Commentary: New Testament* (Colorado Springs: David C. Cook, 2007), 460.
7. Thomas Goodwin, *The Works of Thomas Goodwin, vol. 8. The Object and Acts of Justifying Faith* (Edinburgh: James Nichol, 1864), 378-79.

10장

1. Mahesh Chavda, *Hidden Power of Speaking in Tongues* (Shippensburg, PA: Destiny Image, 2011), 44.
2. Meredith B. McGuire, *Lived Religion* (Oxford: Oxford University Press, 2008), 253n63. 맥가이어는 1990년대 "토론토 블레싱"이 "성령의 축복을 강력하고 즉각적으로 경험하는 현상, 예를 들면 발작적인 웃음, 진동, 방언 말하기, 춤추기, '성령으로 쓰러지기'를 비롯해 내적 치유나 변화를 의식하는 강력한 느낌 같은 '성령의 은사들'이 나타나는 결과를 가져왔다"고 설명했다.
3. Sandy Davis Kirk, *The Pierced Generation* (Chambersburg, PA: eGen, 2013), 63.
4. William Elwood Davis, *Christian Worship* (Bloomington, IN: Author House, 2004), 99-100.
5. Frank Sizer, *Into His Presence* (Shippenburg, PA: Destiny Image, 2007), 102.
6. Patricia King, "Encountering the Heavenly Realm," *Powerful Encounters* (Maricopa, AZ: XP, 2011), 116.
7. Wesley Campbell, *Welcoming a Visitation of the Holy Spirit* (Lake Mary, FL: Charisma House, 1996), 24.
8. Benny Hinn, *Good Morning, Holy Spirit* (Nashville: Thomas Nelson, 1990), 103.
9. Benny Hinn, *He Touched Me* (Nashville: Thomas Nelson, 1999), 83.
10. Kenneth Hagin, "Why Do People Fall Under the Power?" (Tulsa: Faith Library, 1983), 4-5, 9-10. 해긴은 동상처럼 사흘 동안 꼼짝도 하지 않고 서 있었던 여자와 연단 위에서 공중에 떠오른 여자에 관한 이야기를 전한다. 이 이야기에 대해 좀 더 자세히 알고 싶으면 나의 책 『무질서한 은사주의』 7장을 참조하라.
11. 론 로드스는 이렇게 설명했다. "이 현상을 믿는 많은 사람들은 창세기 15장 12-21절, 민수기 24장 4절, 사무엘상 19장 20절, 마태복음 17장 6절과 같은 성경 구절을 인용하기를 좋아한다. 그러나 그것은 본문에 그들 자신이 원하는 의미를 억지로 부여하는 것에 지나지 않는다." Ron Rhodes, *5-Minute Apologetics for Today* (Eugene, OR: Harvest House, 2010), 222.
12. *Dictionary of Pentecostal and Charismatic Movements* (Grand Rapids: Zondervan, 1988), 790. 다음 자료에서 인용했다. Hank Hanegraaf, The Bible Answers Book (Nashville: Thomas Nelson, 2004), 82.
13. 수 5:14, 민 22:31, 삿 13:20, 겔 1:28, 3:23, 43:3, 44:4, 요 18:6.
14. 은사주의자들은 대각성 운동을 자신들의 행위를 지지하는 선례로 간주하고, 당시에 일어났던 여러 가지 물리적 현상을 종종 언급하곤 한다. 어윈 루처는 그런 견해에 대해 이렇게 말했다. "사람들은 과거의 부흥 운동에서도 사람들이 '성령으로 쓰러지는' 현상이 나타나지 않았는가?"라고 주장한다. 조나단 에드워즈와 존 웨슬리 시대로부터 전해오는 이야기들이 요즘에 텔레비전에서 종종 볼 수 있는 현상을 정당화하는 데 이용되고 있다. 물론, 당시에 그런 다양한 현상들이 있었다고 전해온다. 그러나 다음의 사실들을 잊어서는 안 된다. 1) 당시에 사람들이 '쓰러졌던' 이유는 죄를 깊이 의식했기 때문이다. 2) 사역자들은 그런 행동을 독려하지 않았을 뿐 아니라 오히려 그런 행동들이 복음의 메시지가 전달되는 것을 방해한다고 생각했다. 3) 그런 현상이 일어난 이유는 사역자들이 그들에게 손을 대 영적 능력을 발출했기 때문이 아니었다. 4) 다른 사람들에게 똑같은 경험을 독려할 목적으로 그런 현상을 대중들에게 널리 알린 적이 없었다." Erwin W. Lutzer, *Who Are You to Judge?* (Chicago: Moody, 2002), 101-2.
15. Hanegraaff, *The Bible Answer Book*, 83.
16. Richard J. Gehman, *African Traditional Religion in Biblical Perspective* (Nairobi, Kenya: East

African Educational Publishers, 2005), 302.
17. Rob Datsko and Kathy Datsko, *Building Bridges Between Spirit-Filled Christians and Latter-Day Saints* (Sudbury, MA: eBookit!, 2011), 82.
18. Ibid., 83.
19. Rhodes, *5-Minute Apologetics for Today*, 222.
20. Michael Brown, *Whatever Happened to the Power of God?* (Shippensburg, PA: Destiny Image, 2012), 69.
21. J. Lee Grady, *The Holy Spirit Is Not for Sale* (Grand Rapids: Chosen Books, 2010), 47-48.
22. 나는 다른 곳에서 이렇게 설명했다. "성령 세례를 언급한 신약 성경의 구절은 모두 일곱 곳이다. 이 구절들은 모두 직설법으로 되어 있다. 그 가운데 명령이나 권고의 의미를 내포하는 구절은 하나도 없다. ……바울은 '성령 세례를 받으라'고 말한 적이 단 한 번도 없다. 이는 모든 신자가 기본적으로 알고 있어야 할 사실이다. 바울이 고린도전서 12장 13절에서 분명하게 언급한 대로, 신자는 이미 성령으로 세례를 받아 그리스도와 한 몸이 되었다. 두 번째 은혜의 사역은 존재하지 않으며, 더해져야 할 경험도 더 이상 없다." John MacArthur, *The Charismatics* (Grand Rapids: Lamplighter, 1978), 189, 191.
23. 먼저, 성경에 기록된 사건들이 모두 규범적인 성격을 띠고 있는 것은 아니라는 점을 기억하는 것이 중요하다. 복음서와 사도행전에 나타나는 기적 사건들은 규범적이 아니라 서술적인 성격을 띠고 있다. 이 말은 1세기에 일어난 사건들의 독특한 역사를 기록한 것일 뿐, 후대의 신자들을 위한 정형화된 규범을 제시하지 않는다는 뜻이다. (6장에서 살펴본 대로, 사도의 직임은 1세기의 교회에만 국한된 것이다.) 그러나 신약 성경의 서신서들은 성령 충만을 받으라고 명령한다. 바울 사도는 에베소서에서 성령 충만한 삶이 무엇을 의미하는지 정확하게 보여주었다.
24. 로마서 6장 3-5절, 13장 13절, 고린도전서 7장 17절, 고린도후서 5장 7절, 에베소서 2장 10절, 4장 1절, 5장 2절, 8-9절, 15-16절, 요한일서 2장 6절, 요한삼서 3-4절.
25. 주 예수 그리스도의 지상 사역을 시간적 순서대로 자세히 알고 싶으면 다음 자료를 참조하라. John MacArthur, *One Perfect Life* (Nashville: Thomas Nelson, 2013).
26. 성령 충만하신 주 예수님이 은사주의자들이 종종 주장하는 기괴한 행위를 단 한 번도 행하지 않으셨다는 사실만으로도 그들이 주장하는 경험들이 하나님의 성령께로부터 비롯한 것이 아님을 분명하게 알 수 있다.

11장

1. Larry Stone, *The Story of the Bible* (Nashville: Thomas Nelson, 2010), 65.
2. "오직 성경으로!"의 원리에 충실했던 교부들에 대해 좀 더 자세히 알고 싶으면 다음 자료를 참조하라. William Webster, *Holy Scripture*, vol. 2 (Battle Ground, WA: Christian Resources, 2001).
3. Brian Q. Gerrish, *A Prince of the Church* (Philadelphia: Fortress, 1984), 25.
4. "Theology: Taste for the Infinite," *Time* (March 8, 1968). http://www.time.com/time/magazine/article/0,9171,899985,00.html. 이 논문은 슐라이어마허의 접근 방식을 이렇게 요약했다. "하나님이 죽지 않으셨다면, 그분이 살아 계시다는 것을 어떻게 증명할 수 있을까? 이성적인 증거로는 회의론자를 확신시킬 수 없다. 성경은 단지 믿음을 확신하는 신자에게만 권위를 발휘한다. 비신화된 우주는 더 이상 보이지 않는 창조주의 존재를 암시하지 못한다. 이 문제에 대한 대답을 찾기 위한 노력 가운데 현대 개신교 사상가들의 관심을 자극하는 한 가지 실마리는 종교적 경험(즉 인간이 하나님께 의존하고

있다는 직관)이라는 부인할 수 없는 증거다. 이런 통찰력이 인기를 누리게 된 것은 멀리 프리드리히 슐라이어마허에게까지 거슬러 올라간다. 그는 종교적 경험을 기독교 신앙의 근간으로 생각했던 최초의 신학자이다."

5. 성경의 지고한 권위에 관해 좀 더 자세히 알고 싶으면 다음 자료를 참조하라. John MacArthur, *2 Timothy, The MacArtur New Testament Commentary*, notes on 2 Timothy 3:16.
6. 다음 자료를 참조하라. John MacArthur, *Jude, The MacArthur New Testament Commentary*, Jude 3.
7. Martin Luther, *Luther's Works*, vol. 23, ed. Jaroslav Pelikan (St. Louis: Concordia, 1959), 173-74.
8. Ibid., vol. 36, 144.
9. 이 말은 또한 소유격이다. 이는 근원이나 기원을 나타낼 때 사용되는 문법적 표현이다.
10. 다음 자료에서 인용했다. *The Solid Declaration of the Formula of Concord*, 2.20-22. *Triglot Concordia: The Symbolical Books of the Evangelical Lutheran Church: German-Latin-English* (St. Louis: Concordia, 1921).
11. Thomas Watson, *A Puritan Golden Treasury*, comp. I. D. E. Thomas (carlisle, PA: Banner of Truth, 2000), 143. 왓슨은 이렇게 말했다. "자연인도 머리로는 신학을 잘 이해할 수 있다. 그러나 하나님은 영적 방법으로 복음의 신비를 이해하도록 이끄신다. 눈금판의 숫자를 읽을 수는 있어도 태양이 비추지 않으면 하루가 어떻게 흘러가는지 알 수 없는 것처럼, 성경의 많은 진리를 눈으로 읽을 수는 있어도 하나님이 성령으로 우리의 영혼에 빛을 비추지 않으시면 진리를 이해해 구원에 이를 수 없다. ……성령께서는 우리의 생각을 깨우치실 뿐 아니라 우리의 의지를 움직이신다."
12. Charles Spurgeon, *Commenting and Commentaries* (London: Sheldon, 1876), 58-59.
13. 청교도 리처드 백스터는 이렇게 경고했다. "성령께서 연구나 수고를 하지 않더라도 무작정 성경의 의미를 알려주거나 신학적 지식을 이해할 수 있게 도와주시는 법은 없다. 성령께서는 부지런한 연구를 축복하시고, 그것을 통해 지식을 얻게 하신다. ……성령의 사역만으로 충분하다고 생각하고 연구를 무시하는 것은 성경 자체를 거부하는 것과 같다." Richard Baxter, *A Puritan Golden Treasury*, comp. I. D. E. Thomas (Carlisle, PA: Banner of Truth, 2000), 143.
14. Charles Spurgeon, "Our Omnipotent Leader," sermon no. 2465 (May 17, 1896). http://www.ccel.org/ccel/spurgeon/sermon42.xx.html. 스펄전은 다른 곳에서도 이렇게 말했다. "복음 안에 있는 능력은 설교자의 유창한 언변에서 나오지 않는다. 만일 그렇다면 인간이 영혼을 회심시키는 주체가 될 것이다. 또한 그 능력은 설교자의 학식에서 나오지도 않는다. 만일 그렇다면, 인간의 지혜를 전하는 것이 될 것이다. 혀가 다 닳고, 호흡이 끊어져 죽을 때까지 말씀을 전한다고 해도 성령께서 하나님의 말씀과 더불어 영혼을 회개시키는 능력을 베풀지 않으시면, 단 한 사람의 영혼도 회심하게 할 수 없다." Charles Spurgeon, "Election: Its Defense and Evidences" (1862 sermon), http://www.biblebb.com/files/spurgeon/2920.htm.
15. 이 점에 관해서는 4장을 참조하라. 기적의 은사들이 계속된다고 믿는 사람들이 모두 그런 주장을 하는 것은 아니라는 점에 유의하라. 감사하게도, 은사지속론자들 가운데도 그렇게 주장하지 않는 보수적인 복음주의자들이 적지 않다. "성령께서는 영감을 주어 말씀을 기록하게 하셨고, 지금도 말씀과 더불어 역사하신다. 하나님의 말씀을 더 많이 사랑하고 알수록, 하나님의 성령을 더 많이 경험하게 될 것이다"라는 존 파이퍼의 설명은 한 치도 틀리지 않는다. John Piper, *Desiring God* (Sisters, OR: Multnomah, 1996), 127. 그와 비슷하게 밥 코플린도 "교회들이 말씀을 먹지 않으면 성령의 인도하심을 받을 수 없다. 성령의 능력에 의지해 예배를 드리는 교회는 개인 예배나 공중 예배를 드릴 때 하나님의 말씀을 연구하고, 선포하고, 적용하는 일에 헌신한다. 말씀과 성령은 서로 분리될 수 없다. 영

감을 주어 말씀을 기록하게 하신 분이 바로 성령이시다. ······하나님의 성령과 그분의 말씀은 함께 역사한다"라고 말했다. Bob Kauflin, *Worship Matters* (Wheaton, IL: Crossway, 2008), 89-90.
16. Charles Spurgeon, "Infallibility-Where to Find It and How to Use It," *The Metropolitan Tabernacle Pulpit*, vol. 20 (London: Passmore & Alabaster, 1874), 698-99, 702.

12장

1. Bob Kauflin, *Worship Matters* (Wheaton, IL: Crossway, 2008), 86.
2. John Piper in an interview with David Sterling, "A Conversation with John Piper," *The Briefing*, October 27, 2011, http://matthiasmedia.com/briefing/2011/10/a-conversation-with-john-piper/.
3. D. A. Carson, *Showing the Spirit* (Grand Rapids: Baker Books, 1987), 85-86.
4. John Piper, "What Is Speaking in Tongues?" online video; recorded December 2012. posted by David Mathis, "Piper on Prophecy and Toungues," *Desiring God* (blog), January 17, 2013, http://www.desiringgod.org/blog/posts/piper-on-prophecy-and-tongues.
5. 마크 드리스콜의 외설적인 예언에 관해 좀 더 자세히 알고 싶으면 다음 자료를 참조하라. Phil Johnson, "Pornographic Divination," *Pyromaniacs* (blog), August 15, 2011, http://teampyro.blogspot.com/2011/08/pornographic-divination.html.
6. John Piper interview with David Sterling.
7. Wayne Grudem, *Systematic Theology* (Grand Rapids: Zondervan, 1994], 640.
8. 마이클 비클 및 캔자스시티 선지자 운동과 샘 스톰스의 관계를 알고 싶으면 다음 자료를 참조하라. Mike Bickle, *Growing in the Prophetic* (Lake Mary, FL: Charisma House, 2008), 120-21.
9. 다음 자료를 참조하라. Sam Storms, "A Third Wave View," *Four Views of the Miraculous Gifts*, ed. Wayne Grudem (Grand Rapids: Zondervan, 1996), 207-12.
10. 다음 자료를 참조하라. Wayne Grudem, *The Gift of Prophecy* (Wheaton, IL: Crossway, 1988).
11. John Piper interview with David Sterling.
12. John Piper, "What Is the Gift of Prophecy in the New Covenant?" online video; recorded December 2012, posted by David Mathis, "Piper on Prophecy and Tongues," *Desiring God* (blog), January 17, 2013, http://www.desiringgod.org/blog/posts/piper-on-prophecy-and-tongues.

부록

1. John Chrysostom, *Homilies on 1 Corinthians*, 36.7. 크리소스토무스는 고린도전서 12장 1, 2절을 주석하면서 12장 전체를 개괄하고 있다. 다음 자료에서 인용했다. Gerald Bray, ed. *1-2 Corinthians*, Ancient Christian Commentary on Scripture (Downers Grove, IL: InterVarsity, 1999), 146.
2. Augustine, *Homilies on the First Epistle of John*, 6.10. 다음 자료에서 인용했다. Philip Schaff, *Nicene and Post-Nicene Fathers*, 1st series (Peabody, MA: Hendrickson, 2012), 7:497-98.
3. Augustine, *On Baptism, Against the Donatists*, 3.16.21. 다음 자료에서 인용했다. Philip Schaff, *NPNF*, 1st series, 4:443. 다음 자료도 아울러 참조하라. *The Letters of Petilian, the Donatist*, 2.32.74.
4. Theodoret of Cyrus, *Commentary on the First Epistle to the Corinthians*, 240, 243. 고린도전서 12장 1, 7절에 관한 설명이다. 다음 자료에서 인용했다. Bray, *1-2 Corinthians*, ACCS, 117.

5. Martin Luther, *Commentary on Galatians 4*, trans. Theodore Graebner (Grand Rapids: Zondervan, 1949), 150-72. 갈라디아서 4장 6절에 대한 루터의 주석 가운데 일부다.
6. Martin Luther, *Luther's Works*, vol. 23, ed. Jaroslav Pelikan (St. Louis: Concordia, 1959), 173-74.
7. Martin Luther, *Luther's Works*, vol. 23, ed. Jaroslav Pelikan (St. Louis: Concordia, 1959), 144.
8. John Calvin, *A Harmony of the Gospels Matthew, Mark, and Luke*, Calvin's Commentaries, trans. A. W. Morrison (Grand Rapids: Zondervan, 1972), III: 254. 마가복음 16장 17절에 대한 칼빈의 주석 가운데 일부다.
9. John Calvin, *Institutes of the Christian Religion*, 1536 ed. trans. Ford Lewis Battles (Grand Rapids: Zondervan, 1986), 159.
10. John Owen, *The Works of John Owen*, ed. William H. Goold (repr.; Edinburgh: Banner of Truth, 1981), 4:518.
11. Thomas Watson, *The Beatitudes* (Edinburgh: Banner of Truth, 1994), 14.
12. Matthew Henry, *Matthew Henry's Commentary on the Whole Bible* (Old Tappan, NJ: Fleming H. Revell, n.d.), 6:567. 고린도전서 12장 1-11절을 개괄적으로 소개하는 매튜 헨리의 주석 가운데 일부다.
13. Ibid., 4:ix. 구약 성경의 선지자들에 관한 매튜 헨리 주석 서문에 나오는 내용이다.
14. John Gill, *Gill's Commentary* (Grand Rapids: Baker Books, 1980), VI:237. 고린도전서 12장 29절에 대한 질의 주석 가운데 일부다.
15. Jonathan Edwards, *Charity and Its Fruits* (New York: Robert Carver & Brothers, 1854), 447-49.
16. Ibid., 42-43.
17. James Buchanan, *The Office and Work of the Holy Spirit* (New York: Robert Carver, 1847), 67.
18. Robert L. Dabney, "Prelacy a Blunder," *Discussions: Evangelical and Theological* (Richmond, VA: Presbyterian Committee of Publication, 1891), 2:236-37.
19. Charles Spurgeon, "The Paraclets," October 6, 1872, *The Metropolitan Tabernacle Pulpit* (Pasadena, TX: Pilgrim Publications, 1984), 18:563.
20. Charles Spurgeon, "Final Perseverance," April 20, 1856, *The New Park Street Pulpit* (Pasadena, TX: Pilgrim Publications, 1981), 2:171.
21. Charles Spurgeon, "Receiving the Holy Ghost," July 13, 1884, *The Metropolitan Tabernacle Pulpit* (Pasadena, TX: Pilgrim Publications, 1985), 30:386.
22. Charles Spurgeon, "The Ascension of Christ," March 26, 1871, *The Metropolitan Tabernacle Pulpit* (Pasadena, TX: Pilgrim Publications, 1984), 17:178.
23. Charles Spurgeon, "Forward!" *An All-Around Ministry* (Carlisle, PA: Banner of Truth, 2000), 55-57.
24. George Smeaton, *The Doctrine of the Holy Spirit* (Edinburgh: T & T Clark, 1882), 51.
25. Abraham Kuyper, *The Work of the Holy Spirit*, trans. Henri De Vries (New York: Funk & Wagnalls, 1900), 182.
26. W. G. T. Shedd, *Dogmatic Theology* (New York: Charles Scribner's Sons, 1888), 2:369.
27. Benjamin B. Warfield, *Counterfeit Miracles* (New York: Charles Scribner's Sons, 1918), 6.
28. Arthur W. Pink, *Studies in the Scriptures* (Lafayette, IN: Sovereign Grace, 2005), 9:319.
29. D. Martyn Lloyd-Jones, *Christian Unity* (Grand Rapids: Baker, 1987), 189-91.

사명선언문

너희가 흠이 없고 순전하여······세상에서 그들 가운데 빛들로
나타내며 생명의 말씀을 밝혀 _ 빌 2:15-16

1. 생명을 담겠습니다
만드는 책에 주님 주신 생명을 담겠습니다.
그 책으로 복음을 선포하겠습니다.

2. 말씀을 밝히겠습니다
생명의 근본은 말씀입니다.
말씀을 밝혀 성도와 교회의 성장을 돕겠습니다.

3. 빛이 되겠습니다
시대와 영혼의 어두움을 밝혀 주님 앞으로 이끄는
빛이 되는 책을 만들겠습니다.

4. 순전히 행하겠습니다
책을 만들고 전하는 일과 경영하는 일에 부끄러움이 없는
정직함으로 행하겠습니다.

5. 끝까지 전파하겠습니다
모든 사람에게, 땅 끝까지, 주님 오시는 그날까지
복음을 전하는 사명을 다하겠습니다.

서점 안내

광화문점 서울시 종로구 새문안로 69 구세군회관 1층
02)737-2288 / 02)737-4623(F)

강남점 서울시 서초구 신반포로 177 반포쇼핑타운 3동 2층
02)595-1211 / 02)595-3549(F)

구로점 서울시 동작구 시흥대로 602, 3층 302호
02)858-8744 / 02)838-0653(F)

노원점 서울시 노원구 동일로 1366 삼봉빌딩 지하 1층
02)938-7979 / 02)3391-6169(F)

일산점 경기도 고양시 일산서구 중앙로 1391 레이크타운 지하 1층
031)916-8787 / 031)916-8788(F)

의정부점 경기도 의정부시 청사로47번길 12 성산타워 3층
031)845-0600 / 031)852-6930(F)

인터넷서점 www.lifebook.co.kr